살인의 심리

콜린 윌슨 지음

머리말······ 5
제1장 초기의 살인······ 28
제2장 진의 시대······ 70
제3장 잔혹 시대······107
제4장 폭력의 시대······132
제5장 범죄 발견의 시대······184
제6장 공포의 방······242
역자의 말······333

머리말

이 책의 주제는 살인의 사회학, 곧 서구 사회에 있어서의 살인의 유형의 변천이다. 그러나 이러한 고찰은 분명히 매력적이기는 하지만 나의 관심은 보다 깊은 곳에서 나온 것이다. 간단히 말하면, 살인에 대한 나의 관심은 과학적이라기보다는 오히려 철학적이다.

황야 살인 사건(이것은 마지막 장에서 다룬다)이 있은 지 얼마 후에 파멜라 한스퍼드 존슨(1912~, 영국의 소설가)은 《부정에 대해서》라는 책을 썼다. 이 책에서 그녀는 악이란 존재하지 않고 오직 '구역질을 일으키는 행위'가 있을 뿐이라고 하는 현대의 사고 방식을 반박한다. 나는 이 논문을 '자유주의로부터의 후퇴'라고 하는 현대의 유감스러운 경향의 또 하나의 징후에 지나지 않는다고 보고, 일종의 혐오감을 갖고 다룬 몇 가지 비평도 보았다.

나는 '부도덕'한 책에 대한 검열의 필요성에 대해서 한스퍼드 존슨 여사와 전적으로 동감이라고 말할 수는 없다.

사드(프랑스의 작가, 변태적인 성행위를 묘사한 작품을 발표해 물의를 일으켰으며, 그의 이름을 딴 사디즘이란 용어를 낳게 함). 또는《나의 숨겨진 생활》(익명으로 발표된 빅토리아 시대의 성행위에 대한 방대한 자서전적 기록)이 도대체 누구를 타락시켰는가 하는 것은 본질적인 문제가 아니다. 나는 이러한 책이 어떤 인간을 타락시켰으리라는 점에 대해서는 의심하지 않는다.

그렇더라도 이런 책이 출판되고 공공연하게 판매되었다는 사실이 나에게는 중요하다. 이런 책을 위험한 마약과 동일하게 생각해서는 안 된다. 인간이 이런 책을 쓸 수 있다면, 이런 책을 인간이 읽어서는 안 되는 까닭을 나로선 알 수 없는 것이다. 그렇지만 그녀 생각의 핵심은 확실히 진실하다고 생각한다. 브레디와 하인드리(황야 살인 사건의 범인)가 우리들의 흥미를 끄는 점 —— 그들이 매우 많은 사람들에게 흥미 있는 인간이 아니었다면 그들에 대해 많은 책이 쓰어지지는 않았을 것이다 —— 은 그들이 어떤 사회의 압력에 대해 선택의 자유를 갖고 대응했다는 것이다.

살인의 대부분은 격정을 이기지 못해서 저질러지는 범죄이다. 예를 들면 가정 내에서의 살인, 곧 질투에 눈이 먼 남편이 아내를 살해하는 경우, 지쳐서 허덕이는 아내가 남편이나 자식을 살해하는 경우 따위이다. 이러한 살인 사건의 대부분은 범인이 자살하기 때문에 재판에 회부되지 않는다. 그들은 위기 상황에 직면하여 이에 반응할 때 자제력을 잃고, 그 결과로 비극이 일어난다. 이 경우에도 선택이 있기는 하지만, 그것은 말하자면 언덕에서 굴러떨어지지 않으려고 하다가 언덕에서 뛰어내려오는 것과 같다. 그러나 신문을 장식하는 살인 사건의 대부분은 그 정도로 취급될 만한 충분한 이유가 있다.
 이러한 살인은 매우 이상한 선택의 행위를 보여준다. 다시 말하면 노름꾼·모험가·지도자의 선택 행위를. 살인범이 상당히 높은 지능을 가진 경우도 있다. 그들은 또한 사회에 대해 막연한 분노를 느낀다. 그들은 사고(또는 감정)의 흐름을 논리적으로 추적하여 마침내 살인을 범하게 된다. 사람들은 그들의 범죄를 매우 어리석다고 단정지을지도 모른다. 그러나 어쨌든 성급한 단정은 무지(無知) 때문인 것이다. 가령 어리석음, 악, 구역질을 일으키는 행위를 동일하다고 보는 것도 그렇다.
 고전적인 한 가지 예는 로버트 어윈이다. 그는 예술가였는데 1937년, 뉴욕에서 여자 친구의 어머니와 누이를 죽였다. 15세 때 어윈은 사환으로 일하고 있었는데, 어느 날 갑자기 '조각가는 실제의 조상(彫像)을 만들기 전에 우선 마음 속에 조상을 만들어 놓아야 한다'는 생각이 떠올랐다 —— '떠올랐다'는 말은 그 때의 충격을 설명하기에는 불충분하지만.
 그는 스스로 '시각화'라는 생각에 사로잡혀 어떤 것을 상상 속에서 생생하게 그래내려고 애썼다. 그에게는, 만일 상상력이 그 본래의 역할을 완수한다면, 인간은 눈을 감고 상상 속에서 셰익스피어의 희곡 전체를 읽거나 과거의 어떤 경험을 자세한 구체적 부분까지 '재현(再現)'할 수 있다고 확신하였다 (이것이야말로 프로스트가 《잃어버린 시간을 찾아서》에서 의도한 것이 분명하리라).
 어윈은 이 생각에 흠뻑 빠져서 어느 날, 거세를 하면 자신의 에너지 전체를 한곳으로 집중시키는 데 도움이 되리라고 생각했다. 그는 의사에게 페니스를 절단해 달라고 부탁했다가 거절당했다. 그 후 스스로 절단하려고 하다가 출혈 때문에 자칫하면 생명을 잃을 뻔했다. 그에게 인생은 더욱더 쓰라린 것이었다. 일은 마음에 들지 않았고, 인생은 벗어날 수 없는 덫이라고 느껴졌다. 그러던 어느 날, 갑자기 절망감에 휩싸여 이중 살인을 범했다. 그러나 그는 어떤 피해자에게도 난행을 하지는 않았다.

정신병의(精神病醫) 프레데릭 워샴이 증인으로서 소환되었으며, 그는 이러한 괴상한 생각을 가진 사람이 정신적 평형을 잃은 것은 자명한 사실이므로 어윈을 정신병원으로 보내야 한다고 주장했다. 하지만 이 주장은 받아들여지지 않아, 어윈은 무기 징역을 선고받았다. 아마도 워샴이 옳았으리라(나는 어윈을 만난 일도, 그를 아는 사람과 이야기한 적도 없기는 하지만). 그러나 나는 사람들이 어윈과 같은 범죄를 저지르면서도 완전한 제정신을 가진 경우를 상상하면서 조금도 곤란을 느끼지 않는다. 나에게는 어윈의 생각이 깊은 통찰 —— 모든 위대한 예술을 산출하는 깊은 통찰 —— 처럼 생각되는 것이다. 어윈은 워샴에게 쇼펜하우어에 대한 자신의 생각을 설명하면서 다음과 같이 말했다.

"……생명력은……우리가 마침내 물질계를 초월할 수 있는 완전한 단계에 도달하기까지 종(種)을 존속시킨다는 목적을 위해 살아 있는 모든 유기체를 이용한다. 모든 유기체는 성숙하면 스스로를 생식에 바친다. 다시 말하면, 우리들은 우리들의 생명을 지탱하는 추

진력을 다른 목적에 사용할 수도 있건만 생식에 바치고 있다. 나는, 만일 내가 일단 이 힘을 그녀(그의 여자 친구)에게 사용하지 않고 비축한다면, 그녀는 필요하지 않으리라고 깨달았다. 여자와 희롱하는 건 아주 재미있다. 5달러가 있어서 이 돈을 쓰는 건 아주 재미있다. 그러나 이 5달러를 사용하고 싶은 마음을 억제하여 후에 백만 달러를 벌 수 있다면……."

이 마지막 문장은 모든 위대한 예술가에게서 찾아볼 수 있는 도박의 충동을 보여준다. 천직(天職)이 없는 사람, 또는 천직만을 추구할 자신이 없는 사람은 가장 저항이 적은 길, 곧 안전하고 사회적 요구에 순응하는 길을 택한다. 버나드 쇼나 프루스트나 조이스나 아인슈타인 같은 인물은 사회가 제공하는 비교적 쾌적한 지위에 오르더라도 그 자신은 한없이 불행하리라는 것을 알고 있었다. 그들의 재능은 결코 보상받지 못할지도 모르지만 그들에게는 위험을 무릅쓰는 길 이외에는 다른 길이 없는 것이다. 그러나 이렇게 말하는 것은 사태를 과장할지도 모른다. 왜냐 하면 달리 택할 길이 없다고 한다면 선택의 문제는 일어나지 않을 것이기 때문이다.

그들의 선택 행위는 훔친 자동차로 '치킨 런'을 하는 것에 비유할 수 있다. '치키 런'의 목적은 자동차가 절벽에서 굴러떨어지기 직전까지 누가 더 오래 차 속에 남아 있는가를 알아보려는 것이다. 발자크와 뒤마, 또는 쇼와 제임스 바리(쇼와 동시대의 연극 극작가, 기교적이지만 감상적인 작품으로 인기를 얻었다)의 차이는 단지 문화적 재능의 차이는 아니다. 바리와 뒤마는 안전제일주의로 나갔고, 차가 절벽에 이르기 훨씬 전에 뛰어내린 것이다.

그런데 어윈은 상당히 독창적인 많은 사상가가 빠진 딜레마에 빠진 것이다. 그의 범죄는 프로이트식의 견해로는 설명할 수 없다. 상상력을 해방하기 위해 자신의 페니스를 절단할 수 있는 사람은 자신의 성적 충동의 완전한 노예는 아니다. 그러나 그는 포를 죽이고 멜빌을 묵살한 아메리카에 있었지, 제임스의 데블린, 쇼의 런던에 있었던 것은 아니다. 정신적 위기가 차츰 고조되어 그는 마침내 반격에 나서기로 결심했다. 왠지 모르지만, 그는 결국 자신이 좋아하던 두 사람을 선택했다.

극단적으로 절망할 경우에는 어떤 폭력 행위가 현재 상태로부터의 해방이나 사태의 개선을 약속하는 것처럼 생각된다. 만일 그가 폭력 행위로 나서는 것을 어떻게 해서라도 피할 수 있었다면, 지금 그의 이름은 범죄자가 아니라 예술과 관련되어 알려졌을 게 틀림없다. 어윈은 일단 '시각화'라는 강박 관념에 전념하기로 결심하자 최대의 모험을 감행했다.

그의 가정적 배경은 나빴다. 가난하고 비참했다. 이것은 그에게는 자연히 익숙해지는 낙관적 사고 방식으로부터 생기는 기본적인 정신적 안정이 없었다는 것을 의미한다. 그의 범죄는 싱싱 형무소에서의 130년의 징역형 대신에 그를 명예와 성공으로 이끌어 갔을 일련의 행위 중에서 단 한 가지 잘못된 선택을 한 결과였다.

어위 사건은 극단적이기는 하지만, 이 사건은 한 가지 중요한 점을 해명한다. 곧 신문을 장식하는 살인은 거의 모든 인간이 —— 다행스럽게도 —— 경험하지 못할 여러 가지 억압과 거의 모든 인간이 택하지 않을 선택 행위의 결과인 것이다. 예술가와 마찬가지로 이러한 유형의 범죄자는 일종의 정신적 독립성을 갖는다. 이것은 중요한 문제 —— 그들의 가장 강한 강박 관념을 말하지만 —— 에 부딪치면, 그들은 다른 사람과 의논하지 않고 일직선으로 돌진해 간다는 뜻이다.

이러한 강박 관념이 때때로 《나의 숨겨진 생활》이나 《나체의 런치》(미국 태생의 작가 윌리엄 바로스의 작품)를 쓰게 한다면 그것이 해로울 것은 없다. 적어도 당장 사회에 해를 끼치지는 않는다. 만일 소녀를 강간하게 되면, 그것은 사회 전체에 심각한 충격을 준다. 후자의 경우에 흥미 있는 문제는, 어떻게 해서 강박 관념이 이러한 단계에 도달했는가 하는 것이다. 그리고 우리는 여기서 강박 관념과 선택 행위의 상호 작용에 대해 연구할 수 있다.

1965년 가을, 마가레트 레날즈와 다이안 티프트라는 두 소녀가 스태퍼드셔의 월솔 근처인 캐노크 체이스라는 곳에서 행방 불명이 되었다. 두 소녀가 같은 날 행방 불명되지는 않았지만, 두 소녀의 시체는 1966년 1월, 캐노크 체이스의 간선 도로 A 23호 근처의 맨스티 갤리에서 함께 발견되었다. 두 소녀가 모두 강간당했다. 그 무렵에 나는 뉴욕에 있었는데, 두 소녀의 시체가 발견되었다는 신물을 읽었을 때, 누구나 마찬가지겠지만, 변태적인 성적 충동을 만족시키기 위해 이런 모험을 감행하는 인간은 도대체 어떤 인간일까 생각했다.

1967년 8월 19일, 일곱 살 난 소녀 크리스틴 디비가 친구들과 놀고 있는데, 어떤 남자가 차를 세우고 역으로 가는 길을 물었다. 그녀는 길을 가르쳐 주기 위해 그의 차에 같이 탔다. 3일 후, 그녀는 캐노크 체이스에서 시체로 발견되었다.

1968년 11월, 어떤 사내가 10세 소녀에게 자기 차에 타라고 유인하다가 실패했다. 이 광경을 목격한 어떤 부인이 그 차의 넘버를 적어 놓아, 얼마 후에 레이먼드 레즈리 모리스가 체포되고 크리스틴 디비의 살해 혐의로 기소되었다. 그의 아내는 크리스틴 디비가 살해되던 날 오후의 남편의 알리바이를 거짓말인 줄 알면서도 증언했다고 인정했다. 또 경찰은 모리스의 카메라에서 그가 근처에 사는 다섯 살 난 소녀에게 난행을 하는 현장을 촬영한 미현상(未現像) 필름을 발견했다(이 소녀는 이것이 유희인 줄 알고 아무에게도 말하지 않았다). 세 명의 목격자가 모리스를 크리스틴 디비가 살해된 현장 근처에서 본 사내와 동일 인물이라고 증언했으며, 1969년 2월 17일, 모리스는 살인죄로 종신형을 선고 받았다(그 전의 이중 살인사건은 아직도 미해결이다).

그가 선고를 받은 뒤 수주일 동안, 영국의 여러 신문은 어떻게 해서 한 인간이 어린이 살해범이 되었는가 하는 문제의 해결에 도움이 되는 기사를 실었다. 모리스는 미남자이고, 옷도 깨끗이 입고 평균 이상의 지능을 가졌으며, 전문적인 사진사였다(그가 5세의 어린이에게 난행을 한 것은 비누 광고용으로 그녀의 사진을 찍을 때였다). 그는 시를 지어 낭독하는 것을 즐겼고 흉내를 잘 냈다. 그를 고용한 사람들은 그가 신용할 만하고 영리한 사람이지만 냉정한 사람이라고 말했다. 그가 화를 내는 것을 본 사람은 하나도 없었다. 그의 형제 중의 한 사람도 그는 감정이 없는 사람이라고 평했다.

그러나 그의 성격을 가장 잘 드러낸 것은 그의 첫번째 아내 뮤리엘의 이야기였다. 그는 1951년에 그녀와 결혼하여 8년 후에 헤어졌다. 그녀는 그의 대단한 매력과 흉내내는 재주에 대해 말했다. 또한 그녀는 그가 공상한 일을 실연(實演)해 보는 것을 얼마나 좋아했는가를 말했다. 그는 중절모를 쓴 험프리 보가트였고, 레즈리 차레리스(모험물을 주로 쓴 영국 작가)였으며, 피아니스트인 위니프드 애트웰이었으며, 지금 한창 날리고 있는 가수였다. 이러한 공상에 잠긴 다음, 그는 그녀에게 옷을 벗으라고 명령하고, 그녀를 안았다.

"우리가 함께 텔레비전을 보고 있노라면 갑자기 '벗으라고' 했습니다. 만일 내가 곧바로 응하지 않으면 그의 눈빛이 차가워지고…… 그의 뺨이 창백해집니다. ……내가 옷을 벗으면 무릎 위에 앉으라고 말했어요."

그녀는 그의 이러한 극단적인 자제심에 대해 몇 번 언급했다.

"그가 어떤 가수의 흉내를 내고 있는 것을 웃으며 바라보고 있다가 다음 순간에는 깜짝 놀라 식은땀이 났어요. 그가 조용히 옷을 벗으라고 나에게 명령했기 때문이었습니다."

두 사람이 헤어진 다음, 그는 1주일에 두 번씩 섹스를 위해 자기를 찾아오라고 그녀에게 명령했다. 오지 않으면 생활비를 주지 않겠다고 말했다. 또한 그는 테이블 위에 그녀의 몸을 굽히게 하고 관계를 했다고 그녀는 말했다. 그러나 모리스를 어린이 살해범으로 보기는 어렵다고 그녀는 말했다.

"그는 언제나 어린이를 좋아하는 것 같았어요(그들 사이에는 아들 둘이 있었다)."

모리스의 두 번째 아내 캐롤은 그보다 열네 살이나 아래였는데, 그의 이러한 사디즘적인 면을 전혀 몰랐던 것 같다. 그녀가 그의 거짓 알리바이에 가담한 것은, 그가 캐노크 체이스 살인 사건의 범인이라고는 도저히 생각할 수 없었고, 그가 쓸데없는 일에 말려드는 것이 싫었기 때문이었으리라.

여기서 다시 떠오르는 것은 어딘가 여성적이고(그는 체포될 때 정교한 인형의 집을 만들고 있었다) 막연한 '예술가적' 성격을 가진 인간의 모습이다(그의 시는 대 맥고날의 시만큼 서툴렀던 것 같지만). 또한 주위와의 관계에서 보는 한, 응석받이로 자란 막내의 매력과 월터 미티(J. 사바의 단편 소설의 주인공)와 마찬가지로 공상이 풍부한 생활을 하고 극단적으로 강한 성적 충동(성은 그의 경우 아주 좋은 것이 아니라 압도적인 광기 같은 충동이었다)을 가졌으며, 섹스의 상대에 치욕을 가함으로써 자기 주장을 하려고 하는 '아웃사이더'의 모습이다.

그의 첫번째 아내는 날씬하고 화사한 몸을 가진 —— 어린애 같다는 말이 떠오를 정도의 —— 소녀였다. 두 번째 아내는 그에게 열중했던 통통하고 귀여운 여자였는데, 확실히 어린애 같다고는 할 수 없었다. 두 사람은 그가 체포되기까지 5년 동안 결혼 생활을 했다.

이 어느 정도는 사디즘적인, 성적 공상에 잠기고 싶다는 욕구가 왜 어린애를 강간하려는 충동으로까지 발달했는가를 설명해 줄지도 모른다.

그러나 모든 요인은 왜 이러한 성격의 인간이 어린이 살해범이 되었는가를 충분히 설명하지 못한다. 이러한 요인이 이상한 성격을 형성하는 것은 아니기 때문이다. 남성은 여성에 대해서는 제임스 본드적 경향을 갖는 것이다(도스토예프스키에게 이러한 경향이 매우 강하다. 동시에 그는 어린애들 강간에 병적 매력을 느꼈다).

오히려 그의 경우, 가벼운 이상성(理想性)이 범죄적 규모로까지 확대된 것은 그의 성격의 여성적·'예술가적' 부분 때문이라는 점이 흥미롭다. 그는 자신의 주변 사람들에 대해 우월감을 가졌고, 상상력이 풍부하고 환경에 순응할 수 없는 인간이었기 때문에 격렬한 심리적 기복을 경험했다.

쇼는 모든 인간은 자신의 가능성을 실현하고 다른 사람이 분명히 이 점을 인정할 때까지는 가짜 입장을 취한다고 지적한다. 그러나 자기의 가능성을 실현하는 것은 이미 어원의 경우에 말한 바와 같이 '의지의 행위', 곧 '목숨을 건 도박'일 뿐 아니라, 어느 정도는 좋은 환경에 의존한다. 모리스 같은 인간은 숙명적으로 두 극단의 중간에 놓여 있다.

그가 세상에 실력으로 자기를 인정하게 만들 만한 재능도 결의도 없으면서도 —— 의지력과 자제심은 평균 이상이기는 하지만 —— 자기가 놓여진 환경 속에서 즐거운 기분으로 지낼 수 있는 것은 너무나 월터 미티적이다(그가 자라 난 환경이 기본적으로 다음과 같았다는 사실에 주목해야 한다. 곧, 두 아내는 모두 그가 어릴 때부터 알던 소녀이고, 그의 어머니는 이웃에 살며, 장모는 약간 떨어진 곳에 살았다). 따라서 필연적으로 기분이 고양되었을 때보다는 우울한 때가 횟수도 많고 그 기간도 길었다.

그리고 여기서 우리는 또 하나의 중심적 문제에 봉착한다. 쇼의 지적에 따르면, 우리는 예술가를 그 가장 높은 순간에 판단하고, 범죄자를 그 가장 낮은 순간에 판단한다. 이 두 가지 기질은 많은 공통점을 가진 듯하고, 따라서 양자의 차이는 성격이나 환경의 차이라기보다는 선택 행위의 차이임을 나는 밝히려고 한다. 인간이 기분이 좋다, 또는 나쁘다 하는 현상에 좌우된다는 것은 불가피하지만, 우울할 때 우리는 선택을 강요당한다. 우리는 이에 저항하든가, 또는 패배적 자세로 이를 더욱 심하게 만들든가 한다.

이러한 선택 행위는 우리가 '인간적'이라는 말을 사용할 때 이 말이 갖는 의미와 거의 동일하다는 점을 인식하는 것이 중요하다. 어느 순간에나 나는 직접적 충동이나 '더 먼 목적'을 선택하지 않으면 안 된다.

일을 마치고 귀가 도중에 심한 허기를 느꼈다고 하자. 자동 판매기 옆을 지나가다가 나는 초콜릿으로 잠시 허기를 달래고픈 유혹을 받는다. 그러나 나는 아내가 저녁밥을 준비하고 있다는 것, 또한 이 충동에 지지 않으면 저녁밥이 더욱 맛있으리라는 것을 알고 있다. 이 경우에는 대단한 도덕적 문제가 포함되지 않는다. 그것은 어떤 선택이나 순수하게 육체적 수준의 것이기 때문이다. 그러나 한쪽은 다른 쪽보다 더 먼 목적을 갖는다.

자기가 너무 살이 쪘다고 느끼고 집에 돌아가 저녁밥을 먹을 생각이 없다고 하자. 이 경우에는 목적은 더 먼 곳에 있으며, 앞으로 1주일만 이렇게 하면 체중이 몇 파운드는 줄 것이라고 생각하는 경우에는 일종의 도덕적 만족감을 느낀다. 도덕적 만족감은 목적 달성(감량)을 현실적으로 예상할 때만이 아니라, 먼 장래의 일을 생각하고 선택한 결과로 자존심이 강화되었을 때에도 생기는 것이다.

그런데 만일 여러 가지 이유로 나의 자존심이 상했다면 —— 예컨대 하루 종일 솜방망이가 되도록 일하고, 게다가 직공장과 굴욕적인 말다툼을 했기 때문에 —— 나는 다른 때보다도 직접적 충동에 지기 쉽고, 따라서 초콜릿을 사먹게 될 것이다. 더구나 오늘 저녁밥이 내 마음에 들지 않는 것을 알고 있다면 유혹은 배가될 것이다. 직접적인 충동보다 더 강한 것은 없다.

가령 지금 초콜릿을 먹으면 그렇잖아도 별로 먹고 싶지 않은 저녁밥에 대한 식욕이 완전히 없어지리라는 것을 알고 있으면서도, 나는 자신의 분노의 감정에 패배하는 데에서, 또한 사태를 더욱 악화시키는 데에서 일종의 자학적(自虐的)인 쾌감을 느낀다. 어원은 이러한 상황에서 이중 살인을 범했다.

모리스 같은 인물일 경우, 사태는 이처럼 극단적인 것은 아니었으리라. 그는 몸달게 하는 성적 충동을 상쇄할 만한 먼 목적을 갖지 못했다. 게다가 피로감과 혐오감이 성적 충동을 강화한 것 같다. 이 충동은 보통의 대상에 의해서만 만족될 수 없을 만큼 강력하고, 또한 분노·초조·혐오·원한·권태 등의 감정으로 충만된 것이다. 그의 공상의 향방은 이미 정해져 있다. 곧 말없이 옷을 벗고 테이블 위에 몸을 굽히는 여자이다. 이제 그의 상상력은 더욱 극단적인 공상을 의식적으로 선택한다. 따라서 희생자는 더욱 완전히 지배되고 빼앗기고, 정복자는 더욱 위압적이고 두려운 존재가 된다. 하나의 선택 행위가 이루어진 것이며, 그것도 예술작품을 창조하는 방향과는 반대 방향으로 이루어진 것이다.

인간은 자기 훈련에서 느끼는 도덕적 만족감과는 정반대되는 것에 필연적으로 끌리게 마련이다. 그의 행위의 본질적 요소는 자기 비하이다. 그리고 직접적으로 자기 자신의 가능성을 실현하여 이를 다른 사람이 확실히 인정하게 만들기 위해서 자기의 개성을 '고정'시킬 수 없었기 때문에 이러한 자기 비하가 생긴다. 나는 다른 곳에서 긴박한 순간, 일상적인 자기를 초월한 순간에 인간이 경험하는 감정을 나타내기 위해 '승진(昇進)'이라는 말을 사용했다. 이에 반해, 지금 내가 말하는 이 감정은 '강등(降等)'의 한 형태이고, '강등'의 결과로 이루어지는 선택이다.

범죄자의 이자 택일의 선택 행위에는 내가 아직 언급하지 않은 또 하나의 요소가 있다. 그것은 과장 없이 사랑의 형이상학적 문제라고 할 수 있는 것이다.

블레이크는 다음과 같이 말한다.

남자가 여자에게서 구하는 것은 무엇인가?
　　그것은 충족된 욕망의 표정.

　이것은, 어떤 의미에서는 인간은 각기 고립된 우주이고, 그들의 '사랑'의 관계도 야채 가게에서 배추를 사는 경우처럼 상호의 만족이 문제임을 암시한다. 물론 자기 자식에게 느끼는 사랑은 다르다. 그것은 보호해 주고 싶다는 본능적이고 강력한 기분이다. 또한 보호해 주고 싶다는 이 기분이 아내에 대한 나의 감정의 중요한 부분을 이루고 있을지도 모른다.

　물론 대개는 남녀가 '사랑에 빠지는' 경우, 그것은 '충족된 욕망의 표정'이 문제이기는 하지만.

　또한 보호해 주고 싶다는 기분은 종의 보존이라는 목적을 위해 인간에게 주어진 환상, 또는 본능이라는 이론이나, 아내에게 배반당한 남자가 두 사람의 결합은 원래 하나였던 것이 갈라진 반쪽끼리 다시 뭉치게 되는 것이 아님을 깨닫는 것처럼, 10대의 아들이나 딸과 말다툼을 하는 어버이는 아미 자신의 역할은 끝났고, 자기와 자식들 사이에는 참된 정신적 결합은 조금도 없다는 것을 깨닫게 된다는 이론도 있을 수 있을 것이다.

　그런데 정말로 우리들이 결합이니 연대니 하는 '환상'에 빠지기 쉬운 고립된 우주라고 한다면, 인간 관계의 우연적·우발적 성격을 인식하는 사람은 현실주의자이다. 그들을 냉소가라고 부르고 싶은 사람도 있을지 모르지만.

어릴 때 사랑을 받아 보지 못한 동물은, 이유는 분명히 알 수 없지만 애정을 주지도 받지도 못한다는 것을 잘 알려진 생물학적 사실이다. 나는 《살인백과》에서 매우 가난한 대가족 속에서 자라난, 뒤셀도르프의 사디스트 페터 퀼텐 사건을 분석했다. 그의 아버지는 범죄적 소질을 갖고 있어서 퀼텐의 자매 중의 하나를 강간한 죄로 상당 기간 징역형을 받았다.

남자 · 여자 · 어린애 · 말 · 양 —— 백조까지도 —— 을 죽이거나 중상을 입히면서 뒤셀도르프에서 혼자 연속적으로 범행을 거듭하고 있는 동안에도, 퀼텐은 한편으로는 조합 활동에 열심인 선량한 노동자이자 상냥한 남편이었다. 그의 아내와 동료 노동자는 그가 뒤셀도르프를 2년에 걸쳐 공포로 몰아넣은 살인귀라고는 믿을 수 없었다. 물론 그는 좋은 남편이고 믿을 만한 조합 활동가였지만, 일상 생활과 환경으로부터 근본적으로는 한 걸음 떨어져 있었다는 사실을 그들은 이해할 수 없었다.

그는 정말로 아내를 몹시 사랑했다. 그는 자기가 찔러 죽인 두 명의 소녀가 마음에 들고, 죽이는 게 가엾다고 생각했다고 한다. 그러나 철저하게 분석해 보면, 그는 인간이란 고립된 우주라고 느끼고 있었다. 그는 이 어린애들 —— 5세와 14세 —— 에게 인간으로서 반응했다. 다섯 살 난 어린애는 그에게 매달려 키스를 하기도 했다. 그러나 오르가슴에 도달하기 위해서는 두 애를 살해하는 것이 중요한 일이었다 —— 자기가 두 애를 좋아한다고 하더라도 그것이 무슨 문제란 말인가. 만일 자기가 그 곳을 떠나 두 애를 그냥 놓아두다면, 어쨌든 두 애를 다시 만나는 일은 없을 것이고, 자신의 욕망은 여전히 충족되지 못할 것이다.
 ……오르가슴은 현실적인 것이고, 다른 사람에 대해 갖는 인간의 감정은 착각이다.
 이러한 범죄가 사람들을 불안하게 만드는 것은, 살인범에게 왜 그의 행위가 처벌을 받아야 하는가를 밝혀 줄 설득력 있는 이유 —— 그 따위 이유는 사회가 편리하게 즉흥적으로 만들어낸 것이라고 말하며, 그가 부정할 수 없는 이유 —— 를 말해 줄 수 없기 때문이다. 퀼텐은 농부가 자기 집 닭을 죽인 여우를 쏘아 죽일 권리를 가진 것처럼, 사회가 자신을 처벌할 권리를 가졌다는 것을 인정하리라. 그러나 그는 여우가 닭을 죽이는 경우와 마찬가지로 자기가 어린애를 죽이는 것도 도덕적으로 나쁘지 않다고 주장할 것이다.
 나는 왜 이런 문제를 제기하는가, 그것은 살인의 실제적 문제와 어떤 관련을 갖는가? 황야 살인 사건이 증명하듯이 대답은 그렇다고 하는 것이다. 브레디는 사드처럼 인간은 비소한 존재이고, 살인을 금지하는 법률은 사회적 법률이지 도덕적 법률은 아니라고 주장한다. 그는 일단 이렇게 생각하자, 돈 많은 지주의 소유지 안의 개울에서 물고기를 작살로 찍어내는 밀어자(密漁者)나, 호랑이를 뒤쫓는 수렵가와 같은 모험을 하는 것이라고 자기 자신을 타이를 수 있었다.
 황야 살인 사건이 이러한 종류의 살인으로는 최후의 것은 아니라고 예언한다면, 너무 어두운 견해일까? 황야 살인 사건은 이러한 종류의 사건으로는 최초의 것이 아니었다. 아마도 레오폴드와 레브 사건이 이러한 종류의 사건으로는 최초의 것이라는 '끔찍한 영예'를 받게 될 것이다. 보비 프랭크스를 죽인 두 사람은 살인이 도덕적으로 잘못이 아니라는 —— 니체로부터 추출한 —— 사상을 믿었기 때문이다. 그리고 이러한 살인은 도스토예프스키에 의해《죄와 벌》,《악령》및《카라마조프의 형제》에서 예견되었다고 말할 수 있으리라. 현실이 예술을 뒤따르기까지 반 세기 이상이 걸린 셈이다.

　이러한 범죄를 범하는 자는 인간 관계에 깊은 불신감을 가졌고, 또한 강한 성욕을 가졌으며, 지능적이고 환경에 순응하지 못하는 자이다. 도스토예프스키 시대에는 교육이 아직 소수의 특권 계급에게만 독점되어 있어서 네차예프나 라스콜리니코프 같은 인간은 드물었지만, 레오폴드와 레브 살인 사건은 1870년에도 일어날 수 있었을 것이다. 두 사람 다 유복한 가정에서 태어났기 때문이다. 그러나 1924년(보비 프랭크스가 살해된 해)에조차도 브레디 같은 인간은 사드의 작품에 접할 수 없었을 것이고, 또한 이를 이해할 만한 교양을 갖지 못했을 것이다.

　어윈이나 브레디나 모리스 같은 인간은 비교적 높은 문명의 산물이다 —— 이 책의 마지막 장에서 다룬 여러 유형의 살인범도 그렇지만, 그들이 범죄학에서 차츰 밝혀질 하나의 패턴이 될 수 있으리라는 —— 거의 확실하게 그렇게 되리라는 —— 것을 인식하고, 이러한 현상의 도덕적·심리적 복잡성에서 어느 정도 주목하는 게 좋다. 또한 브레디에게 결정적 영향을 준 것은 사드의 외설성이 아니라, 그의 순수하게 철학적인 이론에 절대로 들어가지 않도록 하는 것이라면, 그와 같은 인간이 니체나 도스토예프스키나 안드레예프나 베케트나 히리느나 그 밖에 사드에 가까운 철학을 가진 몇 사람의 작가의 작품을 읽는 것도 절대로 금지해야 할 것이다.

그러나 이 머리말에서 나는 여러 가지로 생각될 수 있는 '해결책'을 제시할 생각은 없다. 단지 살인에 대한 나의 철학적 관심을 설명하려고 한다.

나는 살인을 인간의 자유 문제에 대한 하나의 답이라고 생각한다. 그것은 사회적 문제도, 심리학적 문제도, 도덕적 문제(이 말은 너무나 많은 사회적·종교적 의미를 내포하고 있지만, 나는 이러한 면에도 구애되고 싶지 않다)도 아니고, 사르트르나 하이데거가 사용한 의미에서의 '실존적 문제'에 대한 하나의 답이라고 생각한다. 사람들은 일단 이러한 관점에서 생각하기 시작하면, 전통적인 종교적 관념으로 쉽게 되돌아간다(이것이 20세기에 흄·엘리엇·그린 등의 신종교 운동이 일어난 이유를 설명해 준다). 이러한 일은 문제점을 명백히 하기 위해서도 피하지 않으면 안 된다.

인간은 위기의 순간에 지금까지 모르던 고도의 자유를 알게 된다. 어떤 의미에서는 살인 문제는 문제는 오덴의 시에 암시되어 있다.

　　　인생은 역시 하나의 축복이다.
　　　가령 그대가 축복을 할 수 없다 하더라도.

우리는 너나없이 '권태라는 위대한 신비'의 지배를 받거니와, 이것은 '축복'이 결여되었을 때의 가장 흔한 형태이다. 그러나 그린의 주정뱅이 신부(《권력과 영웅》의 주인공)는 사살되려는 순간에 '성인(聖人)이 된다는 것은 아주 간단한 일이었으리라'는 것을 갑자기 깨닫는다. 라스콜리니코프는 영원한 암흑과 폭풍우 속에서 좁은 바위 위에 서 있지 않으면 안 된다고 하더라도, 지금 당장 죽는 것보다는 그렇게 하고 있는 쪽을 선택하리라는 것을 깨닫는다. 아메리카의 갱인 찰리 비아거조차도 교수대에 올랐을 때 "참으로 멋진 세계가 아닌가"라고 말했다.

우리들에게 이러한 덧없고 빛나는 시야가 열리는 순간 이외에는, 우리는 인생에 있어서 끊임없이 자유를 부정한다. 그러나 이것은 인간이 가진 매우 흥미 있는 가능성이다. 그리고 이러한 인식은 나 자신의 철학적 시야의 기초이고 나의 모든 작품의 중심 문제이다. 우리는 풍부한 석유 자원을 가졌으면서도 가난에 시달리는 인도 사람과 비슷하다.

언제든 누군가가 유전을 파는 기술을 습득할 것이고, 그것은 인간의 역사에서 가장 중요한 일일 것이다.

살인이 나의 관심의 대상이 되는 것은, 살인이 이러한 인간의 가능성을 부정하는 가장 극단적인 형태이기 때문이다. 삶의 가치의 감소가 20세기에 이르러서는 당연한 일이 되었다.

우리는 사회의 붕괴나, 도덕의 파산이나, 패배감의 깊이 등에 대해 많은 말을 했는데, 실존주의 철학자가 이러한 비관주의의 주요한 대표자였다. 그러므로 내가 살인에 대해 생각할 때마다 난곽주의적인 기묘한 활기를 느낀다고 말하면 이상하게 들릴지도 모른다. 그러나 사실이 그렇다.

우리는 왠지 권태와 철학적 비관주의를 날씨처럼 불가피한 것으로 받아들인다. 그렇지만 살인에 대해서는 이처럼 태연한 태도를 취할 수 없다. 살인은, 간통이라는 생각이 청교도적인 노처녀에게 일으키는 것과 같은 병적인 홍미를 우리들에게 일으킨다.

만일 이 노처녀가 다소라도 분석적이라면, 이 병적인 홍미는 성이란 사실상 더럽고 혐오스러운 것으로 처리해 버릴 수 없다는 것을 보여주는 증거임을 알 것이다. 사람들은 거지나 쥐의 시체에는 병적인 홍미를 느끼지 않는다. 노처녀의 병적인 홍미는 성이 인간의 숨겨진 가능성을 통찰하는 가장 중요한 것이 될 수 있음을 역설적으로 인정하는 것이다. 그리고 만일 살인이 이와 동일한 병적 호기심을 불러일으킨다면, 그것은 살인이 이 숨겨진 자유의 가능성을 부정한다는 것을 본능적으로 인식했기 때문이다. 살인에 대한 우리의 홍미는 말하자면 역설과 같다.

이러한 견해를 이해할 수 없다거나 그저 지루한 것이라고 생각하는 독자에게는 다음과 같은 점을 다시 한번 말해 두고 싶다.

내가 이 책에서 시도하려는 것은 이른바 '살인의 양식의 변화'에 대한 연구이다. 나는 여러 시대, 특히 17세기부터 20세기에 이르는 살인의 유형의 전체상(全體像)을 그려보려고 노력했다. 특히 몇 가지 사건을 골라서 자세히 연구했다. 캐더린 헤이스 · 닐 크림 · H.

H. 홈스 등이다.

처음에는 나는 살인의 또 다른 면에 대한 연구를 덧붙일 생각이었다. 그것은 '신념으로부터의 살인'이라고 할 수 있는 것으로, 인도의 암살 단원 하산 빈 사바(1128년에 죽은 페르시아 사람으로, 암살을 목적으로 한 강력한 비밀 결사를 조직했다)와 암살단 등이 사용한 정치적 무기로서의 살인이다. 그러나 이 책은 그렇지 않아도 길어졌다. 따라서 이러한 살인에 대한 자료는 《암살단》이라는 이 책의 속편의 기초가 될 것이다.

내가 살인에 관한 책을 쓴 다른 저자들 —— 특히 에드먼드 피어슨·윌리엄 라프헤드·윌리엄 브라이소 —— 을 언급하는 경우, 그들을 별로 높이 평가하지 않는다는 것을 알 수 있으리라. 나는 살인에 대한 '흥미 본위'의 견해는 좋아하지 않는다.

나는 이 책을 《살인백과》처럼 아직도 명확한 실체로서 존재하지 않는 주제, 또한 아직도 형태를 갖기에 이르지 못한 과학에 기여하려는 시도라고 생각한다. 이러한 과학은 끊임없이 탄생하고 있다. 도대체 누가 기생목(寄生木)의 역사가 보잘것없는 소일거리가 아닌 중요한 것이 되리라고 상상할 수 있었을까.

그렇지만 제임스 조지 프레이저 경이 《금지편(金枝篇)》 12권을 통해 신화학과 마술에 대해서 끝없이 지엽에 흐르면서 기생목의 역사를 추구했을 때, 그것은 사회 인류학이라는 과학의 초석을 놓았다. 그리고 사회 인류학은 인간의 자유와 사회의 풍습 및 의식(儀式)의 관계에 대한 연구가 아닌가. 나는 범죄학 자체에는 관심이 없고 범죄와 인간의 자유 관계에 관심을 갖는다.

 이 책은 주제에서 크게 벗어나는 경우도 있다는 것을 말해 두고자 한다. 이러한 접근법이 범죄의 기묘한 사례집 이상의 것을 탄생시켰는지 그 여부에 대해서는 독자의 판단에 맡기는 수밖에 없다.

제1장
초기의 살인

 살인과 같은 기본적인 범죄는 어느 시대, 어느 나라에서나 동일하리라고 생각할지도 모른다. 그러나 꼭 그렇지는 않다. 살인은 개별적인 현상이고 구애(求愛)의 풍습과 마찬가지로 자주 변하게 마련이다. 앞으로는 센세이셔널한 것을 좋아하는 역사가가 순수하게 살인이라는 면에서 영국의 사회사를 쓸지도 모른다. 그리고 이러한 역사가는 마침내는 나와 같은 의견을 갖게 되리라고 생각한다. 다시 말하면, 살인은 20세기가 되기까지는 그 본래의 진짜 지위를 얻지 못했다고 생각할 것이다.
 현대는 살인의 시대라고 부를 수 있을 것이다. 곧 '살인 그 자체를 위한 살인의 시대'라고 부를 수 있을 것이다. 또한 범죄의 매력 때문에 살인하는 시대라고 부를 수도 있을 것이다.
 살인이 인간성의 순수하게 '본래적인' 부분이었던 시대, 마치 도살자가 돼지를 죽이듯 인간이 적을 죽이던 시대로부터 오랜 시간이 서서히 지나갔다(나는 채식주의자는 아니지만 푸줏간에 들어갈 때에는 나의 먼 미래의 자손이 내 옆에 서 있다면 느꼈을 공포를 반드시 상상하게 된다. 그가 다음과 같이 말하는 것이 들리는 듯하다. "야, 그 사람들은 상상 이상으로 비문명적이었음에 틀림이 없어. 이거야 서로 잡아먹던 상태로부터 겨우 한 걸음 진보했을 뿐이잖아……"). 우리들의 문명은 인간이 거의 우연히 만들어낸 것이고, 또한 극히 최근의 것임을 상기해야 한다.

H. G. 웰즈의 책 중에서 거의 무시되는 책인 《'42로부터 '44로》에서, 그는 인간 사이에 '지금까지는 예상할 수 없었을 정도의 밀접한 관계가 형성되지 않을 수 없게 된 것'은 겨우 1만 세대 이전의 일에 지나지 않는다고 말했다. 인간의 수가 늘어남에 따라 인간은 비옥한 지역에서 함께 살지 않으면 안 되었다. 다른 땅은 그들이 살아가기에는 환경이 너무 가혹했거나 황폐했기 때문이다. 비옥한 유역 '밖'의 유목민은 당연한 일이지만 침략자나 약탈자가 되었다. 그리고 웰즈는 다음과 같이 지적한다. "초기의 문명에서 볼 수 있는 것은 서서히 진보하고 발전한 '공동체'는 아니었다. 그것은 본질적으로 법석을 떠는 '군중'이었고, 여기에서는 전례가 없는 반응이 일어날 수 있었다. ……최초의 도시가 생기자 최초의 빈민가가 생겼고, 그 후 줄곧 인류의 대다수가 빈민가에서 살고 있다."

웰즈의 《세계문화사 대계》 구판의 삽화도 좋은 보기이다. 여기에는 우리들의 선조가 야수와 맞서서 나뭇가지나 코끼리의 정강이뼈를 들고 있는 모습이 그려져 있다. 바로 이 때문에 여러분이나 내가 현재 쾌적하고 복잡한 문명 속에서 살고 있는 것이다. 우리들의 선조가 이 지상의 가장 유능한 살해자였기 때문이다.

로보트 아들리는 인간의 지능이 발달한 것은 인간이 두뇌와 손에 든 뼈로 만든 곤봉을 조정할 필요가 있었기 때문이라고 극단적인 말을 한다. 생리학상의 어떤 우연에 의해 인간은 이 혹성 위에서 직립보행을 하는 유일한 생물이 되었다. 그리고 이것은 인간이 무기를 잡기 위해 두 손을 사용할 수 있음을 뜻한다. 본능적으로 이빨이나 발톱으로 싸우는 대신에 외부의 뼛조각을 사용한다는 것이 인간에게 사물을 한 걸음 물러난 곳에서 관찰하는 태도를 길러 주었고, 말하자면 인간을 눈을 뜬 몽유병자로 만든 것이다——이것은 인간이 현재의 추상적 사고능력을 획득하기 위한 최초의 위대한 첫걸음이었다.

웰즈의 '법석을 떠는 군중'으로 되돌아가기로 하자.

이런 인간들은 아리스토텔레스가 어떤 말을 하든 '사회적 동물'은 아니었다. 아마도 부족의 장로나 지도자 중의 몇 사람은 이런 부족의 통합이 황야 속의 이런 인간들에게는 중요한 진보임을 알고 있었으리라. 그러나 빈민가에서 태어나 자라난 대부분의 사람들은 태어나면서부터 기성의 문명 속에 있었고, 따라서 이 문명을 선택하든가 거부하든가 하는 문제는 일어나지 않았다. 그들은 이 문명에 자기 자신을 적응시키든가, 또는 황야의 유목민이나 침략자에 가담해야 했다. 물론 그들은 뭔가를 훔칠 기회를 늘 엿보면서 훔칠 수 있는 것은 무엇이든지 훔친다는 형식으로 이 문명에 반쯤 적응하면서 기생하기도 했다. ……이것은 '지금도' 델리나 홍콩이나 단지르나 리오데자네이로 등 많은 대도시 빈민가에서의 생활방식이다. 또한 이것은 서구라는 온화한 지방에서도 그다지 무관한 이야기는 아니다. 1840년대의 런던에 대해 디킨스가 쓴 글을 읽어 보면 알 수 있다. 또한 허버트 아즈베리의 《뉴욕의 갱》의 좀더 새로운 묘사를 읽어 봐도 알 수 있다.

"올드 브르아리의 지하실은 약 20여 개의 방으로 나뉘어져 있었다. ……올드 브르아리가 가장 유명했던 무렵, 여기에는 1천 명 이상의 남녀와 어린이가 살았다. 그들은 거의 동수의 아일랜드인과 흑인이었다. ……이런 동굴 같은 곳에서 태어난 애들은 태양도 보지 못하고 신선한 공기도 마시지 못한 채 10대 시절을 보냈다. 올드 브르아리의 주민이 이 동굴을 떠나는 것은 외부 사람이 이 건물 속에 들어가는 것과 마찬가지로 위험했기 때문이다. 남북 전쟁이 일어나기 10년도 채 못 되는 때에 지하의 약 15피트 사방의 한 방에서 26명이 끔찍할 정도로 비참하고 더러운 생활을 했던 것이다.

언젠가는 한 방에서 살인이 일어났는데(한 소녀가 어리석게도 구걸한 1페니를 사람들에게 자랑했기 때문에 칼에 찔려 죽었다), 시체는 죽은 애의 어머니가 방바닥 밑에 판 얕은 무덤에 간신히 매장될 때까지 5일 동안 방구석에 방치되었다. ……이 건물 전체를 매우 무더운 생활 상태가 지배하고 있었다. 백인과 흑인의 혼교(混交)는 당연한 일이었고, 근친상간은 드문 일이 아니었으며, 난교(亂交)도 성행했다. 건물 안에는 도둑, 살인자, 소매치기, 거지, 매춘부 그리고 온갖 종류의 타락한 인간이 득실거렸다. ……살인도 자주 일어났다. 약 15년 동안에 올드 브르아리에서는 하룻밤에 평균 한 건의 살인이 일어났고, 또한 올드 카우 베이의 연립주택에서도 거의 마찬가지였다. 가해자의 대부분이 처벌을 받지 않았다. 경찰관도 많은 인원이 가지 않고 몇 사람이 갔다가는 올드 브르아리에서 살아 돌아올 희망은 없었기 때문이다."

그런데 바로 이것이 초기 문명이 야기시킨 최초의 결과의 하나였다. 다시 말하면, 바로 동물적 본능을 위한 여지가 남아 있는 생활이었다. H. G. 웰즈는 역시 거의 무시되는 후기의 어느 저서에서 11세기 말에 처음으로 파견된 십자군은 대군중이 동일한 이념에 의해 동원된 역사상 최초의 예라고 올바르게 지적하고 있다(《T형 십자장 — 로마 카톨릭 교회에 대한 고발》, 펭귄 총서, 1943).

은자(隱者) 피에르(1050?~1115. 프랑스의 신부, 설교사)라는 이상한 예언자가 독일에 나타나 터키인이 예루살렘을 점령했을 때의 잔인한 행위를 이야기했다. 스티븐 랜시만(1903~. 영국의 역사가로 특히 비잔틴 역사의 권위자)은 십자군의 역사를 쓰면서 피에르가 성공한 이유를 다음과 같이 설명한다. "유럽 북서부 농민 생활은 가혹하고 불안정했다. 많은 토지는 야만족의 침입과 고대 스칸디나비아인의 습격으로 경작되지 못한 채 방치되었다. 제방은 파괴되고 바다와 강은 논밭을 침식했다. 영주들은 그들이 사냥을 하는 숲의 개간에 흔히 반대했다." 따라서 농부들은 잃을 것이 아무것도 없었다.

'인민'은 유럽 각지를 연이어 넘어갔으나, 웰즈가 설명하는 바와 같이 다음과 같은 사태가 일어났다. "그들은 외국인 사이에 있을 때, 그들이 이교도들과 함께 있는 것은 아니라는 사실을 이해하지 못했다. 원정군의 전위에 섰던 두 개의 대집단은 헝가리에서——이곳의 언어를 그들은 알지 못했다——대단히 난폭한 행동을 했기 때문에 학살당했다. 제3의 집단은 라인란트의 유대인 대학살을 시작했으나, 그 대부분은 역시 헝가리에서 학살당했다. 피에르가 이끄는 다른 두 집단은 콘스탄티노플에 도착하여 알렉시우스 황제를 놀라게 하고 당황하게 했다. 해협을 건너가게 했으나, 결국 그들은 셀주크인에게 패배했다. 아니, 오히려 학살당했다고 하는 것이 옳다."

그리고 훈련된 군대가 이 거지와 도둑의 대집단의 뒤를 이어 니케아를 점령했을 때조차도 황제는 그들에게 약탈할 틈을 주지 않고 이곳에서 그들을 철수시켰다.

문제는 자명하다. 이 경우, 인간은 분명히 그 인간적 성격을, 다시 말해 하나의 이념에 따라 움직이는 능력을 보여준다. ……그럼에도 불구하고 그들 최초의 행동은 우호적인 외국인을 못살게 굴고 죽이고, 유대인 대학살을 시작한 것이었다. 물론 그들은 하나의 이념에 따라 움직였다고 말할 수 있다. 그러나 그들은 그들의 집이나 마을의 속박으로부터 해방되었다고 느끼자마자 단 하나의 욕망만을 가졌다—— 저 억센 농부의 딸을 자기의 것으로 만들고, 저 살찐 소를 잡아먹고, 저 농가의 창고에서 곡식을 마음대로 빼앗고, 그 집의 술을 마실 욕망만이 남았다.

결국 '그들'이 문명을 선택한 것은 아니었다. 그들은 눈을 뜨자 그 문명 속에 있었다. 그리고 동물적 본능은 여전히 강했다. 인간은 문명화되기 위해서는 학살하거나 학살당하거나 하면서 험한 길을 걸어와야 했다. 자기의 땅을 경작하고 이웃 마을과 거래를 하고 싶다는 욕망밖에 갖지 않은 온화한 사람조차도, 자기가 바라는 것을 얻기 위해 동물적 힘이나 동물적인 약은 꾀를 사용해서는 안 되는 까닭을 모르는 다른 사람들로부터 스스로를 지키기 위해 군대나 경비대나 경찰 등 방위조직을 편성하지 않으면 안 되었다.

인간은 자신이 받는 친절이나 도리에 맞는 설명에 의해서가 아니라 고통을 통해 문명을 받아들였다. 이것은 마치 새빨갛게 단 쇠막대기로 야수를 길들이는 것과 같은 일이다. 그리고 어느 정도의 쾌적함을 누릴 수 있었기 때문에 다행스럽기는 했지만, 지능적이었던 사람들은 불운한 대다수의 사람들로부터 자기 자신을 지키기 위해 대단히 많은 시간을 소비해야 했다.

이러한 모든 일들로 보아 몇 세기 전까지는 대개의 범죄의 원인은 경제적인 것이었음을 알 수 있다. 예를 들면, 카그브리(스코틀랜드 남서부의 주)의 존 니콜슨이 《로렌스 이야기》(로렌스는 스코틀랜드의 저지 지방)에서 말하는 소니 빈과 그 일족에 대한 이야기를 생각해 보자.

"소니 빈은 스코틀랜드의 제임스 1세(1394~1437. 당시에는 왕조차도 단명했다는 것을 독자는 알 수 있으리라. 물론 43세는 대단한 노령이라고 생각되었겠지만) 시대에 에든버러 시 동쪽 약 8, 9마일에 있는 이스트 로지안에서 태어났다. 그의 아버지는 생울타리를 손질하거나 수채를 파는 인부였다……."

젊었을 때 소니 빈은, 니콜슨의 말에 따르면 '그와 마찬가지로 나쁜' 여자와 야밤 도주를 해서 이 두 사람은 캘러웨이 주의 해안 가까이에 있는 동굴에서 살림을 차렸다. 여기서 두 사람은 25년 동안 어떤 도시에도 마을에도 나가지 않고 살았다. 당시 그들에게는 많은 자식과 손자가 있었으며, 그들은 인간다움이나 문명사회에 대해서는 아무것도 모른 채 자식과 손자를 그들 나름대로 길렀다. 그들은 가족 이외의 사람과는 교제를 하지 않고 주로 강도를 하며 살았다. 게다가 그들은 매우 잔인하였으므로 사람들로부터 물건을 뺏고는 반드시 그 사람을 죽였다.

세상에서 멀리 떨어져 있었기 때문에 이런 피비린내나는 방법을 사용하면서도 그들은 오랫동안 발각되지 않았다. 그들이 사는 곳 근처를 지나가는 사람들이 왜 행방불명이 되는지 아무도 추측할 수 없었다. 그들은 상대로부터 물건을 뺏은 다음에는 남자든 여자든 어린애든 가리지 않고 죽이고, 그 시체를 동굴로 옮겨다가 능지처참하고, 잘라낸 사지를 소금에 절였다가 후에 먹었다. 이것이 그들의 유일한 식량이었다. 시간이 흐를수록 가족이 많이 늘어났으나, 이 끔찍한 식량이 남아돌 정도였으므로 그들은 그들이 죽인 불운한 희생자의 다리나 팔을 밤을 이용하여 그들의 피투성이 동굴에서 멀리 떨어진 바다에 몰래 버리기도 했다. 이 사지는 이 나라의 여러 곳에서 조수에 밀려 올라와 많은 사람을 깜짝 놀라게 했다.

법에 의해 인정된 정당한 일을 하러 나갔던 사람들이 너무나 자주 그들의 손에 죽음을 당했기 때문에, 전국에서 항의의 소리가 높아졌다. 이 사람들은 무정한 살인자들에게 들키기만 하면 그 후에는 어떻게 되었는지 아는 친구나 친척이 없었다……

몇 사람의 정직한 나그네가 혐의를 받고 체포되어 거의 아무런 증거도 없이 교수형을 받았다. 몇 명의 무고한 여관 주인이 처형되었다. 대단히 많은 사람이 처형되었으나 교수대 위에서 죄를 자백한 사람은 한 사람도 없었다.

소니와 그 일족은 매복을 했다가 습격하는 데는 명수가 되었다. 그들은 자기들의 모습을 보았다고 말하는 사람이 하나도 없도록 하는 것이 중요하다는 것을 잘 알고 있었기 때문이다. 따라서 두 명 이상의 말을 탄 사람들은 결코 습격하지 않았다. 도보로 지나가던 여섯 명의 사람을 습격한 일은 있었지만, 그들이 살고 있는 마을의 쓸쓸한 동굴에 도적이 살고 있으리라 생각하는 사람은 하나도 없었다. 밀물 때면 바닷물이 동굴 속 200야드 지점까지 들어왔기 때문이다—— 동굴은 안으로 1마일은 더 뚫려 있었다. 소니 일족은 거의 어둠 속에서 살아야 했다. 불을 사용하면 분명히 질식사를 했을 것이고, 또한 그들이 살고 있다는 사실을 알리게 되었을 터이다. 그들은 또 음식을 요리하지 않고 먹었을 것이 틀림없다.

그들은 이렇게 25년 동안 살면서 약 1천 명의 인간을 죽였을 것으로 추정되지만, 마침내 결정적인 사건이 일어났다. 한 피해자가 목숨을 건져 달아났던 것이다.

어떤 부부가 같은 말을 타고 시장에 갔다가 집으로 돌아가는 길이었다. 두 사람은 매복중이던 그들의 습격을 받았다. 여자는 말에서 끌어내려졌다. 만일 니콜슨의 이야기가 정확하고 공포감을 불러일으키기 위해 윤색되지 않았다면, 그들은 공복이었던 게 틀림없다. 그들은 서둘러 그녀의 목을 자르고 내장을 꺼내 먹기 시작했기 때문이다—— 아마도 신선하고 따뜻한 시체는 차갑고 썩은 고깃조각을 먹던 입에는 사치였으리라. 남편이 저항을 하고 있을 때 역시 시장에 갔다가 돌아오는 16명의 일행이 현장으로 다가왔으므로 도적들은 달아났다.

마침내 그들의 모습을 보고 그들이 인간이라는 사실을 증언할 사람이 생겼다. 그들을 어떤 괴물(바다에서 나온 거대한 문어)이라고 믿는 사람들이 있었던 것은 의심의 여지가 없다. 남편은 사건의 전말을 모두에게 말했고, 그들은 치안판사에게 알리기 위해 그를 글래스고로 데리고 갔다. 치안판사는 그를 왕에게로 데리고 갔다.

왕이 몸소 아내를 잃은 남자를 앞장세우고 4백 명의 부하와 브라드하운드를 데리고 현장에 도착했다. 그들은 몰이꾼처럼 그 주변 일대를 뒤진 끝에 드디어 해안에 이르렀다. 이번에도 그 동굴을 지나칠 뻔했으나 몇 마리의 브라드하운드가 동굴 속에 들어가 짖기 시작했다. 그들은 횃불을 들고 개를 따라 동굴 깊숙이 들어갔다. 구불구불한 통로가 있었는데, 이 통로는 커다란 동굴로 이어져 있었다. 그들은 이 동굴에서 빈 일족을 발견했다. 32명의 손자를 포함하여 모두 48명이었다. 이들은 니콜슨이 점잖게 표현한 것처럼 '근친상간에 의해 태어난' 사람들이었다.

'남자·여자·어린애의 다리, 팔, 정강이, 손발이 말린 쇠고기처럼 줄을 지어 매달려 있었다. 대단히 많은 사지가 소금에 절여져 있었고, 대단히 많은 금……그밖의 물건들이 아무렇게나 쌓여 있었다.' 일족은 당장 체포되어 에든버러의 툴브즈 감옥(현재도 남아 있다)에 갇혔다가 리즈로 보내져 거기서 재판 없이 처형되었다. "남자는 사지가 절단되었다. 손과 발을 몸뚱이에서 잘라냈으며, 그 결과로 몇 시간 후에 출혈 때문에 모두 죽었다. 아내와 딸과 손자는 남자들에게 가해진 정당한 벌을 목격한 다음, 세 곳에서 화형을 받았다. 그들은 모두 개전의 정을 조금도 보이지 않고 마지막 숨이 넘어갈 때까지 반항을 하며 아주 무서운 저주를 계속 퍼부었다."

이 마지막 말은 분명히 넌센스이다. 만일 소니가 동굴에서 25년 동안 살았다면, 그의 장남은 25세 이상일 수가 없고, 손자 중의 몇 명은 아주 어렸을 것이 틀림없기 때문이다. 자기 아버지가 피를 흘리고 죽는 모양을 방금 본 5세도 채 안 된 애가 불에 타죽으면서 저주의 말을 퍼부었다는 것은 있음직하지 않은 일이다.

그런데 이런 태도──인도주의적인 분노로 가득 찬 태도──로 생각하면, 이 사건의 진상을 왜곡하게 된다. 소니 빈은 사실은 역시 육식동물이었던, 별로 오래 되지 않은 '영장류의 선조'의 상태로 되돌아간 것이다. 그들 일족은 짐 코베르(《쿠마운의 사람 잡아먹는 호랑이(1946)》의 저자)가 그린 사람 잡아먹는 호랑이가 사악하지 않은 것처럼 사악하지 않다. 빈 일족은 인간적 특징이 간신히 남은 한 떼의 늑대에 지나지 않았다. 빈 일족이 대항하던 사회는 몹시 겁을 먹고 있는 사회였다── 왕 자신이 병사들을 이끌고 올 정도로.

우리는 학교에서 배운 대로 역사를 가진 안정된 사회에서 살며, 이것은 어떤 책을 펴 보아도 알 수 있는 일이다. 이와는 반대로, 당시의 인간들은 거의 아무런 역사도 없고 애국심──이것은 비교적 최근의 발명이었지만──도 전혀 없으며 사회적 일체감도 거의 없는 사회, 지금은 늑대떼에 가까운 사회에서 살았다. 그들이 소니 빈의 손자들에게 보인 잔인성은 뒤뜰에서 독사의 집을 파헤치는 잔인성, 그리고 이단(異端)이 이 세상에서 가장 중요한 문제로 생각되기 때문에 이단자를 불태워 죽인 종교재판관의 잔인성과 비슷하다.

그들은 우리가 잊어가고 있는 것을 잘 알고 있었다. 다시 말하면, 인간의 폭력은 반드시 항의를 나타내는 것도 아니고, 또한 반드시 어떤 것을 '대상'으로 하는 것도 아님을 알고 있었다. 인간은 화산과 비슷하다. 문명은 이러한 인간을 사화산으로 만들려고 노력해 왔다. 그러나 이 화산은 지진에 의한 진동 때문에 불을 내뿜는 경우가 있다. 이러한 '분화(噴火)'를 일종의 분노의 폭발로 생각하는 것은 화산이 노했다고 믿는 미개인과 마찬가지로 소박하다.

나는 최근 아메리카의 흑인 폭동을 이야기하는 어떤 뉴스 해설자의 당황한 말에서 강한 인상을 받았다. "가장 이상한 일은 흑인들이 그들의 항의의 대상인 백인의 집이나 상점을 파괴하지 않고, 자기들의 상점이나 자기들의 집을 파괴했다는 점이다." 하지만 이것은 조금도 이상한 일이 아니다. 빈 일족을 처형한 사람들은 이를 이해할 수 있었을 것이다. 흑인 폭도는 백인에게 항의한 것이 아니다. 백인에 대한 항의는 분화를 일으킨 '지진에 의한 진동'에 지나지 않는다. 그들은 십자군이 헝가리나 콘스탄티노플에서 '폭발'한 것과 같은 이유로 '폭발'한 것이다. 밑에 용암이 있기 때문에 겉에 균열이 생기면 그 용암이 분출하는 것이다.

　소니 빈 사건에서 볼 수 있는 어처구니없는 잔인성은 그 후에도 오랫동안 계속되었다. 살인을 비롯하여 빵 한 개를 훔친 것까지 거의 모든 범죄를 사형으로 다스렸다. 따라서 범인의 입장에서 본다면, 이왕 교수형이 될 바에야 새끼양보다는 어미양을 훔치는 쪽이 낫다고 생각하게 만들었다. 현재 우리도 이 점을 지적하며 사형 폐지론을 주장한다. 단, 사정은 거꾸로이지만, 도둑이 범행 현장에서 발각되는 경우, 도둑에게 발견자를 죽이지 않게 하는 방법은 단 한 가지밖에 없었다. 그것은 이 도둑을 가능한 한 처참한 방법으로 죽이는 것이었다. 그렇기 때문에 빈 일족의 남자들은 천천히 시간을 들여서 사지를 절단당했다. 더욱 이해할 수 없는 일은 이것이 암흑시대의 유물은 아니라는 점이다. 이것은 오랜 동안, 거의 20세기에 이르기까지 계속되었다.

　영국에서 교수형을 받은 마지막 애들이 셀리나 워즈워드와 같은 시대의 아이들이라는 사실은 믿기지 않는 일이다. 1808년, 11세와 8세의 자매가 가게에서 몰래 물건을 훔친 죄로 교수형을 받았다. 1816년, 존 키츠가 《엔디미온》을 쓰고 있을 무렵, 10세의 소년이 물건을 사는 체하다가 훔쳤다는 죄로 교수형을 받았다. 《악의 근원》에서 크리스토퍼 허버트는 이러한 처벌이 "다른 애들에게는 같은 죄를 범하지 않도록 하는 수단"이 될 것이라는 당시의 재판관의 말을 인용했다.

　이러한 잔인성을 이해하려면 어렵고 쓰라린 생활이 이러한 잔인성의 원인임을 유의해야 한다. 애들에 대한 잔인한 행위는 아무런 부자유도 없는 가정보다는 빈민가에서 훨씬 많이 볼 수 있고, 이것은 분명히 부모의 마음이 편치 못하고 과로가 겹쳤기 때문에 애들에 대한 인내심이 적어져서 일어나는 일이다. 애들이 사소한 말썽을 부려도 단 한번에 침묵시키기 위해 아버지는 폭력을 행사한다. 2천 년 전에 예수가 말한 것처럼, 사람과 사람들이 서로를 동정하는 마음은 몇백 년 전의 사회에는 거의 없었다. 그가 이렇게 말한 것은 놀라울 정도로 혁명적인 선견지명이었다. 이러한 동정심은 오늘날 크게 비난을 받고 있는 '풍요한 사회'의 산물이고, 또한 주로 커뮤니케이션의 수단이 발달함으로써 생긴 것이다. 이러한 동정심이 인간 사이에 존재하지 않았을 때에는 인간은 그 자신이 엄한 법률을 갖고 이 법률을 엄격하게 준수하지 않을 수 없었다.

오늘날도 살인범이 정황에 따라서는 사형을 선고받는 경우가 있지만, 여기에는 인간적 감정이 개재된다. 여론의 향방에 따라 감형되는 일이 흔하다. 소니 빈의 시대에는 법을 어긴 사람에 대해 이러한 인간적 감정은 전혀 없었다. 왕은 법률의 살아 있는 상징이었고, 따라서 왕에 대한 반역은 모든 범죄 중에서 가장 중대한 범죄로 생각되었다.

콜링본이라는 남자는 리처드 3세를 비방한 죄로 교수대로 보내져 절명하지 않을 정도로 목을 조른 다음, 줄을 잘라 밑으로 떨어지게 하고 배를 갈랐다(사형 집행인이 콜링본의 심장을 떼어낼 때 콜링본은 "오, 하느님!"이라고 외쳤다). 역적은 죽지 않을 정도로 목을 조른 다음, 배를 가른 상태로 짐수레 뒤에 매단 채 형장으로 끌고 가 능지처참을 했다. 다시 말하면 네 조각으로 절단되었다.

1781년——윌리엄 블레이크나 조제프 프리스틀리(1733~1804. 영국의 목사, 화학자)의 시대이다——에 에드 드 라 모트라는 프랑스의 스파이는 다음과 같은 선고를 받았다. "교수형, 단 죽지 않을 정도로 교수하고 그 줄을 끊어서 밑으로 떨어뜨린 다음 배를 가르고 내장을 꺼내 피고의 면전에서 이를 태울 것. 피고의 머리를 잘라내고 몸뚱이는 능지처참하고 폐하의 재량에 맡길 것(《뉴게이트 감옥 연보》)."

1757년, 로베르 프랑수아 다미앙은 프랑스의 루이 15세를 암살하려고 하다가(그 방법은 어중간하여 효과적이지 못했다. 그는 백치에 가까웠다) 드 라 모트 이상의 잔인한 방법으로 처형되었다. 그는 형장으로 운반되었는데, 그 이유는 그의 두 다리가 좁은 상자 속에 큰 망치로 못박혔기 때문이었다. 다음에 다미앙의 손——황공하게도 왕을 찌르려고 한 손(짧아서 옷도 관통하지 못했을 주머니칼로)——은 불태워졌다. 그리고 팔다리는 로프로 네 필의 짐마차를 끄는 말에 묶이고, 사형 집행인은 달아오른 인두로 그의 가슴에 상처를 내고, 거기에 녹은 납을 부어 넣었다. 이상하게도 다미앙은 고통에는 무감각했다. 그는 머리를 들고 진기한 듯이 처형 과정을 지켜보았다. 그리고 납을 상처에 붓자, "저런, 저런(혹은 "그만, 그만" 하는 말이었을까)"이라고 외쳤다. 말을 몰아서 그의 팔과 다리가 찢기기 시작하자, 그는 비명을 질렀다. 말은 별로 힘이 없었다. 더 많은 말이 끌려왔고 마침내 사형 집행인은 그의 팔다리를 반쯤 잘라서 말이 찢기 쉽도록 만들었다. 다미앙은 한쪽 팔밖에 남지 않은 상태에 이르기까지 의식을 잃지 않았다. 그의 검은 머리는 형이 집행되는 동안에 백발이 되었다. 이러한 예를 보면 후에 프랑스와 러시아의 무정부주의자들이 왕의 암살을 신성한 의무로 생각한 이유를 이해할 수 있을 듯하다.

당연한 일이기는 하지만, 이러한 옛날에 실제로 어느 정도의 범죄가 일어났는지는 당시의 누구도 통계에 관심을 갖지 않았기 때문에 거의 알 수가 없다. 헨리 8세가 왕위에 있던 37년 동안에 7만2천 명이 처형되었다고 한다. 1년에 약 2천 명, 하루에 약 5명 꼴이다. 이들 중에서 가벼운 절도나 정치적 범죄로 처형된 사람이 몇 사람인지는 알 도리가 없다. 《오하이오 주 클리블랜드 경찰서 1966년도 보고서》에 의하면 가벼운 절도로부터 살인(139건)에 이르기까지 모든 종류의 범죄는 합계 약 3만3천 건이었다. 그 중에서 6천 건 미만이 경찰에 의해 해결되었다. 헨리 8세 시대였다면 이 6천 명의 범인이 모두 사형을 받았을 것이다. 당시의 실제 처형률은 이보다 3배는 족히 되었을 것이다. 분명히 클리블랜드의 인구는 헨리 8세 시대의 영국의 인구의 1배 반(약 4백만 명에 대해 6백만 명)이다.
 그러나 16세기의 범죄 발생률은 현대와 비교하면 비교적 낮았던 것 같다. 또 당시는 그만큼 인구가 적었고 그 대부분이 전원 지방에 살았으므로, 현대의 많은 범죄의 원인인 '소외'라는 현상은 훨씬 적었다는 점도 고려해야 한다. 오늘날도 영국의 대부분의 조용한 전원 지방에서는 중대한 범죄는 별로 발생하지 않는다. 내가 살고 있는 콘월에서는 거의 모든 사람이 지금도 집이나 자동차의 문을 잠그지 않는다.

 이것은 15세기―― 소니 빈이 처형되고 1세기 뒤―― 에 일어난 사건이지만 기묘한 사건이기 때문에 말하지 않을 수 없다. 이것은 질 드 레(또는 레츠) 원수(元帥) 사건이다. 드 레(1404~1440)는 유럽 제일의 부유한 귀족으로 16세 때 돈많은 여상속인과 결혼하여 더욱 부자가 되었다. 그는 잔다르크 편에서 싸웠으나 샤를르 7세가 즉위한 다음에는 자신의 시골 저택(그는 다섯 채의 집을 갖고 있었다)에 은거했다. 그는 2백 명의 기사로 구성된 호위단과 30명의 교단 회원이 있는 개인용 교회를 갖고 있었다. 그러나 그는 약간 '정신의 평형을 잃고' 있었다. 자기 손으로 왕에게 실제로 왕관을 수여한 유명한 애국자라는 사실은 제쳐 놓더라도, 가난한 시골에 사는 유럽 제일의 부자이고 보면 정신의 평형을 완전히 유지한다는 것은 어려운 일이리라. H. G. 웰즈는 만일 그가 오늘날의 사람이라면 몬테카를로에서, 또는 경마로 재산을 탕진했을 것이라고 지적했다(《'42로부터 '44로》에서).
 대신 그는 흑마술(黑魔術)에 열중했다. 그는 시골에 있는 다섯 채의 대저택을 관리하기 위해 재산이 줄자 모든 비금속을 황금으로 변하게 하는 화금석(化金石)을 발견하여 줄어든 재산을 복구하기로 결심했다. 질은 어떤 로마 황제―― 특히 칼리굴라(12~41. 본명 가이우스. 로마의 악독하고 타락한 황제로 낭비와 음탕에 빠져 마침내는 암살되었다)를 상기시킨다.

질은 절대적 권력과 부 때문에 지나치게 흥분하기 쉬운 타고난 성격이 광기를 띠게 된 예로 생각된다. 이상하게도 그는 자신의 몰락을 스에토니우스의 《황제전(皇帝傳)》의 삽화가 들어 있는 판(版), 특히 몇 명의 황제는 "애들에게 고통을 가하며 이상한 기쁨을 느꼈다"는 표현 때문이라고 했다. 어쨌든 질은 오늘날 말하는 유아 애호자(幼兒愛好者)였다. 그는 성적으로는 어린 소년 소녀를 좋아했다. 그는 또한 사디스트였던 것 같다. 애들을 성적으로 희롱한 다음, 애들의 목을 잘랐다. 그는 140명의 애들을 죽인 혐의를 받았다. 이것이 흑마술의 어떤 의식의 일부(흑마술에서는 흔히 처녀의 피가 사용된다)였는지는 분명하지 않다. 질은 애들에 대한 범죄 때문이 아니라 어떤 사제와 다투다가 때렸기 때문에 체포되었다. 종교재판관들은 그의 막대한 재산을 인수할 입장에 있었다는 점이 지금까지 여러 번 지적되었다. 그의 토지는 교회와 대공재판소에 몰수될 것이기 때문이다.

그리고 그의 재판은 상당히 변칙적으로 진행되었다. 그의 가신(家臣)은 한 사람도 증인으로 소환되지 않았다. 늘 그를 따라다니던 가신들은 고문을 당하고 그의 죄를 인정한 다음에야 석방되었다. 그러나 가령 그렇다고 하더라도 아니 땐 굴뚝에서 연기가 날 리는 없다. 그의 토지를 손에 넣기 위해 이렇게 믿기 어려운 기소장을 굳이 날조할 필요는 없었다. 성직자의 특권을 침해하고 흑마술을 했다는 죄만으로도 충분했을 것이다(대공은 그의 죄를 굳게 믿어서 재판이 시작되기 15일 전에 그의 토지 중 자기의 몫을 처분했다). 질은 1440년 10월 26일에 처형되었다.

이 사건은 이 시대의 일치고는 매우 진기하고 기묘하다. 마치 고대 로마로 되돌아간 느낌이 든다. 질 드 레에 대한 웰즈의 설명은 매우 올바르다. 그의 지적에 따르면 문명이란 참된 '공동체'이기보다는 오히려 '밀집체'였다. 인간은 작은 집에 사는 대가족처럼 떠들썩하게 법석을 떨며 언제나 서로 미워하고 하찮은 일로 싸움을 했다. 인간성에 있어서 문명과 관련되는 진보의 대부분은 선의의 인간의 사려에 의해서가 아니라 외부의 힘(법률, 부 또는 상호간 권리를 존중하게 된 강자)에 의해 이루어졌다. 권력을 가진 자와 부유한 자는 자기보다 열등한 자에 대해 거의 동정하지 않았으며, 유대인이나 이교도나 방해가 되는 자에게는 오직 경멸만을 느꼈다. 열등한 자에게 잔인한 행위를 한다는 것은 당연한 일이었다. 잔인성은 사회 구조의 일부로 인정되었다.

그러나 일반적으로 장원 영주는 자기 농장에서 일하는 사람의 신부에게 '초야권(初夜權)'을 행사하는 것으로 만족한 반면, 홍분하기 잘하고 예술가적 기질을 가졌던 질은 기묘한 취미의 소유자였다. 이러한 결합, 곧 변태성욕과 자신의 쾌락 이외의 것에 대한 병적 무관심의 결합이 사실상 그를 선조의 시대로 되돌아가지 않고 그 반대 방향으로 가게 했다. 그는 말하자면 몇 세기를 건너뛰어 페터 퀼텐이나 황야 살인사건의 범인들의 시대로 뛰어들어 범죄의 역사상 가장 기묘한 인물 중의 하나가 되었다.

사람들은 줄곧 범죄에 매력을 느껴 왔으나, 그 시대의 범죄의 진상을 우리들에게 알려주는 진짜 기록은 18세기 초엽에 처음으로 생겼다. 엘리자베스 시대에 지금까지는 없었던 이상한 일이 일어났다. '가정 비극(보통의 비극, 희극, 사극이라는 분류와 구별하여)'이라고 불리는 극이 성행한 것이다. 이것은 경찰의 보고서를 무대 위에 재현하려는 시도였다. 《에드먼턴의 마녀》(1623년에 초연된 데커, 포드 등의 작품), 《미녀에의 경고》(엘리자베스 시대의 작자 미상의 비극), 《화바샴의 아덴》(1592년에 발표된 작자 미상의 비극), 《요크셔의 비극》(1608년에 발표된 극으로, 타이틀에는 셰익스피어 작으로 되어 있으나 의심스럽다) 등은 어떠한 범죄가 엘리자베스 시대 사람들을 몸서리치게 하고 그들에게 매혹적인 전율을 느끼게 했는가를 우리들에게 정확히 전해 준다.

엘리자베스 시대의 사람들은 피를 보고 좋아했다. 이 기쁨은 10세의 소년이 《프랑켄슈타인 대 늑대인간》이라는 만화를 보고 느끼는 희열과 마찬가지로 소박하고 순진한 것이었다. 《스페인 비극》(1598년에 초연된 키드의 비극. 이른바 유혈 비극의 전형적 작품)이나 《타이타스 안드로니커스》(셰익스피어 작이라고 전해짐. 역시 전형적인 유혈 비극)가 끝나면 그들은 무대에 발목까지 잠길 만큼 피가 차 있을 것이라고 생각하며 희열을 느꼈다. 영화 발명이 3백 년 후에야 이루어진 것이 유감이다. 제임스 본드는 그들이 생각하는 최고의 예술적 천재가 되었을 것이다[엘리자베스 시대의 관객들이 교양이 있고 언어에 민감했다는 생각은 잘못이다. 그들은 《백마(百魔)》(1608년 초연된 웹스터 작의 비극)와 같은 걸작과 《스페인 비극》과 같은 태작도 구별할 줄 몰랐다].

앞으로 엘리자베스 시대에 가장 유명했던 몇 가지 살인사건을 자세히 고찰해 보려고 한다. 첫째는, 한 시대는 그 시대의 전형적인 살인사건을 통해 이해할 수 있다는 나의 지론을 실증하기 위해서이고, 둘째는, 사건 자체가 흥미롭기 때문이다.

그러나 우선 흥미있는 예비적인 문제를 제기하는 게 좋으리라. 곧 어떤 종류의 살인이 일반 대중을 매혹했는가 하는 문제이다.

1823년, 위아라고 하는 사기꾼이자 노름꾼이 주말을 시골 농가에서 보내지 않겠느냐는 초대에 별 생각없이 응했다. 그를 초대한 사람들은 사텔, 한트, 프로바드라는 세 명의 건달이었다. 사텔은 주머니칼로 위아의 목을 찌르고 뇌수에 상처가 날 만큼 강하게 피스톨로 머리를 때려 위아를 죽여 버렸다. 프로바드가 증언을 했다. 사텔과 한트는 재판에 회부되어, 당연한 일이지만 교수형을 받았다. 이 사건은 재미도 없고 무의미하고 특징이 없는 살인이지만, 그러면서도 19세기의 어떤 사건보다도 격렬한 센세이션을 일으켰다. 왜? 추측하는 것조차 불가능한 것일까.

5년 후, 코다라는 농부가 그에게 결혼을 강요하는 두더지잡이의 딸을 죽여 창고에 묻었다. 그 후《빨간 창고에서의 살인》은 19세기의 가장 인기있는 멜로드라마의 하나였고, 그 재판을 기록한 책은 백년 동안 베스트셀러였다. 이 책은 2단 조판된 녹색 표지의 값싼 작은 책이다. 이 사건이 사람들의 흥미를 끈 것은 사건의 '초자연적'인 면 때문이기도 했다. 어머니가 딸이 빨간 창고에 묻혀 있다는 꿈을 몇 번이고 꾸었기 때문에 마을사람들이 파 보았던 것이다.

이 두 사건에는 어떤 공통점이 있을까? 오직 한 가지이다. 우리가 이 이야기를 읽을 때 살인자와 나 자신을 동일시함으로써 생기는 일종의 공포감을 느낀다는 것이다. 보통의 모험 소설에서는 악어가 떼지어 사는 강을 헤엄쳐 건너가는 주인공이나 솔로몬 왕의 보고(寶庫)를 찾아 물없는 사막을 터덜터덜 걸어가는 주인공과 자기자신을 동일시한다. 우리는 정말로 그를 부러워하지는 않지만, 그의 입장에 자기 자신을 세워 보는 것을 좋아한다.

그리고 윌리엄 코다가 필사적으로 머라이어 마틴에게서 벗어나려고 하는 과정을 읽어감에 따라 우리는 어떤 매혹적인 전율을 느낀다. 우리는 그의 입장에 놓이지 않은 것을 다행으로 여기지만, 그가 어떤 나쁜 결말에 이르는가를 보기 위해 한 순간 그의 입장에 서 보려고 한다. 그리고 다 읽고 나면, 마치 악몽에서 깨어나 자신의 침실에 있는 것을 알고 가슴을 쓰다듬을 때처럼 다행스럽게 생각한다. ……어떤 사람의 입장에 자기 자신을 놓아 본다는 것은 언제든지 그만둘 수 있기 때문에 즐거운 것이다.

왜 어떤 종류의 범죄가 엘리자베스 시대의 사람들을 강하게 매혹하여, 이를 극화(劇化)하고 만원이 된 극장에서 상연하게 만들었는가 하는 이유는 이것 말고는 없는 것 같다. J. A. 시몬즈는《요크셔의 비극》에 대해 다음과 같이 말한다. "그것은 살모사처럼 몸이 길지 않고 회색이고 독이빨을 가졌으며, 민감하고 동작이 민첩하고 인간의 비참이라는 모래 위를 슈우 소리를 내며 꿈틀꿈틀 기어간다."

사건은 다음과 같이 일어났다. 요크셔의 캘바리에 사는 월터 캘바리가 일시적인 정신이상으로 두 자식을 나이프로 찔러 죽이고 아내도 찔렀다. 그는 세 번째 애——그때 애보는 아이와 함께 있었다——도 죽이려고 집을 나오다가 체포되었다. 지금이라면 그는 브로드무어 정신병원(영국 버크셔에 있는 정신병원으로, 특히 난폭한 환자나 범죄적 경향이 있는 환자를 수용한다)에 보내졌을 것이다. 분명히 계획적인 살인은 아니었기 때문이다. 이 사건에 대해 몇 줄 적고 있는 《스토의 연대기》(정확하게는 《영국 연대기》이며 영국의 고고학자, 연대기 작가인 존 스토가 쓴 것이다)에는 왜 캘바리가 이러한 범죄를 저질렀는가, 그가 알코올 중독자였는가, 이전에는 정신이상의 발작을 일으킨 일이 있는가 하는 점에 대해선 아무런 설명도 없다. 《요크셔의 비극》의 작자(작자 불명이지만 셰익스피어의 작품이라고 하는 학자도 있다)는 이 범죄에 동기를 부여하지 않으면 안 되었다. 그래서 그는 엘리자베스 시대 사람들이 좋아한 도덕적 교훈을 이끌어내려고 했다.

캘바리는 노름에 미치고 문란한 생활을 하다가 결국 자기 땅을 저당 잡히고 이중 결혼을 계획한다. 대학생인 그의 동생은 형의 빚 보증을 섰기 때문에 투옥된다. 캘바리는 다음과 같이 외치는 악인으로 그려진다. "첩의 자식 같으니라고……. 속아서 태어난 자식……." 무대에서 그가 두 자식을 죽이는 장면(그 중 한 명은 어머니가 감싸고 있을 때 살해된다)은 현대인에게는 그 자극이 너무나 강렬한 것이다. 아내의 상처는 낫는다. 그리고 이 극은 남편이 형장으로 끌려가는 도중에 아내를 보고 뉘우치는 장면으로 끝난다. 캘바리는 실제로 압살당했다. 그를 판자 밑에 눕히고 무게에 눌려 몸이 터지거나 질식할 때까지 무거운 물건을 차례차례 쌓아올리는 것이다. 기괴하고 비인간적인 형벌이다.

《요크셔의 비극》 다음으로 엘리자베스 시대에 가장 유명했던 가정비극은 《화바샴의 아덴》이다. 이것은 가장 훌륭한 작품이다. 이 극도 셰익스피어의 작품이 아닌가 생각되는데, 가능한 일이다. 이 극의 소재가 된 이야기는 홀링셰드(?~1580. 영국의 연대기 작가)가 썼으며, 셰익스피어는 사극의 소재를 그의 책에서 많이 채택했다. 《요크셔의 비극》과 마찬가지로 이것은 현대의 표준으로 본다면 이상할 만큼 단순한 살인사건으로, 프리트 가의 경찰담당 기자를 흥분시킬 만한 측면은 하나도 없다.

토머스 아덴은 켄트의 신사로 화바샴의 시장이었다. 그는 플루타르크의 역자(譯者)인 노스의 자매 중의 하나인 앨리스 노스와 결혼했다. 아덴은 섹스보다는 돈에 더 관심이 많은 사람으로서, 홀링셰드는 그가 앨리스와 결혼한 것은 그녀를 사랑했기 때문이 아니라 그녀의 집안이 권세있는 가문이었기 때문이라고 추측한다.

그녀를 얻자, 그는 돈과 토지를 늘리는 본업으로 되돌아갔다. 그는 그린이라는 사람으로부터 수도원의 토지를 사취했다. 자신의 권력을 이용하여 대법원으로부터 이 토지를 그가 소유해도 좋다는 허가를 받았던 것이다. 그런데 앨리스는 토머스 모스비(극중에서는 모즈비로 되어 있다)라는 재단사를 만나 그와 사랑에 빠졌다. 모스비는 그녀의 아버지 에드워드 노스 경의 고용인이었다. 아덴은 남편으로서의 의무를 모스비에게 맡길 수가 있어서 아주 좋아했다. 그는 모스비를 자기 집에서 살게 하고, 자기가 용무로 여행을 할 때에는 모스비로 하여금 앨리스를 위로하게 했다. 아덴은 어떤 일이 벌어지고 있는가를 분명히 알고 있었다. 언젠가 그는 앨리스가 모스비의 목을 껴안는 장면을 보았고, 두 사람이 그에 대해 아내를 횡령당한 사람이라고 말하는 것을 들었다. 두 사람이 자기를 죽일 계획을 꾸미고 있다는 것을 알았을 때에는 아덴도 즐거울 수만은 없었다.

그러나 그는 이 일을 대수롭게 여기지 않고, 모스비가 여전히 정사(情事)에만 정신을 쏟도록 유도했다. 아마도 이 때문에 모스비는 지쳐서 스스로 살인을 할 수가 없었을 것이다. 모스비는 그린에게 접근하여 그린으로 하여금 블랙 윌과 새그바그라는 거창한 이름의 두 청부살인자를 고용하게 했다. 이 두 사람의 무능은 곧 드러났다. 찰리 채플린이라면 두 사람이 아덴을 죽이려고 꾸민 여러 가지 계획을 소재로 훌륭한 희극을 만들어낼 수 있었을 것이다.

셰익스피어——어쨌든 이 사건을 극화한 사람——조차 아주 우스운 장면을 보여주고 있다. 이 장면에서 두 사람은 시장의 가게 옆에서 아덴을 기다린다. 그런데 가게 주인이 창문을 닫자, 그 밑에 있던 블랙 윌의 두개골이 깨진다. 모스비는 아덴을 죽이기 위해 여러 가지 교묘하고 치밀한 방법——독을 칠한 십자가, 독을 바른 그림 등——을 사용했으나 실패하고, 마침내 아덴이 식사를 하고 있을 때 죽이기 위해 블랙 윌과 새그바그를 집으로 불러들이기까지 한다. 모스비는, 아덴이 칼에 찔리고 목을 졸린 다음, 다리미로 머리를 일격하여 숨통을 끊었다. 그리고 그는 시체를 가까운 밭으로 끌고 갔다. 그때 눈이 쌓여 있었기 때문에 발자국이 분명히 남았고, 또한 공범자는 피투성이의 나이프와 수건을 우물 속에 던져넣는 것을 잊었다.

그들은 가혹한 법의 보복을 받았다. 아내가 남편을 죽이는 것은 일종의 반역죄로 간주되어 그 형벌은 화형이었다. 시체 처리를 거든 하인들도 재판에 회부되었다. 새그바그, 그린 및 독을 제공한 화가는 도주에 성공했다. 극의 마지막에서 새그바그는 사자크에서 살해되었다는 대사가 나온다. 재판소는 이 살인에 관계한 모든 사람을 본보기로 처벌하는 데 열중하여 브라드쇼라는 죄없는 하인에게도, 공범자 전원이 그는 관계가 없다고 주장했음에도 불구하고, 사형을 선고했다. "이 범인들은 여러 곳에서 여러 가지 방식으로 처형되었다"고 홀링셰드는 말한다. 하인 마이켈은 화바샴에서 쇠사슬에 묶여 교수형을 받았다. 공범자의 한 사람인 하녀는 자기를 이런 처지로 몰아넣은 여주인을 저주하면서 화형을 당하였다. 모스비와 그의 누이는 런던의 스미드 필드에서 교수형을 당했다. 앨리스 아덴은 3월 14일, 캔터베리에서 화형을 당했고, 블랙 윌도 프리싱 인 지랜드에서 화형을 당했다. 도망쳤던 그린은 수년 후에 돌아왔으나 곧 체포되어 쇠사슬에 묶여 교수형을 당했다. 앨리스의 심부름으로 모스비를 찾아갔을 뿐인 애덤 폴이라는 사내도 말의 배에 두 다리가 묶여 런던으로 압송되어 마샬 시 감옥에 갇혔다. 홀링셰드는 애덤의 시체가 그 후 몇 년 동안 풀밭에 버려져 있었다는 말도 덧붙인다. 또한 그는 아덴의 시체가 발견된 밭은 아덴이 가난한 과부한테서 사취한 밭이었다고 말한다. 캔터베리의 고문서(古文書)에는 다음과 같은 기록이 있다.

"아덴 부인의 화형 대금 및 조지 브라드쇼(무고한 하인) 사형 집행 대금 43실링."

이 작품 자체는 극으로서 훌륭한 성공을 거두었다. 그러나 이 극이 사건을 충실하게 재현했다고 말할 수는 없다. 아덴은 분명히 무자비한 수전노였지만 아내를 너무나 사랑한 나머지 아내의 부정에 눈을 감는 터무니없는 남편으로 그려졌다. 앨리스는 남편의 시체를 보고 한없이 뉘우치는 여자로 그려졌다. 사실은 무고한 브라드쇼에게 죄를 뒤집어 씌운 것은 앨리스였다. 이것은 죄를 뉘우친 여자의 소행이라고는 할 수 없다.

요컨대 사건의 진상을 파악하려면 행간(行間)을 읽어야 한다. 아덴은 돈 때문에 앨리스와 결혼했고, 다음에 일부러 그녀를 위해 정부를 만들어 주었다. 앨리스가 섹스에 강한 여자였던 것은 거의 확실하다. 왜 그녀는 다른 사람들이 무고하다고 증언한 브라드쇼를 공범자라고 말했을까? 그녀가 그에게 추파를 던지다가 거절당했기 때문이었을까? 재판관이 앨리스와 관계된 남자는 모두 그녀의 정부라고 생각했기 때문이었을까?

사후 종범(事後從犯)에 지나지 않는 이 사건의 하녀의 운명을 통해 우리는 엘리자베스 시대 사람들에 대해 뭔가를 알 수 있다. 주범인 모스비는 교수형을 당했는데 그녀는 화형을 받았다. 평판이 좋지 않은 수전노가 죽었을 뿐인데, 왜 관계자는 이렇게 엄한 형벌을 받았는가? 세상 사람들이 이 사건의 성적인 면에 병적인 관심을 가졌다고 추측해 볼 수 있지 않을까.

엘리자베스 시대의 대중은 오늘날의 대중과 매우 흡사하지만 단순하고 소박하다는 점이 다르다. 당시는 어떤 이혼 사건을 상세하게 보도하는 선정적인 신문이 없었다. 노동자들의 의식의 표면 밑에는 대단한 양의 성적인 욕구불만이 쌓여 있었다. 이 사건은 이러한 욕구불만에 분출구를 제공한 셈이다. 앨리스 아덴은 매일 정부의 품안에서 지내는 상류계급의 부인이었다. 아마도 이 사건의 여자는 모두 누군가의 애인이었으리라. 그녀들은 모두 화형을 받아 마땅했다. 따라서 이 사건을 극화할 때에는 아덴을 착한 사람으로 만들 필요가 있었다. 그렇지 않으면 성적 동기는 별로 중요하지 않게 되고 아무도 흥미를 느끼지 않을 테니까…….

1968년에 영국에서 일어난 맥스 가비 사건을 아는 사람은 인간성이 4백 년 동안에 거의 변하지 않았다는 것을 알게 되리라.

부유한 농장 주인인 가비는 아내 실러(33세)와 그녀의 정부 브라이언 티벤데일(22세)에게 살해되었다. 아덴과 마찬가지로 그도 아내의 정사를 보고도 못 본 체했다. 또한 그들은 부부 교환이나 누드 파티를 했다는, 사람들의 상상을 자극하기에 충분한 증거도 있고, 선정적인 신문은 몇 주일 동안 계속 이 사건을 대대적으로 보도했다. 실러의 정부에 관한 기사, 가비의 정부에 관한 기사, 가비의 정부 남편의 정부에 관한 기사를…….

1968년의 영국과 1568년의 영국의 커다란 차이점은 단 한 가지밖에 없다. 다시 말하면, 누군가가 가비 사건을 극이나 소설로 쓴다면, 여기에 등장하는 인물을 모두 이상 성욕자로 그릴 것이라는 차이밖에 없다. 무고한 사람은 한 명도 없고 마지막에 이르러 뉘우치는 사람도 없을 것이다. 이 점에서 엘리자베스 시대의 도덕이 진보했다고 할 수 있는가 하는 문제는 대답하기 어렵다. 그러나 가비 사건의 범인들이 받은 형벌이 사회 자체의 도덕적 진보를 보여준다는 것만은 의심의 여지가 없다.

《최근에 발생한 조지 샌더스 씨 살해사건 개요》라는 작은 책이 1573년에 발간되고, 어떤 익명의 작가가 이 소재를 이용하여 《미녀에의 경고》라는 또 하나의 인기있는 극을 썼다. 이 사건도 남편이 아내와 그 정부에게 살해된 경우이다. 그러나 이 사건에는, 만일 그것이 사실이라면, 일종의 심리학적 흥미를 일으키는 한 가지 특징이 있다.

브라운이라는 젊은 아일랜드인 선장이 런던의 슈터즈 힐의 상인인 샌더스와 그의 아내 앤에게 소개되었다. 브라운은 앤에게 반해 버렸다. 그러나 그녀는 정숙한 여자였으므로 거들떠보지도 않았다. 그래서 브라운은 그의 친구이자 틈틈이 점을 보아 주던 과부 도르아리에게 접근하여 도와달라고 부탁했다. 도르아리는 기회를 포착하여 앤 샌더스의 수상(手相)을 보고는, 그녀가 곧 과부가 되고 부와 권력을 가진 미남자와 결혼할 상이라고 짐짓 놀라는 얼굴로 말했다. 도르아리는 그 남자의 풍채도 점칠 수 있다고 했다──물론 그녀가 점친 이 남자의 풍채는 놀라울 만큼 브라운과 흡사했다. 과부는 샌더스 부인에게 브라운과 곧 결혼할 운명이고, 그 동안에는 그를 정중하게 대우하면 된다고 했다.

이것으로 충분했다. 당연한 일이지만 어떤 여자가 미래의 남편으로 정해진 남자가 있다는 것을 믿게 되면, 그 남자에 대한 '정중한 대접'은 머지않아 부드러운 감정으로 변하게 마련이다.

아마도 브라운은 그녀를 진지하게 사랑할 생각은 없었을 것이다. 앞에서 말한 작은 책의 기록을 보면, 그는 방탕한 남자였던 듯싶다. 그러나 그녀가 동침을 허락한 다음에, 그는 자기가 그녀를 사랑한다고 생각하게 되었다. 두 사람은 샌더스를 죽이기로 결심하고, 마침내 브라운의 하인들이 슈터즈 힐 근처의 숲에서 그를 습격하여 죽여 버렸다. 그들은 샌더스의 하인 존 빈도 습격하고 나서 그가 죽은 줄 알고 그대로 현장을 떠났다. 그러나 빈은 중상을 입었으면서도 기어이 달아나 살인범이 누구인가를 말했다. 후에 그는 재판에서 증언을 했다. 브라운, 그의 애인, 공범자들이 모두 교수형을 받았다. 브라운은 모스비보다는 남자다운 면을 보였다. 그는 앤이 공범이라는 사실을 끝까지 부인했으며, 만일 그녀가 옥중에서 심경의 변화를 일으켜 고백하기로 갑자기 결심하지 않았더라면, 그녀는 처형되지 않았을 것이다. 과부 도르아리도 교수형을 받았다.

어떤 극의 주제가 된 또 하나의 사건도 여기에 기록해 둘 만한 가치가 있다. 그것은 1621년에 처형된 독살범 프랜시스 소니 사건이다. 이 극은 포드, 롤리, 데커가 쓴《에드먼턴의 마녀》로서 포드가 살인 장면을 쓴 것은 거의 확실하다.

프랜시스 소니는 매우 마음이 약한 청년으로 같은 집의 하녀인 위니프리드를 유혹했으나, 그녀는 이미 주인인 아더 클라링턴 경의 유혹을 받은 다음이었다. 아더 경은 두 사람의 결합을 반가워했고 금전적으로 원조했다. '가난한 신사'라고 기록된 소니의 아버지는 아들을 위해 다른 계획을 세우고 있었다. 그는 아들을 어떤 농부의 아름다운 딸인 수잔과 결혼시킬 생각이었다. 이 아가씨도 매우 적극적이었다. 소니는 위니프리드를 사랑했으나 마음이 약했기 때문에 자신도 모르게 끌려들어가서 중혼이나 다름없는 수잔과의 결혼을 승낙하게 되었다. 두 여자가 모두 얌전하고 상냥했으므로 그는 양심의 가책으로 괴로워하기 시작했다.

어느 날, 그는 무사로 변장한 위니프리드와 함께 여행에 나섰다. 남편을 열렬히 사랑하는 순진한 수잔은 도중까지 함께 데려가 달라고 졸랐다. 그래서 함께 가던 도중에 그는 과도한 정신적 긴장을 견딜 수 없어서 수잔을 칼로 찔러 죽였다. 그리고 그는 전에 수잔을 따라다니던 두 명의 사내에게 습격을 받았다고 꾸며대기로 하고, 진짜처럼 보이기 위해 자기 몸을 나무에 묶고 몇 군데에 상처를 냈다. 만사가 순조로웠으나, 결국은 수잔의 손아래 누이가 그의 주머니 속에서 피묻은 나이프를 찾아냈다. 이 칼을 보이자 소니는 순순히 고백했다.

이 소재는 극에서 소야 노파라는 '마녀'와 결부된다. 소야 노파는 소니가 처형될 때 함께 화형을 당한다. 작가들은 소야 노파가 소니에게 마술을 걸어 아내를 죽이게 했다고 암시하기 위해 이렇게 한 것이다——사실은 그런 증거는 하나도 없었다. 그러나 작가들은 소야 노파를 다음과 같이 묘사함으로써 마술의 심리를 훌륭하게 통찰한다. 그녀는 보기 흉하고 가난한 노파로 흉물스러운 몰골이 대단한 혐오감을 일으켜서 모두 마녀라고 생각한다. 아무 죄도 없는 노파는 이 부당한 대우에 마침내 절망하여 악마와 계약을 맺는다. 이 점은 우리가 자랑스럽게 '현대적'이라고 부르는 통찰과 같은 종류의 것이다.

엘리자베스 시대의 미해결의 살인사건 중에서 가장 매력적인 사건을 살펴보자. 그것은 크리스토퍼 마로 살해사건이다. 물론 문학사적 관점에서 본다면 이것을 미해결의 살인사건이라고 부르기는 어렵다. 그러나 검시관에게 보고된 이야기를 그대로 수긍하기엔 너무나 많은 의문점이 있다. 이 사건은 다음과 같다.

1593년 5월 30일 수요일, 29세의 시인이자 극작가인 마로(셰익스피어의 가장 강력한 라이벌 중의 한 사람)는 현재의 런던 교외인 데드퍼드의 엘리나 블루라는 술집의 한 방에서 저녁밥을 먹었다. 그 이외에도 세 사람이 있었다. 토머스 월싱햄 경의 하인인 잉그램 프라이저, 그의 친구로 속이 시커먼 니콜라스 스키어즈 그리고 정보원인 로버트 볼리였다. 그들은 그날 하루를 함께 지내면서 많은 술을 마셨다. 밤 9시쯤, 난투가 벌어졌고 술집의 여주인은 가게에 시체가 있다는 보고를 받았다.

마로는 오른쪽 눈 위를 칼에 찔려 죽어 있었다. 다른 세 사람의 말에 의하면, 마로는 침대 위에 누워 있다가 갑자기 프라이저의 단검을 빼들고 프라이저에게 달려들어 그의 머리 두 군데에 상처를 냈다. 프라이저는 마로에게서 단검을 빼앗고 자신을 지키기 위해 마로를 죽였다. 술값 계산 때문에 난투가 일어났다는 것이다. 그러나 묘하게도 볼리도 스키어즈도, 아마 자기 몫을 치르면 되었겠지만, 말다툼에 끼어들지 않았다. 그러나 마로가 눈 위를 정확하게 찔려 죽었다는 것, 그리고 현장에 있던 세 사람이 동일한 증언을 했다는 것만은 확실하다.

우리에게 의심을 일으키는 것은 우선 난투와 상처이다. 마로는 침대에 누워 있었다. 프라이저는 몇 피트 떨어진 곳에서 볼리와 스키어즈 사이에 있었다. 그러므로 마로가 프라이저의 단검을 들고 그의 등 뒤에 있었다면 그가 프라이저를 죽이지 못한 것이 이상스럽다. 위로부터 머리에 일격을 가하면 그것으로 끝났을 일이다. 그런데 배후에서 상대를 공격할 정도의 사람이 머리에 두 개의 상처(각기 2인치 정도 크기)를 내는 방식으로 상대를 습격했을 것인가? 또한 볼리와 스키어즈가 방관하는 앞에서 프라이저가 마로와 격투를 벌이고 단검을 빼앗았다고 하자. 이 경우, 그가 마로의 오른쪽 눈 위를 과연 찌를 수 있었을까? 단검을 뺏으려고 싸우는 두 사내의 경우, 서로의 몸에 상처가 나는 게 보통일 것이다. 즉 오른쪽 눈 위에 깊은 상처가 나는 것은 눈을 감고 침대에 누워 있는 사람을 갑자기 습격했을 때에만 가능할 것이다.

이 상처는 길이 2인치, 깊이 1인치라고 기록되어 있으며, S. A. 타넨바움 박사는 그의 저서 《크리스토퍼 마로의 암살》에서 이런 상처로는 인간이 즉사하지 않을 뿐더러 피해자는 몇 시간 또는 며칠 동안 살아 있을 수도 있다는 결론을 내렸다.

마로의 죽음은 계획적인 암살이라고 타넨바움 박사는 확신하거니와, 아마도 그의 견해가 옳을 것이다. 마로와 같은 방에 있던 세 사람은 모두 형편없는 사람들이었다. 프라이저는 사기꾼이었고, 스키어즈는 도둑이었으며, 볼리는 스파이로서 몇 가지 작은 범죄를 저질러 몇 번 징역을 산 사람이었다. 프라이저는 월싱햄 경 밑에서 일하고 있었고, 스키어즈와 볼리는 바빙턴을 중심으로 한 여왕에 대한 구교도의 음모를 폭로할 때 월싱햄 밑에서 일했다. 그러나 월싱햄은 마로의 옛 친구이자 파트롱(후원자)이고 또한 마로와 그가 연인 사이였다는 것은 모든 증거가 밝히고 있다.

마로가 동성연애자였다는 점과 관련해서 또 한 가지 매우 흥미있는 가능성, 곧 그가 프라이저에게 구애를 하다가 살해되었다는 가능성도 생각할 수 있다. 그러나 이 경우에는 프라이저가 월싱햄의 연인을 죽인 다음에도 계속 월싱햄 밑에서 일하게 된 이유를 설명할 수 없다. 어쩌면 월싱햄과 마로가 싸움을 한 것이 아닐까. 이것이 여러 사실 (1925년에 이르러 공문서 속에서 검시관의 보고서가 발견되었을 때 밝혀진 여러 사실)과 부합하는 유일한 견해인 것 같다. 또는 어쩌면 마로가 살해되고 5년 후에 프랜시스 미어즈(1565~1647. 영국의 신학자. 그의 《파라디스 타마이아》는 125명의 영국 문인을 논한 것으로, 특히 마로에 대한 기록은 귀중한 문학사적 자료이다)가 쓴 것처럼 '그 자신의 문란한 사랑 때문에 그의 경쟁 상대'에게 살해되었을 것이다. 프라이저는 마로 대신 월싱햄의 마음에 드는 상대가 된 것이다. 또는 후대의 어떤 사람들이 추리한 것처럼, 사실 미어즈는 이 싸움은 여자가 원인이었다고 말하고 싶었던 것이라고 생각할 수도 있다.

마로가 죽기 2주일 전에 경찰관이 그의 친구 토머스 키드(센세이셔널하고 피비린내나는 《스페인 비극》의 작가)의 방을 수색하고 예수의 신성을 부인하는 몇 편의 신학논문을 발견했다. 키드는 이 논문을 자기가 쓴 게 아니라 마로가 쓴 것이라고 변명했다. 당시 무신론은 상당히 중요한 죄였다. 마로의 학교 친구 프랜시스 캐트는 무신론을 주장했기 때문에 1589년 노리츠에서 화형을 당했다(키드는 마로를 배반했으나 소용이 없었다. 브라이드웰 감옥에 얼마 동안 갇혔다가 다음해,

36세로 죽었다. 그는 감옥 속에서 '고문'을 받았다). 마로는 토머스 월싱햄 경의 저택에서 체포되어 5월 20일 추밀원에 소환되었다. 그는 아마도 유력한 친구의 주선으로 보석된 듯하다.

그러나 그는 귀찮은 존재였다. 유력한 친구가 있든 없든, 그는 결국은 브라이드웰 감옥이나 런던 탑에서 생애를 마쳤을 것이다 —— 그의 친구로서 역시 합리주의자였던 월터 로리 경과 마찬가지로. 월싱햄 경은 마로가 법정에서 자기에게 누를 끼치는 말을 해서 중대한 결과를 일으킬지도 모르며, 따라서 마로가 자기까지도 끌고들어가 몰락시키기 전에 두 사람의 관계를 청산해야 한다고 생각한 것인지도 모른다.

가장 흥미있는 —— 그러나 증명할 수 없는 —— 마로에 관한 견해는 《셰익스피어였던 사람의 살해사건》에서 캘빈 호프만이 제시한 견해이다. 그의 생각에 따르면 —— 그것은 충분히 논리정연하다 —— 월싱햄이 그의 친구를 구할 결심으로 마로를 영국에서 탈출시키기 위해 위장 살인을 생각해냈다. 프라이저를 무죄 석방한 배심원은 '들러리'를 선 것이고, 그들이 본 시체는 사실은 마로의 시체가 아니라 이 사건에 앞서 살해된 다른 사람의 시체였다고 호프만은 그럴듯하게 주장한다. 이러한 가정은 마로가 오른쪽 눈 위에 1인치 깊이의 상처로는 즉사하지 않았을 것이라는 타넨바움 박사의 견해에 의해 뒷받침된다.

호프만은 더욱 놀라운 주장을 펼친다. 마로는 월싱햄의 보호를 받으며 대륙으로 건너가 계속 작품을 썼다고 호프만은 믿는다. 셰익스피어의 최초의 작품《비너스와 아도니스》가 마로가 죽은 해 9월에 발표되었다는 사실은 흥미롭다. 또한《헨리 6세》,《리처드 3세》,《타이타스 안드로니커스》는 마로의 작품과 너무나 비슷해서, 마로가 이 작품의 집필을 도와주었을 것이라는 생각(물론 이 작품들은 1593년 5월 이전에 쓰어졌을 것이다)을 부정하려고 한 셰익스피어학자는 한 사람도 없다. 마로가 죽은 지 7년 뒤에 토머스 소프라는 출판업자가 마로가 번역한

《루키아노스》제1권을 출판했다. 소프는 후에 셰익스피어의 소네트집을 출판했다. 이 책은 'W. H씨'에게 헌정되었다(호프만은 이를 Walshing-Ham이라고 추측한다. 엘리자베스 시대의 인명에는 이와 같이 사이에 하이픈을 넣는 경우가 많았다).

호프만 박사는 자신의 주장을 뒷받침하는 유력한 사실을 오직 하나밖에 제시하지 못했다. 그는 토머스 코윈 미덴홀 박사의 견해에 대해 언급한다. 미덴홀은 어떤 작가의 작품에나 지문처럼 지울 수 없는 특정한 문체적 특징이 있다고 생각한다. 이러한 불변수 중 중요한 것은 작가가 사용하는 어휘의 사용 빈도이다. 미덴홀은 여러 작가의 몇 가지 작품을 대상으로 각 단어의 자수(字數)를 센 결과로 자기 주장을 분명하게 입증했다. 작가의 어휘는 그의 지문이고, 어떤 작가의 지문도 그의 작품 전체를 통해 전적으로 불변이었다. 이 지문이 서로 같은 작가는 하나도 없었다.

호프만 박사에 의하면 어떤 부유한 베이컨학자(셰익스피어의 작품을 베이컨이 썼다는 주장을 지지하는 사람)가 미덴홀 박사에게 베이컨의 지문과 셰익스피어의 지문을 비교해 달라고 의뢰했다고 한다. 셰익스피어의 각 단어의 평균 자수는 4개였다. 곧, 셰익스피어의 문장 하나를 대상으로 해서 자수를 세고 그 문장 속의 어휘의 수로 나누면 4라는 결과가 나온다. 셰익스피어가 가장 많이 사용한 단어도 each, plot, been 등과 같이 넉 자로 된 것이었다. 베이컨은 훨씬 긴 단어를 사용하고 그 자수의 평균도 넉 자 이상이었다.

미덴홀은 베이컨이나 셰익스피어 이외에도 많은 다른 작가를 조사했다. 그 중에는 마로도 포함되었다. 그런데 마로의 지문은 셰익스피어의 지문과 같았다. 호프만의 의도가 진지하다는 것을 나는 알고 있다. 그러나 만일 그가 옳다면 그는 자신의 주장의 정당성을 입증한 것이고 그 이상의 논의는 필요하지 않다. 그는 저서에서 미덴홀의 주장을 증명할, 같은 지문은 하나도 없다는 사실에 대한 실증과, 마로의 지문과 셰익스피어의 지문이 같았다는 사실의 증명에 전념했어야 옳았다. 오늘날 같은 전자계산기 시대라면, 이것은 그만한 의심도 남기지 않고 증명될 것이다. 만일 호프만이 자신의 주장을 증명할 수 있다면 유럽 역사상 가장 놀라운 문학상의 수수께끼가 풀릴 것이다. 마로의 검시 보고가 우연히 발견되기 4년 전인 1921년에 쓴 클레멘스 데인의 극 《윌 셰익스피어》에서는, 마로는 여자가 원인이 된 싸움에서 셰익스피어에게 살해된다.

셰익스피어의 극의 작자가 누군가 하는 문제에 대한 여러 가지 주장을 모르는 독자를 위해 기본적인 문제를 지적해 두는 것도 의미있는 일이리라. 스트래트퍼드의 윌리엄 셰익스피어라는 사람과 그 이름으로 발표된 작품을 연결시킬 수 있는 증거는 하나도 없다. 셰익스피어는 스트래트퍼드에서는 작가가 아니라 실업가로 알려졌다. 1630년경 스트래트퍼드 교회에 세워진 셰익스피어의 흉상은 펜을 쥐고 있지 않고 두 손이 상업의 상징인 마대(麻袋) 위에 놓여 있다.

엘리자베스 시대의 다른 작가의 원고는 많이 남아 있지만, 셰익스피어의 원고는 전혀 없다. 그는 유서에서 원고에 대해 전혀 언급하지 않고 자신의 작품 사본도 남기지 않았는데, 기묘한 일이 아닐 수 없다. 그는 틀림없이 그의 작품의 사본을 집에 남겨 놓을 만한 명예는 얻고 있지 않았던가.

그의 아버지는 무식했다. 그의 자식들도 마찬가지였다. 현재 남아 있는 몇 개의 셰익스피어의 서명을 보면 그도 무식했으리라는 생각을 뒷받침한다. 셰익스피어가 마로였는가, 또는 베이컨이나 그밖의 다른 사람 —— 매수되어 다른 사람의 작품의 표지에 자기 이름을 사용한 사람 —— 이었는가 하는 것은 결코 증명될 수 없는 문제일 것이다. 그러나 적어도 스트래트퍼드의 실업가를 극작가와 결부시킬 수 있는 증거가 하나도 없다는 사실은 매우 이상한 일이라는 것만은 알 수 있다.

그리고 말이 나온 김에 덧붙인다면, 호프만의 주장이 옳은 경우, 셰익스피어가 살인자였다는 것도 충분히 생각할 만한 일이다. 누군가가 어떤 사내를 죽였고, 그 시체가 마로의 시체로 통했으니까.

만일 엘리자베스 시대의 살인의 이러한 단면도가 대표적인 것이라면(그렇다고 믿을 충분한 이유가 있거니와) 엘리자베스 시대의 인간은 순진한 시대를 산 것이다. 살인은 일반적으로 돈이나 격정 등 단순한 동기에서 저질러졌다. 시체를 절단하거나 아궁이에서 태워 버릴 생각을 한 사람은 하나도 없었다. 살인에 대한 엘리자베스 시대 사람들의 태도도 매우 단순했다. 당시의 영국은 종교 문제에서는 통일을 이루었고, 종교가 아직은 가장 중요한 것으로서 모든 대논쟁과 국가적 위기의 원인이었다.

1세기 반이 지나 존슨 박사의 시대가 되어서도 이러한 사정은 변하지 않았다. 그것은 설교집이 베스트셀러가 되고, 존슨이 보스웰과 10여 명의 목사가 한 설교의 우열을 논하던 시대였다. 우리는 이러한 시대를 일종의 향수를 갖고 뒤돌아보게 된다. 그러나 우리는 이러한 시대를 살 수는 없다. 당시에는 종교가 절대적이었지만 그 후의 영국에서는 그렇지 않았다. 스코틀랜드나 웨일스의 벽촌은 예외일지 모르지만…….

누구나 일요일마다 교회에 나가 일곱 가지 대죄(大罪)에 대한 설교를 들었다. 살인이 그들을 떨게 하고 매혹한 것은 토머스 모스비가 애인의 남편을 다리미로 때려죽였다는 것이 아니라, 그들이 대죄를 범하고 그 때문에 지옥에서 고통을 받으리라는 것이었다. 그들에게 충격을 준 것은 그들의 사악함, 곧 자기들이 매주 일요일마다 듣는 생활의 규범에 그들이 반항했다는 것이다. 만일 프랜시스 소니가 중혼에 가까운 형태로 결혼한 아내를 죽였다면, 그것은 소야 노파를 통해 그 힘을 나타낸 악마 때문이었음에 틀림이 없다는 것이다. 악의 힘은 그들에게는 매우 현실적인 힘이었다. 악마가 실재하고 악마는 머리에

뿔이 나고 긴 꼬리가 달렸다는 것을 의심하는 사람은 없었다.

마로의 체포의 원인이 된 야유적인 글의 대상은 신이나 악마——그가 다른 사람들과 마찬가지로 신이나 악마를 믿었던 것은 의심의 여지가 없다——가 아니라 아담이나 예수나 모세 등이었다. 모세는 사기꾼에 지나지 않고, 해리오트(1560~1621. 영국의 수학자, 천문학자)는 월터 로리 경의 가정교사이므로 모세보다 더 위대한 일을 할 수 있다고 그는 단언한다.

엘리자베스 시대 사람들에게 살인과 폭력에 비상한 관심을 갖게 한 이러한 종교적 분위기에도 불구하고 그것은 역시 잔인한 시대였다. 리튼 스트레치(1880~1932. 영국의 전기 작가)는 여왕의 시의(侍醫) 로페즈 박사의 죽음을 그리고 있다. 로페즈는 포르투갈 태생의 유대인으로 스페인을 통해 여왕과 포르투갈 왕에 대한 음모를 꾸몄다는 죄로 다른 두 사람, 페레이라와 티노크(후자는 안전통행권을 갖고 영국에 왔으나, 이 안전통행권에는 입국 후 재출국이 허락되는지 그 여부는 고의로 적어 놓지 않았다)와 함께 기소되었다.

"엄청난 군중이 그 광경을 보려고 밀려들었다. 교수대에 선 박사는 최후의 연설을 하려고 했으나 그럴 수 없었다. 군중은 분노와 희열 때문에 조용할 수가 없었기 때문이다. ……그는 줄에 매달려졌고, 당시의 행형의 관습에 따라 숨이 완전히 끊어지기 전에 그 줄이 잘렸고 그는 떨어졌다. 이어서 옛날부터 행해지던 형(거세, 배가르기, 능지처참)이 집행되었다. 페레이라가 다음에 처형되었다. 그 다음은 티노크의 차례였다. 그는 자신의 운명이 어떤 것인지를 두 번이나 목격했다. 그의 귀에는 동료들의 신음 소리와 비명이, 그의 눈에는 고민의 표정과 유혈이 낭자한 광경이 가득 차 있었다. 그리고 이어서 그의 다난한 운명도 이렇게 끝나는 것 같았다.

그러나 아직 완전하게 끝난 것은 아니었다. 티노크는 너무 빨리 줄에 매달았기 때문에 교수가 된 다음에도 두 다리로 서 있을 수 있었다. 그는 대담하게도 필사적으로 사형 집행인에게 대들었다. 흥분한 군중은 용감한 외국인에게 환호성을 올리며 호위들을 밀어내고 싸움을 구경하려고 두 사람을 둘러쌌다. 그러나 이윽고 법과 질서를 지키려는 본능이 되살아났다. 사형 집행인이 질 듯하자, 두 사람의 건장한 사내가 구출하려고 뛰어들었다. 티노크는 머리에 일격을 당하고 쓰러졌다. 그는 교수대 위에 단단히 묶인 다음, 다른 동료들과 마찬가지로 거세를 당하고 배가 갈라지고 능지처참을 당했다(《엘리자베스와 에섹스》 제6장)."

로페즈 박사는 무고했음이 후에 밝혀졌다. 여왕 자신이 어떤 살인의 공범자였다는 것은 거의 틀림이 없다. 그녀의 애인 로버트 대들리 경은 여왕이 왕위에 오르기 8년 전에 에이미 로브사트라는 소녀와 결혼했는데, 여왕은 대들리를 남편으로 삼을 생각이었다. 1560년 9월에 여왕은 어떤 외국 공사에게 대들리 부인이 병에 걸려 다 죽게 되었다고 말했으나, 대들리 부인은 아픈 데가 전혀 없었다. 4일 후, 에이미 로브사트는 옥스퍼드셔 자택 계단 밑에서 시체로 발견되었다. 그녀는 두개골이 깨져 있었다. 그녀는 28세로 남편보다 한 살 위였다. 엘리자베스는 애인과 결혼하려는 결심을 바꾼 것 같다. 또는 어떤 정치적 필요에서 결혼이 불가능했을지도 모른다. 대들리(후의 레스터 백작)——스페인 공사는 그에 대해 "냉혹하고 무기력하고 두 마음을 가진 난폭한" 사람이라고 말했다——가 아내를 죽였고, 여왕은 사전에 이를 알았음이 분명하다. 어쩌면 그녀는 너무 참혹한 살해 방식에 혐오감을 느꼈으리라.

시만카스 공문서(시만카스는 스페인의 도시로, 156년 이후로 성 중에 공문서가 보관되어 있다)에는 에이미 로브사트를 독살하려고 했다는 기록이 있다——여왕은 대들리 부인이 다 죽게 되었다고 말했을 때,

이것을 생각하고 있었음이 틀림없다. 그런데 도대체 우리는 이 기묘한 엘리자베스 시대를 어떻게 이해하면 좋은가. 당시 사람들이 살인에 반대한 주요한 이유는 그것이 지옥에 떨어지는 대죄라는 점에 있었는데, 여왕이 몰래 살인에 관여한 이 시대를?

분명히 엘리자베스 시대는 기본적인 점에서는 현대와 너무나 다르고, 엘리자베스 시대 사람들은 원주민의 한 종족과 마찬가지일 정도로 우리들과는 이질적이다. 그들은 현대라는 자기 분열의 시대에 있어서는 이해할 수 없을 만큼 격정에 시달렸으며, 격정은 그들의 문학의 소재였다. 그들은 현대의 학자가 아무리 그 시대를 면밀히 연구해도 알 수 없는 방식으로 《맥베드》나 《오델로》를 이해하고 있었다. 마로의 도주라는 호프만의 주장을 읽으면, 우리는 검시관에게 시체를 보이기 위해 살해된 무고한 사람을 생각하게 된다. 엘리자베스 시대 사람들은 이런 생각을 부질없다고 생각했을 것이다. 마로가 정말로 도망갔다고 하더라도, 그가 자기 대신 죽은 사람을 생각하며 하룻밤을 새우거나 하는 일은 결코 없었을 것이다. 또한 천재와 범죄는 양립하지 못한다는 현대적 사고방식에 엘리자베스 시대 사람들은 아무도 찬성하지 않을 것이다.

1926년이 되어서야 《아더왕의 죽음》(캑스턴에 의해 1485년에 인쇄되었다)의 작자 토머스 마로리 경은 여자를 범한 악한으로 사원에서 약탈을 하고 가축을 훔친 도둑떼를 거느리고 있었다는 것이 판명되었다. 그는 《아더왕의 죽음》을 감옥에서 썼다(그에 대한 기소장에는 다음과 같은 말이 있다. 1450년 마로리는 휴 스미드의 집으로 쳐들어가 휴의 아내 존을 잔인한 방법으로 범하고, 같은 해 8월 6일에 다시 휴 스미드의 집으로 쳐들어가 40파운드 상당의 스미드의 재산을 강탈하고 다시 존을 잔인한 방법으로 범했다. 존 스미드를 범하는 것이 버릇이 되었는지, 또한 만일 그렇다면 마지막에는 그녀가 강간당하는 것을 좋아하게 되었는지를 알 수 있다면 매우 흥미있을 것이다).

엘리자베스 시대의 최대 음악가의 한 사람인 베노사 공(公) 카를로 제스아르도는 아내가 정부 안드리아 공작과 동침하는 현장을 목격했다. 그는 아내를 죽이고, 부하는 공작을 죽였다(옛 기록을 바탕으로 이를 소설화한 아나톨 프랑스는 제스아르도가 아내의 절명 후에도 칼로 그 시체를 마구 베는 처참한 광경을 자세히 묘사한다). 그리고 제스아르도는 자기의 성으로 급히 돌아가서 둘째아들이 안드리아 공작의 아이일 경우를 두려워해서 죽였다. 현대적인 하모니를 갖는 그의 이상하게 신경증적인 마드리갈(반주 없는 합창곡)은 제스아르도가 죽고 몇 세기 동안에 걸쳐 그의 광기의 증거로 생각되었다. 그러나 근년에 이르러 몬테베르디(1567~1643, 이탈리아의 작곡가)의 마드리갈과 마찬가지로 중요하다는 것이 인정되었다.

엘리자베스 시대와 존슨 박사 시대 사이의 범죄 기록은 별로 남아 있지 않다. 몇 가지 아주 유명한 범죄만이 역사적 기록 속에 남아 있을 뿐이다. 엘리자베스 여왕의 후계자 제임스 1세 시대의 가장 눈길을 끄는 살인은 제임스 1세의 총신 서머셋 공 로버트 카에 의한 토머스 오버베리 경의 살해이다.

카는 완전히 무식하고 키가 큰 금발의 시골 젊은이였다. 11살에 호위 무사가 되었을 때, 그는 재기발랄한 동성연애자 토머스 오버베리를 만났다. 카는 오버베리한테서 매우 강한 영향을 받았고, 아마도 그에게 유혹당했을 것이다. 5년 후, 카는 왕의 어전에서 개최된 마상 시합(馬上試合)에서 오른발의 뼈가 부러졌다. 제임스도 동성연애자였다. 그는 갑자기 큰소리로 우는 버릇을 가진 기묘하고 의지가 약한 사람이었다. 그는 이야기하면서 침을 흘리고 두 다리에 힘이 없었기 때문에, 이야기 상대자의 어깨에 기대는 경우가 많았다. 제임스는 곧 이 키가 크고 금발의 무식한 사내에게 반해서 의회 해산에 대해서조차 그와 의논하고 그의 조언을 받아들였다.

이제 오버베리는 카의 비서가 되었다. 입장이 거꾸로 되었으므로 그의 처지에서는 별로 달갑지 않은 일이었다. 그러나 이것은 일종의 권력 확장이었다. 그리고 오버베리는 권력에 관심이 있었다. 이것이 그와 카 사이의 거의 유일한 공통점이었다. 그밖의 점에서는 두 사람은 정반대였다. 카는 키가 크고 뺨은 장미빛이었으며 순진한 얼굴이었으나 특별히 재주가 있었던 것은 아니었다. 오버베리는 피부가 검고 재기발랄하고(그가 쓴 《인간 천태만상》은 영문학의 고전이다) 내성적이고 화를 잘 냈다.

이윽고 카는 이미 에섹스 백작에게 출가한, 아직 10대의 미녀 프랜시스 하워드를 사랑하게 되었다. 그녀는 아직도 첫날밤을 치르지 않고 있었다. 에섹스가 외국에 있었기 때문이었다. 그리고 첫날밤을 치를 기회는 영원히 오지 않았다. 프랜시스 하워드도 호의를 보여서 그녀와 카는 사랑하는 사이가 되었다. 오버베리──지금은 토머스 경이 되었다──는 카의 연애편지를 대필했다. 그러나 그는 이 소녀에게 호감을 갖지 않았다. 그는 카가 이 여자의 일을 매우 진지하게 생각하고, 만일 그녀가 이혼하면 결혼할 뜻임을 알자, 공공연하게 그녀에 대한 불만을 표시했다. 이것이 그의 실수였다.

에섹스 백작부인은 매우 억센 성격인데다가 기본적으로는 오버베리와 마찬가지로 신경증적이고 정신의 평형을 잃고 있었다. 남편이 외국에서 돌아왔을 때, 두 사람은 나체로 같은 침대에서 자기는 했지만 그녀는 남편의 권리 행사를 거부했다. 그녀는 터너 부인이라고 하는 '마녀'에게 접근하여 카를 꼭 붙잡아 두기 위해 미약(媚藥)을 지었고, 또한 남편을 죽이기 위해 독약을 입수했다(터너 부인은 에섹스 백작을 성적 불능자로 만들기 위한 주문을 생각해내기도 했다). 이 방법은 실패했으나 에섹스 백작은 마침내 그녀와의 이혼에 동의했다.

지금은 서머셋 공이 된 카는 오버베리가 프랜시스 하워드와 결혼하는 것은 어리석은 짓이라고 말하자 기분이 상했다. 프랜시스 하워드도 굉장히 불쾌하게 생각했다. 그녀는 어떤 기사를 매수하여 오버베리를 죽이려고 했지만 기사에게 거절당했다. 그래서 자기의 적에게 음모를 꾸미도록 카를 설득했다. 카는 왕에게 오버베리를 프랑스나 러시아 대사로 보내도록 진언했고 왕은 이에 동의했다. 그리고 카는 오버베리에게 가서 이를 거절하라고 충고했다. 오버베리는 그의 말에 따랐다. 그가 거절하자, 왕은 격노하여 오버베리를 런던 탑으로 보내라고 명령했다. 이야말로 카와 그의 애인이 바라던 일이었다.

오버베리는 이제 그들의 수중에 있었다. 터너에게서 다시 독약을 입수했다. 오버베리의 간수 웨스턴이 이 약을 먹이는 역할을 맡았다. 프랜시스 하워드의 친구인 제바스 엘위즈 경이 런던 탑의 간수장으로 임명되었다. 그는 처음에는 독살 계획을 몰랐으나, 이를 알고 난 다음에도 침묵을 지켰다. 오버베리는 1613년 9월 15일에 죽었다. 이상하게 생각하는 사람은 없었다.

프랜시스 하워드는 이혼 허가를 얻어 카와 결혼했다. 카는 여전히 왕의 총애를 받았다. 그러나 오버베리가 없게 되자 그의 무능이 차츰 드러났다. 그와 왕의 사이는 나빠졌다. 제임스가 뭣보다도 바라는 것은 애정을 쏟을 수 있는 상대라는 것을 카는 깨닫지 못했던 것이다. 제임스는 새로 마음에 드는 상대를 발견했다. 빌리어즈라는 케임브리지 학생이었다. 그래서 오버베리가 죽은 지 2년 만에 그때까지 쌓아올린 카의 지위는 무너졌다.

그런데 독약을 지은 약국의 조수가 죽으면서 사건의 진상을 고백했다. 이를 알게 된 왕은 에드워드 코크 경에게 조사를 명령했다. 조사 결과 터너 부인, 제바스 엘위즈 경, 웨스턴(간수) 및 의사 프랭클린(독약 제공자) 에게는 모두 사형이 선고되었고, 타이번에서 교수형을 받았다. 카와 그의 아내는 웨스트민스터 홀에서 재판을 받았다. 두 사람은 귀족이기 때문이었다.

카는 왕에게 압력을 가하기 위해 열심이었다. 그는 자기와 왕의 추한 관계를 폭로하겠다고 협박한 모양이다. 법정에서는 두 사람이 복면을 손에 들고 그의 뒤에 서 있다가 만일 그가 이런 폭로를 하려고 하면 복면을 뒤집어씌울 준비를 갖추고 있었다. 그러나 왕은 그를 사형에 처하지는 않겠다고 확약했다. 두 사람 다 사형 선고를 받았으나 런던 탑에 유폐되었을 뿐이었다. 이 무렵은 두 사람이 서로 미워해서 말도 하지 않았다. 아마도 살인죄를 서로 전가했기 때문이었을 것이다. 두 사람은 6년 동안 유폐되었다가 시골 집에서 은거해도 좋다는 허락을 받았다. 시골에서 서머셋 부인은 자궁암에 걸려 39세로 죽었다.

 새로이 왕의 마음에 든 조지 빌리어즈도 다른 유명한 살인사건의 피해자가 되었다. 그는 제임스의 총애를 받아 버킹검 공이 되었고 해군대신으로 임명되었다. 그는 한동안 프랑스 왕비와 사랑을 했는데, 그 때문에 뒤마의《삼총사》등 여러 소설에 등장한다. 그러나 제임스가 죽은 다음, 새로운 왕(찰스 1세)과 의회의 싸움에 말려들었다. 찰스는 버킹검을 탄핵하려고 한 의회를 두 번이나 해산시켰다.

 그러나 1628년 8월 23일, 존 펠턴이라는 한 병사가 자기는 버킹검에게 불평을 할 여러 가지 이유를 가졌다고 생각하며, 버킹검이 아침을 들고 있던 방 밖에서 기다리고 있었다. 그리고 그가 나오자 심장을 찔러 죽였다. 광신적인 청교도였던 펠턴은 의회가 버킹검을 공공연하게 적이라고 선언하고 있었으므로 무죄 석방이 되리라고 기대했다. 그러나 그는 왕을 고려에 넣지 않았다. 펠턴은 타이번에서 교수형을 당했다. 버킹검의 경쟁 상대 로버트 카는 버킹검보다 7년을 더 살았다. 버킹검이 죽은 다음, 찰스 1세의 운명도 급선회하여 1649년 마침내 리처드 브란덴(1649년에 사망. 찰스 1세, 그밖의 많은 왕당파를 처형한 사형 집행인)의 도끼 밑에서 최후를 맞이했다.

 17세기의 사건을 말하면서 적어도 에드먼드 베리 고드프리 경의 미해결의 모살(謀殺)에 대해 언급하지 않으면 완전하다고 할 수는 없으리라. 이 살인사건의 결과로 헨리 8세 시대와 같은 정도로 잔인한 구교도 박해가 시작되었기 때문이다. 고드프리는 평판이 좋았던 인물로서, 1665년 런던에 전염병이 창궐했을 때, 환자 구호에 보기 드물 만큼 헌신했다.

살해되기 3주일 전, 치안판사였던 고드프리는 타이타스 오츠의 방문을 받았다. 오츠는 말하자면 17세기의 조지프 매카시 상원의원이랄 수 있는데, 고드프리에게 구교도의 음모를 밀고했다. 1605년의 화약 음모 사건은 아직도 많은 사람의 기억 속에 남아 있었고, 똑같은 사건이 반드시 다시 일어난다고 생각하는 사람도 대단히 많았다. 1678년 10월 12일 오후, 고드프리는 성 클레멘트 데인즈 교회를 방문하겠다면서 채링 크로스 자택을 나간 다음 다시는 돌아오지 않았다. 5일 후, 그의 시체가 자택에서 북쪽으로 5마일 떨어진 브림로즈 힐의 웅덩이 속에서 발견되었다. 몸에는 그의 칼이 꽂혀 있었으므로 자살로 생각되기도 했다. 그러나 타이타스 오츠에 의해 조성된 사상적 풍토(찰스 2세를 살해하고 영국에 구교를 확립하려는 '구교도의 음모'가 오스트리아의 돈 존과 페르 라 세즈에 의해 꾸며지고 있다는 오츠의 주장) 속에서는 누구나가 고드프리는 구교도에게 살해되었다고 확신했다.

찰스는 구교도에 대해 관대했으며(사실상 그 자신이 남몰래 구교를 믿었다) 스트랜드 가에 있던 왕비의 집 서머셋 하우스는 구교도의 집합 장소였다. 고드프리는 실종된 날에 어두워졌을 때 서머셋 하우스 앞을 지나갔다. 즉시 서머셋 하우스를 수색했다. 브론스라는 사람이 곧 '자백'을 했다. 후에 그것은 고문에 의한 허위 자백이라는 말이 떠돌았다.

음모인들은 고드프리가 그날 밤, 성 클레멘트 데인즈 교회 근처의 집 —— 아마도 사창가였으리라 —— 에서 묵을 계획이라는 것을 알고 있었다고 브론스는 말했다. 고드프리는 아침 7시에 이 집을 나와, 서머셋 하우스 앞을 지나가다가 왕비의 하인 둘이 싸움을 하고 있으니 와 주었으면 좋겠다는 구실로 이 집 정원으로 유인되었다. 여기서 그는 목이 졸리고 목뼈가 부러졌다. 브론스의 진술에 의하면, 시체는 며칠 동안 서머셋 하우스의 방에서 방으로 옮겨지다가 브림로즈 힐로 운반되어 칼이 꽂혀졌다.

세 명의 남자 그린, 베리, 힐이 체포되었다. 다른 세 사람(그 중 두 사람은 사제였다)은 도주했다. 체포된 세 사람은 수석 재판관 스크록즈에게 재판을 받았다. 스크록즈의 평판은 그의 동료인 제프리즈처럼 매우 좋지 않았다. 브론스는 세 사람이 유죄라고 증언했다. 그들이 처벌을 면할 길은 없었다. 나라 전체가 '구교도의 음모' 때문에 격분하고 있었다. 타이타스 오츠도 그들의 유죄를 법정에서 증언했다(그는 행실이 나빠 예수회에서 쫓겨난 구교도의 배반자였다).

정의라는 점에서 본다면, 이것은 영국 역사상 최악의 재판에 속할 것이 틀림없다. 물론 이것이 음모자들의 무죄를 입증하는 것은 아니지만, 그린과 베리와 힐은 고드프리 살해죄로 처형되었다. 그러나 일반적으로 이 사건은 아직도 미해결이라고 말한다. 왜 구교도가 고드프리를 죽였는가, 오츠로부터 밀고를 받은 치안판사에 지나지 않는 사람을? 그들은 이런 일을 하면 박해를 받게 된다는 것을 알 만한 분별력은 갖고 있었을 터이다.

한편, 타이타스 오츠와 그 배후의 몇 명의 신교도들에게는 고드프리를 죽일 충분한 이유가 있었다. 고드프리는 처음 단계에서 구교도의 음모가 전혀 근거가 없다는 것을 간파했으리라. 타이타스 오츠가 조지프 매카시 상원의원과 마찬가지로 결국은 너무 지나쳤다고 말할 수 있어서 다행스럽다.

그가 음모를 폭로했기 때문에 구교도에 대한 대대적인 보복이 시작되었다. 5명의 구도교 귀족이 런던 탑에 갇히고 2천 명의 구교도가 투옥되었다. 모든 구교도에게는 런던으로부터 퇴거하라는 명령이 내려졌고 구교도를 의회에서 추방하는 법안이 통과되었다.

베드로라고 하는 또 한 명의 상상력이 풍부한 악한이 타이타스 오츠의 주장보다 훨씬 더 심한 사실을 폭로하려고 했을 때, 오츠는 전보다도 더 형편없는 사실을 날조했다. 구교도의 군대가 상륙하여 모든 신교도를 학살하려는 음모가 있다고 한 것이다. 마침내 오츠는 찰스 2세의 살해 음모를 알고 있다는 혐의로 왕비를 고발했다. 왕은 동생 제임스(후의 제임스 2세)에게 어떤 조치를 취하라고 명령했다. 오츠는 위증과 비방죄로 재판에 회부되어 종신형을 선고받고, 정기적으로 짐마차 뒤에 묶여서 채찍질을 당하는 형을 받았다.

고드프리 사건은 영국의 역사를 바꾼 작은 사건의 하나이다. 이 살인사건이 일어나지 않았더라면 구교도의 음모가 야기시킨 열광적인 소란은 훨씬 빨리 가라앉았을 것이다. 또는 어쩌면 이런 소란은 일어나지 않았을 것이고, 구교도에 대한 가혹한 조치 —— 대규모의 합법적인 살인을 포함하여 —— 도 취해지지 않았을 터이다. 구교도인 제임스 2세와 의회의 충돌은 일어나지 않았을 것이고, 오렌지 공 윌리엄을 영국 왕위에 오르게 한 혁명도 일어나지는 않았을 것이다. 이 살인사건이 야기시킨 모든 결과는 다음 장에서 밝혀질 것이다.

제2장
진(Jin)의 시대

　엘리자베스 시대의 영국인은 맥주나 포도주, 셰리(폴스타프가 말하는 '사크')나 귤술이나 사과술을 마셨다. 그들은 술을 많이 마셨다. 물은 끓이지 않으면 마실 수 없었기 때문이다. 그러나 토머스 데커가 1632년에 거의 한 집 건너 술집이 있는 거리에 대해 썼지만 이러한 알코올 음료가 17세기 전반의 범죄 발생률을 높이는 커다란 원인이 되었다는 것은 의심스럽다.
　우선 제임스 1세는 포도주 값을 1쿼터당 4펜스씩 인상하는 조치를 취해 일반 노동자는 맥주를 마실 만한 여유밖에 없었다. 이 맥주조차 가격이 올랐다.
　1650년부터 1660년에 걸쳐서 실비우스라는 네덜란드 화학교수가 노간주나무(측백나무과의 상록 침엽수)의 열매를 발효시켜 증류하면 강한 알코올을 얻을 수 있다는 사실을 발견했다. 이 음료는 '지니바〔주니바(노간주나무)라는 프랑스어에서 유래한 말〕'라고 불렸다. 이 술은 네덜란드에서 인기를 얻었으며, 1689년 오렌지 공 윌리엄이 왕위에 오르자 지니바는 대량으로 영국에 들어왔으며, 그 이름도 진으로 줄어 들었다(윌리엄은 네덜란드 출신이었다). 진은 값이 싸고 제조법이 간단했다. 영국인은 하급의 소맥(小麥)에서 더 싸고 강한 알코올을 추출하는 방법을 곧 알게 되었다. 1690년, 법령에 의해 누구나 허가 없이 술을 만들고 팔 수 있게 되었다. 그 결과, 영국의 어느 도시건 진을 파는 술집이 범람하기 시작했다. 대부분의 술집에는 다음과 같은 유명한 선전문을 붙여 놓았다. "1페니로 취하고 2페니면 만취. 깨끗한 빨대도 곁들임"

맥주나 포도주나 셰리는 일반 노동자가 사서 마시기에는 값이 비쌌으나, 진은 1페니를 벌거나 구걸할 수 있는 사람이면 누구나 마실 수 있었다. 필연적으로 범죄 발생률이 높아졌다. 빈민가에 사는 사람은 잊고 싶은 일투성이였고 2펜스만 있으면 적어도 12시간은 이런 일들을 잊을 수 있었다.

1734년, 주디스 듀포라는 술주정꾼이 자기 애를 죽인 죄로 처형되었다. 그녀는 갓난애를 빈민원에서 데리고 나와서—— 갓난애는 빈민원에서 준 새 옷을 입고 있었다—— 목졸라 죽이고 시체를 웅덩이에 버렸다. 갓난애한테서 벗긴 옷을 1실링 4펜스에 팔아 진을 사마셨다. 1750년 6월 6일, 엘리자베스 뱅크스라는 여자가 '애의 옷을 강탈한' 죄로 교수형을 받았다. 역시 같은 동기에서 저지른 죄였음이 틀림없다. 당시 영국에서는 1년에 8백만 갤런의 진이 소비되었고 런던에서만도 1인 평균 14갤런을 마셨다.

윌리엄과 메리가 즉위하고 10년 동안에 범죄 발생률이 놀라울 정도로 늘어났다. '미친 듯한 격정에 끌려' 저질러지는 폭력 범죄가 범람하자 이례적으로 잔인한 법률이 법률 전서에 추가되었다. 5실링 이상의 가치가 있는 물건을 훔치면 사형에 처한다는 법률이었다. 물건을 사는 체하다가 훔치는 것도 마찬가지였다. 이런 경우의 범죄자는 대부분이 여자애였으므로 여자애의 처형은 흔한 일이었다.

진을 파는 술집이 늘어남에 따라(한때는 여섯 집 중 한 집은 진을 파는 술집이었다) 애들이 방치되고 학대받는 경우도 증가하여, 헨리 필딩(1707~1754. 영국의 소설가)의 의붓동생이고 치안판사였던 존 필딩은 열두 살짜리 애가 매독이라는 '불결한 병으로 반쯤 썩어 버린' 예를 말하고 있다. 애들은 소매치기를 강요당했으며, 대부분의 애들은 손수건 하나를 훔쳤다는 사소한 죄로 교수형을 받았다. 당국은 이러한 범죄의 격증(그것은 1세기 이상이나 계속되었다)의 방지에 발벗고 나섰으며, 이미 우리가 알고 있는 방법으로 대항했다. 즉 잔인한 처벌로 범죄를 근절시키려 했다.

엘리자베스 시대의 군중이 18세기의 군중과 마찬가지로 냉혹했다는 것은 의심의 여지가 없다. 크리스토퍼 허버트는 이 시대에 대해 다음과 같이 말한다.

"연민의 정은 흔히 볼 수 없는 귀중한 감정이었다. 바라지 않는 갓난애가 태어나면 거리에 내다버려 죽이거나 거름구덩이 또는 뚜껑 없는 하수구에 던졌다. 동물을 괴롭히는 것은 인기 스포츠였다. 고양이를 높은 곳에서 떨어뜨리고 곰이나 소를 괴롭히는 놀이나 수탉을 싸움시키는 것과 마찬가지로 성행했다……."

"모호크단(18세기 초엽, 밤에 런던 시내를 배회하며 선량한 시민을 괴롭힌 악당들)은 '다른 사람들을 가능한 한 많이 괴롭히려는' 야심을 가진 단원들로 구성되었는데, 그들은 대부분이 신사들이었다. 그들은 남아 돌아가는 여가를 매춘부나 노파를 통 속에 거꾸로 세우고 밖으로 나온 다리를 칼로 찌르거나 칼을 휘둘러, 칼을 피하려고 여자들이 깡총깡총 뛰는 모양을 즐기며 보냈다. 죽인 사람의 눈을 후벼내거나 코를 잘라내기도 했다. 매복했다가 하녀를 습격했으며, 윈칠시 부인의 하녀의 경우처럼 때려눕히고 얼굴을 베었다. 그들은 잔인한 게임을 할 기분을 고조시키기 위해 먼저 폭음을 했으므로 이성적인 또는 인간적인 생각은 전혀 할 수 없는 상태였다. 모호크단의 몇 사람은 볼드 바크단의 단원이기도 했던 것 같다. 볼드 바크단의 단원은 신의 존재를 부정하는 의식을 올리고 일요일마다 성령의 파이로 알려진 요리를 먹어야 했다. 볼드 바크단의 난동은 모호크단의 난동보다 더욱 성적인 것이었으며, 강간을 해도 유죄 선고를 하기는 거의 불가능했다. 여성의 결혼이 법적으로는 12세면 허락되었기 때문에, 그들은 거의 공공연하게 행동했다(《악의 근원》, pp. 44~46)."

이 시대의 이상적인 연대기 작가는 1697년에 태어난 윌리엄 호가스이다. 그는 불결한 일, 끔찍한 일의 묘사를 좋아했다. 18세기 전반의 정신을 이해하려면 누구든지 그의 《근면과 게으름》의 제7도(第七圖)를 연구해야 한다.

이 그림은 매춘부와 동침하고 있는 게으른 도제(徒弟)를 그린 것이다. 벽은 당장이라도 떨어질 듯한 양회조각이 몇 개 붙어 있을 뿐인, 회칠이 다 벗겨진 벽돌벽이다. 방바닥의 판자는 일부가 밑이 빠져 있다. 침대는 비스듬히 눕혀 놓은 두꺼운 판자에 지나지 않는다. 창은 없는 것 같다. 방은 감방처럼 차고 어둡다. 매춘부는 작고 딱딱한 유방을 가진 보기 흉한 사자코의 소녀이다. 아마 16세나 17세쯤 되리라. 이러한 그림을 가만히 보고 있노라면, 당시의 문학이 전하지 못하는 온갖 통찰을 얻을 수 있다. 우리는 현대의 감각으로 당시의 문학을 읽고 있는 것이다.

이 그림을 보면, 예컨대 당시의 강도가 왜 대중적인 영웅이었는가 하는 점을 알 수 있다. 그들은 체제를 공격했다. 디크 타핀에 관한 글을 쓰는 현대의 저술가들은 그가 비교적 매우 특이한 방식으로 죽은, 사나운 악한이었음을 잊지 않고 지적한다. 그는 죽을 때 입을 새 옷을 샀고, 조객으로 짐마차 뒤를 따라오도록 5명의 걸인을 고용했다. 또한 자신의 처형을 화려하게 하고자, 처형에 입회하는 사람들에게 모자와 리본과 장갑을 나누어 주었다. 그는 교수대로 끌려가는 도중에 군중과 농담을 하고 사형 집행인과 30분 동안 웃으며 환담을 한 다음 교수대의 사다리에서 떨어져 죽었다. 그는 매력적인 죽음의 방식을 선택했던 것이다. 그것은 가난한 사람들을 꼼짝 못하게 하던 돈과 신분의 힘에 대한 하나의 반항이었다.

마치 다음과 같이 말한 것과 같다. "너희들은 우리들보다 우세하다. 그러나 우리들은 너희들보다 뚝심이 있다."

사실 타핀의 생애에는 매우 용감한 행위도 우아함도 그다지 없었다. 근처에서 소를 훔쳤기 때문에 무뢰한이 되야 했고 급기야는 강도단의 두목이 되었다. 그 강도단은 한 집에 들어가 있는 돈을 전부 뺏는 것을 전문으로 했다. 또한 필요하다면 습격한 집의 사람들을 고문했으며, 임시 고용한 어떤 하녀를 강간한 일도 있다. 다시 행방을 감추었다가, 타핀은 킹이라는 강도를 만나 한패가 되었다. 타핀은 킹과 한패였을 때, 단 한 번 살인을 했다. 그를 체포하려고 한 사람을 사살했던 것이다. 그 후에 그는 킹을 죽였는데 그것은 사고였던 것 같다. 그는 킹을 체포하려고 한 사람을 쏘려고 했던 것이다.

타핀은 이제 주머니 사정도 나빠져 링컨셔로 가서 존 파머라는 이름으로 신사 행세를 하며 살았다. 그러나 그는 말을 훔쳤기 때문에 난처한 입장이 되어 요크셔의 웨스턴으로 옮겼다. 그는 그곳의 신사들과 함께 자주 사냥에 나갔다. 어느 날, 꿩 한 마리를 쐈는데 동료 중의 한 사람이 이를 나무라자, 너도 쏴 버리겠다고 위협했다. 체포된 그는 근신 기간중에 보증금을 내지 못했기 때문에 감옥으로 보내졌다. 그는 말도둑 혐의로 얼마 동안 유치장 신세를 졌다. 그러나 집안 식구한테 쓴 편지가 원인이 되어 그의 정체가 마침내 폭로되었다. 그에게 글을 가르쳐 준 학교 교사가 봉투의 필적을 보고 밀고했던 것이다. 말도둑 용의자인 존 파머가 영국 최대의 공적(公敵) 디크 타핀임이 밝혀졌다. 그는 1739년 4월 7일에 처형되었다.

물론 이 기록을 보면 범인을 두드러지게 할 점은 하나도 없다. 그러나 그는 당시의 가난한 사람들, 곧 영국인의 95퍼센트에 이르는 사람들이 하고 싶었던 일을 해치운 사람이었다. 다시 말하면, 사회가 부여하지 않은 것을 스스로 쟁취한 사람이었다.

디크 타핀은 호가스의 동판화의 주인공이 되지는 않았다. 아마도 그의 형이 요크에서 집행되었기 때문이리라. 그러나 호가스는 역시 유명한 범죄자였던 세아라 맬컴의 모습을 판화로 남겨 놓았다.

그녀는 절도중에 3중 살인을 했기 때문에 기소되었다. 그녀는 중산계급 출신이었으나, 아버지가 가산을 탕진했기 때문에 어쩔 수 없이 세탁부가 되었다. 그녀는 손님의 하나인 단컴이라는 80세 된 노부인의 집을 털기로 결심했다. 1733년 2월 4일 일요일 오후, 단컴 부인의 친구들이 초대를 받아 차를 마시러 왔다가 단컴 부인과 해리슨이라는 하녀가 목졸려 죽고 또 한 명의 10대 하녀가 침대 속에서 목을 찔린 채 죽어 있는 것을 발견했다. 단컴 부인의 잡역부였던 세아라 맬컴이 혐의를 받았다. 그리고 그녀의 방에서 피가 묻은 큰 은제 컵과 돈이 발견되었다.

그녀는 알렉산더라는 두 명의 형제와 트레이시라는 여자가 진범이라고 주장했다. 두 형제는 범인으로 지목된 것을 알고는 치안판사를 찾아가 무고하다고 주장했다. 그들이 무고했음은 확실하다. 그들은 세아라 맬컴과 함께 재판에 회부되지 않았기 때문이다. 더구나 그때는 법이 한 사람의 죄인을 놓치는 것보다는 무고한 한 다스의 인간을 교수형에 처하는 것을 좋아하던 시대였다. 처형된 후, 그녀의 시체는 해부되고 해골은 케임브리지 식물원에 기증되어 "거기에 그 해골은 지금도 그대로 있다"고 18세기에 어떤 작가는 썼다. 호가스는 이 매력적인 여자 살인범(처형되었을 때 그녀는 22세였다)에게 대단한 관심을 가져서 그녀의 초상화를 두 장이나 그렸다.

범인을 이발소 겸 외과의의 해부용으로 인도하는 풍습은 1752년에 입법화되었다. 기묘한 일이지만 교수형보다는 이쪽이 죄인들의 마음을 더 괴롭힌 것 같다. 이것은 정부가 범죄를 줄이기 위해 생각해낸 많은 수단 중의 하나였다. 단지 철저하고 잔인한 형벌은 범죄를 억제할 것이라는 잘못된 가정 밑에서, 죄인들을 교수하기 전에 고문하자는 또 다른 제안—— 죄인을 수레로 찢거나 달아오른 쇠로 지지는 —— 도 나왔으나, 이 형벌을 효과적으로 집행하기에는 죄인들의 수가 너무 많다는 이유로 받아들여지지 않았다. 실행 가능성이 있는 다른 제안도 있었다. 예를 들면, 시체가 썩어서 해골이 될 때까지 교수대에 그대로 방치하는 것이다. 또는 '우리'에 가두고 교수하는 것이다. 곧 쇠우리에 가두는 것인데, 이렇게 하면 시체가 빨리 풍화(風化)하는 것을 방지할 수 있다(범인을 산 채로 쇠우리에 가두고 매달아 두어서 굶어죽게 하자는 제안도 있었다. 이 제안은 범인의 비명이 사람들의 기분을 상하게 할 것이라는 이유로 부결되었다). 또한 범인의 시체를 그가 가해한 사람의 집 문앞에 버리는 풍습도 있었다. 이것은 법이 정한 형의 선고를 실행했음을 증명하기 위해서였다.

1752년 직후에 영국을 여행했다면, 우리에 갇힌 시체가 달려 있는 교수대 때문에 많은 아름다운 경치가 망쳐지는 것을 보았으리라. 멀리서도 잘 보이는 언덕이 앞으로 가능한 한 범죄자가 나오지 않게 하기 위한 최적의 장소로 선택되었다. 우리에 넣어서 교수하는 방법은 주로 돈이 많이 든다는 이유로 폐기되었다. 우리 하나를 만들려면 75파운드가 들어야 했고, 교수대에는 죽은 자의 친척이 불태워 버리는 것을 막기 위해 납을 입혀야 했기 때문이다.

영국의 교수대 중에서 가장 유명한 것은 타이번의 교수대였다. 그것은 마블 아치 서쪽에서 몇 야드 떨어진 함스테드로부터 템스 강으로 흘러들어가는 강——타이번 강(현재는 대부분이 지하도를 지나가고 있다) ——의 둑에 있었다. 헨리 8세 시대에는 그것은 두 나무에 걸쳐 놓은 큰 재목에 지나지 않았다. 엘리자베스 여왕은 이것을 세

개의 기둥이 버티어 주는 삼각형의 것으로 바꾸도록 했다. 각 기둥마다 한꺼번에 10여 명을 교수할 수 있었다. 30구의 시체가 바람에 흔들리는 광경은 강렬한 인상을 주었을 것이다.

갤라 데이(제삿날)라는 말은 갤로즈 데이(교수대의 날)라는 말에서 나왔다. 갤라는 교수대라는 뜻의 앵글로색슨 말이다. 유명한 죄인의 교수형이 집행되는 날은 때때로 휴일의 축제였고 술을 먹고 법석을 떨었다. 영국이 교수형을 채택한 이유는 많은 범인의 목을 자르는 것이 실제적인 것이 아니었기 때문이다. 알프레드 대왕 시대 이전(서기 850년 무렵)에는 때때로 범인을 솥에 넣어 삶았다. 여자는 특별히 만든 구멍에서 익사시켰다. 이것은 상당한 시간이 걸렸기 때문에 폐지되었고, 또한 17세기 전반에는 헬리팩스 시에서 기요틴을 사용하려고 한 적이 있었으나 다른 지방에서는 기요틴에는 전혀 관심이 없었다.

참수는 여전히 대역죄를 범한 자가 받는 형벌이었다. 찰스 2세 밑에서 일한 영국의 가장 유명한 교수형 집행인 잭 케치는 참수 집행자로서는 솜씨가 없었다. 1638년에 왕을 유괴하려던 라이스 하우스 음모에 가담한 윌리엄 러셀 경을 처형했을 때, 케치는 몇 번이나 실수를 해서 군중을 격앙시켰다. 만마스 공은 모반을 꾸미다가 실패하여 처형될 때 케치에게 6기니를 쥐어주고, 만일 한칼에 목을 자르면 다시 듬뿍 사례를 하겠다고 말했다. 그리고 그는 도끼를 만지며 말했다. "잘 들 것 같지 않군." 케치는 어쩔 줄을 몰랐다. 아마도 만마스 공의 침착성이 케치를 당황하게 만든 때문이었으리라.

한번 내리쳤으나 만마스 공의 목을 조금 잘랐을 뿐이다. 실패하자 그는 도끼를 떨어뜨리며 "나는 할 수 없다!"고 소리쳤다. 엄한 명령을 받고 그는 다시 도끼를 들었으나, 마음이 너무나 어지러워 다시 네 번이나 도끼를 휘둘렀어도 머리를 잘라내지 못해 마침내 칼로 잘라냈다. 극도로 격분한 군중을 뒤로 하고 그는 호위를 받으며 형장을 떠났다.

그는 교수형 집행인으로서 그다지 유능하지 않았지만, 다행히도 이것은 별 문제가 되지 않았다. 죄인은 장시간 방치해 두든가 발을 잡아당기면 목이 졸려 죽었기 때문이다. 《교수형의 역사》를 쓴 J. D. 포터의 《숙명의 교수목》에 의하면 '다른 사람의 발을 잡아끈다'는 표현은 여기서 생겼다. 19세기 후반에 윌리엄 마우드가 교수형 집행인이 되었을 때야 비로소 죄수의 목뼈가 부러져서 즉사할 수 있을 정도로 높은 곳에서 떨어뜨리게 되었다.

호가스가 게으른 도제의 교수형 광경을 동판화로 만들 무렵, 사형 집행인은 '웃는 교수인'이라고 불린 잭 후퍼였다. 그는 아주 못생겼지만 착했다. 농담을 하거나 이야기를 해주어 죄인이 마지막 몇 시간을 즐겁게 지내도록 마음을 썼다. 재산이 있는 죄수는 교수형 집행인에게 사례를 하는 것이 보통이었으므로, 그가 하는 일은 수입이 좋았을 것이다. '웃는 잭'도 기분 나쁜 일이 몇 번 있었는데, 위조범인 피터 스트레인지(본명 제이페트 크루크)에 대한 특히 잔인한 형을 집행하지 않으면 안 되었을 때에도 기분이 나빴다고 기록되어 있다. 크루크는 어떤 사람한테서 2백 에이커의 토지를 사취했다. 형벌은 전시대에 세워 두 귀를 잘라내고 코를 잘라내고 빨갛게 단 쇠로 지진 다음 종신형에 처하는 것이었다. 전시대는 이러한 형벌 중에서도 최악의 경우였다. 인기가 없는 죄수는 군중이 던지는 병이나 돌에 맞아죽는 경우도 있었기 때문이다.

크루크는 이 형에서는 살아남았으나—— 군중은 그에게 호의를 가졌다—— 다음에 이어질 형은 그에게나 형 집행인에게나 유쾌한 일이 아니었다. 후퍼는 뒤에서 그의 두 귀를 잘라내고 가위로 콧구멍을 잘랐다. 그가 시뻘겋게 단 쇠를 크루크의 코에 댔을 때, 크루크는 의자에서 뛰어일어났다. 후퍼는 이 부분을 이 정도에서 중단하기로 결심했다. 그날 늦게 크루크는 가까운 술집에서 대취가 될 정도로 술——틀림없이 진이었으리라——을 마실 만큼 원기왕성했다. 그 후 그는 투옥되었다.

호가스의 동판화는 교수형이 어떠했는가를 분명하게 전한다. 사과 장수나 머핀 장수, 어린애를 안은 어머니, 군중에게 팔리고 있는 범인의 〈최후의 고백〉, 그리고 죄수 자신. 죄인은 프랑스 혁명 당시에 사용된 것과 같은 형태의, 옆이 격자로 된 무개(無蓋) 짐마차에 앉아 수의를 입고 관에 기대어 성서를 읽고 있다. 배경에는 메이다 베일의 푸른 언덕과 넓은 평야가 있다.

호가스의 두 그림 〈맥주 거리〉와 〈진 골목〉을 보면 그가 상승하는 범죄 발생률의 원인이 진이라고 생각했던 것이 틀림이 없다. 〈맥주 거리〉에서는 기분좋은 얼굴을 한 남녀들이 술집 앞에서 즐겁게 술을 마시고 있다. 테이블에 놓여 있는 의회 개회의 칙어(勅語)는 그들이 진지하게 정치 문제를 논하고 있음을 보여준다. 그리고 한 사람의 화가 —— 남루한 옷을 입었으나 유쾌한 —— 는 여관 간판을 그리고 있다. 가난을 나타내는 유일한 장면은 전당포의 황폐함이다. 우편배달부가 찢어진 문 틈으로 반 바인드의 맥주를 받고 있다.

〈진 골목〉은 호가스가 끔찍한 장면을 주제로 그린 것으로, 술취한 어머니는 갓난애가 팔에서 떨어져도 모른다. 광인이 다른 갓난애를 쇠꼬챙이로 찌르고 있다. 여자를 쳐들어 관 속에 넣으려고 하고 있다. 다락방에는 목을 매단 사내가 보인다. 유일하게 유복한 인물은 전당포 주인으로, 목수가 진을 사기 위해 도구를 그에게 맡기고 있다. 여기서 흥취를 돋우는 것은 진 팰러스로서, 이것은 진 술통이 잔뜩 쌓여 있는 창고처럼 보이는 곳인데, 그 앞에서 한 어머니가 갓난애 목에 진을 붓고 있다.

만일 현대의 화가가 이런 동판화 —— 또는 더욱 몸서리쳐지는 〈잔인성의 4단계〉—— 를 그렸다면 기학적(嗜虐的)이라는 비난을 받았을 것이다. 그러나 호가스 시대의 사람들은 신경이 무디어서, 보다 온화한 항의로는 어떤 자극도 받지 못했을 것이다. 이때는 사람들이 폭력에 무감각해진 시대였다.

 1731년, 존 워라라는 직업적인 밀고자가 사소한 죄로 세븐 다이얼즈와 함께 전시대에 서게 되었다. 그는 돌과 빈 병과 캐비지 세례를 받았다. 그리고 1시간 후, 어떤 남자가 그를 끌어내려서(그는 머리와 두 손을 전시대에 묶인 채 서 있었다) 옷을 벗겼다. 그 후 군중은 그를 밟아 죽였다. 니덤 노파라는 뚜쟁이는 간신히 죽음을 면했으나, 이때의 상처가 원인이 되어 이틀 후에 죽었다.

 세아라 맬컴을 교수한 것은 '웃는' 잭 후퍼였으나, 그는 그녀가 무고하다고(정말은 그 살인은 남자가 했으리라고) 생각했으므로 슬픈 감정이 들었다(호가스는 그녀의 얼굴을 "어떤 나쁜 짓이라도 할 수 있는 얼굴을 하고 있었다"고 말했다). 그러나 교수형 집행인은 자기가 하는 일에 감정을 개입시켜서는 안 된다.

 후퍼의 후임자 존 스립트는 매우 겁이 많고 마음이 약했으므로 임무수행에 고통을 느꼈다. 그는 1746년, 제임스 2세를 추종하던 9명의 반역자를 교수 또는 참수하고 배를 갈라야만 했을 때, 자칫하면 토할 뻔했다. 또한 같은 해에 반역죄를 저지른 킬마노크 경과 발메리노 경을 참수해야 했을 때는 자칫하면 실패할 뻔했다. 스립트는 교수대에서 기절했고, 포도주를 먹인 다음에야 정신을 차렸다. 그리고 킬마노크 경이 도착했을 때, 스립트는 그 앞에 꿇어앉아 울음을 터뜨렸다. 킬마노크는 그를 위로하기 위해 어깨를 매만져 주어야 했다. 그러나 그는 만마스 공 때의 잭 케치보다는 참수 솜씨가 좋았다. 킬마노크의 목은 단번에 잘렸다.

 그러나 발메리노는 이런 행운을 누릴 수 없었다. 이 무렵에는 스립트의 눈이 눈물로 흐려져서 최초의 일격으로는 목에 상처를 냈을 뿐이었다. 두 번을 더 내리쳐서야 목이 잘렸다. 그러나 마음씨 좋은 스립트는 살인을 한 교수형 집행인이기도 했다. 언젠가 군중이 야유를 하고 돌을 던지자, 그는 칼을 뽑아 그 중 한 사람을 찔러 죽였다.

사형 선고를 받은 다음, 그는 형 집행이 연기되고 원래의 교수형 집행인의 역할을 수행했다. 그러나 장기간에 걸친 교수와 태형의 집행으로 그의 신경이 고장났다. 그는 자기가 처형한 사람의 얼굴이 나타나 그를 향해 얼굴을 찡그린다는 환각 때문에 형 집행이 연기된 지 얼마 후에 죽었다.

호가스와 같은 시대 사람인 존 프라이스는 교수형을 받고 효수된 유일한 교수형 집행인이라는 끔찍한 영광을 차지했다. 그는 어느 날 밤, 술에 취해 사과 장수 할머니를 강간하려고 했다. 노파가 저항하자 그는 노파를 때려죽이고 눈을 후벼내고 팔을 부러뜨렸다. 1718년, 그는 교수형을 받았다. 교수형 집행인 중에는 프라이스 같은 인간이 스립트 같은 인간보다는 훨씬 많았다. 이것은 놀라운 일이 아니다. 교수형 집행은 사디스트라면 좋아할 직업이기 때문이다.

스립트의 뒤를 이은 교수형 집행인 토머스 타리스의 영수증에는 "엘리자베스 프레처에게 채찍형을 한 대금 5실링, 세라 존슨에게 채찍형을 한 대금 5실링, 앤 이튼에게 채찍형을 한 대금 5실링, 제인 홉슨에게 채찍형을 한 대금 5실링"이라고 적혀 있다. 또한 메리 도리를 캐벤디시 스퀘어로부터 듀크 거리까지(짐마차 뒤에 묶어서) 채찍질을 한 대금으로 10실링을 받았다고 적혀 있다.

그의 후임 에드워드 데니스는 메리 존슨이라는 아름답고 젊은 부인을 교수하는 싫은 일을 맡게 되었다. 그녀는 모슬린 넉 장을 훔쳤다. 그녀의 남편이 수병 강제 모집대에 끌려갔기 때문에 그녀는 두 아이의 주린 배를 채워 주기 위해 모슬린을 훔쳤다. 갓난애는 그녀가 타이번으로 끌려갈 때도 그녀의 가슴에 안겨 있었다. 그러나 그녀는 좀더 흥미있는 이유로 역사에 이름이 남아 있다. 1776년, 윌리엄 멜레디스 경은 하원의 토론에서 그녀의 일을 이야기하여 듣는 이의 눈물을 자아내게 했다. 이것은 잔인성과 무신경의 시대는 끝나고 새로운 개혁의 시대가 시작되고 있음을 보여주는 것이다. '진의 시대'는 거의 1세기 동안 계속되었다.
 그러나 이 범죄의 시대는 처음으로 충분한 범죄 기록을 작성한 시대이기도 했다. 1735년, 디크 타핀이 아직도 즐거운 마음으로 약탈을 거듭하고 있었을 때, 파타노스타 로의 골든 볼에 살던 존 오스번이라는 책방 주인이 타이번 거리에서 팔던 소책자에서 착안해, 이름을 날리던 범인의 생애와 소행을 정리해서 발간하면 돈벌이가 될 것이라고 생각하고, 그 다음해에《대악인전(大惡人傳)》3권을 출판했다. 40년 후인 1774년, 조지 시어도어 윌킨슨이라는 신사가 이 책을 당시의 스타일로 제작하여《뉴게이트 감옥 연보》를 썼다.
 이 두 저작은 강한 도덕적 분위기 때문에 읽기에 지루하다. 저자들은 돈벌이를 위해 범인의 생애를 기록하기는 했으나, 설교조로 써서 이런 의도를 숨겨야 한다고 생각했다. "아마 남자에게 있어서 아내이든 또는 다른 관계이든간에 부정한 여자와 산다는 것은 불행한 일이리라"고 오스번은 피켄이라는 강도에 대해 엄격한 설교를 하고 있다. 여기에 기록된 범죄가 평범하고 설록 홈즈의 관심을 끌 만한 특징이 없다는 것은 놀라운 일이다. 이 책의 첫머리에 나오는 사건은 그 전형이다.
 성질이 사나운 40세 주부 제인 그리핀은 지하실 열쇠가 보이지 않아 하녀에게 잔소리를 하고 하녀의 방으로 갔다. 그녀와 지금까지 몇 번 충돌한 적이 있는 하녀는 대수롭지 않게 여기며 심한 말대꾸를 했다. 마침 그때 제인 그리핀은 부엌칼을 손에 들고 있었다. 아이에게 저녁을 주려고 닭고기를 썰고 있던 참이다. 그녀는 갑자기 화가 치밀어 부엌칼로 하녀를 찔렀다. 불행하게도 심장을 곧바로 찔렀다. 지금이라면 제인 그리핀은 과실치사죄(過失致死罪)로 징역 2년을 선고받았을 것이고, 또한 정신병원으로 보내졌을 것이다. 1720년, 그녀는 교수형을 받았다.
 그러나 오스번의 책에는 '화바샴의 아덴 사건'에 해당하는 18세기의 살인사건이 자세하게 기록되어 있다. 캐더린 헤이즈는 버밍엄에서 가난한 양친 밑에서 캐더린 홀이라는 이름으로 태어났다. 1705년, 15세 때에 그녀는 몇 명의 장교들의 눈에 들어 그들의 숙소로 같이 가자는 유혹을 받았다. 장교들이 이동할 때까지 그녀는 이 숙소에서 그들의 공동 연인이 되었다. 그 후, 그녀는 워리크셔에 있는 헤이즈라는 농부의 집에서 하녀로 일했다. 이 집의 아들은 목수였는데, 그녀와 사랑하는 사이가 되었다. 어느 날 아침, 두 사람은 몰래 워스터로 가서 결혼했다. 당시 존 헤이즈는 21세였다. 이들은 6년 동안 시골에서 지냈다. 젊은 아내는 런던으로 나갈 꿈을 꾸게 되었고 남편을 설득하여 런던으로 이사갔다. 그녀가 흥분하기 잘하고 화를 잘 냈으므로 시집에서는 별로 반대하지 않았다.

런던에서 존 헤이즈는 석탄상, 전당포, 고리대금업으로 성공했다. 그가 고리대금업으로 성공했다는 것은 그가 지독하게 인색했다는 그녀의 말을 뒷받침하는 듯하다. 하여튼 헤이즈는 사업에 성공하여 10년 만에 타이번 거리에 있던 자기 가게를 팔고 근처에 아파트를 빌 수 있을 만큼 돈을 벌었다. 그 무렵에는 아내와의 사이가 아주 나빴다. 그는 인색했는데 아내가 사치를 하려고 했기 때문이거나 그밖의 깊은 이유가 있었을지도 모른다. 후에 그녀는 살인 공범자 중의 한 사람에게 헤이즈는 시골에서 자기 애를 둘이나 죽였다고 말했다——아마도 태어나자마자 죽였겠지만. 가령 헤이즈가 병적으로 인색했다면, 이 이야기에는 어느 정도의 진실성이 있을 것이다.

1725년, 재봉사인 토머스 빌링즈라는 청년이 그들의 집을 찾아왔다. 캐더린 헤이즈는 남편에게 옛 친구나 친척이라고 말한 것 같다. 그는 헤이즈의 집에 머물면서 헤이즈가 용무로 런던을 떠나 있을 때에는 캐더린과 잠자리를 함께했다. 두 사람은 여러 차례 파티를 열고 헤이즈가 오랜 세월에 걸쳐 저축한 돈을 꽤 축냈다. 돌아온 헤이즈는 격노하여 아내를 때렸다. 그러나 왠지 그는 빌링즈를 집에서 내쫓지 않았다.
 워리크셔에서 토머스 우드라는 캐더린의 친구가 또 한 명 왔다. 그녀는 우드에게 남편이 두 애를 죽였고 다른 사람도 한 명 죽였다고 말했다. 우드도 그녀의 정부가 되었다. 그녀가 과부가 되면 남편의 재산(약 1천5백 파운드로 당시로서는 큰 돈이었다)을 마음대로 쓰게 하겠다고 약속하자, 마침내 그는 그녀의 남편 살해를 돕겠다고 동의했다.
 1725년 3월 1일, 우드가 시골에 갔다가 돌아와 보니, 빌링즈와 캐더린과 존 헤이즈는 술을 마시고 있었다. 아직 젊고 자기 자랑하기를 좋아하는 우드는 자기가 이미 1기니의 포도주를 마셨지만 아직도 술을 마시지 않은 것처럼 멀쩡하다고 큰소리를 쳤다. 그러자 빌링즈는 헤이즈에게 같은 양(1바인드들이 6병)을 마실 수 있는지 시합해 보자고 제의했다. 만일 헤이즈가 이 정도로 마시고도 취하지 않으면 빌링즈가 포도주 값을 내고, 그렇지 못하면 헤이즈가 치르기로 했다. 헤이즈는 이 제안에 응했다. 아마 인색했던 헤이즈는 6병의 포도주를 거저 마실 수 있는 기회를 놓치고 싶지 않았으리라. 빌링즈, 우드, 캐더린 헤이즈 등 세 사람은 뉴 본드 거리에 있는 술집으로 갔다. 가는 도중에 그녀는 지금이 남편을 죽일 가장 좋은 기회라고 말했다.
 브론즈 헤드 술집에서 세 사람은 '극상의 마라가 산 백포도주'를 1바인드 마시고 1바인드들이 6병을 집으로 배달해 달라고 부탁했다. 캐더린 헤이즈는 그 값으로 10실링 6펜스를 치렀다. 아마도 이 술의 품질은 우드가 마셨다고 말한 술의 품질에 반도 미치지 못하는 저질이었을 것이다.
 존 헤이즈는 다른 사람들이 맥주를 마시는 동안에 어렵지 않게 6병의 포도주를 마셔 버렸다. 그의 아내는 몰래 또 한 병을 사서 보냈는데, 헤이즈는 정신이 몽롱해서 병 수조차 셀 수 없었다. 물론 이것도 마셨다. 그리고 그는 방바닥에 쓰러졌다가 잠시 후에 눈을 뜨고 비틀

거리면서 옆방으로 가 침대에 누웠다. 이 침대는 아마도 호가스가 그린 것처럼 낮은 쪽 끝이 방바닥에 닿아 있는 그런 침대였으리라.

헤이즈는 엎드려서 잠이 들었다. 빌링즈는 석탄을 캐는 도끼를 갖고 와서 헤이즈의 뒷머리에 일격을 가했다. 이 일격으로 그의 두개골이 깨졌고 그는 괴로운 듯 발을 굴렀다. 아주 큰소리가 났으므로, 윗방을 빌어 쓰고 있던 여자가 무슨 일이 일어났나 싶어 내려왔다. 그때는 이미 우드가 도끼를 들어 제2격을 가해 일이 끝났을 때였다. 그 여자, 스프링게이트 부인이 쿵쾅대는 소리에 남편과 자기의 잠이 깼다고 불평을 하자, 캐더린 헤이즈는 남편의 시끄러운 손님이 왔으나 지금 돌아가려고 하는 길이라고 변명했다. 그것은 긴장된 한 순간이었을 것이다.

다음 문제는 시체의 처리였다. 거리까지 시체를 운반하려면 계단을 두 개나 내려가야 했다. 그러나 길거리까지 운반한다고 하더라도 야경을 만나면 어떻게 할 것인가? 헤이즈의 시체라는 것이 밝혀지면 그들은 그 자리에서 끝장이 날 것이다. 그러나 캐더린 헤이즈는 당황하지 않았다. 남편의 머리를 잘라서 이것을 먼저 처리하면 야경을 만나 시체를 거리에 버리고 달아나더라도 누구의 시체인지 모를 것이라고 그녀는 말했다.

두 사람은 이미 기분이 나빴다. 침대는 피바다였다. 도끼를 휘둘렀기 때문에 피는 천장까지 튀어올랐다. 캐더린 헤이즈는 남편의 목을 들통 위에 내놓고 피를 받으면서 잘라내자고 제안했다. 두 사내는 이런 일은 애당초 시작하지 않는 게 좋았을 것이라고 후회했을 것이 틀림없다. 그러나 이제는 시체를 처리하는 것 이외에는 다른 방도가 없었다. 그래서 그들은 시체를 머리만 침대 밖으로 나오도록 침대에 눕혔다. 캐더린 헤이즈는 머리 밑에 들통을 대고, 빌링즈는 피투성이가 된 머리칼을 잡고, 우드는 머리를 고기 자르는 칼로 잘라냈다. 도끼로 하면 그 소리를 듣고 다시 스프링게이트 부인이 내려올지도 모르기 때문이다. 머리를 자르자, 그들은 이것을 들통에 던져넣고 머리 없는 시체에서 나오는 피도 들통에 받았다.

캐더린 헤이즈는 아직 위기가 남아 있다고 생각했다. 만일 이 머리가 누구의 것인지 알게 되면 자기는 조사를 받을 것이다. 그녀는 살이 익어서 벗겨질 때까지 목을 냄비에 넣고 삶자고 제안했다. 끔찍하지만 현명한 생각이었다. 그러나 두 사내는 잔뜩 겁을 먹은 상태였다. 그들은 스프링게이트 부인이 위에서 다시 화난 목소리로 무엇을 하느냐고 소리쳤을 때 더욱 겁이 났다. 캐더린 헤이즈는 여전히 냉정하고 침착했다. 이 점이 그녀를 앨리스 아덴 및 맥베드 부인과 비견하게 만든 점이다.

그녀는 남편이 급한 일로 여행을 떠나게 되어 지금 출발하는 길이라고 큰소리로 대답했다. 그래서 빌링즈와 우드는 1초라도 빨리 집에서 나와야만 했다. 그들은 들통의 피를 하수도에 버리고 이 피를 씻어내리기 위한 물을 우물에서 길어오기 위해 대여섯 번이나 계단을 오르내리지 않으면 안 되었다. 이 일이 끝나자 두 사내는 계단을 살그머니 내려왔다. 한 사람은 외투 속에 들통을 감추고서.

캐더린 헤이즈는 근처의 다른 사람들이 듣고 있을 경우를 생각해서 태연한 목소리로 남편에게 잘 다녀오라는 인사를 하면서 두 사내의 뒤를 따라 내려왔다. 귀가 밝은 스프링게이트 부인에 의하면 그녀의 연기는 박진감 넘치는 것이었다. 그리고 두 사내는 전속력으로 뛰어나가고, 캐더린 헤이즈는 피가 굳기 전에 씻어내기 위해 급히 방으로 되돌아왔다. 그것은 시간이 걸리는 일이었다. 대패질을 하지 않은 방바닥의 나무가 스펀지처럼 피를 흡수했기 때문이다. 물로 씻어내고 칼로 깎아냈지만 핏자국은 여전히 남아 있었다.

한편, 빌링즈와 우드는 템스 강으로 급히 달려갔다. 현재의 옥스퍼드 거리에서 화이트홀까지였으므로 상당한 거리였다. 한밤중이 가까운 때였다. 그때 사람들은 일찍 잠자리에 들었으므로 한밤중 가까이에 돌아다니는 사람은 야경의 검문을 받을 위험이 있었다. 들통을 외투 속에 감춘 빌링즈는 임부(姙婦) 같았을 것이다. 그들이 화이트홀에 도착했을 때는 독(dock)의 문은 이미 닫혀 있었다. 썰물 때여서 강기슭은 대부분 진흙탕이었다. 여기를 걸어서 건너면 사람들의 눈에 띌 것이다. 그래서 그들은 웨스트민스터를 지나 강을 따라 호스페리 부두까지 걸어갔다. 이 부두는 현재의 호스페리 거리의 끝, 란페스 다리 밑에 있었다. 그들은 독 끝까지 가서 머리를 던졌다. 첨벙 소리가 나지 않고 털썩 소리가 났다. 머리는 진흙 위에 던져졌던 것이다. 그러나 그들은 겁에 질려 소리 따위에 신경 쓸 여유가 없었다. 그들은 이어서 들통도 던지고 급히 달아났다. 부두의 야경원은 털썩 소리를 들었으며, 배를 타고 있던 사람도 그들이 들통을 던지는 것을 보았다. 그러나 어두운 밤인데다가 유별난 것도 아니어서 아무도 이상하게 생각하지 않았다.

빌링즈와 우드는 헤이즈의 집으로 급히 돌아왔다. 그 무렵에는 기분도 어느 정도 가라앉아 있었다. 캐더린 헤이즈는 소리가 나지 않도록 조심하면서 아직도 방바닥을 닦고 있었다. 머리가 없는 시체는 아직도 침대 위에 그대로 놓여 있었다. 두 사내는 다른 방에 임시 침대를 만들어 놓고 자려고 했다. 캐더린 헤이즈는 두 사람 옆에 앉아 깊은 생각에 잠겼다. 그녀는 그들이 남편의 얼굴을 칼로 상처를 내서 아무도 몰라보게 해 놓았으면 좋았으련만……다행스럽게도 바닷물이 머리를 흘러내려가게 했으면 얼마나 좋을까……하는 생각을 했을 것이다. 두 사내가 이튿날 잠에서 깨어났을 때, 그녀는 아직도 그 자리에 앉아 있었다.

새벽에 로빈슨이라는 야경원이 너무 오랫동안 앉아 있어서 허리가 아파 독 끝까지 운동삼아 걸어갔다가 들통과 머리가 개펄에 떨어져 있는 것을 보았다. 얼마 후, 몇 사람의 구경꾼이 모여들었는데, 어떤 뱃사람은 웬 남자가 들통을 버리는 것을 보았다고 말했다.

한편, 헤이즈의 집에서는 살인자들이 시체의 처리를 의논하고 있었다. 우선 해야 할 일은 다른 사람이 방안으로 들어올 경우에 대비해서 시체를 감추는 일이었다. 헤이즈 부인은 밖으로 나가 큰 상자를 사왔다. 그러나 이 상자는 너무나 작았다. 그들은 시체의 두 발과 무릎 아래의 다리를 잘라냈다. 그래도 시체는 상자에 들어가지 않았다. 그들은 넓적다리를 잘라내고 간신히 시체를 상자 속에 넣을 수 있었다. 시체에서 잘라낸 소소한 것들은 낡은 담요에 말아서 놓아두었다.

그날 밤 9시에 우드와 빌링즈는 시체를 담요에 싸서 집을 나섰다. 아직 이른 시간이어서 주위에는 사람의 왕래가 많았다. 그러나 이 시각에는 야경의 검문을 받을 염려는 없었다. 이번에는 북쪽으로 향했다. 다행히도 얼마 걷지 않아 메릴본 들판으로 나왔다. 우드가 낮에 보아 두었던 연못에 시체를 집어던졌다. 한밤중에 두 사람에게 문을 열어 준 사람은 스프링게이트 부인이었다. 다행스럽게도 그녀는 전혀 의심하는 기색이 없었다. 그녀의 남편이 그날 아침에 웅덩이에 피가 엉겨 있는 것을 보기는 했지만, 당시는 이런 일은 흔한 일이었다.

이튿날, 우드는 날카로운 신경을 안정시키기 위해 급히 시골로 갔다. 빌링즈는 그대로 정부 캐더린과 같이 살고 있었다.

웨스트민스터 경찰은 놀고 있지만은 않았다. 그들은 머리에서 진흙과 피를 씻어내고, 기분 나쁜 이야기지만 머리에 빗질을 했다. 그리고 이 머리를 웨스트민스터의 성 마가레트 교회 경내에 있는 말뚝 위에 놓아두었다. 사람들은 흥미를 느끼고 모여들었으나 누구의 머리인지 아는 사람은 하나도 없었다.

그러나 다음날, 베네트라는 젊은 도제가 그것을 보고 캐더린 헤이즈에게 달려와 그녀의 남편과 비슷하다는 말을 했다. 만일 당신이 그런 소문을 퍼뜨리고 다닌다면, 자기 남편은 멀쩡하게 살아 있으니까 혼이 날 것이라고 그녀가 호통을 쳤다. 베네트는 사과를 하고 입을 봉하고 있겠다고 약속했다. 또한 패트릭이라는 사람도 이 머리가 누구인지 짐작이 가서 만마스 거리의 독 앤드 다이얼이라는 술집(헤이즈와 그의 아내가 자주 술을 마시러 가던 술집)에 가서 그런 이야기를 했다. 그때 마침 빌링즈는 이 술집에서 일하고 있었다. 어떤 사람이 그 머리는 헤이즈의 것일 리가 없다, 만일 헤이즈에게 무슨 일이 일어났다면 헤이즈의 집에 사는 빌링즈가 알 테니까 그에게 물어보면 된다고 말했다. 빌링즈는 즉시 이 사람의 말이 맞으며 자기가 아침에 집을 나올 때 헤이즈는 아직 자고 있었다고 말했다.

헤이즈 부인은 불안했음에 틀림없다. 그러나 그녀는 지금 도망치는 것은 서투른 짓임을 알고 있었다. 이웃집 여자가 찾아와서 남편에 대해 물었을 때, 그녀는 남편이 산보를 나갔다고 대답했다. 그녀가 교회 안에 있는 머리에 대해 말했을 때, 헤이즈 부인은 참으로 험악한 세상이라고 말할 정도였다. "참, 메릴본 연못에서는 여자 시체의 일부가 나왔다고 하더군요"라고 헤이즈 부인은 묻지도 않은 말을 했으며, 이웃집 여자는 금시초문이라고 대답했다.

우드는 5일(달아난 지 이틀째)에 되돌아왔다. 캐더린 헤이즈는 그에게 남편의 옷 몇 벌과 돈 5실링을 주어서 돌려보냈다. 그녀는, 머리는 발견되었지만 누구의 머리인지 아는 사람은 아직 한 사람도 없다고 그에게 말했다.

머리에서 악취가 나기 시작했다. 게다가 얼굴색이 검게 변하기 시작했다. 교구의 경찰은 머리를 알코올(아마도 진)을 가득 채운 입이 큰 병 속에 넣어두고 보고 싶다는 사람에게는 누구에게나 보여주었다. 어떤 여자가 와서 자기 남편 같다고 말했을 때 수수께끼는 풀리는 듯했다. 그러나 잠시 동안이었다. 한참 동안 이 머리를 바라보던 여자는 남편이라고 확언할 수는 없다고 말했다.

캐더린 헤이즈는 놀라울 만큼 침착했다. 살인을 저지르고 1주일도 지나지 않아 그녀는 아파트를 내놓고 빌링즈와 우드와 스프링게이트 부인을 데리고 근처의 다른 아파트로 옮겼다. 그녀는 스프링게이트

부인이 소문을 낼 것을 두려워했을 것이다. 그녀는 부인을 위해 3개월
분의 밀린 집세를 대신 지불했다. 그리고 그녀는 남편이 빌려 준 돈을
가능한 한 회수하려고 했다. 그녀는 남편의 의제(義弟)에게 꿔간 돈을
갚지 않으면 고소하겠다고 협박했다. 그녀는 다른 채무자들에게도
남편의 이름으로 많은 편지를 썼다.

당연한 일이지만 헤이즈의 친구들은 이 사람이 도대체 어떻게 된
것인지 의심하기 시작했다. 아시비라는 사람이 사정을 알아보기 위해
헤이즈 부인을 찾아왔다. 그녀는 아주 은밀한 이야기라고 하면서 남편
은 싸움을 하다가 상대를 죽이고 포르투갈로 도망갔다고 말했다. 아시
비가 템스 강에서 발견된 머리가 그때 죽인 사람의 것이냐고 물었다.
헤이즈 부인은 그렇지 않다고 대답하고 자기들은 시체를 그대로 묻었
다고 말했다.

이런 허술한 변명이 의심을 받지 않을 리 없었다. 아시비는 헤이즈
의 일을 궁금하게 여기는 이웃사람에게 자기가 들은 이야기를 했다.
그들은 또한 다른 이웃사람들에게도 말했다. 그래서 마침내 치안판사
의 귀에 들어가게 되었다. 치안판사는 경찰관을 데리고 급히 캐더린
헤이즈의 아파트로 달려가 문을 두드렸다. 그녀는 옷을 입고 문쪽으로
갔다. 경찰관이 들어왔을 때, 빌링즈는 신발도 양말도 신지 않고 침대
모퉁이에 앉아 있었다. 그녀에게 저 남자와 자고 있었으냐고 묻자,
그녀는 그렇지 않고 빌링즈는 양말을 꿰매고 있었노라고 대답했다.
치안판사는 저 사람은 어둠 속에서 양말을 꿰맸을 것이라고 비아냥거
렸다. 방안에는 촛불조차 켜놓지 않았다.

우드는 마침 그 자리에 없었기 때문에 캐더린 헤이즈와 빌링즈,
스프링게이트 부인 세 사람이 체포되어, 의논을 해서 말을 맞추지
못하도록 각기 딴 감방에 가두었다. 캐더린은 무죄를 계속 주장하며
교회에 있는 머리를 보여줄 수 있느냐고 요구했다. 치안판사가 이를
허락하여 그녀는 머리를 보관하고 있던 이발사 겸 외과의사인 웨스트

부르크의 집으로 끌려갔다. 여기서 캐더린 헤이즈는 있는 연기력을 다 발휘하여 "아, 그리운 남편의 머리!"라고 외치면서 머리를 넣어둔 병에 키스를 했다. 웨스트부르크가 가까이 와서 머리를 병에서 꺼내겠다고 말했다. 당시에는 살인 용의자에게 피살자의 시체를 만져보게 하면 그 하는 모양을 보고 살인범인지 아닌지를 알 수 있다고 일반적으로 믿고 있었다.

그러나 캐더린 헤이즈는 조금도 동요하지 않았다. 그녀는 머리를 손으로 들고 입을 맞추며 머리털 한 움큼을 얻을 수 없겠느냐고 물었다. 그녀의 행동은 약간 과장되었던 모양이다. 이발사 겸 외과의사는 당신은 이미 남편의 피를 충분히 보지 않았느냐고 신랄하게 물었다. 이 말을 듣자 그녀는 기절을 했다. 어쩌면 기절한 척한 것이리라. 그녀는 이미 온갖 감정을 표시했기 때문에 다른 방도가 없었던 것이다. 그녀에게 남아 있는 것은 기절한 척하는 것뿐이었다.

이 와중에 메릴본 연못에서 담요가 떠올라 이를 건져냈다. 얼마 후, 시체의 나머지도 모두 발견되었다. 그러나 캐더린 헤이즈와 토머스 빌링즈는 끝까지 결백하다고 주장했다.

우드는 말하자면 사슬 중에서 가장 약한 고리였다. 다음 일요일, 그는 할로에서 런던으로 돌아와 캐더린 헤이즈가 전에 살던 아파트를 찾아갔다. 거기 있던 사람들은 그녀가 가까운 집으로 이사갔다고 말하며 한 사람이 안내를 자청했다. 이 안내자는 그를 다른 곳으로 데리고 갔다. 그들이 체포되는 계기를 만든 근처의 롱모어의 집으로 데리고 간 것이다. 거기서 벌벌 떨고 있던 우드는 말에서 끌어내려져 다른 두 사람을 신문하던 치안판사에게 끌려갔다.

처음에는 우드도 무죄를 주장했다. 그의 설명에 의하면, 헤이즈 부인은 남편이 무신론자에다가 자유사상을 가졌으며 "남편을 죽이는 것은 개를 죽이는 것과 마찬가지로 죄가 없다"고 그에게 말했다고 했다. 우드가 자백했다는 말을 듣자, 다른 두 사람도 더 이상 입을 다무는 것은 이제 무의미하다고 생각하고──특히 입을 열지 않으면 고문을 받을 것이므로──모든 것을 자백했다. 스프링게이트 부인은 석방되었다.

캐더린 헤이즈는 자기가 살인죄로 고소되는 것이 아니라 경반역죄(徑返逆罪)──남편 살해──로 고소되고 그 형벌이 화형임을 안 것은 자백한 다음이었다. 그러나 그녀는 아직도 자기는 남편을 직접 자기 손으로 죽인 것은 아니므로 자기의 범죄가 단순한 살인으로 간주될지도 모른다는 희망을 갖고 있었다. 캐더린 헤이즈는 재판을 받을 때, 남편이 살해될 때 그녀도 거들었던 것을 부인하고, 자기가 침묵을 지켰던 것은 입 밖에 내면 자기도 살해될 것이 두려웠기 때문이라고 말했다. 세 사람 전부가 사형 선고를 받을 것이 확실해지자, 우드와 빌링즈는 사슬에 묶여 교수되는 것만은 면하게 해 달라고 애원했으며, 그녀는 화형이 아니라 교수형으로 해 달라는 탄원을 거듭했다. 그러나 재판관은 그녀에게 화형을 언도했다. 그녀는 뉴게이트 감옥으로 돌아오는 도중 줄곧 울부짖었다.

그녀는 처형되기 전에 두 애인에게 이런 일에 그들을 끌어들인 것을 미안하게 생각한다는 말을 전해 달라고 부탁했다. 그리고 감옥의 예배당에서 빌링즈를 만났을 때, 그의 손을 잡고 머리를 그의 어깨에 기댔다. 그녀는 분명히 빌링즈를 사랑했던 것이다. 그녀는 처형되기 며칠 전에 어디서 구했는지 한 병의 산(酸)을 갖고 들어왔다. 불행하게도 어떤 동료 죄수가 이 병을 발견하고 이상해서 손수건에 떨어뜨려보니 손수건에 불이 붙었다. 그래서 이 죄수는 이 병을 바닥에 집어던져 깨뜨려 버렸다.

우드는 감옥 속에서 열병에 걸려 처형되기 전에 죽었다. 그는 이 사건에서 동정을 받을 만한 유일한 사람이다. 그의 연령은 기록에는 없지만 아직도 10대였던 것이 확실하다. 그는 쉽게 남의 영향을 받는 마음씨 좋고 낙천적인 청년이었던 것 같다.

빌링즈도 역시 젊었던 것 같다. 오스번의 기록에 의하면, 그가 처음 헤이즈의 하숙에 머물게 되었을 때, 그는 캐더린 헤이즈의 과거의 어떤 '관계'에서 태어난 자식이라는 소문이 있었다. 그는 캐더린 헤이즈보다 먼저 처형되었다. 사형 집행인(웃는 잭의 전임자인 리처드 아네트)이 그녀를 데리러 갔을 때, 그녀는 자기의 '귀여운 애'는 벌써 죽었느냐고 물었다.

그녀의 최후는 소름끼치는 이 사건을 더욱 무시무시하게 만들었다. 경반역죄로 형을 받는 여자는 화형을 받기 전에 교살하는 것이 관례였다. 아네트는 그녀의 둘레에 쌓인 나뭇단에 불을 붙이고 뒤에서 그녀의 목에 감긴 줄을 잡아당기기 시작했다. 그러나 불길이 너무 빨리 번졌기 때문에 그 줄을 놓지 않을 수 없었다. 관중은 그녀가 비명을 지르면서 불붙은 나뭇단을 밀어내려고 애쓰는 모양을 지켜보고 있었다. 그녀의 고통이 일찍 끝나도록 다시 많은 나뭇단을 던져넣었다. "그녀는 화염 한가운데서 상당한 동안 살아 있었다. 그녀의 시체는 3시간이 지나도 완전히 재가 되지 않았다"고 윌킨슨은 썼다.

내가 이 사건을 이렇게 자세히 다룬 것은 단지 사건의 세부 자체가 극적이기 때문만은 아니다. 18세기 사람들이 살인의 어떤 점에 대해 많은 관심을 기울였는가 하는 것을 이 사건이 보여주기 때문이다.

당시에 《화바샴의 아덴》의 작자가 살고 있었다면 헤이즈 살인사건을 고전적인 극으로 만들었을 것이다. 오스번은 홀링셰드가 아덴 살인사건을 이야기한 것과 마찬가지로 자세하게 이 사건을 기록했다. 그 이유는 아마도 그가 당시 런던에 살고 있어서 헤이즈의 머리를 보러 갔었다는 데 있을 것이다. 그러나 현대 사람들이 이런 사건을 쓸 때 관심을 가질 만한 사항이 오스번에게는 별로 중요하지 않은 점으로 생각되었다. 캐더린 헤이즈는 왜 남편을 죽이려고 했는가? 그녀는 진술서에서 존 헤이즈는 나쁜 남편이었고 자기를 굶주리게 했다고 말했다. 이것은 그가 인색했다는 사실과 일치한다. 돈 이외에는 아무것도 염두에 없는 남편과 오랫동안 산 그녀는, 빌링즈를 사랑함으로써 처음으로 의미있는 정서적 경험을 하게 된 것인지도 몰랐다.

또한 헤이즈는 자기가 없는 동안에 파티를 열었다고 해서 아내를 때린 다음, 왜 빌링즈를 내쫓지 않았을까? 그는 막연하게나마 느끼는 바가 있었을 것이다. 그는 41세였는데—— 당시로서는 초로(初老)였다. 성적 질투를 느낄 연령이 지났던 것일까? 그에게는 빌링즈를 그대로 집에 있게 해야 할 다른 이유가 있었을지도 모른다. 당시 대개의 농가에서는 돈을 낡은 양말에 넣어두거나 집 한구석에 감춰두었다. 디크 타핀은 이런 돈도 찾아내기는 했지만.

헤이즈는 농촌 출신이었다. 더구나 그는 고리대금업도 하고 있었다. 그러므로 그가 돈(1천5백 파운드)을 집에 두고 있었다는 것은 확실하다(은행에 맡겨 놓았을 리는 없다. 만일 은행에 맡겨 놓았다면 그가 죽은 다음, 캐더린이 빌려 준 돈을 갚으라고 독촉했을 뿐 아니라 예금을 은행에서 인출하려고 한 기록도 있어야 할 것이다). 그들은 가난한 셋방살이, 그것도 몇 명인가 함께 쓰는 집——스프링게이트 부인은 방세를 석 달이나 내지 못했다——의 두 방을 빌어 쓰고 있었다. 남편이나 아내 중에서 한 사람은 도둑을 막기 위해 집에 있어야 했다. 따라서 존은 용무로 밖에 나가고 아내가 집에 남아 있었을 것이다. 그런 만큼, 신용할 수 있는 식객은 그들에게는 고마운 존재였을 것이다. 가령 그가 남편의 권리를 어느 정도 횡령하더라도.

빌링즈는 우드에게 어떤 감정을 갖고 있었을까? 우드는 두 가지 이유에서 그녀의 정부로 생각된다. 첫째는 그가 그녀의 정부가 아니었다면 살인 계획에 가담할 수 없었으리라는 것이고, 둘째는 오스번이 그녀는 "기회가 있을 때마다 그를 애무했다"고 말했다. 그녀는 시체를 치운 날 밤에도 셋이 함께 잤다. 게다가 우드는 겁에 질려 있으면서도 할로에서 그녀를 만나러 오기까지 했다. 6개월쯤만 자취를 감추었으면 좋았으련만. 이러한 삼각관계——건강하고 성적으로 불만을 느끼는 34세의 여자와 두 명의 정력적인 10대 청년——의 감정적 갈등은 모든 극작가의 관심을 유발하기에는 충분한 것이다. 빌링즈가 살인 후에도 그녀의 곁을 떠나지 않은 것은, 이때부터는 그녀가 사랑을 그에게 흠빡 쏟고 있었음을 증언하는 것이리라.

마지막으로 이 이야기에는 또 하나의 수수께끼가 남는다. 메리 스프링게이트는 어떻게 된 것인가? 살인을 하던 날 밤, 그녀는 그들이 남편을 깨웠다고 불평을 했다. 그런데 스프링게이트 부인이 캐더린 헤이즈와 함께 이사를 할 때에는 그녀의 남편은 어떻게 되었을까? 소음에 대해 불평을 한 것이 스프링게이트 부인이고 그녀의 남편이 아니었다는 것은 무엇을 의미하는가? 그는 아주 일찍 일어나야 하는 시장의 짐꾼이었을까? 그러나 만일 그렇다면 왜 그들의 방세가 석 달치나 밀렸을까? 어쩌면 그가 얼마 동안 병석에 누워 있었다는 것이 그럴듯한 것 같다.

아마 그는 살인사건이 일어나고 1주일 이내에 죽었을 것이다. 그리고 헤이즈 부인은, 시체를 처리하고 왔을 때 우드와 빌링즈에게 문을 열어 준 이 이웃사람과 더욱 친하게 지내려고 노력했을 것이다. 물론 스프링게이트 부인의 남편은 건달에 지나지 않아, 살인사건 후 1주일 사이에 아내를 남겨 놓고 어디론가 자취를 감췄다는 것도 충분히 생각할 수 있는 일이다. 존 오스번은 이러한 일상적인 사소한 일에는 관심이 없으므로, 이에 대해서는 영원히 알 수 없게 되었다.

캐더린 헤이즈가 18세기에 남편 살해죄로 화형을 받은 유일한 여성은 아니었다. 앤 윌리엄즈는 비소(砒素)로 남편을 독살했기 때문에 1753년에 화형을 받았다(남편이 임종하면서 아내의 범행임을 사람들에게 말했던 것이다). 에이미 해치슨도 비소를 사용했다. 그녀는 애인과 다투고 홧김에 남편과 결혼했지만, 결혼 후에는 역시 먼저 애인이 더 좋았다고 생각하게 되었다. 그녀는 1750년, 화형을 당하기 전에 교살되었다. 농장주의 아내 앤 베딩필드는 정부에게 남편을 죽여 달라고 부탁했다. 경솔하게도 정부는 어느 날 밤, 애인에게는 의논도 하지 않고 문득 생각나는 대로 살인을 결행했다. 앤은 밤중에 소리가 나자 깜짝 놀라 하녀를 깨웠다. 검시관은 농장주의 사인(死因)이 목이 졸린 것임을 간과했으나, 하녀가 이를 밀고했다——1기분의 임금을 받을 때까지 숨기고 있다가.

앤 베딩필드는 1763년 화형을 당하고 정부도 동시에 교수형을 당했다. 영국에서 마지막으로 화형을 당한 사람은 피비 해리스이다. 그녀는 남편을 살해한 죄로 1788년에 처형되었다. 이때는 바로 블레이크, 워즈워드, 괴테 등의 시대였다.

《뉴게이트 감옥 연보》에서 받는 주요한 인상은, 형의 잔혹성은 제쳐놓는다고 하더라도, 대부분의 범죄가 잔학했다는 것이다. 브라운리크 일가(부모와 한 명의 아들)는 하녀를 때리며 즐기던 사디스트들이었다. 하녀들은 생활비를 받는다는 조건으로 빈민원이나 고아원에서 견습 하녀로 데려온 소녀들이다. 소녀들은 발가벗겨져 천장에 매달린 채 매를 맞는 일이 많았다. 연관공(鉛管工)인 브라운리크는 소녀들에게 옷을 주기로 되어 있었지만 넝마에 가까운 옷 한 벌씩을 주었을 뿐이었다. 만일 소녀들이 이 옷을 찢기라도 하면, 며칠씩 발가벗긴 채로 일을 시켰다. 밤에 오줌을 싸서 요를 더럽힌 어떤 소녀는 얼음처럼 찬 지하실에서 담요도 없이 짚더미 위에서 자야 했다.

이러한 견습 하녀 중의 한 명이 도망을 쳐서 교구의 경찰관에게 얘기를 한 다음에도——경찰관은 그녀의 몸이 상처투성이인 것을 보았음에도 불구하고——브라운리크 부인에게 경고하는 것 이외에는 아무런 조치도 취하지 않았다. 하녀가 도망을 가더라도 브라운리크 부인은 쉽게 다른 견습 하녀를 데려올 수 있었다.

도망친 하녀 대신 메어리 크리포드라는 소녀가 오게 되었다. 그녀도 몹시 매를 맞아, 아물 날이 없는 상처는 결국 회저(신체 조직의 일부가 썩어 기능을 잃는 병)가 되었다. 이웃집 사람이 브라운리크의 집에서 하루종일 신음 소리와 우는 소리가 끊이지 않아 다락방의 작은 창으로 몰래 들여다보니 한 소녀의 모습이 보였다. 그 소녀는 이웃집 사람이 불러도 대답을 할 수 없을 만큼 축 늘어져 있었다. 다시 교구의 경찰관이 불려왔다. 브라운리크는 모르는 일이라고 시치미를 떼려 했으나 경찰관은 그의 집을 수색하여 하녀의 한 명인 메어리 미첼을 발견했다. 의사가 그녀의 옷을 벗기려고 했지만 옷이 상처에 달라붙어 떨어지질 않았다. 경찰관은 다시 브라운리크의 집으로 돌아왔다. 그때 브라운리크 부인은 만일 곧 나가지 않으면 변호사를 불러 단호한 법적 조치를 취하겠다고 경찰관을 위협했다.

그러나 경찰관은 법적 권리를 행사했고, 브라운리크 부인은 마침내 또 한 명의 하인인 메어리 크리포드를 내놓았다. 그녀는 식기 찬장 안에 숨어 있으라는 명령을 받았던 것이다. 그녀는 병원으로 운반되어 얼마 후에 죽었다. 브라운리크 일가는 달아났지만 체포되었다. 재판 결과, 브라운리크 부인은 살인죄로 유죄 판결을 받았다. 그녀는 소녀들의 정식 고용주였기 때문이다. 남편과 아들은 각기 징역 6개월의 판결을 받았다. 브라운리크 부인이 1767년 타이번으로 연행되었을 때, 군중은 욕설을 퍼붓고 물건을 집어던졌다. 기록에는 남편과 아들에 관한 그 후의 소식은 적혀 있지 않으나 《뉴게이트 감옥 연보》의 설명으로 미루어 보면 그들도 마찬가지로 —— 어쩌면 더 —— 죄가 있었던 것은 분명하다.

그리고 채 1년도 지나지 않아서 다른 모녀가 같은 죄로 교수형을 받았다. 그러나 이 사건에는 더욱 흥미로운 특징이 있다. 세아라 메트야드 부인모자 전문점을 경영하며, 견습 직공으로 교구의 소녀 여러 명을 데리고 있었다. 그녀는 브라운리크 일가와 마찬가지로 소녀들을 심하게 구타했다. 한 소녀는 도망을 치려다가 들켜서 3일 동안 밥을 먹지 못한 채 일어나지도 앉지도 못하는 자세로 묶여 있었다. 3일 만에 그녀는 죽었다.

세아라 메트야드와 10대의 딸(이름은 역시 세아라였다)은 시체를 다락방으로 옮기고 다른 직공들에게는 그녀가 발작을 일으켜 쉬게 했다고 말했다. 며칠 후에는 그녀가 달아났다고 말했다. 이 소녀의 언니가 이 이야기를 이상하게 여겨 메트야드의 집에 하숙하는 사람에게 이상하다는 말을 했다. 메트야드 부인은 언니도 죽여서 동생의 시체와 함께 다락방에 두었다. 3개월이 지나자 악취가 대단해져 부인은 시체를 절단하여 하수구에 버렸다. 조각난 시체를 본 검시관은 그 썩은 상태를 보고 외과의사가 교회 묘지에서 시체를 훔쳐다가 해부를 해본 다음 버린 것이라고 판단했다.

2년 후, 루카라는 남자가 메트야드 부인의 집에 하숙을 하게 되었다. 이 사람은 메트야드 부인의 잔인성에 깜짝 놀랐다. 이 무렵에는 모녀가 끊임없이 싸움을 하고 있었다. 그래서 루카가 자기 집에 가서 같이 살지 않겠느냐고 유혹하자, 딸은 두말없이 응했다. 그녀는 얼마 후에 그의 정부가 되었고 두 사람은 이링으로 옮겨갔다. 부인은 화가 나서 집요하게 두 사람의 사이를 갈라 놓으려고 했다. 어느 날, 모녀가 싸움을 하는데 살인자라고 하는 말이 들렸다. 후에 루카는 자기의 정부인 세아라에게 그것이 무슨 뜻이냐고 물었다. 세아라는 살인을 한 것을 고백했다. 루카는 이것이 메트야드 부인을 제거하는 유일한 기회라고 생각했다. 딸은 당시 성년이 아니었고 어머니의 명령을 따랐을 뿐이므로 기소되지 않을 것이라고 그는 생각했다. 그러나 그의 판단은 빗나갔다. 모녀는 타이번에서 처형당한 것이다.

18세기 살인사건의 대부분은 밀수업자에 의해, 또는 밀수를 하는 중에 저질러졌다. '밀수업자 재판'으로 알려진 사건은 그 전형적인, 그리고 특히 심한 예일 것이다. 1749년, 일곱 명의 밀수업자가 갤리라는 세관원과 체이터라는 양화점 주인을 살해한 혐의로 재판을 받았다. 체이터는 밀수업자를 재판하는 자리에 나와 증언을 하기로 되어 있었다. 밀수업자들의 이름은 벤저민 태프너, 존 코비, 존 하몬드,

윌리엄 잭슨, 윌리엄 카터 및 밀즈 부자였다. 세관원과 증인인 체이터는 사우스햄프턴에서 에섹스의 스탠스티드로 가는 도중이었다.

당시 밀수는 단지 한 가족 단위로 이루어지는 것이 아니었다. 마을 단위, 지구 단위로 이루어지는 경우도 있었다. 밀수를 근절한다는 것은 시칠리아 섬의 비밀 결사인 마피아를 해산시키는 것과 마찬가지로 어려운 일이었다. 따라서 세관원과 체이터가 햄프셔의 로렌스 캐슬에서 어떤 여관에 잠시 들른 것은, 말하자면 호랑이굴에 들어간 것과 같았다. 여관을 경영하던 과부는 단골손님에게 두 사람이 '밀수업자를 해치려고 온 모양'이라고 귀띔을 해주었다. 밀수꾼들이 곧 모여들고 그 중의 한 사람이 체이터에게 다이아몬드라는 사람은 어떻게 되었느냐고 물었다. 체이터는 정직하게 다이아몬드는 체포되었으며, 사실은 자기는 그의 유죄 증언을 하기 위해 억지로 끌려가는 길이라고 대답했다.

이 말을 듣자 밀수업자의 한 사람인 잭슨이 체이터의 입께를 때려 그를 쓰러뜨렸다. 갤리와 체이터는 자신들이 큰 실수를 저질렀음을 비로소 알아차렸다. 말을 내달라고 여관 주인에게 말했다. 밀수업자들은 잭슨이 한 짓을 사과하고 한 잔 더 마시며 쉬라고 권했다. 두 사람은 다른 도리가 없다는 것을 깨닫고 그곳에 머물렀다. 밀수업자들은 그들을 취하게 만든 다음, 치안판사 앞으로 보내는 편지를 꺼내 보았다. 그 내용을 보자 그들은 격분해서 당장 두 사람을 목졸라 죽이려고 했다──동석했던 아내들의 질책을 받으면서. 여자들은 "그개 같은 놈들을 목졸라 죽여요. 놈들은 당신을 목졸라 죽이려고 이곳에 온 거예요"라고 외쳤다.

그 다음에는 믿을 수 없을 만큼 잔인한 장면이 벌어졌다. 갤리와 체이터는 잠들어 있었다. 잭슨은 박차(拍車)를 손에 들고 침대로 뛰어올라가 잠을 깨게 하려고 박차로 두 사람의 이마를 그었다. 그리고 두 사람은 채찍질을 당하고 말에 묶여 그들 한 사람 한 사람에게 채찍질을 당하면서 거리를 끌려다녔다. 두 사람이 말등에서 떨어져 말의 배 밑에 매달리면 —— 발을 묶어 놓았기 때문이다 —— 곧 다시 말등에 앉혀 놓고 매질을 계속했다. 밀수업자 중의 한 사람은 갤리의 불알을 움켜쥐고 그가 정신을 잃을 때까지 죄어대었다. 그리고 계속되는 매질에 갤리는 마침내 죽었다.

체이터는 빨리 죽여 주기를 바랐을 것이다. 그러나 그들은 우선 다이아몬드가 어떻게 되었는지를 알고 싶었다. 그래서 감시를 붙여서 체이터를 석탄창고에 쇠사슬로 묶어 놓았다. 그리고 그들은 세관원을 묻고 3일 동안 술을 마시며 법석을 떨었다. 그들이 마신 것은 진과 럼이었다. 때때로 그들은 감시를 교대해 가며 체이터를 구타했다. 그러나 마침내 그들은 체이터도 죽여야 한다고 결정했다. 탄환을 장전한 총을 그의 이마에 대고 방아쇠에 긴 끈을 묶어서 모두 함께 —— 그 무렵에는 14명이 모여 있었다 —— 잡아당기면 누구의 책임도 아니지 않느냐고 제안한 사람도 있었다.

밀수입자들은 체이터를 죽이러 갔다. 한 사람이 그의 두 눈을 큰 나이프로 찔러 장님을 만들고 동시에 코를 베어냈다. 그 후 체이터는 다시 매를 맞고 숲 근처의 우물로 끌려갔다. 거기서 그의 목에 줄을 맨 다음, 한 끝을 울타리에 묶고 그를 우물 속으로 던졌다. 불행하게도 줄이 짧아서 그는 15분이 지난 다음에도 살아 있었다. 우물 안쪽 벽에 몸을 기대고 있었기 때문이다. 마침내 그들은 체이터를 거꾸로 집어던졌다. 30분이 지나도 그의 신음 소리가 계속 들려오자 그들은 그 소리가 멎을 때까지 돌을 던졌다. 이러한 잔인한 행위 때문에 기분이 상한 사람은 하나도 없었다. 그들은 돌아오는 도중에 술집에 들러서 공공연하게 그들의 살인을 자랑했다.

경찰이 행방불명된 두 사람의 수색에 나섰을 때 살인범이 누구인가를 알아내는 것은 별로 힘든 일이 아니었다. 14명 중에서 7명이 체포되었다. 재판은 오래 걸리지 않았다. 그들 중에서 6명은 재판 다음날 처형되었다. 주모자 잭슨은 처형되기 전날 밤에 감옥에서 죽었다. 박차를 휘두른 이야기가 쫙 퍼져 있었으므로, 경찰이 기회를 틈타서 보복했음에 틀림이 없다.

이 이야기에는 당시의 농촌 사람들이 얼마나 잔인했는가를 보여주는 후일담이 있다. 밀즈의 또 한 명의 아들도 밀수단의 일원이었다. 그는 앞에서 말한 사건이 일어난 지 겨우 몇 주일 후에 밀수단의 홍차 두 포대를 훔친 혐의를 받은 사람을 때리고 차서 죽였다. 그들은 시체를 연못에 집어던지고, 밀즈는 켄트의 베크남으로 달아나 거기서 강도가 되었다. 그는 밀수단 중에서 이 살인으로 말미암아 교수형을 받은 유일한 사람이었던 것 같다. 이 밀수단의 두목 커티스는 밀수단 단원들이 때리던 사람에게 "네가 죽을 때까지 내가 채찍질을 하겠다. 나는 나쁜놈을 무수히 때려죽이고 피로 손을 씻은 사람이란 말이다"라고 말했다. 이러한 잔인성은 당시의 밀수업자 사이에서는 드문 일이 아니었다.

18세기의 잔인성을 진의 탓으로 돌리기는 어려울 것 같다. 마찬가지로 잔인한 이야기는 그 전의 시대에도 있었기 때문이다. 그러나 문명이 억제하려고 하는 충동을 해방하는 데 진이 한몫을 차지한 것은 확실하다. 《뉴게이트 감옥 연보》를 읽으면 당시의 범죄의 대부분이 사실상 절도를 하다가 살인을 하게 된 경우를 제외하고는, 가장 흔한 살인의 형태는 '격정을 이기지 못해서 저지른 범죄'였다——그것도 매우 단순한 의미에서.

대중 앞에서 처형된 영국의 마지막 귀족은 팰러즈 경이었다. 그는 집사에게 화를 내다가 그를 죽였다. 팰러즈는 분명히 정신이상자였다. 그러나 형은 집행되었다. 교수형 집행인은 유명한 토머스 탈리스였다. 엘리자베스 여왕 시대에 세워진 낡은 삼각형의 교수대는 1759년에 제거되었으므로 이듬해에는 팰러즈를 위해 새로운 교수대를 만들어야 했다(일반 죄수는 이동식 교수대가 사용되었으나, 귀족에 대해서는 좀더 나은 대접을 해주었다). 당시에 그려진 그의 처형 광경을 보면, 교수대 정면에는 오늘의 축구 경기장의 관람석같은 거대한 관람석이 있고 교수대 그 자체는 마블 아치(하이드파크 북동쪽 입구의 문)만큼 큰, 대단히 크고 당당한 것이다.

교수대 주위는 기병이 에워싸고 있다. 이 성대한 의식은 사소한 다툼 때문에 오점이 찍혔다. 탈리스가 팰러즈 경이 내미는 5기니를 받으려고 손을 내밀 때 그의 조수 중의 한 사람이 뛰어들어 돈을 채어갔다. 위엄이 있는 탈리스는 팰러즈 경의 허락을 받고 화가 난 표정으로 뒤를 돌아보며 조수에게 사나운 욕설을 퍼부었다. 형의 집행은 이 돈을 되돌려받을 때까지 잠시 중단되었다.

존 포티어스 대장 사건은 군중의 힘으로 정의를 행할 여지가 있었음을 보여준다. 포티어스는 재단사로서 에든버러 시장의 옛 애인과 결혼을 하고 아내의 옛 애인으로부터 여러 가지 편의를 제공받았다. 치안 유지를 위해 고용된 병사들의 대장이라는 지위에 취임한 것도 이러한 편의 중의 하나였다. 포티어스는 성질이 사나워 누구나 그를 싫어했다. 어느 날, 그가 어떤 밀수업자의 처형을 지휘하고 있을 때 군중이 투석을 시작했고 그 중 하나가 포티어스의 코에 맞았다. 그는 곧 가장 가까이 있는 사람을 향해 권총을 쏘아 그 사람을 죽인 다음, 부하들에게 군중을 향해 발포하라고 명령했다. 병사들은 군중의 머리 위로 발포했으나 창에서 구경하던 사람들이 이 총알에 맞았다. 그 동안에 포티어스는 계속해서 권총을 쏘아댔다.

9명이 죽고 많은 사람들이 부상을 입었다. 체면상――그리고 폭동을 피하기 위해――포티어스는 사형 선고를 받았으나 형의 집행은 왕이 하노버에서 돌아와 이 사건을 재조사할 때까지 연기되었다. 군중은 형의 집행을 연기한 이유를 짐작하고는 감옥을 습격했다. 군중은 포티어스를 목초 시장이 열리는 광장(전에 총질이 있었던 곳)으로 끌고 나와 어느 가게 앞에 세운 기둥에 매달아 목졸라 죽였다. 이것은 1736

년의 일이었다.
 타이번에 관한 이야기를 끝내기 전에, 교수형을 받은 사람 중에서 살아난 경우도 몇 번 있었다는 것을 말해야겠다. 그 중에서 가장 유명한 것은 윌리엄 듀엘이라는 열여섯 살 난 소년의 경우이다. 그는 1704년, 창고에서 소녀를 강간하고 살해했다. 그는 교수형을 받고 줄을 끊은 다음, 외과의사 조합 본부에 해부를 위해 운반되었다. 그의 몸이 꿈틀거리기 시작했다. 외과의사가 듀엘에게 방혈(放血) 조치를 해서, 30분 후에 그는 일어나 앉을 수 있었다. 교수형은 이미 집행되었으므로 그에게 다시 교수형을 집행할 수는 없었다. 그 대신에 그는 종신 추방을 당했다.
 앤 그린은 자기가 낳은 갓난애를 죽인 죄로 사형 선고를 받은 하녀였다. 그녀의 친구들이 그녀의 고통을 빨리 끝나게 하려고 그녀의 발에 매달렸으나, 줄을 잘못 맸기 때문인지 줄을 끊었을 때에도 그녀는 꿈틀꿈틀 움직였다. 한 친구가 그녀의 배 위에 올라타고 한 병사가 그녀의 머리를 소총으로 때렸다. 외과의사 조합 본부에 운반되었을 때, 그녀의 목에서 골골거리는 소리가 났으므로 그녀를 따뜻한 침대에 눕혔다. 이튿날, 그녀는 거의 완전히 회복되었다. 그녀는 교수형이 집행된 지 9년 후인 1659년에 죽었다. 그 동안에 그녀는 결혼하여 세 명의 자녀를 두었다.
 1728년, 마가레트 딕슨은 1시간 동안 교수되고 관에 넣어져 운반되었을 때, 말하자면 생애를 통해 유명해질 수 있는 터전을 닦았다. 관 속에서 톡톡 관을 두드리는 소리가 들렸다. 이 소리를 듣고 관을 운반하던 사람들이 모두 달아났다. 그러나 용감한 사람이 되돌아와서 그녀를 관에서 꺼내 주었다. 그녀는 다시 살아났을 뿐 아니라 자기 남편과 다시 결혼식을 올리지 않으면 안 되었다. 그녀는 법적으로는 사망했고, 따라서 결혼의 효력도 해소되었기 때문이다. 그녀가 갓난애를 죽인 것도 남편이 수병 강제 모병대에 끌려갔기 때문에 일어난 어쩔 수 없는 결과였다. 그녀는 '목졸려 반죽음을 한 매그(마가레트의 애칭)'로서 25년 후에도 에든버러의 명물로 남아 있었다.

'반죽음을 한 스미드'는 타이번에서 교수형을 받은 강도였다. 교수형이 시작되고 5분쯤 지나서 장난을 좋아하는 패들이 공문을 흔들면서 마치 특사가 도착하기라도 한 것처럼 "집행연기다!"라고 외치기 시작했다. 사형 집행인은 이 소리를 듣자 곧 줄을 끊었고, 스미드는 가까운 민가에서 소생했다. 후에 그는 그때의 느낌을 다음과 같이 말했다. "나는 내 몸무게 때문에 대단한 고통을 느꼈고, 기묘한 동요(動搖)가 위쪽으로 격렬하게 밀려올라오는 것을 느꼈다. 그것이 머리까지 올라오자 번쩍번쩍하는 불꽃 같은 것이 보였다. 그 후는 줄이 끊길 때까지 모든 고통의 감각을 느끼지 못하고 있었는데, 줄이 끊어지고 밑으로 떨어지자 참을 수 없는 찌르는 듯한 고통을 느꼈다."

마지막 말은 피가 통하지 않던 신체의 각 부분에 피가 흘러들어갈 때 느끼는 찌르는 듯한 고통이었음이 분명하다. 이것은 1705년의 일이었다.

18세기 말엽, 폭력에 대한 여론은 차츰 변하기 시작했다. 타이번 교수대는 교통에 장애가 되고 처형 광경이 사람들에게 혐오감을 일으키기 시작했기 때문에 다른 장소로 옮겨졌다. 그러나 일반 사람들도 마찬가지였다고 생각해서는 안 된다. 일반 사람들은 죄인들을 전혀 동정하지 않았던 것 같으며, 학생들이 다른 학생의 매맞는 것을 보고 좋아하듯이 교수형의 구경을 즐겼다. 1767년에 브라운리크에게 물건을 던진 군중은 그녀의 잔인성에 경악한 것은 아니었다. 그것은 자기들을 때리고 굶주리게 할 수 있는 '중산계급'에 대한 짓눌린 자들의 일종의 시위적 행동이었다.

감성의 변화는 교육을 받은 사람들 사이에서 일어난 것이었으며, 그것은 국가의 부가 증대하고 편협한 종교적 엄격성이 차츰 완화된 결과였다. 《뉴게이트 감옥 연보》의 토머스 콜리에 대한 장에는 이러한 감성의 변화를 보여주는 흥미로운 예가 있다.
 그는 마녀라고 생각되던 여자를 물에 빠뜨려 죽게 했기 때문에 1751년에 교수형을 받았다. 콜리는 빈민원에 있던 오스번 부부――그들은 마녀와 마술사라고 생각되었다――를 붙잡아낸 주모자였다. 그들은 두 사람을 발가벗겨 연못 속에 처넣었다. 콜리는 긴 장대로 두 사람이 떠오르지 못하도록 누르고 있었다. 여자는 입과 코에 진흙이 가득 차서 죽었다.
 윌킨슨은 격분한 어조로 말한다. "마법이라는 우스꽝스러운 교리의 존재를 믿을 만큼 어리석은 인간이 있다는 것은 놀라운 일이다." 그리고 고문 때문에 마녀라고 자백한 과거의 예를 몇 페이지에 걸쳐서 기록한다. 윌킨슨이 자기는 합리주의적인 문명 시대에 살고 있고, 이러한 모든 잔인한 일은 과거의 일이라고 생각하는 것을 보면 다소는 놀랍다.
 사실상 어린이가 탄광에서 일하거나 청소부로 굴뚝에 올라가는 것을 금지한 것을 비롯하여 지주에게 사람 잡는 덫이나 용수철 총(새끼를 쳐놓은 지역에 들어오려고 새끼를 건드리면 자동적으로 발사되도록 장치된 총)의 설치를 금지하고, 배에 규정량 이상의 짐을 싣는 것을 금지한 안전 규칙의 제정에 이르기까지 매우 간단한 개혁을 시도하게 된 것도 윌킨슨의 시대로부터 50년이 지난 다음의 일이었다. 그러나 군중 앞에서의 교수형은 본보기가 되어 범죄를 억제한다고 생각하고 지지한 존슨 박사의 시대는 윌리엄 블레이크와 워즈워드의 시대로 옮겨가고 있었다. 블레이크의 초기의 시에 굴뚝을 쑤시는 어린이나 매춘을 강요받는 소녀에 대한 연민의 정이 넘치고 있는 것은 《뉴게이트 감옥 연보》와 같은 무렵에 씌어진 시들이다.
 런던 사람들의 범죄에 대한 태도의 변화에 커다란 영향을 미친 사람은 헨리 필딩이었다. 그는 극작가로서의 출세에 실패한 다음, 1747년에 치안판사가 되었다. 필딩 이전에는 법률을 다루는 사람들은 잔인한 형벌이나 교수형 후의 효수, 또는 시체의 해부 등에 의해 범죄를 억제하려고 했다. 필딩은 "왜 뛰어난 경찰력을 조직하여 범죄를 사전에 억제하려고 하지 않는가?" 하고 단순하고 명백한 문제를 제기한 최초의 인물이었다. 정부는 이 제안이 매우 비논리적이라고 생각했다. 어떤 교구에서나 경찰과 야경을 두고 있지 않은가? 보우 가에서 필딩의 전임자는 토머스 베일 경이었다. 그는 '재판을 매매'함으로써 해마다 1천 파운드를 번 것을 자랑하기도 했지만, 보통의 기준에서 본다면 선량한 치안판사였다. 그는 자기의 지위를 서슴지 않고 이용하여 '매우 많은 젊은 부인'들을 농락한 호색한이기도 했다.

필딩 같은 정직성과 헌신적인 임무 수행은 정신나간 사람의 소행처럼 생각되었으나, 그는 6년 동안 정치적인 투쟁을 벌이다가 죽었다. 그러나 그는 보우 가에 소규모이기는 하지만 유능한 경찰대의 핵심을 조직해 놓았다. 장님인 그의 의붓동생이 그의 직무를 인수했으며 '보우 가의 수사관'은 그 유능성 때문에 유명했다. 1785년 새 수상 피트는 헨리 필딩의 최종적 승리를 의미하는 경찰에 관한 의안을 의회에 제출했다. 1800년까지는 런던에 9개의 '경찰서'가 설치되고 1세기에 걸친 범죄 증가의 경향은 마침내 종말을 고하게 되었다.

제3장
잔혹 시대

범죄라는 관점에서 보면 18세기보다는 19세기가 더욱 흥미롭다. 왜 그런가? 가난과 불행 때문에 저지르는 살인은 매우 인간적인 선택 행위 —— 좋은 것이든 나쁜 것이든 —— 와는 별로 관계가 없기 때문이다.

버나드 쇼는 리빙스턴을 발견한 탐험가 스탠리한테 그의 부하 중에서 필요한 경우에는 어느 정도가 탐험대의 지도자가 될 수 있느냐고 물었다. 스탠리는 곧 '5퍼센트'라고 대답했다. 쇼는 그것이 정확한 숫자인지 또는 개략적인 숫자인지를 물었다. "정확합니다" 하고 스탠리는 대답했다.

별로 널리 알려지지는 않았지만, 내가 이 책을 집필하고 있을 때 생물학에서도 같은 사실이 발견되었다. 인간을 포함하여 '모든' 동물의 집단에서 적극성과 지도자적 소질을 가진 자는 5퍼센트에 지나지 않는 것이다. 나머지 95퍼센트는 정도의 차이는 있지만 소극적이다. 물론 지배자적 경향을 가진 5퍼센트도 아내를 때리고 기뻐하는 가학적인 인간으로부터 베토벤에 이르기까지, 또한 챔피언 복서로부터 위대한 수학자에 이르기까지 그 양극의 폭은 상당히 넓다.

쥐를 사용한 실험에서 존 캘호운(메릴랜드의 베세제다 정신위생연구소 연구소원)은 한곳에 있는 쥐의 수가 너무 많아지면 지배자적인 5퍼센트는 범죄적인 쥐가 된다는 것을 밝혀냈다. 이것은 분명히 인간에게도 적용된다. 인간도 불결하고 가난한 환경에 놓이면 지배자적인 5퍼센트의 인간은 범죄적인 5퍼센트가 되는 경향을 보일 것이다. 지능적인 인간은 불결한 환경으로부터 벗어나기 위해 자신의 지능을 이용한다. 따라서 어떤 의미에서는 범죄자가 된다는 것은 알코올 중독자나 마약 중독자가 되는 것과 마찬가지로 불결한 환경에 굴복하는 것임을 인정하지 않을 수 없으리라. 그러나 이러한 인간은 아주 적을 것이다.

빈민가 거주자의 약 5퍼센트가 범죄를 저지르기 쉽다는 것은 과학적으로 예측할 수 있는 일이다. 따라서 인간의 자유라는 문제에 깊은 관심을 가진 나와 같은 작가에게는 특별히 흥미있는 일이 아니다. 인간이 음식, 섹스, 안전성 등 기본적인 욕구를 충족하기에 충분할 만큼 풍요한 환경에서 살 때, 비로소 범죄는 심리학적으로 흥미로운 것이 된다. 두세 가지 예외는 있지만 19세기의 '위대한' 살인사건은 모두 사회적으로 우월한 위치에 있는 계급──리지 보덴(제5장 참조), 플로렌스 브라보(제4장 참조), 프리차드 박사(아내와 장모를 독살하고, 1865년에 처형된 영국의 개업의), 웹스터 교수(미국 보스턴 의과대학의 교수로 돈 문제로 동료를 살해하고, 1805년에 처형되었다)──과 관련된다.

아주 돈이 많은 사람이나 귀족은 다르다. 그들은 때때로 피해자가 되는 경우를 제외하고는 살인사건과는 거의 관계가 없다. 살인사건과 관계되는 사람들은 중산계급 사람들이다. 그리고 이러한 살인사건의 50퍼센트 이상은 독약을 그 수단으로 사용한 것이다.

폴리오 소사이어티(회원제로서 주로 고전이나 기서를 호화본으로 발행하는 출판사) 판의 《신(新) 뉴게이트 감옥 연보(1960)》의 서문에서 버케트 경(1883~1962. 영국의 저명한 법학자)은 19세기의 재판은 18세기의 재판과 별로 다른 점이 없다고 말한다. 이것은 재판에 관한 한 사실일 것이다. 그러나 캠덴 페람의 두 권으로 된 《신 뉴게이트 감옥 연보(1886)》의 원본을 읽으면 범죄 자체의 차이를 곧 알 수 있을 것이다. 페람이 쓴 책의 제1권은 주로 처음에 나온 《뉴게이트 감옥 연보》의 복사이다(대부분의 경우 윌킨슨의 원고를 사용했다). 제2권은 19세기를 다루는데, 우리는 여기서 곧 제1권과 다른 세계에 들어서게 된다. 사실상 제 2권 첫머리에 나오는 사건은 아마 1세기 후의 뉴욕에서 일어날 수도 있는 사건일 것이다.

퀸, 리오턴, 코널리라는 3명의 아일랜드인이 일자리를 찾으며 치프사이드(런던 중앙지의 대로)에서 어정거리고 있을 때, 베일리라는 사람이 접근하여 그들이 비밀 엄수의 서약을 한다는 조건으로 일자리를 마련해 주겠다고 제안했다. 그들은 서약했다. 그들은 아일랜드의 구교도였으므로 만일 서약을 어기면 그들의 영혼이 지옥에 간다는 말을 그대로 믿었다. 베일리는 그들을 놋쇠와 그것으로 위조 실링 화폐를 만드는 여러 가지 도구가 있는 방으로 데리고 갔다. 그리고 일을 시작하고 얼마 되지 않아서 보우 가의 수사관이 와서 그들을 체포해 갔다.

그들은 재판에 회부되어 유죄 판결을 받았다. 그러나 다행하게도 어떤 신부가 불법적인 서약에는 얽매일 필요가 없다고 말해 주어 그들은 간신히 진상을 털어놓았다. 이번에는 그들을 고소한 자와 경찰관이 체포되었다. 그 결과로 몇 사람의 경찰관이 오랫동안 실업중의 노동자를 범인으로 날조하여 돈놀이를 해 왔다는 사실이 드러났다. 허위 증언을 한 세 사람은 유형(流刑)의 형벌을 받았다. 그 후 얼마 되지 않아 3명의 경찰관이 공모하여 5명의 소년——그 중의 하나는 겨우 13세였다——에게 강도를 하도록 설득한 죄로 재판에 회부되었다. 그들의 목적은 소년들을 체포하여 강도범임을 증명함으로써 보상금을 받으려는 것이었다.
 한편, 교수형을 면한 아일랜드인들은 많은 사람들의 동정을 받았고, 런던 시장이 중심이 되어 그들을 위해 모금을 한 결과, 그들이 아일랜드에서 농장을 사기에 충분한 돈이 모였다. 이 이야기의 해피 엔딩은 이 사건을 18세기의 사건과는 다른 것으로 만들었다. 50년 전이었다면 아일랜드인은 교수형을 받았을 것이고, 또한 허위 증언을 한 사람들도 교수형을 받았을 것이다.
 죄수를 오스트레일리아나 미국으로 추방하는 관습은 오스트레일리아나 미국의 이주자들에게 대단한 분노를 일으켰다.
 벤저민 프랭클린은 만일 미국이 방울뱀을 영국으로 추방한다면 영국인은 어떻게 생각할 것이냐고 물었다. 오스트레일리아에서도 미국에서도 범죄 발생률은 상당히 높았다. 뉴사우스웰스의 강도 사건은 해마다 영국의 온갖 절도 사건보다도 많았다. 사태는 매우 심각했다. 포트잭슨의 최초의 식민지는 열병이 많이 발생하는 늪지대에 건설되었고 죄수의 반은 긴 여행 끝에 죽었다. 규율은 엄하고 일은 지루하고 한이 없었기 때문에, 남자들은 틈만 있으면 숲으로 달아나 무뢰한이 되었다. 곧 산적이 된 것이다. 그들 중의 몇 명은 살인광이었다.
 메이저 아더 그리피스〔《뉴게이트 감옥 연대기(1884)》의 저자〕는 '괴물 제프리즈'라고 불린 사내에 대해 기록하고 있다. 제프리즈는 유형되기 전에는 에든버러의 교수형 집행인이었으나, 범죄자 식민지에서는 매를 때리는 자가 되었다. 그가 범한 살인은 단지 죽이는 즐거움이 동기였다는 게 분명하다. 그는 후에도 많은 살인을 범했는데, 한번도 물건을 훔친 일은 없다고 말했다(아마도 그에게 살해된 사람들이 훔칠 만한 물건을 갖고 있지 않았기 때문이리라). 많은 산적들과 마찬가지로 그도 한때는 사람고기를 즐겨 먹었다. 그러나 그가 어머니와 갓난애를 유괴했을 때 이 지방의 주민들이 들고일어났다(아마 강간을 하려고 유괴해 갔을 것이다). 그는 갓난애의 머리를 때려 단숨에 죽여 버렸다.

죄수들조차도 산에서 그를 수색하는 데 참가하는 것이 허락되었다. 결국 그는 체포되어 처형되었다.

　사람고기를 즐겨 먹는 일은 희귀한 일이 아니었다. 알렉산더 피어스라는 죄수는 다른 죄수 5명과 함께 훔친 배를 타고 섬의 감옥으로부터 탈출했다. 언덕에 숨어 있는 동안에 배가 고프기 시작했는데, 그 중의 한 사람이 자기는 사람고기를 먹을 수 있다고 말했다. 이 생각은 그들의 염두에서 떠나지 않아 그날 밤, 그들 중의 한 사람이 살해되고 누군가가 심장을 꺼내 먹어치웠다. 며칠 후에 다시 두 사람이 살해되어 간장과 심장을 먹혔다. 나머지 세 사람 중의 한 사람이 지쳐 쓰러지자 손도끼에 일격에 죽인 다음 시체의 일부를 먹었다. 이 살인을 한 사람은 피어스가 손도끼로 밤중에 습격할 것이 두려워 손도끼를 자기 몸에 가죽끈으로 묶어 놓았다. 피어스는 상대방을 먼저 습격하기로 결심했다. 그는 동료를 죽이고 팔과 다리를 가져갔다.

　그는 다시 체포됐으나 1년 후에 콕스라는 사람과 다시 탈옥했다. 며칠 후에 갈기갈기 찢긴 콕스의 시체가 발견되었다. 피어스가 체포되었을 때, 탈옥할 때 훔쳐간 고기와 생선에는 아직 손도 대지 않은 채였다. 그는 사람고기가 더 좋다고 고백했다.

　이러한 옛날의 산적들은 믿을 수 없을 만큼 잔인한 것으로 유명하다. 1837년, 포트필립 일대를 떨게 한 디크남은 먹을 것이 떨어지자, 8명의 동료를 살해하기로 결심했다. 그 중의 한 사람인 코너퍼드라는 청년은 때마침 잠이 깨는 바람에 디크남으로부터 그의 계획을 듣게 되었다. 그들 두 사람은 다른 동료 7명을 사살했다. 그리고 두 사람은 짝이 되어 아데레이트 일대에서 수많은 강도를 자행했다. 그러나 두 사람은 서로 믿지를 않았다.

　어느 날, 디크남이 코너퍼드의 등을 쏘려고 했으므로 코너퍼드는 말을 타고 멜버른까지 달아나 디크남을 밀고했다. 코너퍼드는 두 사람이 재판에 회부되기 전에 탈출했으나 사람들에게 너무나 피해를 주어 체포되자 곧 교수형을 받았다. 디크남은 노포크 섬에서 종신형을 받는 것으로 끝났다. 그의 유죄를 증명할 중요한 증인이 죽었기 때문이다.

영국으로 이야기를 옮기기 전에 또 한 명의 산적에 대해 말해 보자. 나는 열 살 때 살인광인 듯한 모건이란 아주 잔인한 산적에 대한 기사를《새터데이 이브닝 포스트》에서 읽은 기억이 있다. 이 사람이 메이저 아더 그리피스가 잠시 언급한 모건이었을 것으로 생각된다. 그는 강탈을 한 다음에는 반드시 그 사람을 죽였다.

어느 날, 그는 동료 한 사람과 함께, 남편은 일을 나가고 아내만 혼자 있는 집에 들러 밥을 지어달라고 부탁했다. 부인이 빵을 썰고 있을 때 이웃방의 갓난애가 울기 시작했다. 모건은 "걱정하지 마시오. 내가 가서 달래겠소"라고 말했다. 곧 아기가 울음을 그쳐 부인은 아기를 잘 다룬다고 그를 칭찬했다. 그들이 떠난 다음 부인은 이웃방으로 갔다. 어린애는 목이 잘려 있었다.

당연히 이 지방 사람들은 격노했다. 산적들은 이 지방에 있을 수가 없어서 달아났다. 얼마 후 훔친 배로 강을 건너가고 있을 때, 모건의 동료는 모건에게 많은 현상금을 건 게시문이 나무 위에 걸려 있는 것을 보았다. 그는 기회를 잡아 모건을 쳐서 기절시켰다. 그리고 그는 모건의 목을 잘라낸 다음 이것을 갖고 상금을 타기 위해 가장 가까운 큰 도시로 갔다. 불행하게도 그 역시 체포되었다. 갓난애를 잃은 부인이 그의 정체를 알았던 것이다. 그는 곧 처형되었다.

메이저 아더 그리피스는 모건에 대해 "그는 피에 굶주린 사람으로 습격한 상대를 가차없이 죽였다"고 말한다. 그러나 그리피스에 의하면 모건은 어느 날 벌집처럼 총알에 맞아 죽었다고 한다. 따라서 갓난애를 죽인 모건은 그리피스가 말하는 모건과는 다른 사람일지도 모든다.

이러한 사건을 보면, 오스트레일리아나 버지니아의 이주자들이 죄수의 유형에 반대한 이유를 알 수 있다. 1852년, 테스메니아의 식민지 정부는 파산 위기에 놓여 있으면서도 계속 죄수의 인수를 거부했다. 퀸즐랜드는 죄수를 받아들일 여지가 있느냐는 본국 정부의 문의에 대해 퀸즐랜드에는 죄수들을 보낼 만한 곳이 없다고 대답했다. 마지막 수인선(囚人船)은 1867년 웨스턴 오스트레일리아를 향해 떠난 수인선이었다. 그 후 영국은 일시적 방편이 아니라 가장 올바른 방법으로 범죄자에 대처할 생각을 하지 않으면 안 되었다.

줄거리에서 벗어나기는 했지만, 앞에서 한 설명으로 《뉴게이트 감옥 연보》에 유형을 받았다고 기록된 죄수들을 기다리는 운명이 어떤 것이었는가를 어느 정도 분명히 알게 되었다. 사람들의 사고방식이 변화하면서 법의 엄격성도 어느 정도 완화되어, 유형에 처해진 범죄자의 수는 점점 늘어났다. 《신 뉴게이트 감옥 연보》 제2권에서는 〈강도로 인한 유형〉 또는 〈시체 절도로 인한 유형〉이라는 제목이 차츰 줄어들게 된다.

사람들의 사고방식을 변화하게 한 또 한 가지 이유를 이 책의 제2권에서 볼 수 있다. 폭동을 일으켰거나 선동 연설을 한 죄로 유죄 선고를 받은 사람의 수가 증가한 것이다. 노동자들도 자신의 의견을 밝히기 시작한다. 톰 페인, 윌리엄 코베트, 존 윌크스, 헨리 헌트 같은 사람들이 압제에 항의하기 시작했다.

1833년의 콜소프 거리 폭동(이때 경찰관 1명이 칼에 찔려 죽었다)은 처음에는 조합 결성을 위한 노동자 집회였다. 1834년에 제임스 라브레이스라는 노동자를 지도자로 하는 6명의 노동자들이 농장의 임금을 주(週) 7실링에서 10실링으로 인상하기 위해 농장노동자 조합을 결성하려고 했다는 혐의로 도체스터에서 재판을 받았다. 그들은 실제로는 조합 가입 예정자에게 불법적 서약을 시켰다는 혐의로 고발되었다. '돌파돌(도체스터 근처의 지명)의 희생자'로 알려진 이 6명의 노동자들은 오스트레일리아로 추방되었다.

이러한 사건은 노동자 중의 '지배자적 5퍼센트' 중의 일부는 범죄보다는 항의를 즐겨 선택했다는 것을 보여준다. 1820년에 가장 센세이션을 일으킨 사건은 범죄와 항의가 혼합된 것이다. 아더 시슬우드는 각료들이 그로브너 스퀘어의 하로비 경 저택에서 만찬을 들고 있을 때 그들을 몰살하고, 런던 은행을 폭파하고, 런던에 방화를 하고, 시장 관저를 점거한다는 음모를 꾸몄다. 시슬우드는 권위를 증오했다. 이전에도 그는 수퍼 필즈 폭동에서 주모자로 잠시 투옥된 적이 있었고, 또한 그 후에는 시드마스 경에게 결투를 신청하여 1년 동안 투옥되기도 했다.

약 30명의 '게이트 가의 모반인'——그들은 이런 이름으로 알려졌다——은 경찰의 정보원을 가담시키는 실수를 저질러 창고에서 각료 살해의 신호를 기다리다가 경찰대의 급습을 받았다. 그들의 대부분이 달아났으나 후에 12명이 체포되었다. 그 중 한 사람이 공범 증언을 했다. 시슬우드와 그밖의 4명은 사형 선고를 받고, 나머지 6명은 법의 기술적 이유로 처형이 면제되었다. 그들은 뉴게이트 감옥 밖에서 교수된 다음에 참수되었다. 첫번째 사람이 참수될 때에는 군중 사이에 공포의 신음 소리가 들렸으나, 다섯 번째 사람이 참수될 때는 군중은 웃고 있었다.

《신 뉴게이트 감옥 연보》의 독자는 이러한 혁명적인 '불온 사태'라는 새로운 요소 이외에도 최초의 《뉴게이트 감옥 연보》에서는 거의 찾아볼 수 없었던 새로운 요소를 발견하게 된다. 성(性)과 관계된 범죄가 증가한 것이다. 당시에는 현대적인 의미에서의 성범죄는 별로 많지 않았다. 곧 '성범죄자'라고 부를 수 있는 사람이 많지 않았다. 그러나 확실히 19세기의 기록에서는 성은 차츰 중요한 역할을 하게 되었다.

아일랜드에서는 여자 상속인의 유괴 살인은 일종의 취미였다. 엘리자베스 크로커트라는 17세의 소녀는 약 2천6백 파운드를 물려받은 상속녀였다. 그녀를 유괴하려는 음모가 두 번이나 있었다. 처음 유괴되었을 때(그녀는 교회에서 나오다가 유괴되었다)에는 오빠와 숙부가 그녀를 구출했다. 두 번째 유괴는 새뮤얼 디크라는 청년의 소행이었다. 그는 누이동생 제인의 도움을 받았다. 그녀는 엘리자베스 크로커트를 자기 집으로 초대했다. 엘리자베스 크로커트는 이 초대에 응했는데, 첫날에는 이상한 점이 하나도 없었다. 그러나 저녁에 그녀가 외출했을 때 붙잡혀 포장마차에 실렸다. 제인 디크와 그녀의 오빠는 크로커트를 다른 집으로 데리고 갔다. 그녀는 그 집에서 계속 울면서 아무것도 먹지 않았다. 마침내 지친 그녀는 제인과 같은 침대에서 자도 좋다는 허락을 받았다.

밤도 상당히 깊어졌을 때 그녀는 옆에서 자는 사람이 바뀌었다는 사실을 알았다. 그것은 제인의 오빠였다. 그는 그녀에게 좋지 않은 짓을 하려고 했다. 이에 대해서는 페람은 적나라한 기록을 피했다. 이튿날 아침, 디크는 서둘러서 결혼 허가증을 받으러 갔다. 그의 협박자들은 크로커트가 디크 부인이 되려고 한다는 자신을 가졌던 모양이어서 감시를 소홀히 했다. 그 틈을 타 크로커트는 달아나고, 디크는 교수대 신세를 졌다.

4년 후인 1822년, 브라운이라는 청년이 호널리아 그루드라는 여상속인과 결혼을 하고 말겠다는 결심으로 몇 사람을 사서 그녀의 집을 습격했다. 그들이 그녀를 끌어내자 밖에서 기다리던 브라운은 그녀를 자기 말에 태우고 달리기 시작했다. 리라는 농부의 집에 도착했을 때, 브라운은 그녀에게 구혼했으나 거절당했다. 그러자 그는 그녀를 구석방으로 끌고 가 문을 잠그고, 그녀의 애원과 비명을 무시한 채 그녀의 옷을 벗기기 시작했다.

페람은 격분한 어조로 다음과 같이 쓰고 있다. "나머지 일은 독자에게 말할 필요는 없으리라. 이 젊고 아름다운 사람의 여성으로서의 순결은 몹시 더럽혀졌다. 그리고 그녀를 파멸시킨 사람은 육욕의 침대에서 일어났다. 이 남자에게 더럽혀진 사람의 평안은 세상의 동정에 의해서도, 또한 부에 의해서도 되찾을 수는 없었다(이것은 강간을 말할 때의 폐람의 전형적인 문체이다)." 소녀는 브라운과의 결혼을 3주일 동안 거부한 끝에 간신히 석방되었고 유괴자들은 도망쳤다. 브라운은 외국으로 달아날 만한 돈을 갖고 있었다. 다른 사람들은 그렇지 못했다. 그들은 리메리크에서 재판에 회부되어 모두 사형 선고를 받았다. 그 중 4명은 법적 이유에서 형이 면제되었다.

강간이라는 문제가 나왔으므로 여기서 이 문제를 좀더 자세하게 조사해 보기로 한다. 최초의《뉴게이트 감옥 연보》에 기록된 약 2백 건의 범죄 중에서 강간은 4건뿐이며, 그 중 1건은 동성연애자가 한 청년을 습격한 사건이다(윌킨슨은 이 사건에 매우 충격을 받아 개략만을 기록해 놓았다). 4건의 강간 사건 중에서 세상의 이목을 집중시킨 것은 1768년 세아라 우드코크라는 얌전하고 키가 작은 퀘이커 교도가 볼티모어 경에게 유괴된 사건뿐이다.

그녀는 사흘 동안 몹시 울며 계속 저항했다. 할 수 없이 볼티모어 경은 그녀를 혼자 있게 했다. 나흘째 밤에 그녀가 옷을 벗고 침대 속으로 들어갔을 때 어느새 볼티모어 경은 안에서 기다리고 있었다. 그는 두 번 '무서운 목적을 달성'했다. 그 후, 이틀 동안 그녀는 분명히 월경중이었는데도 주말에 볼티모어 경이 '와서 함께 자자고 그녀를 불렀고' 그녀는 응했다. 그런데 '그날 밤에 일어난 일은 말하기에는 너무 창피한 일이었다.'

볼티모어 경은 이미 그녀의 아버지에게 2백 파운드의 수표를 보낸 뒤였다. 그녀의 친척들은 그녀의 소재를 알아내고 존 필딩 경의 영장의 도움을 받아 그녀를 볼티모어의 손아귀에서 구출했다. 재판에서 볼티모어 경은 화간(和姦, 부부 아닌 남녀가 합의하여 육체적으로 관계함)이라고 주장하여 석방되었다. 그는 4년 뒤에 39세의 나이로 죽었다. 분명히 과색(過色) 때문에 지친 것이리라.

50년 후였다면 그가 귀족이든 귀족이 아니든 석방될 가능성은 거의 없었을 것이다. 배심원들은 '위기에 놓인 순결'에 대해 예전보다도 더욱 깊은 동정을 하게 되었기 때문이다. 빅토리아 시대의 '탄식하는 소녀'를 예찬하는 풍조는 빅토리아 여왕이 1837년, 왕위에 오르기 전부터 확립된 것이었다. 사실상 어떤 사건이든 소녀에 의해 고발된 남자는 무조건 유죄로 하면 틀림없다는 이유에서 유죄 판결을 받는 경우가 많았다.

1831년, 류크 딜런이라는 젊은 아일랜드인이 강간죄로 사형 선고를 받았다. 고소인은 프리젤이라는 아가씨였는데 그녀는 파티에서 몇 번 딜런을 만났고, 그가 "나는 당신의 열렬한 숭배자입니다"라고 말했다는 것을 인정했다.

그녀는 어느 날에 그와 만날 약속을 했다. 마침 비가 와서 3시간 정도 빈 집에서 비를 피했으며, 그 동안에 그는 그녀에게 구혼을 했고 그녀는 쾌히 승낙했다. 그리고 두 사람은 사륜 마차를 타고 출발했는데, 딜런은 그녀를 설득하여 '휴식'을 위해 마차를 멈추었다. 그리고 그들은 생선요리를 먹고 펀치를 한 잔씩 마셨다.

그녀의 말에 따르면, 그 후에 그녀는 의식을 잃었고 눈을 떠보니 나체로 침대에 누워 있더라는 것이다. 그녀는 비명을 올리며 뛰어일어나 문쪽으로 걸어갔다. 그러자 딜런은 그녀를 침대로 밀어붙이고 불법 행동을 했는데, 이것은 분명히 그가 자행한 폭행을 다시 되풀이한 것에 지나지 않는다. 그는 그녀와 결혼할 것을 다시 약속했고, 그녀는 아침에 친척집으로 돌아와 결혼했다고 말했다. 딜런은 그녀와 마주치는 일이 없도록 주의하고, '가장 사랑하는 딜런'이라는 말로 시작하여 그의 진지한 약속을 상기하기 바란다고 한 그녀의 편지에 회답을 하지 않았다. 그는 약속을 지키지 않았기 때문에 체포되어 강간 혐의로 기소되었다.

이 짧은 설명만 보더라도 그녀의 말에는 몇 가지 수긍하지 못할 점이 있다는 것이 드러난다. 그녀는 2년 전부터 딜런을 알고 있었고, 두 사람 사이가 '급속히 친밀해졌다'는 것을 인정했다. 그녀는 그의 구혼에 동의하고 저녁을 먹으러 침대가 있는 별실로 그와 함께 들어갔다. 그녀는 딜런이 펀치에 어떤 강력한 마약을 넣어 마시게 했다고 암시한다. 당시에는 악한은 여자를 곧 무의식 상태에 빠지게 하는 마약을 쉽게 입수할 수 있다고 믿었다. 그러나 이것은 가능한 일이 아니었던 것 같다. 가장 가능한 일은 그녀가 스스로 말하고 있는 것처럼 같이 너무 많은 위스키 펀치를 마셨다는 것이다. 그 다음에 딜런은 그녀의 옷을 벗기고 그녀를 범했다고 가정할 수 있다.

그러나 그녀가 비명을 올리며 뛰어일어나 방에서 나가려고 했을 때, 그가 그녀를 침대로 밀어붙이고 나서 다시 강간했다는 것이 가능한 일일까? 그의 최초의 반응은 그녀를 애무하며 우리들은 사실상 이미 부부나 다름없다는 말을 하는 것이었으리라. 이상한 집(그러나 아무도 이 집이 이상한 집이었다고 말하지 않았다)에서도 소녀가 비명을 지르면 사람들의 주목을 끌게 될 것이다. 게다가 흥분해서 떠드는 여자는 일단 목적을 달성한 남자에게는 별로 정욕을 일으키게 하지 못하는 법이다. 그리고 딜런이 상대와 싸움으로써 욕망을 일으키는 타입의 인간이었다고 하더라도, 떨고 있는 처녀, 또는 반 처녀(半處女)를 범한다는 것은 쉬운 일이 아닐 것이다.

그가 그녀를 달래며 침대로 돌아가도록 설득한 것은 확실하다. 따라서 두 번째의 불법 행위는 그녀의 동의를 얻은 것이다. 그리고 그는 그와의 결혼을 동의하고 침대가 있는 방에서 저녁을 같이 먹었으므로 첫번째도 엄밀하게는 강간이 아니었다고 말할 수 있다. 요컨대 딜런의 범죄는 강간이 아니었다. 그는 다른 무수한 호색한과 동일한 짓을 했을 뿐이다. 즉 결혼 약속을 하고 혼인상의 은전을 먼저 받은 다음 마음이 변한 것이다. 이것은 비난받아야 할 일이지만 범죄는 아니다.

딜런은 후에 감형되어 오스트레일리아로 추방되었다. 페람은 다음과 같은 말로 그의 이야기를 끝맺는다. "딜런의 책략과 잔인한 범죄의 상대자는 1831년 6월, 상심한 나머지 죽었다. 그녀는 환경이 바뀌면 마음속에서 떠나지 않는 우울로부터 해방될 수 있으리라고 기대하며 웨일스의 방고로 갔으나 거기서 상심 때문에 죽은 것이다." 빅토리아 시대 후기의 폐람의 독자들이 이 말에 동의했으리라는 것은 의심의 여지가 없다.

현대의 독자들은 인간이란 글자 그대로 상심 때문에 죽지는 않는다고 생각하는 게 보통이다. 그녀는 왜 죽었는가? 아마도 당시의 상심한 여자들이 잘 걸리던 '폐병' 때문이었으리라. 만일 그렇다면 그녀는 이 범행이 일어나기 전부터 이 병에 걸렸을 것이다. 그러나 중요한 것은 여자가 상심 때문에 죽었다고 쓰는 필자는 공정한 눈으로 사물을 본다고 할 수 없다는 점이다. 그렇다면 이 이야기 전체가 의심스럽다.

이 점은 술집 주인 조지 켄트의 사건에서 더욱 분명해진다. 그는 1840년 강간죄로 유형의 형을 받았다. 상대 여자인 제인 볼란드는 홀본의 술집 '윈저 옥'에서 여급으로 일했다. 그런데 그녀의 말에 의하면, 주인은 첫날부터 그녀에게 추근대기 시작했으며 밤에 자기가 들어갈 수 있도록 문을 잠그지 말라고 했다. 그녀는 자기는 그런 여자가 아니라고 그에게 말했다. 그날 밤 늦게 몸이 좋지 않아서 그녀는 잠자러 갔다. 그녀는 누구와 함께 갔는지는 생각해내지 못했다. 눈을 뜨자 주인이 침대 옆에 있었다. 그는 그녀의 입을 손으로 막았다. 맞겨루다가 그녀는 기절했다. 그녀가 이튿날 아침 6시에 정신이 들었을 때, 옷(벗겨져 있지는 않았다)이 흐트러져 있고 코르셋이 망가진 것을 알았다. 주인이 그녀의 방문 앞으로 왔다. 그녀는 그에게 악한이라고 소리쳤다. 그는 그녀에게 술주정뱅이라고 욕설을 퍼부었다. 주인의 아내도 그녀가 남편이 자기를 범했다고 일렀을 때, 그녀를 술주정뱅이에다 음탕한 여자라고 욕했다. 제인 볼란드는 윈저 옥에서 쫓겨나 그녀가 함께 살던 오빠의 집으로 돌아갔다. 토요일에 그녀는 의사의 진단을 받았는데, 의사는 그녀가 강간당했다고 진단했다.

피고측은 강간 그 자체는 부정하지 않았으나 그녀의 집에 살던 에드워즈라는 사람이 저지른 것이라고 주장했다. 켄트가 체포되었을 때, 에드워즈는 켄트의 변호사를 찾아가 그녀를 강간한 것은 자기이고 그녀의 캄캄한 방에 가 보니 그녀는 의식불명이었다고 자백했다.

에드워즈는 반대 신문을 받을 때, 제인 볼란드는 9시부터 10시까지 (술집이 가장 바빴을 시간) 술취한 상태에 있다가 자러 갔다고 말했다. 그는 그녀의 방으로 11시에 가서 성교를 했다. 그녀는 선뜻 응해 주었다. 이튿날 아침, 그는 그녀와 함께 이스트 엔드로 돌아왔으며, 그녀는 켄트가 자기를 술주정뱅이라고 욕했으므로 그를 "혼내 주고 싶다"고 말했고, 매우 기분이 좋은 것 같았다.

이런 일이 있었음에도 불구하고 켄트는 사형을 선고받았다. 그러나 이 사건은 대단한 관심을 불러일으켰기 때문에, 결국 그는 종신 유형으로 감형되었다.

이것으로 보더라도 켄트가 누명을 썼다는 것은 분명하다. 실제로 어떤 일이 일어났는가 하는 점에 대해서는 두 가지 가능성을 생각할 수 있다. 제인 볼란드는 여급이 된 첫날에 술에 취했다. 그날 밤 늦게 에드워즈는 그녀의 방—이 방은 캄캄했다—으로 가서 그녀의 동의를 얻고, 또는 동의 없이 그녀와 성교를 했다. 이튿날 아침에 주인은 그녀에게 술주정뱅이라고 욕을 퍼부었다. 그녀는 주인의 아내에게 일러바쳐 보복을 하려 했으나 주인의 아내도 곧이듣지 않았다(왜 그랬을까? 그녀는 남편이 밤중에 방을 나간 일이 없다는 것을 알고 있기 때문이었을까? 그들의 침실은 하녀의 방 바로 밑에 있었다). 그래서 그녀는 복수를 맹세하면서 함께 잔 남자와 같이 이 집을 나왔다. 그녀가 의사의 진단을 받은 것은 이튿날이었다. 이 의사는 이 여자가 강간을 당했다고 단언했다.

제2의 가능성은 제인 볼란드가 취하지 않았다는 것이다. 그녀의 오빠의 말에 의하면, 그녀는 머리에 단독(丹毒, 헌 데나 다친 곳에 연쇄상구균이 들어가 생기는 급성 전염병)이 심하게 걸린 다음부터 제정신이 아니었다. 단독은 심한 피부 염증을 일으키고 열도 따르는 병이다. 따라서 제인 볼란드가 현기증이 나서 취한 것처럼 보였다는 것도 충분히 생각할 수 있는 일이다. 또 성교를 하는 동안 그녀는 무저항 상태였으므로, 그녀에게 거부의 뜻이 없다는 인상을 주었으리라는 것도 생각할 수 있다.

어느 경우에나 켄트가 그녀와 함께 잔 남자라고는 생각할 수 없다. 만일 함께 잤다면 이튿날 아침에 그녀에게 술주정뱅이라고 욕을 퍼부어 그녀를 화나게 하지는 않았을 것이다. 에드워즈가 그녀와 함께 잔 남자라면, 그의 말을 어느 정도까지 믿을 수 있을까? 강간은 교수형에 처해지는 범죄이다. 만일 그가 정말로 강간을 했다면 그런 고백을 한다는 것은 생각할 수도 없는 일이다. 그것은 섶을 지고 불 속으로 뛰어드는 것과 같다. 자기가 그녀의 침대에 올라간 사람이라고 분명히 말한 그의 행동은 거짓 없는 남자다운 행동이다.

제인 볼란드가 금요일 아침 집에 돌아와서 강간당했다고 오빠에게 말했다면, 왜 그녀는 이튿날에야 의사의 진찰을 받았을까? 그리고 이러한 진단 —— 사건 후 36시간이 지난 다음의 —— 이 도대체 무엇을 증명할 수 있는가? 만일 처녀막이 최근에 파열되었다고 한다면, 그것은 최근에 성교를 했다는 증거는 되더라도 강간당했다는 증거는 아닐 것이다. 만일 그녀가 처녀가 아니었다면 아무것도 증명할 수 없었을 것이다.

당시의 의사는, 어느 정도의 정액이 그 정도로 장시간 남아 있었다고 하더라도 정액을 검출하는 방법을 몰랐다. 난행을 당했다는 상당히 확실한 단 하나의 증거는 성기 근처의 타박상이나 찰과상뿐인데, 제인 볼란드는 강간당할 때 저항하지 않은 것을 인정했다.

폐람의 이야기는 또 한 가지 가능성을 암시한다. 곧 제인 볼란드의 이야기는 모두 켄트에게 앙갚음을 하기 위해 꾸며낸 것일 수도 있다.

피고측의 변호사가 그녀에게 이상할 만큼 관대했던 것은 사실이다.

'(필립 씨는) 젊은 여성의 인격을 탄핵할 의사가 전혀 없다고 언명하고, 씨는 이 사건 이전의 그녀의 생활에 우회적으로나마 비난할 일이 없는 것을 기쁘게 생각한다고 말했다.' 이것은 변호사 필립 씨의 변호방식이 현재와는 전혀 달랐기 때문이다. 또한 원고측을 화나게 하면 의뢰인이 무죄가 될 가망은 전혀 없게 될 것이다(사실상 원고측은 제인 볼란드의 인격에 필립 씨가 아무런 중상도 하지 않은 것을 기뻐했다). 만일 성교에 대한 결정적인 의학적 증거가 처녀막의 파열이라면 그녀가 술집에서 나온 다음 자진해서 그렇게 했을 수도 있을 것이다(그녀의 오빠는 발포어라고 하며, 원저 옥으로 그녀를 찾아간 일도 있으나, 이 사람의 이름은 두 번 다시 나오지 않는다. 그녀의 애인이었을까).

그녀는 첫날 술집에서 술이 취했다(잠역부는 그녀가 취했다는 인상을 받았다고 증언했는데, 그는 술취한 여자가 어떤지를 잘 알고 있었을 것이다). 그녀는 쫓겨나서 켄트를 '혼내 주겠다'고 에드워즈에게 말한 바 있다. 그날 밤 그녀는 마침내 발포어에게 자기 침대로 들어오는 것을 허락하고 이튿날 강간당했다는 얘기를 꾸민 다음 의사를 찾아갔다. 켄트는 이 위기를 모면하는 유일한 길은 에드워즈를 매수하여 합의하에 제인 볼란드와 성교한 것은 자기라고 고백하게 하는 길뿐임을 깨달았다……. 이렇게 생각하면 사실과 부합한다. 그의 유죄를 증명하는 증거로 봐서 조지 켄트가 누명을 썼다는 것은 분명하다.

이 사건을 메트로폴리탄 경찰연구소 소장 C. R. M. 카스파트의 저서에 인용된 현대의 사건과 비교해 보자.

어떤 기혼 부인과 그녀의 친구가 마을로 춤을 추러 갔다. 한편, 남편은 집에서 아기를 보고 있었다. 이 부인은 어떤 군인과 친해졌다. 이 군인은 두 여인을 걸어서 집까지 바래다 주었다. 자기 집 앞 골목길에 이르렀을 때, 기혼 여성은 친구에게 먼저 가라고 말했다. 10분 후, 부인은 집으로 돌아와서 강간당했다고 말했다. 그녀는 상처는 하나도 없었으나, 코트에 진흙이 묻고 팬티의 그 부분에 정액이 묻어 있었다. 그 군인의 거처는 곧 밝혀졌고 그는 그녀와 성교한 것을 솔직히 인정했다. 그러나 그녀와 합의하여 그렇게 한 것이라고 말했다.

어떤 일이 일어났는지는 상당히 명백하다. 기혼 부인이 친구에게 먼저 가라고 했을 때, 분명히 그녀는 뭔가 기대하고 있었다. 군인에게 성교를 허락한 다음, 코트에 묻은 진흙에 대한 핑계가 없고, 따라서 남편이 몹시 의심할 것이라고 생각했다. 그래서 그녀는 강간당했다는 이야기를 꾸며냈다. 아마 이 군인은 기소되지 않았을 것이다(분명히 그의 유죄를 증명하는 증거는 하나도 없다). 1850년이었다면 그는 이 주부의 증언만으로도 사형을 받거나 추방되었을 것이다—— 정액을 검출하는 자외선과 현미경에 의한 방법은 당시 발견되지 않았지만.

이러한 '탄식하는 소녀' 예찬의 풍조가 범죄의 세기의 가장 이해할 수 없는 범죄의 특징적 사건의 하나인 '빨간 창고 살인사건'을 설명해 줄 수 있을까 하고 나는 여러 번 생각해 보았다. 윌리엄 코다가 머라이어 마틴의 애인이 되었을 때, 그녀에게는 이미 한 명의 사생아가 있었고, 또 한 명의 사생아는 죽은 다음이었다. 페람조차도 그녀를 순진한 처녀로 그리는 데에는 어느 정도 곤혹을 느꼈다. 불운한 과실이 이 젊은 여자의 성격을 파괴했고, 어떤 부유한 신사와의 두 번째의 불행한 사건의 결과로 그녀에게 아이가 남았다. 그녀는 코다와의 관계에서 곧 임신을 했으나, 어린애는 태어나서 얼마 후에 죽었다.

그런데 왜 그는 그녀 앞에서 모습을 감춘다는 쉬운 방법을 택하지 않고 그녀를 죽였을까? 사실상 그는 살인 후에 모습을 감추었다. 그의 실종에 장애가 되는 것은 하나도 없었다. 살인을 한 다음, 그는 런던으로 가서 아내를 구한다는 광고를 냈으며(53통의 편지를 받았다), 그 결과로 젊은 부인과 결혼하고 함께 학교를 세웠다. 머라이어의 어머니가 창고에서 살인이 있었다는 꿈을 꾸었기 때문에 시체가 발견되었는데, 시체는 총에 맞고 칼에 찔려 있었다(코다는 자백에서 그녀를 칼로 찌른 것을 부인했다).

코다가 사라지는 대신에 왜 그녀를 죽였는가 하는 문제에 대해서는 두 가지 가능성을 생각할 수 있다. 하나는 머라이어가 소송을 하려고 했을지도 모른다는 것이다 —— 윌리엄 코다에 대해서만이 아니라 그녀를 최초로 유혹한 사람(그리고 죽은 어린애의 아버지인), 그의 형 토머스에 대해서도. 1827년의 풍조로 봐서 그녀에게는 소송에서 이기기에 충분한 구실이 있었다. 정숙하려고 온 힘을 기울였으나 천부적인 소질 때문에 '잘못'을 저지르고 '불행한 사건'에 말려들어 어느 경우에나 임신을 한 가련하고 불행한 소녀가 될 수 있는 것이다.

또 하나의 가능성 —— 이것은 별로 그럴듯하지 않다 —— 은 그녀가 어린애의 죽음에 대해서 코다를 위협할 입장에 있었다는 것이다. 그러나 페람이나 《빨간 창고에서의 살인》의 익명의 저자조차도 어린애의 죽음이 자연사가 아니었다고 할 만한 이유는 없다는 것을 인정한다. 분명히 코다와 머라이어는 어린애의 시체를 갖고 이틀 동안 잠적한 일이 있었다. 코다는 후에 어린애의 시체는 사드베리에 묻었다고 사람들에게 말했지만, 이것은 거짓말임이 밝혀졌다. 그는 자백을 했을 때, 머라이어를 죽인 것은 어린애의 매장 장소에 대해 말다툼이 있었기 때문이라고 말했다. 어린애를 죽였다는 혐의가 없었는데도 두 사람이 왜 어린애를 남들이 하는 것처럼 평범하게 매장하지 않았는가 하는 점은 분명하지 않다.

빨간 창고 살인사건을 연극화한 《머라이어 마틴》은 그 후 75년 동안 극장에서 상연되어 많은 관객을 모았다. 그리고 역시 당시에 유명했던 사람은 동일한 살인사건의 피해자 엘렌 한리였다. 그녀의 이야기는 제럴드 그리핀에 의해 《학생(1829)》이라는 제목으로 소설화되고, 디온 푸시코에 의해 《콜린 본(1860)》이라는 제목으로 극화되었고, 다음에는 줄리어스 베네딕트 경에 의해 《키라니의 백합(1863)》이라는 제목으로 오페라화되었다.

그녀는 리메리크 근처의 바리카한에 살던 코넬리라고 하는 새끼

제조업자의 아름다운 조카딸이었다. 바리카한 성(城) —— 실제로는 농장 일꾼의 건물 —— 의 지주는 나폴레옹 전쟁에 종군했던 26세의 퇴역 장교로서, 그 무렵에는 휴직중이었다. 그의 이름은 존 스캘런이었다. 군대시대의 그의 당번병은 스티브 설리번(스캘런보다 여섯 살 손아래였다)으로서, 그는 바리카한에서도 계속 스캘런의 하인으로 일했다. 둘 사이는 매우 친밀했다.

누구나가 엘리(엘렌의 애칭) 한리는 매우 아름다운 학생이라고 말했다. 그녀가 살해되었을 때는 겨우 15세였다. 하기는 그녀의 앞니가 유난히 튀어나와 드라큐라의 아내처럼 보이기도 했지만.

스캘런은 유럽의 매음굴을 자세히 아는 사람이었던 만큼, 이 농부의 딸을 보고서 그의 마음속에 생긴 반응은 아주 비인격적인 것이었다. 그는 그녀의 처녀에 탐을 냈다. 엘리는 이 방탕한 지주에게 마음이 끌렸다. 그러나 구교도였던 그녀는 순결만은 잃지 않겠다고 결심했다. 그러나 스캘런은 자기와 함께 달아나자고 그녀를 설득하여 두 사람은 1819년 6월 말에 성직을 박탈당한 신부의 주재로 결혼했다. 그 직후 스캘런은 두 사람의 결혼이 법적으로 인정되었다는 사실을 알게 되었다. 엘리는 이제 그의 아내였다.

그는 그녀의 처녀에 대단한 대가를 지불했다는 것을 알았다. 엘리는 세상을 몰랐고 성적으로 경험이 없었다. 남편에 대한 그녀의 태도는 말하자면 무비판적인 찬양이었다. 상냥한 말과 애무의 며칠이 지난 다음, 스캘런은 말과 사냥개가 그리워지기 시작했다. 그들은 밀월의 처음 며칠을 샤논 강가의 그린에서 보냈다. 그리고 샤논 강의 어떤 섬으로 옮겨갔다. 그린은 아주 작고 대단히 단조로운 마을이었다. 2주일 후, 스캘런은 집에 돌아가고 싶은 마음을 걷잡을 수 없었다.

그런데 문제가 하나 있었다. 엘리는 집에서 나올 때 숙부가 간직해 둔 돈 —— 지폐로 120파운드, 은화로 12기니 —— 을 갖고 나왔다. 그녀는 곧 이 돈을 비단옷을 사는 데 거의 탕진했다. 이렇게 엘리는 철이 없었다. 방탕한 지주는 자기가 그녀에게 구혼을 한 날, 자신의 수호신은 비번(非番)이었다는 것을 알게 되었다. 그는 응석받이였고 ——아버지는 그가 어릴 때 죽었다——그의 충동적인 행동은 이 지방의 이야깃거리였다. 그는 이제 꼼짝할 수 없게 되었다.

스티븐 설리번은 주인의 기분을 이해할 수 있었다. 사실상 그도 주인과 같은 기분이었다. 그는 주인이 정복한 처녀의 수가 하나 더 늘어나는 것은 멋진 일이라고 생각하고 크게 활약했던 터였다. 또한 엘리가 숙녀가 아니라는 것이 분명한 마당에 아들이 미래의 바리카한 성의 여주인으로서 엘리를 소개할 때, 스캘런의 어머니가 어떻게 생각하리라는 것도 그는 쉽게 짐작할 수 있었다. 설리번은 자기와 스캘런의 지금과 같은 관계가 스캘런의 결혼 후에는 지속되지 않으리라는 것도 알고 있었다. 그래서 스캘런이 엘리를 처리할 생각을 하기 시작했을 때, 설리번은 그것이 유일한 해결책이라고 찬동했다.

어느 달 밝은 밤, 스캘런은 어떤 성자를 모신 사원을 구경하기 위해 샤논 강의 또 하나의 섬으로 소풍을 가자고 말했다. 보트는 상당히 컸다. 스캘런은 엘리의 뒤에, 설리번은 그 앞에 앉았다. 강 한가운데에 이르면 스캘런의 신호에 따라 설리번이 곤봉으로 엘리의 머리를 내리치고, 필요한 경우에는 스캘런이 그녀의 두 팔을 잡고 있기로 계획을 세워 놓았다. 그러나 이 계획은 실패했다. 스캘런이 신호를 보내자 설리번은 곤봉을 쳐들었다. 엘리는 그가 장난을 하는 줄 알고 소리내어 웃었다. 설리번은 기운이 빠졌다. 그는 곤봉을 떨어뜨리고 주인이 열심히 신호를 해도 이를 무시했다. 엘리가 왜 두 사람이 우울한 표정인지를 의아하게 생각한 것 이외에는 소풍은 계획대로 끝났다. 며칠 후 스캘런은 다시 한번 해보자고 설리번을 설득했다.

그 동안에 그들은 시체를 가라앉히기 위해 준비해 두었던 사슬에 묶어 놓은 큰 돌을 잃어버렸다. 낚시를 나갔다가 보트에서 떨어뜨린 것이다. 그래서 설리번은 그린에 사는 한 선원에게서 로프를 샀다.

그리고 엘리는 밝은 달밤을 즐길 겸 설리번과 함께 보트놀이를 나가라는 권유를 받았다. 스캘런은 이번에는 하인에게 한 병의 위스키를 주었다. 설리번은 일찌감치 이 술을 거의 다 마셔 버렸다.

강 기슭에서 4마일쯤 나갔을 때 엘리는 잠이 들었다. 설리번은 총으로 힘껏 내리쳤다. 그러나 취해 있었기 때문에 겨냥이 빗나가 그녀의 어깨뼈를 부러뜨렸을 뿐이었다. 엘리는 잠에서 깨어났다. 그러나 다음의 일격은 그녀의 두개골을 부수어 버렸다. 설리번은 그녀가 죽은 것이 확실해질 때까지, 취해서 비틀거리며 그녀의 몸을 총으로 마구 내리쳤다. 그 다음에 그는 그녀의 옷을 벗겼다. 벗기기에 시간이 많이 걸릴 것 같은 코르셋은 그대로 남겨 놓았다. 그리고 그녀의 무릎이 턱에 닿을 만큼 구부려서 묶고 보트의 짐칸에 있던 큰 돌을 그녀의 몸에 달았다.

그가 캘리크 섬(엘리와 스캘런이 밀월의 대부분을 보낸 곳)으로 돌아왔다. 그와 스캘런은 보트를 씻었다. 그리고 그들은 배를 타고 그린으로 돌아갔다. 설리번의 누이동생인 모린이 엘리의 옷 몇 벌과 지갑을 가졌다. 엘리 월슈라고 하는 엘리의 친구가 두 사람을 만났을 때, 스캘런 부인은 어떻게 지내고 있느냐고 물었다. 스캘런은 아내가 부정한 짓을 해서 미국 행 배에 태웠다고 말했다.

엘리는 결혼하고 3주일도 지나지 않은 7월 14일에 살해되었다. 살인이 일어났을 때, 그린의 어떤 훈작사(勳爵士)의 집에 머물러 있던 리처드 피츠제럴드 존사――그는 1869년, 이 사건에 관한 글을 썼다――가 말한 바에 의하면, 엘리는 죽기 직전에는 남편과 함께 여러 곳을 돌아다녔고 음식도 제대로 들지 못했기 때문에 이미 피골이 상접한 상태였다. 이것은 애처롭게 묘사할 때 이용하는 빅토리아 시대의 상투 수단인 것 같다.

스캘런과 설리번은 잠시 떨어져 있기로 했다. 그린에서는 이미 엘리에 대한 소문이 퍼지고 있었다. 그리고 9월 6일, 엘리 한리의 시체가 그린 근처의 마네 포인트 강기슭에 떠올랐다. 무릎은 목에 묶인 채 그대로 있었다. 설리번이 처음 내리쳤을 때 부러진 한쪽 팔은 없어지고 한쪽 다리가 몇 군데 부러져 있었다
 머리에는 살점이 하나도 없었고 이빨도 없었다. 그러나 앞니가 커다란 잇몸만은 알아볼 수 있었다. 썩은 냄새가 너무 지독했으므로 냄새를 약하게 하기 위해 끊임없이 화약을 태웠다.
 서둘러서 선임된 배심원들이, 이것은 엘렌 한리의 시체이고 존 스캘런과 스티븐 설리번(별명 한프리즈)에게 살해되었다는 결론을 내리기까지는 별로 시간이 걸리지 않았다. 그러나 고소당한 스캘런과 설리번은 어디서도 찾아볼 수 없었다. 설리번은 골웨이로, 스캘런은 코크로 갔다는 소문이 있었다. 그래서 그린의 훈작사는 《추적의 고함소리》(아일랜드의 경찰공보)에 그들의 인상착의를 발표하자고 제안했다. 스캘런 일족은 스캘런이 고발되었을 때, 깜짝 놀라서 이 소식이 퍼지는 것을 막기 위해 애썼다. 이러한 노력은 상당히 성공했다. 또한 리메리크의 경찰은 스캘런 일족이 유력한 사람들이므로 생길지도 모를 문제를 해결하기 위해 이웃인 클레아 주의 협력을 요청했다.
 11월의 어느 날, 클레아 경찰의 워버튼 서장은 스캘런이 바리카한의 자기 집에 있는 것을 보았다는 정보를 입수했다. 그는 신속히 움직여 그의 집을 포위했다. 농장을 장시간 수색했으나 용의자는 발견되지 않았다. 두 사람의 용기병(龍騎兵, 갑옷에 총으로 무장한 기마병)이 짚단을 쌓아 놓은 별채를 잠시 훑어보고 여기에도 스캘런은 없다고 판단했으나, 신중을 기하기 위해 총검으로 짚더미를 찔러 보았다. 비명이 들리고 스캘런이 뛰어나왔다. 아마 용기병도 스캘런만큼 놀랐으리라.
 저명한 다니엘 오코넬이 피고측의 변호사로 나왔다. 그는 이 사건의 모든 잘못은 실종중인 설리번이 저지른 것이라고 설명했다. 오코넬은, 설리번은 이번 결혼으로 주인이 파멸했고 또한 주인의 아내는 바리카

한의 사교계에서는 결코 용납되지 않으리라는 것을 알게 되었다고 했다. 그래서 그는 엘리를 미국 행 배에 태우자고 제안했다. 그리고 시체가 발견될 때까지 스캘런은 방해가 되던 신부가 대서양을 횡단중이라고 믿었다고 했다.

이러한 설명은 효과가 없었다. 배심원은 스캘런에게 살인 혐의로 유죄 결정을 했고 재판관은 그를 즉각 처형하라고 명령했다. 그의 일족이 형의 집행 연기를 위해 어떤 공작을 할 것이 두려웠기 때문이다. 1820년 3월 10일, 리메리크의 그린 교수형장에서 그는 대중 앞에서 교수형을 받았다. 최후의 순간에 이르자 대중은 그의 편을 들게 되었다. 스캘런을 태운 마차가 샤논 강의 볼 다리에 이르렀을 때, 대중은 멈추어 서서 움직이려고 하지 않았다. 사람들은 "그건 하느님이 하신 일이다. 그는 무죄다"라고 외쳤다. 스캘런은 교수될 때까지 자기는 무죄라고 계속 항변했다.

한편, 설리번의 거처를 아는 사람은 하나도 없었다. 사람들은 그가 외국으로 도피했다고 믿었다. 스캘런은 살인 후에 군대로 되돌아갔으나 1개월 후에 탈주했다. 그때 설리번은 그와 함께 있지 않았다.

사실은 설리번은 겨우 30마일 남쪽의 스카다그렌으로 가서 클리퍼드라는 이름으로 지내고 있었다. 스캘런이 교수형을 받았을 때, 설리번은 그곳의 여상속인과 결혼 생활을 하고 있었다. 그러나 5월에는 그의 운도 다했다.

그는 위조지폐를 유통시켰다는 죄로 트릴리 감옥에 투옥되었다. 그는 분명히 위조지폐와 무관했지만, 감옥에 있는 사람 중에서 그의 정체를 알아채고 그린의 훈작사에게 통보한 자가 있었다. 1820년 7월 25일, 설리번은 재판에서 스캘런이 섰던 피고석에 섰다. 그는 유죄 판결을 받고 1820년 7월 27일, 그린 교수형장에서 처형되었다. 교수대 위에서 그는 다음과 같은 말을 했다. "나는 살인죄를 범했음을 전능하신 하느님 앞에서 자백합니다. 그러나 나에게 이런 죄를 범하게 한 것은 스캘런 씨였습니다."

현대의 독자는 콜린 본(아일랜드 말로 '아름다운 소녀'라는 뜻) 살인사건에 대해 빅토리아 시대 사람들이 느낀 것과 똑같은 흥미는 거의 느끼지 못할 것이다. 빅토리아 시대 사람들은 이 사건을 사악한 호색한과 순진한 시골처녀가 나오는 교훈 소설로 생각했다──엘리 한리가 자기를 키워 준 숙부가 간직해 둔 돈을 훔쳐 대부분 옷에 낭비했다는 사실을 잊고서. 이렇게 말하면 그녀의 긍지를 상하게 하는 것이 되겠지만, 그녀는 순진하지 않았다. 스캘런 자신도 분명히 교훈의 자료를 제공한다──스스로 살인을 할 용기가 없는, 응석받이에다 이기적이고 비겁한 사나이. 이 사건에서 가장 흥미있는 인물은 설리번이다. 엘리에 대한 그의 태도는 완전히 애증이 뒤섞여 있다. 그녀가 웃었기 때문에 엘리를 죽이려던 그의 최초의 계획은 실패했다. 그 후 그는 스캘런에게 그녀를 집으로 돌려보내라고 설득하고 그녀를 유혹한 죄를 자기가 떠맡겠다고까지 말했다.

그러나 실제로 살인을 했을 때에는 기학적인 열광 상태에 빠져, 그녀가 죽은 다음에도 시체를 오랫동안 내리쳤다. 그리고 나서 그는 그녀의 옷을 벗겼다. 왜 그랬을까? 그녀의 옷 때문에 그녀의 시체의 정체가 드러날지도 모른다는 것은 사실이다. 그렇지만 벗긴 옷을 처분하는 문제가 생긴다.

엘리에 대한 그의 태도는 기묘한 자기 분열을 보이는 것 같다. 그는 그녀를 유혹할 때 적극적으로 가담했다. 아마도 그가 레포레로(돈환의 하인)의 역할을 한 것은 이것이 처음이 아닐 것이다. 그녀는 그와 같은 계급의 소녀였다(아일랜드에는 중산계급은 없었다. 농부와 신사가 있었을 뿐이다). 그리고 만일 스캘런이 설리번에게 죄를 전가하기로 동의했다면, 설리번은 결국 그녀와 결혼하게 되었으리라는 것은 의심의 여지가 없다. 이러한 해결은 당시에는 흔히 있는 일이었다(피츠제럴드의 견해에 따르면 스캘런과 엘리의 결혼은 어쨌든 정상적인 것이 아니었다). 스캘런은 그녀를 소유하기는 했지만 원하지는 않았다. 설리번은 그녀를 원했지만 소유할 수는 없었다. 살인 행위 자체에 성적 의미가 있으며, 그녀를 죽일 때 욕구불만과 억압된 감정이 폭발했던 것이다.

또한 시체는 왜 떠올랐을까? 물 속에 완전히 잠긴 로프는 썩지 않으며 선원이 사용하는 로프에는 타르가 칠해져 있다. 만일 돌을 엘렌 한리의 옷 속에 넣고 시체를 로프로 묶었더라면, 시체는 떠오르지 않았을 것이다. 설리번이 너무나 취해 시체를 제대로 묶지 못한 것일까? 아니면 그의 시체 처리방법이 그의 살인과 마찬가지로 애매했을까? 만일 설리번이 사실은 애무하고 싶은 상대를 죽인 것이라면, 그의 살인 행위에는 자살과 같은 의미도 있다.

제4장
폭력의 시대

 독일인은 루스트뫼르트(Lustmörd)라는 편리한 말을 발명했다. 이 말은 루스트무르더(Lustmurder), 곧 육욕으로부터의 살인—— 이렇게 생각하기 쉽지만—— 이라는 뜻이 아니라 '즐거움으로부터의 살인', '쾌락 살인'이라는 뜻이다.
 유감스러운 일이지만 독일인은 순수하게 실용적 정신에서 저질러지는 살인, 비즈니스 머더(Business Murder), 곧 '실무 살인(實務殺人)'에 해당하는 말을 갖지 못했다. 유감스럽다고 말한 것은 이 두 가지가 살인에 있어서 중요한 유형이기 때문이다.
 '실제적 목적 때문에 저지르는 살인'에 주로 관심을 갖는 일군의 저술가가 생긴 것은 오스카 와일드 때문일 것이라고 나는 생각한다. 그는 위조지폐범이자 독살범인 토머스 그리피스 웨인라이트가 "내가 처제를 죽인 것은 그녀의 통통한 발목이 보기 싫었기 때문"이라고 말한 것을 기뻐했다. 1891년, 그의 《의향록(意向錄)》에 수록되어 발표된 〈웨인라이트론(論)〉은 살인을 마치 교묘한 농담처럼 다룬 최초의 글이었다. 라프헤드, 피어슨, 윌리엄 브라이소 등도 같은 태도를 가졌다. 이러한 형의 저술가는 '쾌락 살인'에는 관심을 보이지 않는다. 이런 살인에는 명확한 동기가 없기 때문이다.

그러나 인간의 심리에 대해 더욱 깊은 문제를 제기하는 것은 '쾌락 살인'이다. 이 장에서는 이러한 살인의 전형적인 예를 몇 가지 조사해 보기로 한다.

독일인은 '쾌락 살인'이라는 말뿐 아니라 실제의 쾌락 살인도 발명 했다고 말할 수 있다. 여기서 이야기하는 아주 초기의 사건은 16세기의 뉘른베르크 교수형 집행인 트란츠 슈미트의 일지(日誌)에 기록되어 있는 것이다. 1577년에 빨갛게 단 부젓가락으로 지진 다음, 마차로 찢어 죽인 살인범 니클라우스 슈칠러에 대해서 그는 다음과 같이 쓰고 있다.

"그는 처음에는 기병(騎兵)을 사살했다. 두 번째는 임부(姙婦)의 배를 갈랐는데, 안에는 죽은 애가 들어 있었다. 세 번째에도 임부의 배를 갈랐는데, 안에는 여자애가 들어 있었다. 게르그라 폰 준베르크 (공범자)가 자기들은 대단히 큰 죄를 지었으므로 이 여자애를 신부에게 데리고 가서 영세를 받게 해야 한다고 말하자, 필라(또 한 명의 공범자)는 네 자신이 신부가 되어 세례를 주면 된다고 말했다. 그는 여자애의 발을 잡아 땅바닥에 집어던졌다."

슈미트가 말하는 또 한 명의 살인범 크로스 펜크하르트는 제분소로 쳐들어가서 남편을 죽이고 아내와 하녀를 범한 뒤에 아내에게 빵을 만들어 달라고 해서 남편의 시체 위에 놓고 먹었다.

어떻게 된 일인지 독일의 살인사건에는 이러한 잔인성이 흔히 보인다. 그것은 독일인의 기질의 한 특징일 것이다(독일인의 기질은 원래가 격렬하고 잔인하며, 독일의 모든 천재는 바바리아인이었다고 어느 늙은 군인이 나에게 확언한 것이 생각난다).

메이저 그리피스는 바바리아의 레겐스도르프에 살던 안도르 피켈이라는 독일의 잭 더 리퍼(뒤에 나옴)에 대한 이야기를 썼다. 1808년, 사이델이라는 소녀는 어떤 재봉사가 조끼로 만들어 놓은 얼룩무늬 천조각을 우연히 보게 되었다. 그녀는 그것이 그 해에 실종된 언니 카타린이 입고 있던 페티코트의 천과 같다고 생각했다. 물어보니 이 조끼는 피켈이라는 점쟁이가 맡긴 것이었다. 이 말은 그녀가 가장 두려워하던 일을 뒷받침해 주었다. 언니의 모습을 마지막으로 본 것은 언니가 이 점쟁이를 찾아가기 직전이었다. 그 점쟁이는 언니에게 가장 좋은 옷을 갈아입고 갈아입을 옷 세 벌을 갖고 오라고 말했다. 이것이 그의 점치는 방법 중의 하나였다. 카타린은 그의 집에서 만난 사내와 달아났다고 피켈은 말했다.

피켈의 집을 수색하자, 여자 옷을 넣어둔 장롱이 발견되었다. 경찰견을 헛간으로 들여보냈더니 경찰견은 흥분하여 짚더미가 쌓여 있는 구석으로 들어갔다. 그 밑에는 카타린 사이델과 그 전해에 실종된 바바라 라이징거의 조각난 시체가 묻혀 있었다. 피켈은 마침내 자백을 했다.

그는 바바라 라이징거가 하녀 일자리를 구하러 왔을 때 그녀의 옷에 매혹되었다. 그는 그녀의 눈을 가리고 두 손을 뒤로 묶고 마법의 거울 속에서 그녀의 장래를 보게 해주겠다고 약속했다. 그리고 그는 그녀의 목을 세 번 찔러 죽여 버렸다. 이것은 간단한 일이었으므로── 후에 크리스티가 사용한 방법을 생각나게 한다── 다시 한번 해보기로 결심했다. 그러나 그의 태도가, 또는 의복을 갖고 오라는 그의 요구가 소녀들에게 의심을 일으킨 모양이었다. 그가 두 번째로 성공한 것이 카타린 사이델이었던 듯싶다. 적어도 바바라 라이징거 이외에는 그의 범행으로 단정된 살인은 이것뿐이었다.

그밖에도 몇 명의 소녀가 그에게 점을 치기로 예약을 했으나 고쳐 생각하고 취소했다. 피켈은 마차로 찢어 죽이는 형을 선고받았으나 참수로 감형되었다. 그를 재판한 재판관의 말에 따르면, 그는 용기가 필요하지 않은 범죄만을 할 수 있었을 것이다. 독약을 먹이거나 잠자는 사람을 죽이거나 할 수는 있어도 강도나 밤도둑은 결코 하지 못했을 것이다. 이것은 피켈이 '음침한 범죄자'의 한 보기임을 보여준다. 그는 사회에 대해 반항심을 나타낼 생각이 없었고, 단지 비밀리에 범죄를 한다는 생각에 사로잡혀 있었다.

미국의 살인범 에드 게인──이 사람에 대해서는 다음에 말하기로 하자──도 그 전형이다. 이러한 사람들의 동기는 언제나 성적인 것이다(메이저 그리피스는 이를 몰랐던 것 같다). 피켈은 여자 옷에 매혹되는 동성연애자였거나 단지 이성의 옷을 입고 좋아하는 이상 성격자였을지도 모른다.

메이저 그리피스는 피켈의 범죄를 1850년대 말에 렌(리용 근처)에서 일어난 듀모라르의 범죄와 같은 것으로 다루었지만, 듀모라르의 경우, 동기는 분명히 농민 특유의 탐욕이었다.

농부의 아내인 듀모라르 부인과 남편은 하녀를 구하기 위해 리용의 직업 소개소를 자주 드나들었다. 언젠가 소개받은 한 소녀는 모라르 근처의 그의 집에 도착한 이후로 모습을 볼 수 없게 되었다. 1855년, 소녀의 시체가 숲 속에서 발견되었는데, 몸 여러 곳에 칼에 찔린 상처가 있었다. 마리탕 듀모라르가 혐의를 받게 되었다. 이 소녀는 리용에서 온 하녀였다. 사실상 몇 명의 소녀가 듀모라르의 집에서 달아났지만 어떻게 된 일인지 그는 체포되지 않았다.

1861년 5월, 그는 리용에서 마리 피숑이라는 소녀에게 말을 걸고 자기는 몽류에르 성(城)의 정원사로서 하녀를 구하는 중이라고 말했다. 마리 피숑은 그를 따라 몽류에르로 갔다. 그러나 그가 덮어놓고 들판으로 끌고 갔으므로 그녀는 겁이 나기 시작했다. 마침내 그녀가 더 이상은 한 걸음도 가지 않겠다고 말하자, 그는 그녀의 목에 새끼를 감으려고 했다. 그녀는 간신히 달아나 어느 농가에 닿아 하룻밤을 묵었다.

경찰이 수사에 나섰다. 마리 피숑은 마리탕 듀모라르가 자기를 습격한 사람임을 증명했다. 그의 얼굴에는 종기, 윗입술에는 상처가 있어서 알아보기 쉬운 얼굴이었다. 그의 집에서 몇 벌의 소녀 옷이 발견되었고, 마침내 부인은 경찰관을 여자의 해골을 묻어둔 곳으로 데리고 갔다. 그 소녀는 머리를 맞아 죽어 있었다. 감옥에서 작성한 구술서에서 그녀는 살인과는 아무 관계가 없다고 말했다. 그녀의 남편은 돌아와서 단지 이렇게 말했을 뿐이라는 것이다. "지금 몽멘 숲에서 소녀를 죽였네, 가서 묻고 와요."

이 사건을 다룬 작자 중에는, 듀모라르는 살인광이지만 아내는 남편의 살인을 농민 특유의 무관심에서, 대단한 일이 아니라고 생각했다고 보는 사람도 있다. 그러나 그가 새끼로 목을 졸라 마리 피숑을 죽이려고 한 것은 주목할 만하다. 그렇게 하면 그녀의 옷은 말끔했을 것이다. 몬타베르느에 있던 시체는 칼로 머리를 찔렸다. 또 다른 해골은 두개골이 부서져 있었다. 듀모라르는 상대의 옷이 더럽혀지지 않는 방법으로 살인을 한 것이다. 그녀의 아내는 핏자국을 깨끗이 빨아버리고 그 옷을 입었다고 자백했다. 살해된 소녀들이 난행당했는지는 밝혀지지 않았다. 단두대에 선 듀모라르의 최후의 말은 근처의 어떤 사람에게 돈을 빌려 주었다고 아내에게 주의시킨 것이다. 그는 10명의 소녀를 죽였으며 9명의 소녀가 그의 집에서 간신히 달아난 것으로 추정된다(그의 피해자 중의 한 사람은 매장할 때 아직도 살아 있었다는 것이 밝혀졌다).

19세기의 영국에는 잭 더 리퍼를 제외하면 피켈과 듀모라르 사건과 비슷한 사건은 두 건밖에 없다. 1811년의 라트크리프 거리의 살인, 그리고 버크와 헤어라는 시체 절취범이 범한 살인이 그것이다.

라트크리프 거리의 살인사건은 드 퀸시의 수필 《예술의 일종으로 생각되는 살인에 대하여》의 부록에서 고전적인 글의 주제가 되었다. 1811년 2월 7일 토요일 자정 직전, 마가레트 주엘이라는 하녀가 굴과 조개를 사기 위해 집을 나섰다. 그 여자가 1시경에 런던의 이스트 엔드에 있는 라트크리프 거리의 양말 가게인 주인집으로 돌아와 보니 문이 잠겨 있었다. 그녀는 안에서 발소리가 들리는 것 같아 문을 두드렸지만 아무도 문을 열어 주지 않아 이웃사람들을 불렀다. 이웃집 남자가 문을 열고 들어가 보니 4구의 시체가 있었다. 티모시 마아와 그의 아내 세실리아, 갓난애 그리고 13세된 견습직공의 시체였다. 그 현장은 잔인하기 짝이 없었다. 모두 두개골이 부서지고 목이 잘려 있었다. 없어진 물건은 없었다. 하녀가 돌아오는 바람에 살인범이 미처 훔치지 못하고 달아난 것이리라.

12일 후에 한 남자가 라트크리프 거리에서 약간 외떨어진 술집 킹즈 암스에 침입하여 쇠창틀을 청소하던 하녀 해링턴을 쇠지렛대로 일격에 죽이고, 다시 주인 윌리엄슨과 그의 아내를 죽였다. 소란한 소리에 잠이 깬 23세의 견습공이 가만히 내려가 보니 살인범이 3명의 피해자의 목을 자르고 난 다음 열쇠를 찾는 중이었다. 견습공은 이층으로 올라가 시트를 찢어 로프를 만들어, 이것을 타고 침실의 창을 통해 밑으로 내려왔다. 그는 곧 큰소리로 변을 알렸다. 살인범은 같은 방에서 자던 어린애를 그대로 놓아둔 채 뒤창으로 뛰어내려 달아났다.

며칠 후, 존 윌리엄즈라는 아일랜드 노동자가 체포되었다. 그는 정황 증거(情況證據)에 의해 체포된 것이다. 마아 살인사건의 현장에서 JP라는 머리글자가 있는 망치가 발견되었다. 이 망치는 그때 항해 중이던 존 피터슨이라는 스웨덴인의 것임이 밝혀졌다. 피터슨은 육지에 있을 때 라트크리프 거리 근처의 베아 드리 여관의 한 방에서 다른 선원들 —— 윌리엄즈도 그 중의 한 명이었다 —— 과 함께 묵었다. 두 번째 살인이 있던 날, 밤늦게 돌아와 독일인 선원에게 촛불을 끄라고 소리쳤다. 피가 묻은 나이프가 윌리엄즈의 웃옷 뒤에 있는 것이 보였다고 드 퀸시는 단언하지만, 이 이야기는 별로 믿을 만한 것은 아니리라.

윌리엄즈는 술집 주인 윌리엄슨도 알고 있었다. 그는 마아와 같은 배로 항해한 적도 있었는데 행실이 나빠 해고되었다. 또한 킹즈 암스의 단골이기도 했다. 술집 주인은 단골이었으므로 문을 열어 주고 맥주를 가지러 지하실로 내려갔다. 그 사이에 이 '손님'이 앞문을 닫고 쇠지렛대를 휘둘렀다는 추리는 꽤 확실한 듯하다.

윌리엄즈는 재판이 시작되기 전에 독방에서 목을 매어 자살했다. 그는 심장에 말뚝이 박힌 다음 십자로 묻혔다(자살자를 십자로 묻는 것은 영국의 옛 풍습이다).

드 퀸시의 이야기중에 확실히 믿을 만한 점이 한 가지 있다. 이 살인사건의 공포가 런던을 에워싼 여러 주(州)에 퍼졌다고 그는 쓰고 있다. 잭 더 리퍼가 나타날 때까지 이와 비슷한 사건은 전혀 일어나지 않았다. 이것은, 당시 살인사건은 아주 흔했지만 정말로 잔인한 사건은 드물었다는 것을 분명히 보여준다.

그렇기 때문에 버크와 헤어의 범죄가 당시에 미친 영향은 대단했다. 지금 생각해 보면, 그들의 범죄가 흥미로운 주요한 이유는, 그들의 범죄가 머라이어 마틴의 폴스테드에서 살해된 당시의 대도시의 사회적 상황을 잘 보여준다는 점에 있다.

그들은 둘 다 아일랜드인으로서 살인을 했을 때 30대 중반이었다. 버크는 용병으로서 군대 생활을 하고 스코틀랜드의 유니언 운하(運河)에서 일했다. 그는 1826년, 윌리엄 헤어(한쪽 눈이 사팔뜨기이고 비쩍 마르고 키가 크며 잔인한 사내)와 만났고, 두 사람은 에든버러의 타나즈 그로스의 '거지 호텔'인 로그 숙박소로 옮겼다. 둘 다 내연의 처가 있었다. 버크의 처는 헬렌 맥도겔이라는 매춘부였고, 헤어의 처는 마기 레어드였다. 여관 주인 로그가 죽자 헤어가 여관을 인수했다.

어느 날 도날드라는 노인이 3파운드 10실링의 숙박비가 밀린 채 죽었다. 헤어는 시체를 의학도에게 팔려고 생각했다. 당시 시체 절취범(부활사라고 불렀다)은 수입이 대단히 좋았다. 도날드 노인의 시체는

7파운드 10실링에 서존스 스퀘어 10번지의 녹스 박사에게 팔렸고, 도날드 노인의 관은 나무껍질로 채워졌다. 녹스 박사는 아무것도 묻지 않았다. 시체 입수는 상당히 어려운 일이어서 의학생은 해부의 태반을 책으로 배워야 했던 것이다. 의학교는 시체 1구에 8파운드에서 10파운드를 지불하고 아무것도 묻지 않는 것이 관례였다.

당연한 일이지만 헤어는 시체만 구할 수 있으면 좋은 벌이가 된다고 생각하게 되었다. 간단한 해결법은 시체를 '만드는' 것이었으리라. 그것은 무덤에 갓 묻은 시체를 파내는 것보다는 위험부담이 훨씬 적었다. 버크와 헤어는 자기 집에서 감쪽같이 사람들을 죽여서 통 속에 넣어 녹스 박사에게 운반해 갈 수 있었던 것이다. '멍청이 조(또는 밀러)'라는 사내가 병이 걸렸을 때, 버크와 헤어는 그의 얼굴을 베개로 눌러 그의 '퇴장'을 재촉한 다음, 사체를 10파운드에 팔았다.

1828년 2월이 되었다. 그들은 계속 할 만한 장사라고 생각했다. 그러나 최초의 계획 살인에서 그들은 자칫하면 손을 뗄 뻔했다. 아비게일 심프슨이라는 여자 행상인이 그들의 집으로 유인되어 마음껏 취하자는 권유를 받았다. 버크와 헤어가 취하는 바람에 아비 게일은 이튿날도 살아 있었다. 그래서 그들은 그녀를 다시 술에 취하게 만들었다. 버크가 그녀의 발을 붙잡고 있는 동안에 헤어가 그녀를 질식시켰다. 녹스 박사는 10파운드를 지불했다. 이제 '방법'이 확립되어 '상품의 공급'이 빨라졌다.

그들의 피해자는 다음과 같다. 메어리 홀덴이라는 늙은 부랑자, 메어리 페터슨이라는 매력적인 매춘부(이때는 이중 살인을 계획했으나 제니 브라운이라는 그녀의 친구가 위스키에 강해 버크의 정부 헬렌 맥도겔이 싸움을 걸어왔을 때 서둘러서 돌아갔다), 성명 미상의 여자 부랑자(헤어와 그의 처에 의해 살해되었다), 아일랜드인인 늙은 여자 걸인과 그녀의 손자(헤어는 늙은 거지를 목졸라 죽인 다음, 손자의 등을 무릎에 대고 꺾었다), 포르카크에서 온 헬렌 맥도겔의 사촌, 대프트 제이미라는 바보와 도하리라는 과부, 헤어의 여관 손님인 그레이라는 거지 부부가 살인자들이 죽인 시체에 걸려 쓰러지는 통에 그들을 침묵시키기 위해 끊임없이 위스키를 먹여야 했던 일은 마지막 살인(1828년 10월)이 있은 다음의 일이었다.

버크와 헤어는 거지 부부를 완전히 침묵시키는 방법을 생각했겠지만 그들이 손을 쓰기 전에 거지 부부가 경찰에 밀고했다. 도하리 부인의 살해방법은 난폭했다. 침대에 피가 묻어 있었던 것이다. 헤어는 곧 공범 증언을 해서 재판에 회부되지 않았다. 마기 레어드도 재판을 받지 않았다. 버크와 헬렌 맥도겔은 재판을 받았다. 여자는 증거 불충분으로 석방되었으나 버크는 1829년 1월 28일에 교수형을 받았다. 헤어는 재판에서 자못 기쁜 듯이 미소를 지으며 증언을 했는지, 군중은 그를 끌어내리려고 했다.

그는 재판 후에 모습을 감추었으며, 런던에서 거지 노릇을 하다가 죽었다. 그때 그는 그의 정체를 간파한 몇 명의 옛 동료에 의해 눈에 생석회(生石灰)가 뿌려져 눈이 멀어 있었다.

버크와 헤어가 범한 살인은 존 윌리엄즈의 경우와 마찬가지로 '경제적' 살인임이 분명하다. 만일 이러한 살인이 일종의 잔인성을 가지고 저질러졌다면, 그것은 '범죄적인 쥐', 곧 빈민가에서 생활고로 잔인해진 인간의 잔인성 때문이다. 그리고 앞의 세 장에서 말한 살인사건을 돌이켜 보면 그것은 모두 어느 정도는 '경제적 살인' 또는 '실무 살인 (피켈만은 예외라고 할 수 있으리라)이었음을 알 수 있다.

정부가 방해가 되어 죽이고, 남편이 귀찮아서 죽이고, 강도를 하다가 죽이고 또는 흔한 일은 아니지만 강간을 하다 죽이고——이것이 살인의 일반적인 동기였다. 그러나 19세기에 이르러 살인의 양식은 더디기는 했지만 매우 뚜렷한 변화를 보이기 시작했다. 산업혁명은 보다 고도의 번영을 초래했으나, 산업혁명의 혜택을 받지 못한 사람들은 새로운 계급의식, 더 나아가서는 새로운 자의식을 갖게 되었다.

《뉴게이트 감옥 연보》에 기록된 대부분의 살인은 교활한 동물도 저지를 수 있는 것이었으리라. 그러나 이제는 새로운 분위기가 덧붙여진다. 그것은 반항의 분위기이다. 그리고 반항이 일종의 정신병적 폭발의 형태를 띠고 나타나기도 한다.

당시의 파리는 에든버러와 마찬가지로 가난과 범죄가 득실거렸다. 그 상황을 비도크 형사의 회상록에서 엿볼 수 있다. 그는 처음에는 죄수였으나 후에는 경찰의 정보원이 되고 치안경찰의 창시자가 되었다. 또한 발자크의 소설에서도 당시의 상태를 엿볼 수 있다. 발자크는 비도크를 모델로 하여 위대한 범죄자 보트랑(《고리오 영감》에 나오는 인물)을 창조했다. 당시에는 해마다 2백 건의 살인이 있었으며, 그 대부분은 절도중에 저지른 것이었다. 프랑스에서는 대부분의 경우 도둑은 단두대에서 처형되든가 교수대로 보내졌다. 교수대에 오르는 것은 여러 면에서 단두대에 오르는 것보다 더욱 몸서리쳐지는 일이었다. 그러므로 피해자가 자신의 정체를 알았을지도 모른다고 생각되는 경우에는 피해자를 죽이는 것이 도둑의 상식이었다.

프랑스의 가장 악명높은 범죄자가 나타난 것은 1827년에 비도크가 은퇴한 다음이었다. 그 범죄자는 피엘 프랑수아 라스네르로서, 고체(1811~72. 프랑스의 시인, 평론가)는 바이런의 반항적 주인공에 견주어 그를 '빈민굴의 맨프레드'라 불렀다. 라스네르의 범죄 양태가 특별히 눈에 띄는 것은 아니었다. 그는 언제나 불운한 범죄자였다. 그는 최초의 살인 이전에 그의 정부 자보트(그녀는 장물 매매자이기도 했다)를 죽이려고 했으나 단검이 그녀의 목에 건 로켓에 맞아 빗나갔다. 15분 동안이나 엎치락뒤치락하고 있을 때, 이웃사람이 무슨 일인가 하고 찾아왔다. 라스네르는 싸우는 중이라고 대답했고 자보트도 부정하지 않았다.

보잘것없고 벌이도 시원치 못한 도둑질을 하다가 라스네르는 은행의 급사한테서 돈을 훔치는 것이 명안이라고 생각했다. 당시는 예금자가 은행에 가는 번거로움을 덜어주기 위해 급사가 각 가정으로 돈을 모으러 다녔다. 라스네르는 거짓 이름을 사용하여 어디어디로 오라고 급사에게 말하고 공범자와 함께 매복하고 있었다. ……문지기가 그런 이름을 가진 사람은 살지 않는다고 하여 급사는 되돌아갔다. 라스네르는 다시 한번 해보기로 하고 설비가 제대로 된 아파트를 빌었다. 이번에는 급사가 찾아오는 것을 깜빡 잊었다. 라스네르는 아파트의 커튼을 훔쳐 팔았다.

생 마르탱 거리에 샤르동이라는, 구걸 편지 쓰는 것을 전문으로 하는 동성연애자가 살고 있었다. 라스네르는 감옥에서 이 사람과 알게 되었다. 샤르동은 잠만 자는 어머니를 부양하고 있었는데, 돈을 상당히 모았다는 소문이었다. 라스네르는 동료인 아브릴과 함께 1834년 12월 14일에 샤르동을 찾아가기로 했다. 그들은 공교롭게도 거리에서 샤르동과 마주쳤다. 샤르동은 두 사람을 자기 방으로 데려갔다. 샤르동의 아파트에 들어가자마자 아브릴이 샤르동의 목을 조르고 라스네르가 등 뒤에서 찔렀다. 그리고 아브릴이 손도끼로 샤르동의 숨을 완전히 끊어 버리고, 라스네르가 침실로 들어가 구두를 만드는 끌로 단숨에 노파를 죽여 버렸다. 이 모험에서 얻은 이익은 약 7백 프랑이었다. 샤르동 모자의 시체는 이틀 동안 발견되지 않았다.

2주일 후, 라스네르는 은행 급사를 습격하는 계획을 다시 한번 강행하기로 결심했다. 그는 마오셰라는 이름으로 몽토르게유 가 66번지에 아파트를 빌었다. 아브릴은 마침 그때 구속중이었으므로 이번에는 프랑수아라는 공범자를 썼다. 그들은 은행 급사가 안으로 들어오자 곧 문을 닫았다. 프랑수아가 급사의 목을 조르고 있는 동안 라스네르가 끌로 급사의 등을 찔렀다. 그러나 프랑수아는 너무 흥분하여 손가락을 상대의 입에 넣었다. 상대가 격렬하게 몸부림치자 그는 겁이 나서 뛰어나가 문을 닫고 달아났다. 라스네르도 발자국 소리가 들렸으므로 달아났다.

비도크의 후임 아라르는 부하 중에서 가장 우수한 캉레르 경감에게 이 두 사건을 맡겼다. 이 두 사건을 결부시킬 뚜렷한 이유는 아무것도 없었지만, 이 경감이 지문 검출법도 비교 현미경도 없던 시대에 어떻게 수사를 했는가를 알아보는 것은 매우 흥미있다. 그는 엄밀한 논리에 따르기보다는 범인의 심리적 움직임에 대한 지식을 활용했다. 분명히 마오셰는 본명이 아닐 것이라고 그는 생각했다. 범인은 어떤 거짓 이름이 마음에 들면 몇 번씩 되풀이하여 사용하는 경우도 있었기 때문이다.

캉레르는 여관을 일일이 찾아다니며 숙박부를 조사했다. 그것은 지루한 일이었지만 별수없었다. 며칠 후에 그는 싸구려 여관 숙박부에서 마오셰라는 이름을 발견했다. 그 밑에는 피즈리에라는 이름이 있었다. 여관 주인은 마오셰라는 사람은 생각해내지 못했으나 피즈리에의 인상은 말할 수 있었다. 여관 주인의 부인은 마오셰가 전에 바통이라는 이름으로 숙박한 적이 있다는 정보를 제공했다. 부인이 말하는 바통의 인상은 은행 급사를 찌른 사람과 일치하는 것 같았다—— 태도가 은근하고 세련되었으며, 이마가 높고 비단 같은 수염(라스네르의 초상화를 보면 휘어진 매부리코를 제외하면 에드거 앨런 포와 약간 비슷하다) 이.

캉레르는 피즈리에의 인상과 비슷한 죄수를 경시청에서 본 듯했다. 캉레르는 유치장으로 가서 이 사내와 잡담을 하다가 무심함을 가장해서 "그런데 자네는 파죠(여관 이름. 속어로 '침대'라는 뜻)에 묵을 때에는 왜 피즈리에라는 이름을 썼나?"라고 물었다. 이 사내는 이것을 애써 부정하려고 하지 않았다. "본명을 사용하지 않아도 될 때에 본명을 쓰는 것은 어리석으니까."

다음에 캉레르는 바통이라는 동성연애자의 거처를 알아내어 그를 체포했다. 그러나 바통은 마오셰의 인상과는 전혀 달랐다. 그렇지만 캉레르는 범죄자의 심리에 대한 지식을 다시 활용했다. 왜 마오셰는 바통이라는 이름을 사용했을까? 그것은 우연일지도 모른다. 그러나 또 한 가지 가능성은 마오셰가 바통을 알고 있을지도 모른다는 것이었다. 캉레르는 바통을 아는 사람들에게 그의 친구에 관해 물어보았다. 그 결과 가야르라고 하는 사람의 인상이 마오셰와 상당히 일치한다는 것을 알아냈다. 캉레르는 바통의 석방을 명령하고 경시청 현관 쪽으로 천천히 걸어가면서 중얼거렸다. "높은 이마, 비단 같은 수염, 세련된 옷차림……."

하지만 가야르는 어디 있는가? 캉레르는 철인 같은 인내심으로 다시 싸구려 여관의 숙박부를 조사하기 시작했다. 마침내 그는 가야르라는 서명을 발견했다. 여관 주인은 그가 몇 가지 서류를 남겨 놓고 갔기 때문에 그를 기억했다. 그것은 공화 정체(共和政體)를 찬양하는 노래와 시였다. 칼에 찔린 은행 급사는 마오셰의 주머니에서 루소의 《사회계약론》이 엿보이던 것을 기억하고 있었다.

샤르동을 살해했을 때의 공범 아브릴은 그때 감옥에 있었다. 그는 도둑 특유의 파렴치한 태도를 발휘하여 경찰을 도와 가야르를 찾아주겠다고 나섰다. 그는 1주일 동안 싸구려 카페를 돌아다녔지만 성과가 없어 다시 감옥으로 들어갔다. 그러나 그는 유력한 정보를 제공했다. 가야르에게는 바르 뒤 베크 거리에 사는 돈많은 숙모가 있다는 것이었다. 지칠 줄 모르는 캉레르는 그녀를 만나러 갔다. 그녀는 평판이 나쁜 조카가 있음을 인정하고, 언젠가 조카가 죽일지도 모른다는 공포 때문에 쇠창살을 해놓았다고 말했다. 그녀는 조카의 이름은 가야르가 아니라 라스네르라고 말했다.

마침내 경찰은 찾고 있던 사람의 이름을 알아냈다. 그는 전국에 지명수배되었다. 그리고 2월 2일, 보느 경찰은 그 사내와 인상이 일치하는 사람을 체포했다고 치안경찰에 통보해 왔다. 그는 위조수표를 사용하려고 했던 것이다. 라스네르는 칼을 쓴 채 경시청에 후송되었는데, 캉레르에게 깍듯이 인사를 했다. 은행 급사에게서 돈을 강탈한 혐의로 기소되었을 때, 어쨌든 급사가 범인임을 증언할 것이라고 생각하고 그는 죄를 인정했다. 그는 공범자의 이름을 끝까지 대지 않았으나, 경찰은 공범이 프랑수아, 별명 피즈리에이고 그가 자진해서 라스네르가 샤르동의 살인범이라는 정보를 제공했다고 말했다. 그는 경찰의 말을 믿지 않았다. 경찰이 샤르동 살해의 공범 아브릴도 그의 체포를 도왔다고 말하자, 마침내 그는 경찰의 말이 거짓말이 아니라는 것을 깨달았다. 공범들의 배반을 알게 된 것이다. 그래서 그는 두 사람을 길동무로 삼기로 하고 모든 것을 고백하여 두 사람이 공범임을 밝혔다.

처형되기 전에 라스네르는 감옥에서 유명한 《회상록》을 썼다〔후에 도스토예프스키는 자기가 발행하던 잡지(그는 스스로 《시대》 및 《세기》라는 잡지를 발행한 적이 있다)의 부수를 늘리기 위해 이 글을 게재했다〕. 라스네르는 일약 명사가 되고 많은 사람들이 그를 만나러 왔다. 어떤 사람은 그에게 값비싼 외투를 차입하기도 했다. 라스네르는 이 외투를 낡게 할 만한 시간이 없다는 이유로 거절했다.

1836년 1월의 어느 춥고 안개가 짙은 아침, 예고도 없이 그의 처형은 집행되었다. 샤르동 모자가 살해되고 1년 남짓한 시간이 지났을 때였다. 라스네르는 여전히 침착하고 은근한 태도였으며 아브릴의 처형을 조용히 지켜보았다. 두 사내는 마지막에 이르러서는 화해를 했다. 처형 전야에 라스네르는 공범자에게 "내일은 땅이 상당히 찰 거야"라고 소리쳤다. "모피 외투에 싸서 묻어 달라고 부탁하게나"라고 아브릴은 큰소리로 대답했다.

라스네르의 목이 단두대의 대목(台木) 위에 놓였을 때, 다른 사람이라면 기절했을 사고가 일어났다. 기요틴의 칼날이 떨어지다가 도중에 멈춰 버린 것이다. 그 칼이 다시 위로 올려졌을 때 라스네르는 목을 꼬아 삼각형 칼날을 바라보았다. 잠시 후, 이 칼날은 다시 낙하했다. 처형되었을 때 라스네르는 36세였다.

그의 《회상록》은 매우 재미있는 책이다. 그러나 범죄에 대한 상세한 묘사가 있기 때문은 아니다. 오히려 그는 어떻게 해서 그가 범죄자가 되었는가를 설명하려고 했다. 양친이 얼마나 형을 사랑했으며, 자기는 양친의 주목을 끌기 위해 어떻게 '훔친다고 하는 고전적 방식'으로 반항했는가를. 이 이야기에는 자기 연민이 짙게 깔려 있다. 라스네르의 목적지향의 문체가 이를 억누르고 있지만, 읽어감에 따라 라스네르는 자기 연민 때문에 자살 직전의 상태에 이르고, 마침내 이 자기 연민은 강박관념이 됐다는 것이 명백하게 나타난다.

그는 자살을 하는 대신에 '사회의 피를 흘리게 할' 결심을 했다. 그는 비도크와 똑같은 고뇌를 경험했던 것이다. 곧, 일단 징역형을 선고받으면 범죄에서 벗어날 수 없다는 고뇌를 맛보았던 것이다. 너무나 많은 범죄자가 그를 알고 있었다. 또한 그도 너무나 많은 범죄자를 알고 있었다(파리에서만도 8천 명의 범죄자가 있던 것으로 추정된다). 그는 어디를 가든 옥중에서 아는 사람을 만나게 되리라는 것을 생각해야 했다. 아브릴과 프랑수아를 믿는 잘못을 저지르기 전에는 라스네르는 언제나 혼자 범행을 하였고 그것을 자랑으로 여겼다.

《회상록》에는 라스네르가 밤늦게 살금살금 집으로 돌아오는 도중에 금시계 고리를 가진 사람을 리옹에서 만났던 때의 이야기가 있다. 라스네르는 이 사람의 목을 조르고 시계를 뺏은 다음, 인사불성이 된 그 사람을 강물 속으로 집어던졌다. 시체가 발견되자 술에 취해 강에 빠진 것으로 추정되었다. 언젠가 한번은 라스네르는 도박에서 돈을 몽땅 잃었다. 그는 돈을 딴 사람이 집으로 돌아갈 때 뒤를 밟았다. 그 사내의 등 뒤에서 칼로 찌르려고 했을 때 순찰중이던 경찰관이 다가왔으므로 그는 허둥지둥 달아났다. 라스네르는 혼자 '사회'에 대항하고 있다고 믿었다.

라스네르는 자기 연민에 사로잡힌 매우 지능적인 사람이었다. 그는 자기 주변의 사회적 부정을 인식하기는 했지만, 그 때문에 사회 질서를 전복할 마음을 갖지는 않았다. 그의 경우, 이러한 인식은 냉소적이고 괴로운 패배주의와 결부되어 나타났다. 그는 진짜 로맨티스트였다. 자신이 놓인 세계를 인식했을 때, 그는 자신의 상황은 비극적이고 불가피한 것이라고 생각했다. 그러므로 그의 범죄에는 기묘하게도 숙명론적인 면이 있었다. 그의 입장에서 본다면, 그의 범죄는 항상 정당했다.

이탈리아인 친구가 착오로 그의 편지를 보고 이를 경찰에 밀고했다. 라스네르는 그를 저녁에 초대하여 마차로 인적이 없는 먼 곳으로 데리고 가서 두 자루의 권총 중에서 마음대로 고르라고 했다. 한 자루에는 총알이 들어 있고 한 자루에는 총알이 없다. 상대가 룰렛이라고 하는 이 기묘한 러시아식 게임을 거절하자 라스네르는 그의 머리를 쏘았다. 그러나 이때 라스네르는 자신의 죽음도 거부하지 않았을 것이다. 또 언젠가는 마차의 마부에게 지나가는 길에 편지를 전해 달라고 부탁하고 마부가 집안으로 들어가자 마차를 몰고 달아나 마차를 팔아 버렸다. 그러나 그는 달아나지도 숨지도 않고 길거리의 카페에 앉아 있었다. 마부와 마차 주인이 함께 다가왔다. 라스네르는 매우 점잖게 자신의 죄를 인정하고——마부는 그가 마차를 훔친 범인인지 아닌지 확실하게 분간할 수 없었다——50프랑밖에 벌지 못한 절도 때문에 1년 1개월 동안 징역을 살았다.

《회상록》을 보면 그가 사형을 받을 때 왜 태연했는가를 알 만하다. 첫째로 그는 16세 때 자기는 기요틴 밑에서 죽게 될 것이라고 확신했으며, 자기가 '삼각형 칼날'에 바쳐진다는 이러한 생각은 그의 인생에 강박관념적인 성격을 부여했다. 그는 때때로 기요틴을 자기 정부(情婦)라고 불렀다(그는 너무나 까다로워서 보통의 성교에서는 별로 즐거움을 느끼지 못했다). 만일 그가 훌륭한 시인이었다면, 보들레르보다 4반세기나 앞서 《악의 꽃》을 썼을 것이다. 그는 일단 자기를 전혀 이해하지 못하는 세계에 산다고 생각하자, 자신의 인생을 '점진적인 자살'이라고 보았다. '나는 이미 나의 것이 아니라 차가운 강철의 것이다.' 그는 《죄와 벌》의 라스콜리니코프의 참된 선구자였다.

그는 '사회와의 관계를 단절'하고 싶었던 것이다.

이것은 19세기에 일어난 대단히 많은 범죄 중에서 특수한 것이다. 버크나 헤어 같은 사람은 사회와의 관계를 단절하지는 않았다. 그들은 말하자면 물 위에 목만 내놓고 어떻게 해서든지 사회 속에서 살려고 했다. 그들은 사회나 인류 자체에 대해서는 아무런 원한도 없었다. 만일 우연히 한 재산을 모았다면, 그들은 기꺼이 살인업을 집어치웠을 것이다. 디크 타핀도 사회에 보복하겠다는 생각은 없었다. 단지 신사로서 살고 싶었을 뿐이다. 그러나 살인자가 살인 자체를 즐기게 되면 양을 가장하고 양떼 속에 섞인 늑대처럼 의식적으로 사회에서 이탈한다. 토머스 그리피스 웨인라이트조차도 결국은 실제적 목적을 위한 살인과 쾌락을 위한 살인을 구분하는 경계선을 넘어섰다.

웨인라이트는 공문서를 위조한 다음, 유산을 목적으로 할아버지를 죽였다. 이 경우의 동기는 자신의 사회적 지위 —— 그는 램과 해즐리트의 친구였고 윌리엄 블레이크는 그가 그린 그림을 칭찬한 적이 있었다 —— 를 유지하고 '예술가에게 어울리는' 생활을 하고 싶다는 것이었다. 와일드는 그의 동기에 깊이 동정했다. 그 후 웨인라이트는 자기가 부양하던 장모를 독살하고 처제(발목이 통통한 여자)도 보험에 들게 한 다음 독살했다. 보험회사는 보험금 지불을 거부했다.

웨인라이트는 브로뉴로 달아나, 거기서 유혹하려고 했던 한 소녀의 아버지를 음식에 스토리키니네를 넣어 죽였다. 그가 소녀의 아버지를 3천 파운드의 보험에 가입시킨 것은 사실이었지만, 보험금은 독살한 웨인라이트가 아니라 죽은 사람의 가장 가까운 친척에게 돌아가게 되었다. 와일드는 웨인라이트가 보험회사에 보복을 하려고 한 것이라고 보았다. 결국 웨인라이트는 살인 혐의가 아니라 공문서 위조 혐의로 재판에 회부되어 유형의 형벌을 받았다.

'쾌락 살인'의 가장 오래된 예는 내가 아는 한에서는 1828년 브레멘에서 처형된 게지나 고트프리트이다. 유감스러운 일이지만 이 사건에 대한 자세한 기록은 없다. 게지나는 북부 독일의 작은 도시에서 태어났다. 그녀는 플로베르의 엠마 보바리 같은 기질이 있었다. 그녀는 자극과 부와 여행을 좋아했다. 그녀는 매력적이었으며 몇 명의 구혼자가 있었다. 그 중에서 밀텐바하라는 상점 주인을 골랐다. 20세가 되었을 때, 그녀는 두 아이의 어머니였다. 그러나 그녀의 남편은 술주정뱅이로서 파산 직전이었다. 또한 당시 노동자 계급의 남편이 대부분 그랬던 것처럼 그는 아내를 구타했다. 어느 날, 그녀는 어머니가 쥐를 잡기 위해 흰 가루를 섞어 먹이를 만드는 것을 보았다. 게지나는 이것을 조금 얻어 남편이 마시는 맥주컵 속에 넣었다. 이튿날 아침에 그는 죽어 있었다.

남편이 죽은 다음, 그녀는 남편의 젊은 친구인 고트프리트의 뒤를 쫓아다니기 시작했다. 고트프리트는 밀텐바하가 죽기 전에 그녀에게 마음이 있다는 뜻을 비쳤던 터였다. 그러나 그는 부끄러움을 몹시 타고 매우 조심스러웠다. 그녀는 일이 뜻대로 되지 않자 후에 화가 나서 소량의 흰 가루 —— 비소 —— 를 몰래 그의 음식에 넣었다. 그는 몸이 차츰 나빠지면서 더욱 그녀에게 의존하게 되고, 그녀가 소량의 독약을 섞는 기회도 늘어났다. 그녀의 양친은 그녀와 고트프리트의 사이를 눈치채고 두 사람의 결혼을 반대했다. 그녀는 양친의 집에 저녁 초대를 받고 갔을 때 양친이 마시는 맥주에 비소를 섞었다. 그리고 그 여세를 몰아 두 아이도 독살했다. 마침내 줄곧 앓기만 하던 고트프리트는 그녀와의 결혼을 승낙했다. 그러나 그 다음날 그는 죽었다. 그의 아내 게지나는 그의 재산을 물려받았다. 처음부터 이것이 그녀의 목적이었다.

고트프리트 장례식에서 알게 된 어떤 상인이 그녀에게 추근거리기 시작했다. 그녀는 고트프리트 때와 마찬가지로 끈기있고 신중하게 그에게 독약을 먹였다. 군대에서 제대한 오빠가 어느 날 술이 취해 그녀 앞에 나타났을 때, 그녀는 재빨리 독이 든 맥주로 오빠를 죽였다. 그녀는 현재의 정부를 독살하면서 오빠와 같이 지내는 위험을 무릅쓸 생각은 없었다. 이 상인은 그녀의 마음에 드는 유서를 남긴 다음 죽었다. 그밖에도 그녀가 몇 명을 독살했는지는 정확히 알 수 없다. 찰스 킹스턴은 그녀가 또 한 명의 정부와 5파운드의 빚이 있던 여자와 돈을 빌러 온 노파를 독살했다고 말한다(《놀라운 악한들》, 1957).

그녀는 이렇게 살인을 거듭하면서 여러 곳을 떠돌아다녔다. 마지막에 살던 곳은 브레멘이었다. 여기서 그녀는 고용주인 룸프라는 마차수리공장 주인의 아내를 독살했다. 그의 아내는 산후에 곧 죽었으므로 게지나는 의심을 받지 않았다. 산욕열 때문에 죽었다고 생각한 것이다. 룸프의 5남매는 게지나가 가족을 돌보게 되면서부터 하나씩 죽었다. 룸프 자신도 게지나가 만든 음식을 먹기 시작하고부터는 몸이 좋지 않다는 것을 느꼈다.

어느 날, 그녀가 없는 동안에 그는 돼지고기를 한 입 베어먹었는데 구미에 맞아 기분이 좋았다. 그는 이 고기가 몹시 마음에 들어 이튿날 공장에서 돌아와 부엌으로 가서 돼지고기를 찾았다. 한편, 게지나는 돼지고기에 흰 가루를 뿌려 놓았는데, 룸프는 그날 아침에는 흰 가루가 없었다는 것을 알았다. 이상하게 여긴 그는 그 고기를 경찰로 가져갔다. 경찰은 곧 이 가루가 비소임을 알아냈다. 게지나는 체포되었고, 자기 죄를 부정하려고 하지 않았다. 오히려 자기가 범한 숱한 죄를 자랑스러운 듯이 자백했다. 그 결과, 당연한 일이지만 그녀는 처형되었다.

게지나 고트프리트의 이 이야기는 너무나 어처구니없어서 과장된 것이라고 믿고 싶을 정도이다. 그러나 메이저 그리피스가 여자 독살범에게 할당한 장을 훑어보면 게지나가 결코 드문 예가 아님을 알 수가 있다.

1851년, 브르타뉴의 렌에서 재판을 받은 에레느 주가드는, 상습적인 강간자가 세상에 있는 것처럼 상습적인 독살자였다. 그녀는 음식에 독약을 섞는 것을 도저히 그만둘 수 없었다. 그녀는 요리사였으므로 독약을 섞을 기회는 한없이 많았다. 그녀를 고용한 어떤 집에서는 그녀의 언니를 포함하여 7명이 죽었다. 그녀는 여러 곳을 떠돌아다녔는데, 그녀가 일하는 집에서는 얼마 후에 반드시 사람이 죽었다. "내가 가는 곳마다 사람이 죽는다"고 그녀는 탄식했다. 그녀는 절도광이었는데, 그녀의 절도가 드러나면 이 집의 누군가가 위경련으로 죽거나 무거운 병에 걸려 죽었다. 그녀는 한때 수녀원에 숨어 있었는데, 수녀들은 식사 후에는 언제나 몸 상태가 좋지 않았다. 그녀는 렌의 비탈 저택에서도 동료 하인을 독살하고 체포될 때까지 20년 이상 사람들을 독살했다.

체포되었을 때 그녀의 나이는 50여 세였다. 그녀가 거쳐 온 곳이 밝혀지는 대로 그녀의 과거가 광범위하게 철저한 조사를 받았다. 1833년부터 1841년까지 그녀는 23명——연 평균 3명——을 독살한 것이 판명되었다. 다른 시기에 대해서는 확인할 길이 없었지만, 만일 이러한 비율로 계속 독살했다면 그녀의 피해자는 60명 이상이었을 것이다.

반 데아 린덴이라는 네덜란드 간호원은 백 명 이상을 독살했다. 이 여자들은 안나 마리아 츠반치거라는 독일의 독살범과 마찬가지로 비소를 '가장 믿을 수 있는 친구'로 생각했다고 말할 수 있다. 그리피스는 법학자 포이에르바하가 츠반치거 부인에 대해 한 말을 인용한다. "그녀는 기쁨에 몸을 떨고 환희로 눈을 빛내면서 흰 가루를 응시했다." 이러한 사실은 독살이 여성의 경우에는 일종의 성적인 강박관념이 될 수 있음을 보여준다. 이것은 좀더 잔인한 '쾌락 살인'이 이상 성욕자의 경우, 성적 강박관념이 될 수 있는 것과 같다.

남성 독살범의 경우에는 독살 자체를 위해 독살에 몰두하는 예는 없었다. 1856년, 32세로 처형된 루지리(영국 스태퍼드셔의 도시)의 독살범 윌리엄 파머 박사는 짧은 생애를 통해 적어도 15명을 독살했다. 그러나 어느 경우에나 명백한 동기가 있었다(유일한 예외는 아즈리라는 가난한 제화점 주인의 죽음이었다. 이것은 파머의 최초의 살인인 듯하다. 그러나 로버트 그레이브스는 파머에 관한 책에서 파머는 아즈리의 처와 간통을 한 것으로 믿어진다고 지적한다. 이것은 불가능한 일은 아니다. 이 의사가 사는 보람은 경마 다음으로는 사생아의 양부가 되는 것이었다. 그는 결혼하기 전 5년 동안에 14명의 사생아의 양부가 되었다). 파머의 살인은 빚 때문에 꼼짝할 수 없게 되어 어쩔 수 없이 사람을 죽인 평범한 것이었다. 그밖의 19세기의 유명한 대부분의 독살범에 대해서도 같은 말을 할 수 있다. 그러므로 나는 그들에게 많은 지면을 할애할 생각은 없다. 의사 출신의 독살범 파머에 대한 기록은 아직도 남아 있다는 것을 덧붙여서 말해 둔다.

1946년에 처형된 마르셀 프티요 박사는 독약으로 63명을 죽였는데, 그의 경우에는 독약을 피하주사기로 주사했다. 그에게 살해된 사람은 대부분이 나치 점령하의 프랑스로부터 도망하려던 유대인으로서 그들은 종두를 맞는 줄 알았다.

원칙에서 벗어난 남성 독살범 두 사람은 연구할 만한 가치가 있다. 닐 크림과 조지 채프만이 저지른 범죄는 거의 동기가 없으며, 따라서 게지나 고트프리트와 에레느 주가드의 독살사건과 동일한 것으로 분류하지 않을 수 없다. 이 사건은 19세기 말에 일어났다. 이 무렵에는 기학적인 살인은 이미 흔한 일이었다.

토머스 닐 크림은 19세기의 가장 기묘한 인물의 하나이고 일종의 범죄적인 레오폴드 브룸(제임스 조이스의 《율리시즈》의 주인공)이다. 조이스의 주인공과 마찬가지로 그는 성적으로 만족하지 못하는 감정을 가진 내성적인 남자로서, 여성에게 때로는 남성에게 이상한 편지를 쓰는 것을 즐겼다. 그는 사팔뜨기에다가 대머리였고, 온몸이 검은 털로 덮여 북유럽의 전설에 나오는 동굴에 사는 거인 같았다. 그는 가볍기는 하지만 끊임없이 정신이상에 시달린 것이 확실하다. 크림의 활동 범위는 템스 강 남쪽인 란베스 빈민가에 국한되었다. 잭 더 리퍼의 활동 범위가 화이트채플에 국한된 것과 같다. 리퍼의 경우와 마찬가지로 그에게 살해된 피해자는 모두 매춘부였다.

1891년 10월 13일 아침, 란베스 듀크 가 8번지에서 뚜쟁이와 함께 살던 엘렌 돈워스라는 19세의 매춘부에게 이상한 편지가 배달되었다.

엘렌 리넬(리넬은 뚜쟁이의 성) 양에게
나는 전에 W. H. 스미드 앤드 선 서점의 프레데릭 스미드가 당신을 독살하려고 한다고 편지로 경고한 사람입니다. 이번에 다시 편지를 하는 것은 당신이 그에게서 받은 약을 조금이라도 먹으면 죽게 된다는 것을 알려드리기 위해서입니다. 나는 프레데릭 스미드가 당신에게 준 약을 조제하는 것을 보았는데, 그는 이 약에 말 한 마리를 충분히 죽일 만한 스토리키니네를 넣었습니다. 그 약을 조금이라도 먹으면 당신은 죽을 것입니다.

HMB

두 번째 편지도 동시에 배달되었다. 두 번째 편지는 두 통의 편지를 갖고 요크 호텔로 편지를 쓴 사람을 만나러 오라는 내용이었다. 아마도 이 필자가 HMB였으리라. 소녀는 하비 경감에게 두 통의 편지에 관한 이야기를 했다. 그날 저녁, 그녀는 편지를 들고 그 필자를 만나러 갔다. 그녀는 한 친구에게 키가 큰 사팔뜨기 남자를 만나러 가는 길이라고 말했다.

1시간 후, 그녀는 워털루 거리에 몸부림치면서 쓰러졌다. 사람들이 그녀를 집으로 떠메어 왔는데, 그녀는 키가 큰 사팔뜨기 사내 —— 그는 또한 곱슬곱슬한 수염이 나고 실크 해트를 쓰고 있었다 —— 가 병에서 '하얀 것'을 꺼내 자기에게 먹였다고 집주인에게 말했다. 그녀는 병원으로 운반도중에 죽었다. 위의 내용물을 분석한 결과, 그녀는 스토리키니네로 독살된 것으로 판명되었다.

엘렌 돈워스가 죽기 며칠 전, 엘리자베스 마스터즈라는 젊은 매춘부는 며칠 전에 만났던 손님(사팔뜨기 남자)으로부터 그날 오후에 그녀를 찾아오겠다는 편지를 받았다. 이 매춘부와 또 한 명의 동료가 창가에서 기다리고 있었는데, 거리에 사팔뜨기 남자가 나타났다. 그러나 그는 다른 매춘부 뒤를 쫓아가고 있었다. 이 매춘부는 마틸다 크로바라는 소녀였다. 그들은 뒤를 돌아보며 미소지었다. 엘리자베스와 또 한 명의 동료는 집 밖으로 나와 크림이 마틸다 크로바에게 말을 걸고 그녀가 두 살된 아이와 사는 집으로 같이 들어가는 것을 보았다. 그는 변화를 좋아한 듯하다.

10일 후, 엘렌 돈워스가 죽고 겨우 1주일이 지났을 때, 마틸다 크로바는 한 통의 편지를 받았다. 이 편지는, 그날 만나고 싶으며 편지는 돌려 달라는 내용이었다. '프레드'라는 서명이 있었다. 그녀는 그날 밤 프레드와 만났는데, 오전 3시에 비명을 올리며 같이 사는 소녀를 깨웠다. 그녀는 몇 시간 후에 죽었으며, 의사의 조수는 사인이 진전섬망증(알코올 중독의 한 증상)이라고 진단했다.

크림은 그 무렵에 란베스 패리스 가 103번지에 살고 있었다. 그는 자기가 만든 환약(丸藥)의 효과가 마음에 걸려, 하숙집 주인 딸에게 란베스 가의 어느 집에 가서 독약을 먹은 젊은 부인이 죽었는지 알아봐 달라고 부탁했다. 하숙집 주인 딸은 싫다고 했다. 그러자 크림(닐 박사로 통했다)은 자기가 독살범의 이름을 안다고 말했다. 독살범은 러셀 경으로, 러셀 경은 지금 부부간의 문제로 골치를 앓고 있다고 말했다.

마틸다 크로바가 독살된 며칠 후에 러셀 백작부인은 남편이 마틸다를 죽였다는 편지를 받았다. W. H. 스미드 앤드 선 서점의 프레데릭 스미드도, 네가 엘렌 돈워스의 독살범이라는 편지를 받았다. 'H. 베인'이라고 서명한 편지는 자기를 상담 및 법률고문으로 채용하라고 요구하고, 엘렌 돈워스가 살해되던 날 아침에 받은 편지의 사본을 동봉했다. 'H. 베인'은 스미드에게 만일 동의하거든 그 뜻을 창에 써 붙이라고 말했다.
　스트랜드 거리의 W. H. 스미드 앤드 선 서점의 스미드는 편지대로 써 붙이라는 경찰의 권고를 따랐으나 'H. 베인'은 나타나지 않았다.
　란베스의 검시관은 '탐정 A. 오브라이언'이라고 서명된 편지를 받았다. 30만 파운드를 내면 엘렌 돈워스 살해범을 찾아 주겠다는 내용이었다. 또한 윌리엄 브로드벤트 경도 'M. 마론'이라고 서명된 편지를 받았다. 윌리엄 브로드벤트 경이 마틸다 크로바 살해범이라는 내용이었다. "증거는 동료 탐정이 갖고 있으며, 2천5백 파운드를 내면 이 증거를 당신에게 주겠고, 그렇지 않으면 경찰에 넘기겠다"는 얘기와 그렇게 되면 당신은 사회적으로 영원히 매장당한다고 적혀 있었다.
　크림의 방식은 매우 명백하다. 그는 매춘부를 만나면 데리고 나와 선물을 사주고(마틸다에게는 몇 켤레의 부츠를 사주었다), 편지로 다시 만날 날을 정하고 동시에 그 편지를 돌려 달라고 부탁한다. 그는 매춘부에게 내복약이나 캡슐(그는 엘렌 돈워스를 독살한 다음 빈 캡슐을 입수하여 여기에 스토리키니네와 브루틴을 함유한 마틴나무의 유독한 씨를 넣었다)을 준다. 그리고 그는 독약의 효과를 어떻게 해서든지 알아내려고 하고, 또한 가능한 한 큰 소동이 벌어지기를 바란다. 사람들을 불안에 떨게 하고 싶었던 것이다. 그는 분명히 자신을 보잘것없다고 생각하고, 그렇더라도 자기는 존재한다는 것을 자기 자신에게 증명하고 싶었던 사람이었다. 편지를 보내는 것은 돈이 목적인 듯이 보였지만, 돈을 받기로 약속한 날에는 그는 나타나지 않았다.

어떤 살인을 한 후, 그는 캐나다에서 몇 달 동안 지냈다. 거기서 버컴스테트의 로라 사바티니라는 소녀와 약혼을 했다. 그는 1892년 4월 2일에 영국으로 돌아왔다. 4월 11일에는 앨리스 마슈와 엠마 슈라이벨이라는 두 매춘부가 독살되었다. 그가 의사라는 직업을 싫어한다는 것은 이미 알 만한 일이거니와, 이번에도 그는 두 매춘부를 죽인 것은 하숙인의 한 사람인 하버 박사라고 하숙집 주인 딸에게 말했다.

그 후에 하버 박사 자신도 앨리스 마슈, 엠마 슈라이벨, 엘렌 돈워스를 죽인 것은 바로 너이며 증거를 은폐하고 싶으면 1천5백 파운드를 내라는 편지를 받았다. 또한 크림은 헤인즈라는 젊은 사진사에게, 하버는 앞에 말한 세 사람만이 아니라 마틸다 크로바와 루 하비라는 매춘부도 죽였다는 분명한 증거를 자기가 갖고 있다고 말했다(후에 안 일이지만, 크림은 루 하비와 하룻밤을 같이 지내고 그 후에 그녀에게 캡슐을 먹으라고 주었다. 그녀는 먹는 척하고 캡슐을 손에 쥐고 있었다. 그녀는 후에 이것을 버렸다). 크림은 헤인즈에게 루 하비의 집에 가서 그녀가 독살되었음을 확인하고 오라고 말했다. 마침내 헤인즈는 런던 경시청에 하버 박사를 밀고했다. 그러나 크림의 이름은 말하지 않았다(크림은 헤인즈에게 이 약속을 받았던 것이다).

하버 박사 앞으로 보낸, 1천5백 파운드를 내라는 크림의 편지가 경찰에 제출되었다. 엘렌 돈워스와 마틸다 크로바의 시체 검시 결과 스토리키니네로 독살되었다는 사실이 확인되었다.

한편 한 젊은 순경이, 크림이 엠마 슈라이벨과 앨리스 마슈의 집에서 나오는 것을 본 적이 있다고 기억해냈다. 캄리 순경은 크림이 집으로 들어가는 것을 뒤쫓아가 그 후로 줄곧 그를 감시했다. 감시당한다는 것을 눈치챈 크림은 화난 얼굴로 런던 경시청에 가서 매킨타이어 경감(그는 하버 박사의 '잔인한 살인' 건으로 헤인즈가 이미 만난 인물이었다)에게 사정을 조사해 보고 더 이상 그 순경이 자기를 미행하지 않도록 해 달라고 부탁했다.

당연한 일이지만 곧 매킨타이어 경감과 캄리 순경이 만나 정보를 교환했다. 6월 3일, 크림은 자택에서 체포되었다. 재판 결과, 처음에 예상했던 결론이 나왔다. 곧, 크림이 가지고 있다는 증거는 대부분이 자기가 저지른 범죄의 증거였다. 그는 사형 선고를 받고 1892년 11월 15일, 교수형이 집행되었다.

배심원의 평결(評決)은 '유죄, 단 피고는 정신이상'이라고 나올 수밖에 없었다. 살인과 관련된 그의 행동에서 조금이나마 정상(正常)을 발견하기는 어렵다. 크림은 일종의 기묘한 꿈의 세계에서 살았다. 모든 일이 비현실적이었다. 레오폴드 브룸이 상류계급 부인들에게 "내 편지에 관해 입 밖에 내지 못할 만큼 더럽혀지기를" 바란다는 음탕한 암시와 요구를 말한 편지를 쓸 때, 그 행위는 이상하지만 그 동기만큼은 매우 분명하다.

그러나 캐나다에서 인쇄되어 선편으로 영국에 보낸 다음과 같은 회람을 크림이 어떤 동기에서 썼다고 설명할 것인가?

엘렌 돈워스의 죽음에 대해서, 메트로폴 호텔 손님 여러분에게. 지난 10월 13일, 엘렌 돈워스를 죽인 사람이 현재 이 메트로폴 호텔에서 일하고 있으며, 여러분이 이 호텔에 묵는 한, 생명에 위협을 받고 있다는 것을 나는 확언하는 바입니다.

W. H. 마리

그는 체포 직후에 로라 사바티니에게 다음과 같은 편지를 보냈다.

나는 어제 보우 가에 있었소. 그런데 아주 좋은 소식을 들었기에 잠들 수가 없었소. 어떤 의원(議員)이, 만일 내가 그러기를 바란다면, 내가 무죄임을 증명할 2백 명 이상의 증인을 데리고 올 수 있다고 전해 왔소.

크림은 극히 보통의 의미에서 섹스에 사로잡혀 있었다. 그는 어떤 매춘부에게, 자기는 여자에게 탐닉하기 위해 산다고 말했다. 이 사건을 읽으면 빅토리아 시대의 성 체험을 집약한 방대한 《나의 숨겨진 생활》의 익명의 저자가 생각난다. 이 저자는 성과 관련이 없는 일은 염두에도 없었던 것 같다. 여러 여자의 증언을 보면, 크림이 거의 매일 매춘부와 자려고 한 것은 분명하다. 그의 뇌가 매독 때문에 연화(軟化)됐다는 것도 충분히 생각할 수 있다. 그는 매춘부 루 하비가 스트리키니네를 넣은 캡슐 두 개를 먹는 것을 본——또는 보았다고 생각한——다음, 그녀가 죽었다고 믿었다. 그 후 얼마 있다가 그녀는 피카디리 서커스에서 그를 보고 말을 걸었다. 두 사람은 리젠트 호텔로 술을 마시러 갔으며, 이때에 비로소 그녀는 자기가 누군지 아느냐고 그에게 물었다. 그는 모른다고 대답했다. 그녀가 자신의 정체를 밝히자 그는 깜짝 놀라 밖으로 나갔다. 그가 하버 박사의 '피해자' 리스트에 그녀를 덧붙인 것은 이런 일이 있는 다음이었다.

엘렌 돈워스 독살은 그의 최초의 살인이 아니었다. 크림이 27세 때인 1878년, 게이트 가드너라는 급사가 크림의 집 뒤뜰에서 클로로포름을 먹고 죽었다. 그 상황을 보면 자살이 아니라 타살이었다(크림은 의학생 시절에 클로로포름에 대한 논문을 썼다). 1880년, 줄리아 포크너라는 소녀가 크림에게 낙태수술을 받고 시카고에서 죽었다. 그녀는 낙태수술중에 일어나기 쉬운 사고 때문에 죽었을지도 모른다. 그러나 크림의 기묘한 고정관념으로 보아 낙태약은 스트리키니네였다고 볼 수도 있다. 1881년, 스태그라는 미혼여성도 크림이 처방한 약을 먹고 죽었다. 그는 약제사에게 협박장을 보내 그녀의 죽음을 약제사 탓으로 돌렸다.

또한 같은 해에 그는 정부인 줄리아 스토트의 간질병에 걸린 남편을 독살했다. 크림은 아무런 혐의도 받지 않았으나——스토트의 죽음은 신체적 원인 때문이라고 생각되었다——그는 검시관에게 스토트는 독살되었으며 그 범인은 어떤 약제사라고 연락했다. 그는 시체 발굴까지도 주장했다. 그 결과, 크림은 살인 혐의로 재판을 받아 10년을 감옥에서 보냈다(그는 1881년으로부터 1891년까지 감옥에 있었다. 따라서 그가 잭 더 리퍼라는 설은 성립되지 않았다. 교수대 위에서 그가 한 마지막 말은 "나는 잭 더……"였다).

이 10년 동안에 크림의 아버지가 죽고 그는 1만6천 파운드를 상속받았다. 그리고 출옥하자, 그를 매료한 도시 런던으로 급행했다——크림은 분명히 런던에 매혹되어 있었다. 그는 26세 때 런던의 란베스에 있는 성 토머스 병원에서 의학을 공부했다. 크림은 의학 학위를 획득하고 캐나다에 돌아가서 온타리오 주의 '런던'이라는 도시에서 개업했다——그리고 며칠 후, 엘렌 돈워스가 죽었다.

조지 채프만이 잭 더 리퍼가 아닐까 하는 이야기도 있었지만, 이것은 적어도 한 가지 가능성으로 생각할 수는 있다. 1888년, 더 리퍼에 의한 살인사건이 일어났을 무렵, 채프만은 실제로 화이트채플에 살았기 때문이다. 이를 부정하는 사람들의 중요한 논거는 칼로 매춘부를 죽인 사람이 그 방법을 비소에 의한 독살로 바꾼다는 것은 생각하기 어렵다는 것이다.

채프만(본명은 세베린 크로소스키로 폴란드 태생)은 1902년, 그가 병든 아내에게 준 브랜디를 그의 어머니와 간호부가 마시게 되어 혐의를 받게 되었다. 두 사람은 모두 중태에 빠졌다. 장모인 마슈 부인은 의사를 불렀다. 의사는 그의 아내 모드가 비소에 의해 죽어가고 있다고 단정했다. 당시 36세였던 채프만은 모드에게 다량의 비소를 먹여 완전히 죽여 버렸다. 의사는 모드 채프만의 위에서 비소를 발견하고 사망진단서에 서명하지 않았다. 경찰이 채프만의 전력을 조사해 보니 그는 같은 방법으로 두 명의 전처도 죽였다는 사실이 드러났다.

크림의 경우와 마찬가지로 채프만의 불행의 원인도 여자였다. 그러나 크림과는 달리 채프만은 결혼했다. 런던에서 폴란드 여자와 중혼에 가까운 두 번째 결혼을 한 후에 최초의 아내가 나타나자 얼마 동안 셋이 함께 살았다. 결국 두 여자는 모두 그의 곁을 떠났다. 미국 여행을 한 다음, 그는 애니 채프만이라는 여자──후에 그는 그녀의 성을 사용했다──와 함께 살았고, 다음에는 메어리 스핑크스라는 알코올 중독자와 살았다.

증거로 본다면, 메어리 스핑크스는 그의 최초의 희생자였다. 그녀는 채프만과 2년 동안 살다 죽었다. 이 무렵에는 채프만은 아내의 돈으로 술집 주인이 되었다. 1년 후, 그는 베시 테일러라는, 그의 술집에서 일하던 여자와 결혼했고, 얼마 후에 베시 테일러는 몸부림치다가 죽었다. 모드 마슈도 그의 처가 되기 전에는 채프만의 술집에서 일하던 여자로, 비소로 독살되었다.

채프만이 아내들을 죽인 이유는 결코 알 수 없다. 크림의 경우와는 달리 동기가 분명히 성적인 것은 아니다. 가장 그럴듯한 것은 채프만은 단지 정신이상자에 지나지 않았다는 것이다──어쩌면 그는 뇌종양에 걸렸거나 또는 격렬한 분노를 일으키는 어떤 성병에 걸렸을지도 모른다. 그는 함께 사는 여자들에게 몹쓸짓을 했다. 그는 베시 테일러가 얼마 동안 입원해 있었기 때문에 몸이 약해졌을 때에도 그녀를 사정없이 구타했다(이것은 그녀에게 독약을 먹이기 시작한 다음이었다). 마침 잭 더 리퍼가 살인을 하고 있을 때여서 채프만이 잭 더 리퍼가 아닐까 하는 의심을 받았다. 그는 더 리퍼의 최초의 희생자가 죽은 장소인 조지 야드 빌딩 지하에 이발소를 갖고 있었다. 1902년, 아바라인 경감은 채프만이 체포되었다는 말을 듣고 "그렇다면 리퍼가 체포된 거군"이라고 말했다. 그러나 나는 아바라인이 정말로 그렇게 믿었다고 생각하지 않는다. 1902년에 경찰은 리퍼가 10여 년 전에 죽었다고 확신하고 있었다.

 17세기에는 독약은 '상속약(相續藥)'으로 알려졌다. 1676년, 참수된 색정광(色情狂) 브랑비리에 백작부인은 가산을 상속받기 위해 아버지와 두 형제를 죽였다. 2세기 후, 찰스 브라보라는 젊은 변호사는 바람 수도원에서 안티몬을 마시고 독살되었다. 아름답지만 알코올 중독자였던 그의 아내 플로렌스가 토주석(吐酒石)을 넣은 게 아닐까 하는 의심을 받았으나 기소되지 않았다. 이 사건은 그 후에도 끊임없이 화제에 올랐다. 존 윌리엄즈는 플로렌스 브라보가 남편을 독살했다는 의견이다(《갑자기 작은 수도원에서》, 1957).
 이슬라우드 브리즈스의 생각에 의하면, 브라보는 아내를 천천히 독살하다가 그 독약을 잘못해서 자기가 먹었다(《어떻게 해서 찰스 브라보는 죽었는가》, 1956).
 애거더 크리스티는 플로렌스 브라보의 옛 애인 갤리 박사가 독살했을지도 모른다고 말한다(《선데이 타임즈 매거진》, 〈작은 수도원의 독약〉, 1968년 10월 20일자).
 여기서 주의해야 할 점은 이 사건이 1876년 당시와 마찬가지로 오늘날도 수수께끼로 여겨진다는 사실이다. 살인이 단순성을 상실한 것이다. 살인은 이미 유산 상속이나 정부가 상대 여자를 처리하는 따위의 단순성 문제가 아니다. 동기는 더욱 복잡해지고, 어떤 경우에는 동기조차 헤아릴 수 없다. 17세기의 사회학자──만일 이런 학자가 있었다면──는 사회적인 빈곤과 불행이 소멸하면 살인이라는 범죄도 소멸하리라고 예측했을 것이다. 그러나 그렇게 되지는 않았다. 문명이 버크나 헤어가 범죄를 저지르게 했던 빈곤을 차츰 근절시킴에 따라 살인 발생률은 상승했다. 인간이 살인을 하지 않을 때는 결코 없을 것 같다. 동기가 없어지면 인간은 동기 없이 살인을 할 것이다.
 라스네르라는 사람의 참된 중요성은 그가 19세기 범죄사상 최초의 위대한 '단독자(單獨者)'였다는 점이다. 아마도 그 때문에 메이저 그리피스는 그를 "이 세상에 나타난 가장 잔인한 생명 파괴자의 한 사람"이라고 평했을 것이다.

라스네르가 죽고 반 세기가 지나 범죄자적 단독자의 상징이 된 '혼자 사는 사내'의 범죄가 일어난다. 그는 1888년, 화이트채플(이때부터 러시아에서 쫓겨난 유대인이 많이 살던 런던의 동부 지구로, 런던 탑도 이곳에 있다)에서 5명의 여자를 죽인 수수께끼의 인물이다. 구체적인 사실은 자세히 말할 필요도 없을 만큼 잘 알려져 있다.

8월 31일부터 11월 8일에 걸쳐 5명의 여자가 살해되었다. 그녀들은 모두 기학적인 광인에 의해 나이프에 찔려 죽었다. 이 광인은 사람이 왔기 때문에 도중에 달아난 한 건을 제외하고는 시체를 갈라 내장 일부를 꺼냈다. 이 해 초에 일어난 2건의 미해결의 여자 살해사건도, 피해자는 단지 칼에 찔렸을 뿐 시체는 절단되지 않았지만, 리퍼의 소행일지도 모른다. 최초의 희생자인 메어리 앤 니콜즈라는 매춘부는 8월 31일 금요일 오후 2시가 조금 넘어서 살인자인 줄도 모르고 한 손님을 유인했다. 박스라는 거리에 왔을 때 그는 그녀의 입을 손으로 틀어막고 칼을 목에 대고 목젖을 찌른 다음, 그녀가 땅에 쓰러지자 힘껏 목을 잘랐다. 그는 주의를 그녀의 배로 돌려 위의 오른쪽을 몇 군데 일직선으로 깊이 내리그었다(물론 이것은 그가 왼손잡이였음을 보여준다. 목의 상처도 왼쪽에서 오른쪽으로 그어져 있어서 이를 뒷받침한다). 이 살인자가 그녀의 생식기에는 관심이 없었다는 것은 확실하다. 대개의 난행 살인사건의 경우 여자는 두 다리를 벌리고 죽어 있었다. 메어리 니콜즈의 살해자는 그녀의 두 다리를 꼭 붙인 다음, 스커트를 끌어내렸다. 그리고 그는 손과 나이프를 그녀의 옷으로 닦고 달아났다. 그녀의 시체는 약 20분 후인 3시 45분에 지나가던 운송 인부에 의해 발견되었다.

애니 채프만은 47세(메어리 앤 니콜즈보다 5세 손위)였으나 60세로 보였다. 그녀는 결핵과 영양실조로 다 죽게 생겼고 눈 밑의 피부는 언제나 검게 죽어 있었다.

그녀는 오전 2시에 하룻밤 지낼 방값을 치를 돈이 없어, 싸구려 여관에서 쫓겨났다. 그녀가 손님을 유인하려고 얼마나 헤매었는지는 알 수 없으나, 그녀는 잭 더 리퍼를 만날 때까지 약 3시간은 족히 돌아다녔을 것이다. 그녀는 한베리 거리에서 그를 만났다. 그곳은 메어리 니콜즈가 살해된 장소에서 별로 떨어지지 않은 곳이었다. 애니 채프만과 잭 더 리퍼는 길을 따라 27번지 뒤뜰로 왔다. 여기는 흔히 매춘부가 손님을 끌고 가는 장소였다. 이곳에 이르자, 리퍼는 그녀를 담에 밀어붙이고 나이프를 목에 들이댔다. 그녀가 저항했으리라고는 생각할 수 없다. 그녀는 영양실조인데다가 몇 시간을 돌아다녔기 때문에 기운이 없었다. 메어리 니콜즈를 죽이고 겨우 1주일이 지났을 뿐이었지만, 그의 기학적인 광포성은 누그러들지 않았다. 아니 오히려 더 심했다. 그는 이번에는 아무 방해도 없으리라고 확신했기 때문에 천천히 일을 진행했다.

그는 머리를 완전히 잘라내기 위해 목뼈를 자르다가 목이 거의 떨어지게 되었을 때 마음이 바뀌었는지 손수건으로 목뼈를 묶어 붙여 놓았다. 그가 메어리 니콜즈의 시체에서 보여준 편집병적 결벽성은 이번에도 나타났다. 그녀의 손가락에서 두 개의 구리반지를 뽑아 동전 몇 개와 함께 그녀의 발 밑에 가지런히 놓아두었던 것이다. 그러나 왠지는 모르지만 그는 옷을 가슴께까지 치켜올려 놓았다. 20분 후, 그는 오던 길로 조용히 되돌아갔다.

그녀가 애니 채프만을 죽일 때, 이웃집 남자가 변소에 가려고 뒤뜰로 나왔다가 그녀가 "제발, 제발" 하는 소리와 다투는 소리를 들었다. 그러나 이 사람은 대수롭게 생각하지 않았다. 살인자도 기괴한 욕구에 사로잡혀 다른 일에 마음을 쓸 여유가 없었다. 그는 말하자면 암캐와 한창 교미를 하고 있는 수캐였다. 다른 일에 관심을 가지려면 그는 우선 이 행위를 마쳐야 했다.

앞에서 말한 것으로부터 리퍼에 대해 몇 가지 추론(推論)을 할 수 있다. 메어리 니콜즈 시체의 깨끗한 마무리, 애니 채프만의 발 밑에 놓인 반지, 목을 붙여 놓기 위해 감아 놓은 손수건—— 이러한 것은 이미 말한 닐 크림의 무시무시한 비합리적 행위를 상기시킨다. 아마도 리퍼는 환청(幻聽)을 믿는 완전한 정신병자였으리라. 둘째는, 그는 태어날 때부터 성도착자(性倒錯者)였다. 그는 여러 가지 공상을 즐겼는데, 그 중에는 여자 배를 가르는 공상도 있었다. 난폭한 성범죄의 경우, 생식기 자체가 나이프의 습격을 받은 경우는 드물지 않으며, 풀 드 리바는《성범죄》에서 피해자의 장(腸)이 질(膣)을 통해 절개된 예를 말했다.

리퍼는 생식기에는 관심이 없었다. 그는 단지 배를 절개하는 것만을 공상했다. 그는 자궁에만 매력을 느꼈다. 프로이트학파 사람들은 이러한 사실에서 많은 추론을 이끌어낼 것이다. 예를 든다면, 동생이나 누이동생만을 귀여워하는 어머니에 대한 증오 등이다. 나는 단 하나의 추론만을 이끌어내려고 한다. 자궁을 파괴하는 이러한 행위는 리퍼의 자살 지향을 나타낸다는 추론이다. 자궁은 그가 태어난 장소이고, 그는 자궁에 대해 애증을 동시에 느꼈다.

리퍼는 가져간 장을 어떻게 하려고 했을까? 스스로 리퍼를 자처한 사람은 자경단(自警團)의 한 사람에게 보낸 편지에서, 자기는 애니 채프만 다음에 죽인 여자의 신장을 반은 먹었다고 말하고, 나머지 반을 동봉해서 보냈다. 이 편지는 진짜라고 생각된다. 그 속에 든 신장의 반은 진짜 인간의 신장이었고, 피해자가 마신 대량의 진의 영향을 인정할 수 있었기 때문이다. 피해자(캐더린 에드위스)는 늘 진을 마셨다. 그 당시 가난한 계급의 사람들이 동물의 장—— 보통은 버리는 부분—— 을 사다가 말려 먹는 것은 흔히 있는 일이었다.

피해자의 시체를 먹고 싶다는 이러한 욕구는 성과 관련된 살인범

사이에서도 드문 일이었다. 내가 생각해낼 수 있는 비슷한 예 중의 하나는 뉴욕에서 열 살 난 그레이스 바트를 살해한 혐의로 1935년에 처형된 앨버트 피슈이다. 그는 시체의 일부를 인삼과 옥파를 넣어 요리해 먹었다. 피슈는 꽤 오래 된 성격이상자였다. 그는 어릴 때부터 궁둥이를 맞는 것을 좋아했으며 자라면서 심지어 자기 음낭을 바늘로 찌르거나 메틸알코올에 적신 탈지면을 항문에 삽입하고 불을 붙이는 등 기괴한 행동을 즐겼다. 그는 소녀뿐만이 아니라 소년도 희롱했으며 때로는 거세했다. 그레이스 바트를 살해했을 때 그는 58세였으므로 그녀의 시체 일부를 먹은 것은 생애에 걸친 성도착의 극점(極點)으로 간주할 수 있을 것이다.

한편, 리퍼가 피해자 시체의 일부를 먹었다고 해서 그가 중년이나 노년이었다는 뜻은 아니다. 버밍엄 YWCA 살인사건의 범인 패트릭 바안은 1959년 크리스마스 직전에 소녀를 습격하여 목을 절단하고 한쪽 젖을 베내어 설탕을 쳐서 먹으려 했다. 그때 그는 28세였다. 후에 그는 그때까지 몇 년 동안 소녀를 괴롭히는 것, 특히 끌로 소녀를 조각조각 절단하는 것을 공상해 왔다고 자백했다. 멜빈 라인하트는 《성도착과 성범죄》에서 대개의 기학적인 성관계 살인범은 범행 이전에 몇 년 동안 이러한 끔찍한 공상에 잠긴다고 지적했다.

리퍼의 다음 살인은 고양되는 욕구를 만족시킨다는 점에서 보면, 실패였다. 오전 1시경, 버너즈 거리의 노동자용 클럽 뒤뜰에서 짐마차를 몰고 들어오던 사람이 담에 기대어 있는 것처럼 놓여진 여자 시체를 보고 클럽으로 뛰어들었다. 리퍼는 그때 뒤뜰에 있었거나, 아니면 짐마차를 보고 달아났을 때였다. 피해자의 이름은 엘리자베스 스트라이트로 '키다리 리즈'로 불리는 여자였다.

그녀는 알코올 중독자로 거짓말을 하는 버릇이 있었다. 그녀가 늘 자랑삼아 하는 이야기는, 1878년 템스 강의 기선 프린세스 앨리스 호가 승객 7백 명과 함께 침몰했을 때, 그녀도 그 배에 타고 있었고 남편과 두 아이가 빠져 죽었다는 것이다. 그녀는 마스트에 기어올라가 살아났는데, 위에 있던 사내가 발로 그녀의 입을 차서 아랫니가 부러졌다고 덧붙였다(리퍼에게 당한 대부분의 피해자가 그랬던 것처럼 그녀도 이가 많이 빠졌다. 그녀와 같은 하층계급의 여자는 치과에 가는 일이 없었다). 그러나 그녀는 아이를 낳은 적도 없었고, 프린세스 앨리스 호에 탄 일도 없었다. 리퍼는 그녀의 목젖을 베어내려고 하다가 짐마차의 출현으로 방해를 받았다.

그는 커머셜 거리를 급히 지나서——그는 어떤 살인범보다도 활동 범위가 넓었다——하운즈티치 근처에서 비숍스케이트 경찰서에서 막 석방된 매춘부를 만났다. 그녀는 술에 취해 소란을 피웠기 때문에 몇 시간 동안 구류되었다. 그가 마이터 광장까지 같이 가자고 말하자 그녀는 쉽게 응했다. 그곳은 겨우 몇백 야드 떨어진, 창고로 둘러싸인 광장이었다. 경찰관이 1시간 반마다 이 광장을 순찰했으나, 1시 반까지는 아무런 이상도 없었다. 아마도 리퍼는 경찰관이 순찰할 때, 마이터 광장과 듀크 거리를 잇는 교회 거리의 어떤 집 문에 그녀를 밀어붙였으리라.

광장에 이르자 그는 언제나와 마찬가지로 신속하고 조용하게 일을 진행했다. 손으로 입을 막고 칼을——아마도 엄지손가락으로 칼날을 누르고——목젖에 들이대는 순서로. 그리고 광장 구석에서 그녀를 굽어보며 또 하나의 희생자를 얻은 것을 미친 듯이 기뻐했다. 도중에 그는 희생자의 얼굴에 몇 개의 섬세한 상처를 내기도 했다. 오른쪽 볼을 위쪽으로 베기도 하고 오른쪽 귓불을 절단하고 두 눈 밑에 옆으로 상처를 내고 윗입술을 세로로 잘랐다.

모든 일을 마치기까지 15분이 걸렸다. 그리고 그는 거리를 따라 광장 북쪽으로 천천히 걸어가다가 도중에 손을 씻기 위해 하수구 웅덩이(내가 1961년에 살인 현장을 돌아보았을 때에는 그대로 남아 있었다)에서 멈췄다. 경찰관은 리퍼가 현장에서 사라지고 몇 초 후에 시체를 발견하고 1시 45분에 비상 호루라기를 불었다. 몇 야드 떨어진 케리 앤드 돈주 상회 창고의 야경이 급히 지원 경찰관을 부르러 갔다. 리퍼는 크리처치 옆 골목을 지나 하운즈티치를 가로질렀을 때 경찰관의 호각 소리를 들었다. 그는 틀림없이 만족스러운 미소를 지었을 것이다. 그는 굴스턴 거리에서 피해자의 에이프런 조각 —— 그는 이것을 베어내서 갖고 왔다 —— 으로 나이프를 닦고 벽에 다음과 같이 썼다. "유대인은 쓸데없이 비난받는 인간은 아니다." 그리고 혼자 킬킬 웃으며 계속 걸어갔다. 런던의 이스트 엔드에는 많은 유대인이 살았으며, 폭력 살인사건이 일어나면 반드시 누군가가 유대인을 살인자로 고발했다. 곧, 기독교도를 의식(儀式)으로써 살해하는 것이 유대인의 종교행사의 하나라고 생각되었다. 리퍼는 닐 크림처럼 약간 소동을 일으키고 싶었던 것이다.

순찰을 목적으로 조직된 화이트채플 자경단 단장 러스크가 1인치 정도의 신장동맥이 아직도 붙어 있는 신장의 반쪽을 받은 것은 며칠 후였다. 이것은 리퍼가 그의 최근의 희생자로부터 잘라낸 것이었다. 이 신장은 브라이트병(일종의 신장염)에 걸려 있었으므로 장난이라고 생각할 수 없었다. 이 신장의 주인 캐더린 에드위스는 브라이트병에 걸려 있었다. 이 신장은 편지에 동봉되어 있었다〔이 살인자가 잭 더 리퍼(리퍼는 '찢는 사람'이라는 뜻)라는 별명으로 불리게 된 것은 이 편지에 앞서 그가 센트럴 통신사에 보낸 편지에 이렇게 서명했기 때문이다〕.

일반적으로 리퍼의 마지막 살인이라고 생각하는 살인사건은 6주일 후인 11월 9일에 일어났다. 아마도 경찰과 자경단의 경비가 너무나 엄중하여 리퍼에게는 거리가 너무나 위험했기 때문이었으리라.

언제나와 마찬가지로 닐 크림도 부러워했을 타이밍 감각을 발휘하여 리퍼는 런던 시장 취임 축하행렬이 있는 밤을 선택했다. 이 행렬은 하운즈티치를 지나기로 되어 있었다. 도세트 거리 끝의 미러즈 코트라고 불리는 길에서 그는 메어리 자네트 켈리라고 하는 아일랜드인 매춘부를 유인했다. 그녀는 검은 머리가 치렁치렁하고 약간 뚱뚱해 보이는 건장한 젊은 여자로, 이전의 어떤 피해자보다도 훨씬 예뻤다. 그러나 다른 피해자와의 공통점은 그녀가 진을 물마시듯 한다는 것이었다. 결국 그녀도 낙오한 인간이었다. 그녀는 몇 주일분의 방세가 밀려, 죽기 몇 시간 전에 역시 한푼도 없는 친구에게서 반 크라운(2실링 6펜스)을 빌리려고 했다.

그녀는 한밤중에 손님을 자기 방으로 끌고 갔으나, 그는 한푼도 없는 건달이었다. 어쨌든 그녀는 2시간 후에 다시 거리로 나와 전에 야경을 하던 해치슨과 잠시 이야기를 나누었다. 그녀와 헤어진 다음, 해치슨은 커머셜 거리에서 낯빛이 거무튀튀한 사내가 그녀를 불러 세우는 것을 보았다. 이 시각에 이스트 엔드를 돌아다니기에는 옷차림이 좋은 사내라고 생각했으나, 해치슨은 리퍼일지도 모른다는 의심은 하지 않았다. 그 사람은 금줄이 달린 시계를 가졌고 양끝이 말려 올라간 커다란 수염을 기르고 있었다. 해치슨은 두 사람의 뒤를 밟아 그들이 미러즈 코트로 들어가는 것을 보았다. 메어리 켈리는 도세트 가 10번지 뒤뜰의 손님방으로 사용되던 작은 방에 살고 있었다. 때는 벌써 2시가 지나 있었다.

후에 두 증인은 3시부터 4시 사이에 "살인이야"라는 외침을 들었다고 증언했다. 아마도 리퍼는 메어리 켈리와 성교를 하고 그녀가 잠들기를 기다렸으리라. 그녀는 건강한 젊은 여자로, 고함을 지르면 금방 경찰관이 몰려왔을 테니까. 그는 오른손으로 그녀의 입을 막고 나이프로 우측 경동맥을 찔러 죽었다——왼손을 사용해서. 피는 벽에도 살인자한테도 튀었다. 그때 그가 나체였던 것만은 확실하다. 그는 살인을 하고 2시간을 그 방에서 지냈다. 메어리 켈리는 그때까지 그가 죽인 피해자 중에서 가장 매력적이었다. 그는 말하자면 그의 기묘한 강박관념의 마지막 한 방울까지 마실 수 있었다. 그는 메어리 켈리를 인간이라고는 하기 어려운 꼴로 만들어 놓고 떠났다.

그는 그녀의 자궁에서 석달 된 태아를 발견했다. 그는 여기서 최대의 쾌감을 느끼지 않았을까. 그의 정신병은 탄생의 공포와 어떤 관계를 가졌기 때문이다. 그는 어머니만이 아니라 태아도 죽였다.

그는 매우 철저했다. 코와 귀조차도 베어냈다. 리퍼가 어둠 속에서 이런 일을 할 만큼 눈이 밝았던 이유는 알 수 없다. 그는 조심하기 위해 촛불도 켜지 않았다. 모슬린 커튼은 얇았고 창에는 유리가 없는 곳이 두 군데나 되었던 것이다. 그러나 도중에 그는 벽난로에 불을 때고 눈에 띄는 대로 옷을 집어던졌다. 불길이 얼마나 세었던지 벽난로 옆에 있던 약탕관 손잡이가 녹았다.

6시경, 잭 더 리퍼는 미러즈 코트 13번지를 떠났다. 그리고 역사의 밖으로 걸어나갔다. 그 후로 그의 살인은 다시는 일어나지 않았던 것이다.

물론 다음과 같은 살인사건은 그 후에도 일어났다. 엘리자베스 잭슨이라는 매춘부의 시체 일부가 1889년 6월에 템스 강에서 발견되었다. 역시 1889년 6월에 앨리스 매킨지라는 여자가 목이 잘리고 배가 갈라진 시체로 발견되었다. 1891년에는 프랜시스 콜즈라는 여자가 목과 위에 치명적인 상처를 입고 간신히 숨이 붙은 상태로 발견되었다.

그러나 리퍼는 배를 가르는 것만으로는 만족하지 않았다. 그의 기쁨은 두 손을 뱃속에 넣어 장을 꺼내는 것이었다. 아마도 그는 시체를 절단하는 작업을 대체로 손으로 더듬으며 했을 것이다. 그는 시체를 치우려고 하지는 않았다. 시체는 그대로 놓아두었다. 또한 그는 어떤 피해자도 아직 숨이 끊어지지 않은 상태로 놓아두지는 않았다. 그의 손은 도살자의 손처럼 솜씨가 있었다.

내가 《살인백과》에서 잭 더 리퍼의 항목을 썼을 때, 도널드 매코믹의 《잭 더 리퍼의 정체》가 그때까지는 가장 권위있다고 말했다. 그 후로 마찬가지 권위를 가진 두 권의 책이 나왔다. 로빈 오델의 《사실과 픽션의 잭 더 리퍼》와 톰 캐린의 《공포의 가을》이 그것이다. 애니 채프만의 시체 스케치가 붙은 캠프스 박사의 논문과 C. M. 마클라우드의 리퍼의 필적에 관한 논문은 1968년 2월과 8월의 《범죄학자》에 게재되었다. 나는 여기서 여러 가지 설을 자세하게 비판할 생각은 없다. 윌리엄 스튜어트는 잭 더 리퍼를 기학적인 산파라는 설을 내세웠다. 그는 메어리 켈리의 태아 때문에 이러한 발상을 했다. 하원의원 레너드 매터즈는 뒷받침이 전연 없는 말을 내세우기도 했다. 매터즈에 의하면, 잭 더 리퍼는 스탠리 박사라는 수수께끼의 인물로서, 그의 아들이 메어리 켈리로부터 옮은 매독 때문에 죽었기 때문에 아들을 파멸시킨 여자를 1888년에 3개월 동안이나 찾아다녔다. 그리고 켈리의 거처를 물어본 매춘부들을 말이 새나가는 것을 방지하기 위해 죽였다. 도널드 매코믹 자신의 설도 거의 생각해볼 여지가 없다. 그는 병적인 거짓말쟁이였던 윌리엄 루큐(1864~1927. 많은 탐정소설을 쓴 영국 소설가)의 증언을 믿었다. 루큐에 의하면 러시아 신부 라스푸친은 러시아의 위대한 범죄자에 대한 책을 썼는데, 이 책에서 리퍼는 페다첸코라는 살인광 의사라고 말했다는 것이다.

도널드 매코믹은 토머스 달턴 박사의 미발표 일기와 원고의 많은 부분을 인용하면서 자기 주장을 뒷받침한다. 그러나 매터즈는 스탠리 박사의 실재에 대한 증명을 하나도 제시하지 못한다. 달턴 박사는 사실상 실재했으나—톰 캐런은 그의 사망 광고를 보았다고 나에게 말했다—그의 '범죄에 대한 기록'이 발표될 때까지는 그가 제시하는 사실의 신빙성을 평가할 수 없다. 예컨대, 그는 애니 채프만, 마사 터너, 메어리 니콜즈, 메어리 켈리는 죽을 때까지 월스워스의 같은 진료소에 다니고 있었고, 당시 페다첸코는 월스워스에서 일했다고 주장한다.

로빈 오델은 리퍼가 '소케트', 즉 유대의 법정 도살자였다고 말한다. 이것은 있음직한 일이지만 심리학적으로는 무리가 따른다. 산부인과 의사는 반드시 치한(痴漢)이 된다고 말하면 무리인 것과 마찬가지이다. 기학적인 성범죄의 특질은 범인이 범행에 이르기 전에 공상에 잠긴다는 것이다. 그런데 공상은 진공상태일 때 생긴다. 나도 생각해낼 수 있는 도살자의 기학적인 살인은 한 가지밖에 없다. 그것은 프랑스의 살인범 우즈부슈 피에이 다니엘이다. 졸라는 그를 모델로 하여 《수인(獸人)》을 썼다(아더 케스트너가 이렇게 말한다. 케스트너는 마그누스 히르슈펠트(1868~1935. 독일의 성심리학자)의 업적을 요약하는《성적 이상과 도착》이라는 책을 편집했다). 그가 도살자가 된 것은 피에 매혹되었기 때문이다. 그러나 흥미있는 점은 피에이 다니엘은 가족으로부터 변호사가 되라는 강요를 받기 전에는 살인을 하지 않았다는 사실이다. 이러한 강요를 받은 다음에 그는 우울증에 빠지고 살인의 충동을 느꼈다. 만일 이러한 강요를 받지 않았더라면 그의 기학적인 충동은 가축 도살로 만족했을 것이다. 이것이 오델의 설을 부정하는 중요한 논거라고 나는 생각한다. 요컨대 지금까지로서는 톰 캐린이《공포의 가을》에서 말한 설이 가장 타당한 것 같다.

《경찰과 범죄에 대한 이상한 사건(1899)》에서 메이저 그리피스는, 경찰이 착오로 리퍼가 아닐까 의심한 세 사내에 대해 말한다. 한 사람은 미친 폴란드계 유대인이고, 또 한 사람은 미친 러시아인 의사('페다첸코설'의 원인이 된 사람)이고, 다음 사람(가장 의심스러운 사람)도 '역시 의사였는데' 그는 메어리 켈리 살해사건 직후에 모습을 감췄다. 그리피스는 켈리가 살해되고 6개월 후에 검찰총장 멕빌 맥노턴 경으로부터 정보를 입수했다. 맥노턴은 이 세 사람에 대한 기록을 작성했으나 발표하지는 않았다.

1959년, 나의 친구 단 퍼슨은 리퍼에 관한 텔리비전 다큐멘터리를 맡아 달라는 요청을 받았다(이 프로에는 나도 출연했다). 그는 현명하게도 맥노턴의 딸인 아바콘웨이 경 미망인에게 접근하여 아버지가 남겨 놓은 기록이 있는가를 물었다. 그녀는 이 기록을 갖고 있었으며, 이 기록에는 마침 세 용의자의 이름이 있었다. 미친 러시아 의사는 미하엘 오스토로그라는 전과자였고, 폴란드계 유대인은 코스미스키라는 이름으로 '여자를 싫어하는 사람'이었다. 또 한 사람의 의사는 M. J. 도리트로서, 메어리 켈리 살해사건 직후에 모습을 감추었고, 그의 시체는 12월 3일에 템스 강에서 인양되었다. 그는 중요한 참고인이었다.

캐린은 이번에는 스스로 리퍼의 정체를 밝히기로 하고 M. J. 도리트를 추적했다. 그는 놀라울 만큼 완벽하게 이 일을 진행했다. 그 결과로 그의 책에는 도리트의 묘비 사진이 실렸을 정도이다. 그는 1857년 생으로, 인격이 매우 고결하고 보수적이던 윌리엄 도리트 박사의 아들이었다. 그의 이름은 몬타규 도리트였다. 그는 퍼블릭 스쿨(윈체스터교)에 다녔고 우등상을 탔다. 크리켓에 뛰어났고 무서운 논객(論客)이었다(이것은 도리트가 '지배자적 5퍼센트'에 포함됨을 보여준다. 이것은 잭 더 리퍼를 생각하는 전제조건이다). 그러나 윈체스터 교를 나온 다음, 그의 생애는 하향곡선을 그렸다. 옥스퍼드 대학에서 그는 패배자였다. 그는 인기는 있었으나 3급의 학위밖에 받지 못했다. 의사가 아닌 변호사가 되었으나 의뢰인은 하나도 없었다.

1888년, 그의 인생의 마지막 해에 그는 블랙히스의 사립학교 교원이 되었다. 이 학교는 그때부터 반세기 전에 벤저민 디즈레일리(1804~1881. 영국의 정치가, 저술가)가 다닌 학교였다. 캐린에 의하면, 1888년 무렵, 이 학교는 디킨스가 그리는 도자보이스 홀(《니콜라스 니쿨비》에 나오는 학교)처럼 형편없게 되었다. 의기소침한 그는 1888년 12월 3일, 템스 강에 몸을 던졌고, 1889년 1월 2일에 그 시체가 인양되었다. 그는 동료 교사들에게 유서를 남겼고, 주머니에는 돌이 잔뜩 들어 있었다. 검시는 치지크에서 행해졌다(이상하게도 그는 자살하기 위해 블랙히스에서 브렌트퍼드까지 템스 강을 거슬러 올라갔다). 그의 어머니는 이 타격으로 다시는 자리에서 일어나지 못하고 1890년, 뇌병과 우울증에 시달리다가 죽었다.

맥노턴은 도리트가 리퍼라고 확신했다. 그러나 그가 왜 그렇게 믿었는지는 아무도 모른다. 1889년 초, 자경단의 앨버트 바가트라는 사람은 리퍼가 활동을 재개할 것이라는 느낌이 들어 자경단 해산을 거부했다. 그는 비밀 엄수의 서약을 한 다음, 리퍼는 이미 죽었으며 리퍼의 시체는 2개월 전(그때는 3월이었다)에 템스 강에서 인양되었다는 말을 들었다. 분명히 경찰은 도리트에 대해 말한 것이다. 그런데 결정적으로 뒷받침이 필요한 것은 바로 이 점이다. 그가 유서에서 자기가 리퍼라고 고백했는가? 그의 가족은 그가 리퍼라고 믿고 경찰이 그를 찾던 1개월 남짓한 동안에 그 뜻을 경찰에 말했는가(만일 경찰이 이러한 의혹을 가졌다면 그의 실종은 분명히 비상 경계의 신호였을 것이다. 그는 영국 어디에선가 다음 살인을 노리고 있었을지도 모르니까). 생각의 유일한 난점은 달턴 박사의 애매한 기록에 근거를 두었다는 것이다. 따라서 다시 말하거니와, 이러한 기록이 발표되든가, 또는 적어도 그 존재가 분명해질 때까지는 전면적인 평가는 삼가해야 한다.

도리트설(說)은 리퍼에 대해 지금까지 알려진 몇 가지 사실과 부합한다. 도리트는 신사이고 리퍼의(또는 피해자가 죽기 전에 함께 있던 남자의) 인상에 대한 증언에는 언제나 '멋쟁이'라는 말이 나온다. 그는 갈색 모자(셜록 홈즈가 쓰고 있었다고 생각되는)를 쓰고 있었다고 증언한 경우가 세 번 있었다. 버나즈 가의 살인 현장에서 달아나는 사람을 본 어떤 여자는 그 사람이 청년 신사처럼 보였다고 말했다. 검시 때의 증언을 조사해 보면 리퍼가 멋쟁이였다는 말이 여러 번 나온다.

도리트설의 중요한 난점은, 그가 폭력 행동을 할 수 있었으리라는 암시가 하나도 없다는 것이다. 지금은 80세 이상의 사람이 차츰 늘어나고 있으므로, 1888년에 그에게 배웠던 학생이 몇 명쯤 아직도 생존하고 있을 것이다. 캐린은 잭 더 리퍼에 대해서 알고 있는 몇 명의 80대 노인을 발견하고 이야기를 나누었다. 도리트에 대한 이야기는 우울증과 자기 연민이 차츰 증대했다는 사실과 모순되는 것은 하나도 없다. 그는 윈체스터 교에서는 수재로 인기가 있었고, 옥스퍼드 대학에서도 인기가 대단했다. 그러나 그의 개인적 매력만으로는 사건 의뢰인의 수를 늘릴 수 없었고, 또한 그에게는 실의에 찬 몇 년 동안을 어떻게 해서든지 뚫고 나갈 만한 의지의 힘이 없었다. 마침내 자기 연민이 고조되어 유서를 써 놓고 죽는다……

알려진 이야기의 한도 내에서는 이러한 도식(圖式)과 모순되는 점이 없다. 누군가가 그에 관한 보다 결정적인 사실을 발굴하지 않는 한, 도리트를 잭 더 리퍼로 보는 것은 단순히 하나의 가능성에 지나지 않는다.

암시적인 사실이나 가능성을 말하는 이 자리에서 말해 두는 것이 좋다고 생각되는 한 가지 사실이 있다. 내가 1960년, 《이브닝 스탠더드》에 잭 더 리퍼에 대한 연재 기사를 썼을 때, 동일한 주장을 한 두 통의 편지를 받았다. 잭 더 리퍼는 살인사건 몇 년 후에 애스코트(또는 윈저) 근처의 정신병원에서 죽었다는 것이다. 최초의 익명의 편지에는 애스코트의 소인이 찍혀 있었다. 이 편지를 쓴 부인(어떻게 해서 부인인 줄 알게 되었는지 잊었지만)은 잭 더 리퍼가 애스코트와 윈저 사이에 있던, 그녀의 아버지가 경영하는 정신병원에서 죽었다고 확신을 갖고 말할 수 있으며, 또한 리퍼가 유복한 집안에서 태어났다는 것—내가 그 기사에서 추측한 대로—도 사실이라고 말했다.

두 번째 편지는 아일랜드의 어떤 남자한테서 온 것인데, 다음과 같은 내용이었다. 화가 월터 시카트는 잭 더 리퍼 살인사건 후 얼마 지나지 않아 화이트채플에 하숙했는데, 이 하숙의 여주인은 전에 자기 집에 하숙했던 사람이 잭 더 리퍼라고 확신하고 있었다. 그 사람은 매우 이상한 행동을 한 청년으로, 귀가 시간이 일정하지 않았고 때때로 난로에 옷을 태워 버렸다. 그러던 중 그는 아버지와 또 한 사람에게 끌려갔다. 아버지와 같이 온 사람은 윈저(애스코트 바로 옆에 있는)

근처에서 정신병원을 경영하는 의사였다.
 나는 이러한 우연의 일치에 주목했으므로, 그 진위와는 관계없이 여기에 그대로 적어 놓는다. 앞의 부인의 편지에서는 잭 더 리퍼는 1892년에 죽었다고 확언하고 있다. 영매(靈媒) 로버트 제임스 리즈가 리퍼를 추적했다는 이야기도 했다. 그의 딸이 1940년대 말에 나의 첫번째 아내에게 이렇게 말한 것이다(그녀는 레스터에 살았다). 이 이야기에 의하면, 리즈는 리퍼의 일련의 살인사건 중 하나가 일어나기 전에 그 꿈을 꾸었는데, 후에 런던의 버스 속에서 그 범인을 발견했다. 리즈 자신의 말에 의하면, 그의 뒤를 쫓아가 그가 저명한 내과의 사임을 확인했다. 사실 리퍼를 왕실 시의라고 확언하는 이야기도 몇 가지 있다. 리즈의 이야기는 리퍼가 경찰에 체포되어 정신병원에 수용되고 리즈는 국왕으로부터 연금을 받았다는 것으로 끝난다. 캐린은 이러한 연금에 대한 기록은 없다고 말한다.
 그러나 사실은, 리즈는 빅토리아 여왕과 관계가 있었다. 그는 1868년에 궁정으로 들어가 빅토리아 여왕과 그녀의 죽은 남편 프린스 앨버트의 대화를 실현시키려고 했다. 여왕 자신도 잭 더 리퍼의 일련의 살인에 대단한 흥미를 느껴 범인의 체포 방식에 대해서 자기 의견을 말하기도 했다. 그러므로 영(靈)을 통해 잭 더 리퍼의 정체를 폭로할 수 없느냐고 빅토리아 여왕이 리즈에게 물은 것은 사실인 듯하다. 다만 이렇게 물은 것이 리퍼가 궁정과 관계가 있다고 의심했기 때문인지는 영구히 알 수 없으리라.
 내 기사에 관해 몇 통의 편지를 받았는데, 그 중에는 뇌외과의 T. E. A. 스토웰(현재는 은퇴)의 편지도 있었다. 그는 잭 더 리퍼에 대해서 독자적인 견해를 피력했다. 내과의사 윌리엄 가우어즈 경의 소유인 어떤 문서를 바탕으로 한 주장이었다. 스토웰 씨는 가우어즈 경이 죽은 다음에 이 문서를 보았다. 스토웰 씨는 자기 주장을 비밀로 한다는 조건으로 나에게 말했으므로 이를 누설할 수는 없다. 어쨌든 그의 주장은 도리트설보다 무리한 듯싶다.

그러나 스토웰 씨는 다음과 같은 사실을 나에게 가르쳐 주었다. 1888년에는 신사와 귀족의 대부분은 리퍼 정도의 해부학적 지식을 갖고 있었다. 그들은 수렵가로서 산토끼에서 사슴에 이르기까지 잡은 짐승을 요리할 줄 알았기 때문이다. 이것은 잭 더 리퍼가 '멋쟁이'였음을 뒷받침하는 또 하나의 논거이다. 덧붙여서 말하면 스토웰 씨는 그가 범인이라고 생각하는 동성연애자가 광인 특유의 전신마비, 곧 매독 때문에 1892년에 애스코트 근처의 정신병원에서 죽었다고 믿는다. 리퍼는 어떤 단서도 남기지 않았다. 그러나 어떤 것보다도 신빙성 있는 한 가지 증거가 있다. 그것은 편지이다. 최초의 편지는 9월 28일에 투함(投函)되었다. 메어리 니콜즈의 죽음과 이중 살인 사이에 투함된 것이다. 이것은 닐 크림의 회담이나 그밖의 편지와 비교하면 아주 교양이 없는 것이다.

친애하는 단장님

경찰이 나를 잡았다는 말을 지금까지 몇 번 들었으나, 나는 아직은 잡히지 않았다. 경찰이 잘난 얼굴을 하고 단서를 잡았다고 하는 말을 듣고 나는 웃음을 참을 수가 없었다. 가죽 에이프런이라는 농담에서는 나는 배를 움켜쥐고 폭소를 했다……

'가죽 에이프런'은 파이저라는 초기의 용의자인데, 체포되었다가 곧 석방되었다. 이 편지는 이런 농담조로 씌어졌으며, 다음에는 '당신 부인의 귀를 잘라내겠다'고 약속한다. 서명은 '잭 더 리퍼'였다. 이중 살인의 다음날(일요일, 신문 휴간일)에 이 사람은 귀를 입수할 기회가 없었던 것이 유감이라는 또 한 통의 편지를 센트럴 통신사에 보냈다. 캐더린 에드위스의 오른쪽 귓불이 잘렸는데, 이 편지의 내용으로 보아, 리퍼는 경찰이 가까이 오는 발소리를 듣고 달아났을 때, 두 귀를 잘라내서 갖고 가려고 했다고 생각된다. 한편, 초기의 '잭 더 리퍼'라고 서명된 두 통의 편지는 장난이었으리라는 것도 충분히 생각할 수 있다. 자세한 내용은 공표되지 않았지만, 이스트 엔드의 모든 주민은 몇 시간 안에 이중 살인에 대해 알게 되었다. C. M. 마클라우드는 리퍼의 편지 중에서 두 통을 분석했는데, 그것은 내 생각으로는 간접적 추리에 의한 가장 치밀한 증거로 보인다. 신장 반쪽이 동봉되었던 편지는 필적만으로 판단하더라도 거의 진짜라고 그는 생각한다. 이 편지의 내용은 다음과 같다.

러스크 씨
 (전략) 여자에게서 꺼낸 신장 반쪽을 보낸다. 나머지는 말려서 먹었는데 무척 맛이 좋았다. 조금 기다리면 이것을 꺼낸 피투성이의 나이프를 보낼지도 몰라. (서명) 러스크 씨, 가능하거든 잡아봐라.

 마클라우드는 '나이프의 칼날 또는 단검과 비슷한' 필적을 주의해 보라고 한다. 그것은 공격성과 신경 긴장의 증거이다. 마클라우드가 분석한 두 번째 편지는 "단장님, 당신은 틀렸어. 그것은 왼쪽 신장이야"라는 말로 시작되며(앞에 인용한 편지와는 달리) '잭 더 리퍼'라는 서명이 있다.
 마클라우드의 견해에 따르면, 이 두 편지는 같은 사람이 쓴 것이 아니다. 신장을 동봉한 첫번째 편지에서는 매우 큰 장식적 대문자가 있지만 '잭 더 리퍼'라고 서명된 두 번째 편지에는 대문자가 사용되지 않았다. 두 번째 편지에서는 'Jack'의 'j'는 'k' 보다도 작다. 또 두 번째 편지에서는 'I(나)'는 'i'로 씌어 있으나 첫번째 편지에서는 매우 큰 장식적 대문자이다. 이것은 두 번째 편지를 쓴 사람의 열등감을 나타내는 듯하다. 그러나 그의 소문자 'r'은 엄청나게 크고 꿈틀거린다. 마클라우드는 이런 필체의 'r'은 주목받고 싶다는 욕망을 나타낸다고 해석한 동료가 있다고 말한다. 그는 다음과 같이 자기 생각을 요약한다.

"만일 진짜 잭 더 리퍼가 한 사람밖에 없다면, 나는 첫번째 편지를 쓴 사람이 그 사람이라고 생각한다. 독하게 앞으로 돌출된 그의 필적에는 엄청난 정력이 엿보이며 필적을 숨긴 수법은 매우 교활하다. 한 자의 끝획을 다음 자에 겹치게 하여 그 자를 판독하기 어렵게 한 것이 그가 필적을 숨기기 위해 쓴 수법이다. ……그러므로 첫번째 편지보다는 두 번째 편지가 글씨를 잘 쓴 것처럼 보이지만, 사실은 매우 판독하기가 곤란하다. 반대로 두 번째 편지는 철자는 많이 틀렸지만 상당히 판독하기 쉽다.

첫번째 편지를 쓴 사람은 아무리 잔인한 행동이라도 조직적인 방법으로 할 수 있었을 것이라고 나는 생각한다. 또한 그는 자신의 범죄가 발각되지 않도록 범행할 만한 머리와 자제력을 가졌다고 생각한다. 문자의 상부를 장식적으로 쓴 것에서 알 수 있듯이, 그는 상상력도 있었다. 다른 특징도 있기는 하지만 't'의 옆으로 그은 획은 강력하게 밀고 나가 목표를 달성하는 힘을 나타낸다. 나라면 마치 마부처럼 언제 어디서나 온갖 소문을 들을 수 있는 사람들 사이에서 이 살인자를 찾았을 것이다. 나라면 먹고 마시는 것을 좋아하는 다정한 남자로서, 그가 고른 계급의 여자들을 압도적인 동물적 매력으로 매혹한 사람을 찾을 것이다. 그는 사실은('y'의 마지막 획이 반대쪽으로 되돌아와 있는 것으로 보아서), 잠재적인 동성연애자이고 '사내다운 사내로' 통했으리라고 나는 생각한다. 술집에서 대환영을 받으며 여자를 무용지물이 되면 버리는 물건처럼 생각한 법석 떨기를 좋아하는 남자…….

일련의 살인 중에 두 번째 편지를 쓴 사람의 범행이 있었는지는 알 수 없다. 그러나 나는 그의 범행은 없었다고 생각한다. 분명히 그에게는 기학적인 충동이 있었다. 그렇지만 그가 살인을 할 만한 정력과 계획성을 가졌는지는 의심스럽다. 오히려 그는 사람들의 주목을 받고 싶다는 강렬한 욕구가 섞인 자기 멸시 때문에, 분명히 자기가 범했을 리가 없는 범죄를 이유로 체포해 달라고 경찰서를 찾아갈 사람일 것이라고 생각한다. 그는 지금이라면 요란한 옷차림을 한 패거리와 어울려 돌아다니는 사람이 되었을 것이다…….”

마클라우드는 두 번째 편지를 쓴 사람은 소매치기나 좀도둑이 되었을 것이라고 말한다.

마클라우드의 의견이 모두 옳든 그렇지 않든간에, 적어도 그는 현존하는 증거를 음미하고 필적학자(筆跡學者)로서의 오랜 경험에 입각하여 과학적 추리를 하고 있다. 그가 그리는 리퍼상(像)은 말쑥한 옷차림을 한 젊은 변호사나 의사라는 의견보다는 많은 점에서 더욱 진실에 가깝다. 그러나 나의 입장에서는 범인이 도리트라는 설에도 일면의 진실은 있는 것 같다.

도리트에게는 직업이 없었다. 일정한 직업을 가졌으면 늘 만나는 사람들, 정해진 습관 등 생활의 배경에 일종의 안정성이 생긴다. 매우 잔인한 살인을 하는 사람은 혼자 방안에 갇혀 있거나 일정한 집도 없고 일정한 성욕의 배출구도 없이 떠도는 사람인 경우가 많다. 무지르(1880~1942. 오스트리아 작가. 그 작품은 심각하고 신비적이다)는 섹스 살인범 모스브루거(《특징이 없는 사내》의 등장 인물)를 각처로 떠돌아다니며 일하는 직인(職人)으로 그려 심리학적인 통찰력을 보였다. 이 점을 두세 가지 예에 의해서 뒷받침하고자 한다.

1898년 9월 9일, 오즈나브뤼크 근처의 레히팅겐이라는 마을에서 두 여학생이 실종됐다. 그 후 마을 근처의 숲 속에서 두 여학생의 시체가 발견되었다. 살인범은 시체를 갈기갈기 찢어서 숲 속에 뿌려 놓았다. 1901년 7월, 발트 해의 뤼겐이라는 섬에서 짐마차 집의 6세와 8세짜리 두 아들이 실종되었다. 이 애들은 앞에서 말한 여학생들과 같은 상태로 발견되었다. 머리는 짓이겨진 다음 베어내었고, 수족은 절단되고, 내장은 광범위하게 뿌려져 있었다. 루드비히 레스노프라는 떠돌이 목수가 애들이 실종되던 날 이른 오후에 애들과 이야기하는 것을 본 사람이 있었고, 또한 그의 옷에는 피가 묻어 있었다.

뤼겐의 치안판사가 조사한 결과, 레스노프는 앞의 소녀 살해사건의 용의자였다. 그때는 옷에 묻은 피를 목재착색제라고 주장하여 증거 불충분으로 석방되었다는 것이 밝혀졌다. 다행하게도 1901년 무렵에는 파울 우렌프트가 혈흔 검출법을 개발해서, 레스노프의 옷은 그에게 보내졌다. 그는 레스노프의 옷에 있는 몇 개의 혈흔은 인간의 피가 분명했고 다른 것은 양의 피라는 것을 증명했다. 두 소년이 살해되기 3주일 전에 일곱 마리의 양이 배가 갈라져서 뤼겐의 들판에 흐트러져 있던 사건이 있었다. 레스노프가 범인이라는 움직일 수 없는 증거였다. 그는 처형되었다.

레스노프는 소년과 소녀를 죽였다. 그리고 1898년과 1901년 사이에 그가 또 다른 살인도 했으리라는 것은 의심의 여지가 없다.

살인범 아돌프 제펠트는 동성연애자로서, 1908년부터 1935년까지 12명의 소년을 죽였다. 제펠트는 떠돌이 시계 수리공이었다. 그는 1936년에 처형되었다.

1946년 8월 28일, 오스트레일리아 시드니 근처의 산던 곳에서 젊은 남녀가 차 안에서 페팅을 하고 있었다. 그때 어떤 사내가 자동차 창 너머로 차 안을 들여다보고 있었다. 세실 켈리가 무슨 일이냐고 물으려고 문을 열기가 무섭게 쇠막대기로 머리에 일격을 당했다. 그의 약혼녀는 매력적인 모델이었는데, 차에서 뛰어나오자마자 역시 머리에 일격을 당했다. 그 사내는 그녀를 강간하고 차 속으로 끌고 들어갔다. 그리고 그날 밤 내내 그녀를 차 속에 가두고 다시 다섯 번이나 강간했다. 새벽녘에 그는 그녀와 그녀의 애인의 시체를 차 속에 놓아둔 채 차를 절벽 쪽으로 밀고 가 차에 불을 질렀다. 그는 그녀가 죽었으리라고 생각했지만 그녀는 불타는 차에서 간신히 빠져나왔다.

범인을 찾기는 쉬웠다. 살인하기 조금 전에 그는 어떤 집에 들러 물을 얻어마셨다. 그때 그는 근처의 탄광으로 일자리를 찾으러 가는 길이라고 말했다. 경찰은 탄광에서 일하는 그를 찾아냈다. 그는 숲 속의 오두막집에서 사는 마빈 가위라는 39세의 떠돌이였다. 사진을 보니 목이 멧돼지 목이고 입이 덫처럼 생긴 건장한 사내로 강한 성격의 소유자임이 분명했다. 그는 남녀가 페팅을 하는 현장을 보았다. 섹스에 굶주렸던 그는 성적 흥분을 느끼자, 강간할 생각 이외에는 다른 생각은 없었다. 기본적으로 그는 마클라우드가 생각하는 잭 더 리퍼와 동일한 성격이었다. 두 번째 편지를 쓴 사람이라면 창으로 들여다보며 자위 행위를 한 것으로 만족했으리라. 그러나 가위는 여자를 여섯 번이나 강간했다. 그는 종신형을 선고받고, 후에 다른 죄수에게 살해되었다.

1935년 8월, 다니 퀠리건이라는 소년이 여자친구 매즐리 페니크와 함께 스코틀랜드 파스 근처의 가디즈 스트립이라 알려진 '연인의 오솔길'에 누워 있었다. 두 사람은 일어나 소녀는 흐트러진 옷을 가다듬었다. 그리고 두 사람은 걷기 시작했다. 그때 두 사람의 등 뒤의 덤불 속에서 총소리가 들리고 엽총의 산탄(散彈)이 소녀의 귀 밑을 스쳐갔다. 두 사람은 뒤돌아보았다. 한 발의 총소리가 다시 들리고, 다니 퀠리건은 정면으로 얼굴과 가슴에 산탄을 맞았다. 소녀가 몸을 굽히고 퀠리건의 시체를 들여다보고 있을 때, 그녀 옆에 어떤 사내가 나타났다. 그녀는 뛰어가서 사람을 불러올 테니 퀠리건을 돌봐 달라고 그 사내에게 부탁했다. 그러나 그녀가 뛰기 시작하자 사내도 같이 뛰었다. 농장 입구에서 그는 소녀를 뒤로 쓰러뜨렸다. 그녀는 기절한 척했다. 그는 그녀의 옷을 모두 벗기고 양말 벨트로 입에 재갈을 물린 다음 강간을 했다. 소녀는 코트를 걸치고 달아났다. 사내는 그녀의 옷을 갖고 사라졌다.

10일 후, 매즐리 페니크는 그 사내가 1마일 앞의 렌트에 사는 아일랜드인 노동자라는 것을 증명했다. 그의 이름은 존 맥위건이었으며, 그 근처에서는 거북이라는 별명으로 알려져 있었다. 스코틀랜드의 배심원들은 기묘한 평결을 했다. 맥위건은 소녀 강간 혐의에서는 유죄이지만, 켈리건 살인 혐의에서는 무죄라는 평결을 내렸다. 그는 징역 10년을 선고받았다.

1959년, 떠돌이 행상 로버트 J. 톰프슨은 멕시코시티 근처에서 52세의 해리에트 앤힉스 부인을 살해한 혐의로 재판을 받았다. 캐나다인인 톰프슨은 미국인 부인 관광객에게 유적 안내를 하기로 했다. 그런데 그는 유적을 안내한 다음에는 부인들에게 포수(抱水) 클로랄(최면진정제의 한 가지)이 든 술, '녹아웃 드롭스'를 억지로 마시게 하고는 —— 때로는 동의를 얻었지만 —— 여자가 의식을 잃은 동안에 구타를 하고 강간을 했다. 피해자 중의 두 사람(50대의 여성)은 이 폭행 때문에 죽었다(한 사람은 하룻밤 내내 나체로 지냈기 때문에 폐렴에 걸려 죽었다). 다른 4명은 정신을 차리자 자기가 나체이고 타박상을 입었다는 사실을 깨달았다. 그 중의 한 사람은 모텔 침실에 있었다. 어느 피해자나 물건을 강탈당했다. 이러한 6건의 사건은 3개월에 걸쳐 차례로 일어났다. 톰프슨은 강간과 부녀 폭행으로 미국에서도 경찰의 수배를 받은 자였다. 톰프슨의 욕구가 의식불명의 여자를 구타하고 습격하는 데 있었다는 점에서 이 사건은 리퍼의 살인과 비슷하다. 여자가 의식불명이었다는 사실(그는 여자들에게 대량의 포수 클로랄을 먹였다)은 중요하지 않다.

앞에서 열거한 일련의 사건은, 이러한 유형의 범죄는 흔히 '혼자 사는 남자'에 의해 —— 또는 가끔은 부랑자에 의해 —— 저질러진다는 나의 견해를 뒷받침한다. 사회에서 버림받고 매일 밤 혼자서 지내는 경우, 이 사람은 밤도둑이 재산을 입수하는 것과 같은 방법으로 섹스를 입수한다. 이야기를 잘 꾸며내는 루큐에 의하면, 페다첸코는 사원 버그라는 여자 공범자와 레비츠키라는 친구와 함께 살인을 했다고 한다. 그러나 리퍼 사건에 대해 확실히 말할 수 없는 것은 잭 더 리퍼는 혼자서 범행을 했고, 혼자 살고 있었다는 것이다. 만일 정신병원에 수용되지 않았다면, 그는 틀림없이 자살했을 것이다.

살인범의 3분의 1은 자살한다. 그 이유는, 살인사건에서 높은 비율을 차지하는 것은 가정 내에서의 살인이라는 점에 있다. 예컨대 섹스 살인의 경우에는 살인범이 차츰 멍청해져서 마치 붙잡히고 싶기라도 한 것처럼 단서를 남기고 가는 경향이 있다(시카고의 섹스 살인범 헤인즈는 '제발 더 이상 살인을 하기 전에 체포해 달라'고 벽에 갈겨써 놓았다. YWCA 살인사건의 범인 바안은 '이렇게 될 줄은 꿈에도 몰랐다'고 써 놓았다).

1946년, 텍사스의 텍사캐나에서 보름밤마다 살인사건이 계속 일어났다. 최초의 사건에서는 남자와 그의 약혼자가 연인의 오솔길에서 구타당하고 의식을 잃었으며 여자는 강간당했다. 1개월 후, 같은 상황에서 남녀가 사살되었는데, 여자는 강간당했을 뿐 아니라 나이프로 사지를 절단당했다. 다시 1개월 후에 17세의 소년이 사살되었다. 네 번째 살인은 부분적으로는 실패였다. 한 농부가 석간 신문을 읽다가 라이플로 사살되었고, 그의 아내는 총에 맞기는 했지만 이웃집으로 도망쳤다. 그리고 이러한 일련의 살인은 끝이 났다. 며칠 후, 한 사내가 기차에 뛰어들어 자살했다. 이 사내의 인상은 최초의 여자를 강간한 사내와 일치했다. 자살 현장 근처에는 불타는 자동차가 있었다. 이 차는 모든 범행 때 사용된 것으로 보인다. 이 경우에도 리퍼 사건과 마찬가지로 범행이 차츰 기학적인 것으로 되다가 돌연 중단되었다. 따라서 존 몬타규 도리트가 실제로 잭 더 리퍼이든 그렇지 않든 간에, 리퍼가 미러즈 코트에서 살인을 한 다음 자살했다고 경찰이 추정한 것은 아마도 옳았으리라.

제5장
범죄 발견의 시대

1800년 전후에 이르기까지는 범죄는 순수하게 사회적 문제였고 가난과 인간의 동물적 성격의 결과였다. 앵글로색슨 시대에는 범죄는 심각한 문제가 아니었고—— 사회가 작았기 때문이었을 것이다—— 사형은 드물었다.

7세기의 에셀바트 왕(552~616. 고대 영국의 왕) 시대에는 강간으로부터 살인에 이르는 대부분의 범죄는 벌금형으로 다스렸다. 도시가 늘어남에 따라 범죄가 증가되자, 형벌은 차츰 가혹해졌다. 당국자가 범죄 문제는 형벌에 의해 해결할 수 있다는 소박한 견해를 가졌기 때문이다. 이러한 태도는 버크와 헤어의 시대에 이미 변화를 보이기 시작했다. 그렇지 않았다면 헤어는 형을 면할 수 없었을 것이다(경찰은 헤어의 증언이 없더라도 시체를 발견했으므로 두 사람을 충분히 유죄로 만들 수 있었다). 영국이나 스코틀랜드에는 버크와 헤어, 또는 사델과 헌트를 함께 교수형에 처하는 것을 반대하는 배심원은 한 명도 없었기 때문이다.

내가 라스네르 사건을 말한 것은, 런던과 파리의 새로운 경찰이 범죄 해결은 범죄와의 조직적인 투쟁임을 인식하기 시작했다는 것을 보여주기 위해서였다. 그리고 범죄 색출 방법은 아주 완만하게 정밀화되었다. 1725년에 염화은은 햇빛을 받으면 검게 변한다는 사실이 발견되었고, 1802년에 토머스 웨지우드는 이 원리를 이용하여 최초의 사진을 찍었다. 그는 사진을 찍는 데는 성공했으나 이 사진은 햇빛을 쐬자마자 검게 변하였다. 그 후, 니세폴 니에프스는 사진 촬영 직후에 초산이나 암모니아로 씻으면 변색을 막을 수 있다는 사실을 발견했다. 이렇게 하면 감광(感光) 되지 않은 염화은은 용해되고 영상이 촬영된 부분만이 남는다.

그는 1862년에 최초의 풍경사진 촬영에 성공했다. 그는 작업실 창 밖의 경치를 촬영했다. 이 사진의 경치를 보면, 뜰 양쪽에 해가 비치고 있는데, 그것은 건판(乾板)을 하루종일 노출시켜야 했기 때문이다. 범죄 수사에 도움이 될 만큼 빨리 사진을 촬영할 수 있게 되기까지는 오랜 시간이 걸렸다. 초기의 '인상(人相) 사진' 시대에는 카메라 쪽을 향해 범인을 앉게 하고 5분 동안 건장한 형사 2, 3명이 번갈아가며 범인을 꼼짝 못하게 붙잡고 있어야 했다.

캐더린 헤이즈의 남편의 목을 보관한 것은 과학과 법률의 협력이 성공한 최초의 예에 속한다고 할 수 있다. 1세기 반이 흐르면서 사진술은 이러한 소름끼치는 노력이 필요하지 않게 발전했다. 예를 들면, 1876년 11월 8일, 센 강둑에서 놀던 두 아이가 말뚝에 걸린 보따리를 보고, 지나가는 사람을 불러 건져올렸다. 그 안에는 여자의 머리와 신체의 일부가 있었다. 그들은 이 머리를 사진으로 찍어 파리 시가에서 싼 값에 팔았다.

어느 날, 카페에서 일하는 사람이 그것은 비로와르라는 군인의 아내라고 말했다. 비로와르는 처음에는 아내가 가출했다고 우겼다. 그러나 그의 방을 수색해 보니, 혈흔과 머리털 약간이 발견되었다. 그러자 그는 지금까지의 진술을 번복해 부부 싸움중에 찼기 때문에 아내가 죽었으며 그 죽은 아내의 시체를 처리하기로 결심했다고 주장하였다. 의사는 그런 일은 있을 수 없다고 대답했다. 시체란 심장이 멈추어 있으므로 생체보다도 출혈량이 훨씬 적기 때문이다. 출혈량은 비로와르 부인이 칼에 찔려 죽었음을 증명하는 것이다. 게다가 부인의 시체에는 타박상이 전혀 없었다. 비로와르는 기요틴으로 처형되었다. 이 사건은 경찰이 비로와르의 범행임을 증명하기까지 별로 시간이 걸리지 않았다는 점을 제외하고는 캐더린 헤이즈의 사건과 비슷하다.

과학적인 범죄 발견이라는 면에서 최초의 위대한 첫걸음을 내디딘 사람은 알퐁스 베르디옹이었다. 그는 1879년에 취임하였다. 그러나 베르디옹에 대해 말하기 전에 전과학 시대(前科學時代)의 고전적 예를 조사해 보기로 하자. 그것은 마치 조르주 심농(1903~. 벨기에 태생의 추리소설가. 범죄자의 성격 묘사에 뛰어남)이 창작한 것처럼 보이는 사건이다.

1869년 1월 26일, 파리 생 제르맹 거리의 끝인 프랑세스 가의 어떤 레스토랑 주인이 자기 집 우물을 조사해 보기로 했다. 물맛이 이상해졌기 때문이다. 그는 지하실로 내려가 우물 중간쯤인 수면으로부터 몇 피트 위에 있는 작은 창으로 들여다보았다. 물 속에는 보따리가 떠 있었다. 간신히 꺼내 보니 안에는 사람의 다리 하반부가 들어 있었다.

젊은 형사 구스타브 마세가 달려왔다. 그가 우물 안을 들여다보니, 또 한 개의 보따리가 수면에 떠 있었다. 여기에는 양말을 신은 채인 또 하나의 다리가 들어 있었다. 양말에는 세탁소 표시가 붙어 있었지만, 그것이 오늘날처럼 수사에 도움이 되지는 않았다.

이 다리가 여자의 다리라는 것이 밝혀졌고, 마세는 캉레르가 라스네르를 추적할 때와 마찬가지로 끈질긴 수사를 벌였다. 그는 지난 6개월 동안의 여자 실종자 명단을 조사하고——84명이었다——모든 실종자의 행방을 쫓았다. 몇 주에 걸쳐 수사한 결과, 차츰 용의자는 줄어 들었다. 마세는 그밖에도 많은 단서를 얻었다. 자콥 가 근처에서 사람 의 대퇴골이 발견되었다. 12월 17일, 낡은 숄에 싸인 또 하나의 넓적 다리가 센 강에서 인양되었다. 이틀 후, 긴 외투를 입은 사람이 뚜껑 이 달린 망태에서 고깃조각을 꺼내 센 강에 뿌리는 것을 세탁소 주인 이 보았다. 뭘 하느냐고 세탁소 주인이 물으니, 그는 다음날 하루종일 낚시를 할 생각이어서 미리 먹이를 뿌려 주는 중이라고 대답했다. 그 후 사람의 고깃덩어리가 센 강과 생 마르탱 운하에서 인양되었다. 그 중의 어떤 것은 상당히 컸다.

12월 22일, 경찰관이 한 손에는 보따리를, 또 한 손에는 망태를 들고 센 강가를 걸어가는 사람을 만났다. 경찰은 도둑이 아닐까 의심 하고 그를 검문했으나, 그는 망토에서 기차로 막 도착했는데 마차를 잡지 못해 그런다고 대답했다. 그는 자신의 말을 증명하기 위해 짐에 붙은 화물표를 보여주었다. 경찰관은 그가 아주 순진해 보이므로 순순 히 보내 주었다. 그러나 그의 인상은 센 강에 고기를 뿌리던 사람과 매우 흡사했다.

마세는 또 한 가지 단서를 입수했다. 우물에서 꺼낸 보따리는 그 바느질 솜씨가 숙련공의 솜씨였다. 마세의 머리 속에는 용의자의 상 (像)이 떠오르기 시작했다. 키가 작고 통통하며, 얼굴이 둥글고 수염 은 검으며, 쾌활하고 자신만만한 태도의 사나이, 그리고 거의 확실한 일이지만 재봉사.

한편, 최초의 경찰의(警察醫)의 한 사람인 앙브르와즈 다르듀—— 그때는 은퇴중이었지만——는 인양된 다리를 조사해 보고, 그것은 남자의 다리이지 여자의 다리가 아니라고 단정했다. 마세의 처음 몇 주간의 노력은 수포로 돌아갔다.

왜 살인범은 다리를 센 강이 아니라 우물 속에 버렸을까? 분명히 이 레스토랑을 아는 자의 소행일 터였다. 마세는 이 레스토랑이 있는 건물 전체를 조사했다. 관리인은 노파였는데 너무 늙어서 기동도 제대로 하지 못했다. 따라서 누구나 이 건물에 출입할 수 있었다. 마세는 이 노파에게 지금까지 방을 빌었던 사람들에 대해 묻고 재봉사는 없었느냐고 물었다. 그녀는 여자 재봉사라면 있었다고 대답했다. 대단한 단서는 아닌 듯싶었지만 지칠 줄 모르는 마세는 집요하게 캐물었다. 그 여자가 누구의 일을 했느냐고 물으니, 노파는 여러 사람의 일을 했다고 말했다. 다른 재봉사의 일을 하청받아 했기 때문이다. 특히 그녀에게 계속 일을 대 준 사내가 있었으며, 그는 계단에 자주 물을 뿌렸다. 어디서 물을 길어 왔느냐고 마세가 물었다. 바로 레스토랑 우물에서 길어 온 물이었다.

그렇다면 이 우물을 아는 재봉사가 있을 것이다. 마세는 여자 재봉사의 거처를 찾아냈다. 그녀는 지금은 이 레스토랑의 가수였다. 그녀는 아무것도 숨기지 않는 것 같았다. 마세가 찾는 남자는 피에르 보와르보라고 그녀는 대답했다. 전에는 그녀의 애인이었으나 지금은 다른 여자와 결혼하여 마자랭 가에 살고 있었다. 마세는 보와르보에게 특별한 친구가 있느냐고 물었다. 그녀는 보와르보와 함께 자주 술을 마시러 다니는 데지레 보다스라는 노인이 있다고 대답했다. 그녀는 노인의 주소는 알지 못했으나, 그의 숙모가 네슬 가에 산다는 것을 알았다.

마세는 보다스 부인의 거처를 알아냈다. 그녀는 자기 조카가 도피느 가에 산다고 말했다. 그녀의 말에 의하면 조카를 거의 한 달이나 못 봤지만 이상한 일은 아니었다. 그는 그런 사람이었다. 그는 무늬가 있는 천을 짜는 직인이었는데 지금은 은퇴중이었다. 그는 병적으로 인색했다. 언젠가도 6주간 정도 자취를 감추었는데, 나중에야 가명으로 입원해 있었다는 것을 알았다. 병원 당국이 그의 거처를 몰라 치료비 청구를 하지 못하도록 하기 위해서였다.

마세와 보다스 부인은 조카의 아파트로 찾아갔다. 여자 관리인은 그가 분명히 방안에 있을 것이라고 말했다. 그녀는 지난밤에 그의 방에 불이 켜져 있는 것을 보았다. 그러나 노크를 해도 아무 대답이 없었다. 그는 간섭받지 않고 조용히 지내기를 좋아하는 사람이었다. 성격이 모난 은둔자였다.

보다스 부인은 시체실에서 다리를 보더니, 다리 한쪽의 상처뿐만이 아니라 양말도 기억이 난다고 단언했다. 그것이 그녀의 조카 데지레의 다리임은 의심의 여지가 없었다.

마세는 피에르 보와르보에 대해 들으면 들을수록 싫은 생각이 들었다. 보와르보는 형편없이 타락한 경찰의 정보원이었다. 그는 과격한 무정부주의자인 척하면서 좌익 집회에서 연설도 했으나, 한편으로는 줄곧 동지의 동향을 비밀경찰에 보고하고 있었다. 마세는 보다스의 아파트에 들어가 보기로 했다. 가구에는 먼지가 앉았으나 이상한 점은 하나도 없었다. 누군가가 최근까지 있었다는 것은 분명하다. 8일 만에 태엽을 감는 시계가 아직도 움직이고 있었기 때문이다. 그러나 보다스의 금고는 텅 비어 있었다. 마세는 회중시계의 뒤 뚜껑 속에서 여러 가지 유가증권의 번호를 적어 놓은 종잇조각을 발견했다. 그러나 유가증권은 찾아낼 수 없었다.

보다스가 아직도 살아 있다는 인상을 주기 위해 보와르보가 정기적으로 보다스의 아파트에 출입한다는 것은 상당히 확실한 듯했다. 마세는 아파트를 감시하기 위해 비밀경찰에서 두 사람을 차출해 왔다. 이것이 실수였다. 그들은 보와르보와 알고 지내는 사이였으므로, 그가 아파트로 왔을 때 공공연하게 그를 불러세우고 도대체 어떻게 된 일이냐고 물었다. 마세가 노리는 상대는 위험을 예고받은 것이다.

한편, 마세는 보와르보가 결혼을 하고 하숙에서 나갔다는 사실을 알았다. 전에 있던 하숙집 주인은 보와르보가 나갈 때 하숙비를 청산했다고 말했다. 그는 액면 5백 프랑의 이탈리아 주권(株券)을 내놓았고, 하숙집 주인이 거리에 나가 현금으로 바꿔 왔다는 것이다. 그것은 지참인이 곧 현금으로 바꿀 수 있는 유가증권이었다. 마세는 주권을 산 사람을 급히 찾아갔다. 그는 이 주권의 부본을 갖고 있었다. 그리고 그 번호는 시계에서 나온 종이쪽지에 적힌 것과 똑같았다.

보와르보가 먼저 살던 집의 청소부도 매우 흥미로운 이야기를 했다. 보와르보는 보통 때는 세상에서 다시 찾아보기 힘들 만큼 게으른 사람이었다. 그렇건만 12월 17일, 그녀가 들어가 보니 그의 방은 깨끗이 청소가 돼 있을 뿐 아니라 마루에 걸레질까지 한 상태였다. 그는 방바닥에 세정액 병을 떨어뜨려 냄새가 고약했기 때문에 청소를 했다고 말했다.

현재로서는 아무 증거도 없다는 것을 마세는 잘 알고 있었다. 주권에 대해서도 간단히 변명할 수 있을 것이다. 빌렸다거나 또는 빌려준 돈 대신 받았다고 말할 수 있을 것이다. 마세는 보와르보를 직접 만나기로 결심했다. 보와르보는 키가 작고 통통한 30세의 청년이었다. 얼굴과 눈은 비교적 날카롭고 성격도 강한 것 같았다. 그는, 옛 친구인 보다스가 묘한 버릇을 가졌다는 것은 알고 있지만 통 보이지 않아 걱정하고 있는 중이라고 솔직하게 얘기했다. 그는 마세의 용의자라기보다는 동료인 것처럼 행동했다. 이것은 어떤 의미에서는 사실이었다. 마세는 그의 협력 제안을 받아들일 수밖에 없었다. 그러나 결국은 꼬리를 드러내리라고 마세는 기대했다.

마세는 보와르보와 함께 혁명적인 정치집회에도 참석하여, 이 경찰 정보원이 공화주의자들을 대상으로 한 선동적인 연설도 들었다. 보와르보는 보다스 살해범이 누구인지 짚이는 사람이 있다고 자신있게 마세에게 말했다. 그것은 리페르라는 알코올 중독자인 도살자였다. 그는 리페르는 공범 3명의 도움을 받았을 것이라면서 그 세 사람의 이름을 말했다. 마세는 세 사람에 대해 조사했다. 그 중 두 사람은 12월 후반에는 줄곧 구류상태였으므로 완전한 알리바이가 있었다.

그리고 보와르보는 과연 그다운 계산으로 리페르에게 술을 퍼먹이기 시작했다——대단히 많은 술을. 마세는 이것을 막을 길이 없었다.

어느 날 밤, 리페르는 진전섬망증으로 발작을 일으켜 자기 집의 가구를 모조리 부숴 거리에 집어던졌다. 한동안 날뛰기는 했지만 그는 체포되어 정신병원으로 끌려가 거기서 그날 밤에 죽었다.

이튿날 마세가 아침 일찍 출근해 보니 보와르보는 이미 경찰서에 와 있었다. 마세는 그를 체포하기로 결심했다. 그러나 시간이 일러 마세 이외에는 아무도 없었고, 보와르보는 기운이 세었다. 마세는 급히 쓸 편지가 있어 실례한다고 하고 자기 책상으로 가, 보와르보가 신문을 읽는 동안에 보와르보를 포위해서 체포하라는 면밀한 지시를 썼다. 그는 이 편지를 대기실에 놔두고, 부하가 와서 보와르보를 체포할 때까지 그와 잡담을 나누었다.

보와르보는 태연하고 냉소적이었다. 그는 마세가 아무 증거도 갖지 못했다고 확신했다. 물론 그의 생각은 옳았다. 그러나 그는 철저한 신체검사를 받았다. 이윽고 마세는 자기가 현명한 판단을 했음을 알았다. 보와르보는 아블 행 차표를 갖고 있었고, 미국으로 도주할 생각이었다. 이 차표는 사바라는 이름으로 구입했다. 보와르보가 위대한 암살자의 이름을 선택한 것은 우연일까.

보와르보는 모든 것을 부정했다. 마세는 그의 아파트로 가서 그의 아내와 이야기했다. 그녀는 얌전한 여자로 지참금 1만5천 프랑(당시의 6백 파운드)을 갖고 왔다. 그녀는 남편의 행동을 전혀 모르는 것이 확실했다. 그녀는 보와르보가 자기의 지참금(유가증권)과 결혼할 때 남편이 갖고 있던 1만 프랑의 증권(이것은 보다스가 가졌던 유가증권의 액수였다)을 보관한 상자를 갖고 있는데, 열어 봐도 좋다고 말했다. 마세는 이 상자를 열어 보았다. 그러나 상자는 비어 있었다. 마세는 다락방으로부터 지하실까지 집안을 구석구석 조사했다. 찾고 있는 것은 지하실에서 발견되었다. 보다스의 유가증권은 양철 상자에 넣어 술통 속에 끈으로 매달려 있었다.

마세가 보와르보의 범행을 증명하기 위해서는 이제 한 가지 증거만 더 있으면 되었다. 곧, 보와르보가 마자랭 가에서 노인을 죽이고 시체를 조각냈다는 증거만 있으면 되는 것이다. 그의 먼젓번 하숙에는 이미 젊은 부부가 들어 있었다. 마세는 그들이 이사왔을 때 가구들이 어떻게 배치되어 있었는가를 물었다. 두 사람의 이야기에 의하면, 노인이 쓰러진 곳이라고 생각할 만한 곳은 방 중앙의 테이블이 있던 곳뿐이었다. 만일 보다스가 여기서 살해되었다면 다음에는 그는 테이블 위에서 조각조각 절단되었을 것이다. 방바닥에서는 혈흔을 전혀 발견할 수 없었다. 그러나 마세는 방바닥이 약간 기울어졌고 또한 침대 밑의 타일에 가느다란 금이 간 것을 발견했다. 그는 연극을 해보기로 결심했다.

　보와르보를 방으로 데려왔으나 그는 태연했다. 마세는 바가지를 들고 말했다. "보다스는 지금 내가 서 있는 곳에서 살해되었을 거야. 지금 방바닥에 물을 부으면 피가 어떻게 흘렀는가를 알 수 있지." 보와르보는 눈에 띄게 불안해졌다. 그는 물이 침대 밑으로 흘러가 괴는 것을 꼼짝 않고 바라보았다. 타일을 떼어내기 위해 벽돌공이 불려왔다. 벽돌공이 타일을 떼어내니, 타일 뒷면에는 분명히 피로 보이는 흑갈색의 것이 붙어 있었다. 보와르보는 마침내 그 자리에서 고백했다. 그것은 자세히 인용할 가치가 있는 것이다.

　(마세가 물었다)
　"자네 진짜 이름은 뭐지?"
　"내 본명은 보와르보는 아니지만 지금은 내 진짜 이름을 말하고 싶지 않습니다. 후에 알게 될 것입니다. 나는 사생아입니다. 나는 아버지가 누구인지도 알고 있지만 아버지를 자랑스럽게 생각하지 않는다는 것만은 말하고 싶습니다. 내 아내도 마찬가지지만 누구나 내가 고아라고 믿습니다. 그렇지만 양친은 건재하십니다. 어머니와는 가끔 만납니다. 다소나마 어머니를 돕고 있어요. 어머니는 가난하고 늙으셨으며, 게다가 어머니는 결점투성이인 나를 존경합니다. 나도 마찬가지로 어머니를 사랑합니다! 아버지는 나쁜 사람입니다. 아버지는 내가 어릴 때 자주 때렸습니다. 그리고 때로는 화가 나서 주먹을 휘두르며 '이 새끼, 넌 내손으로 죽인다!'고 소리쳤죠. 당신은 이 무서운 말의 정확한 의미를 모를 것입니다. 그러나 결과적으로 아버지가 옳았습니다. 사실상 나는 쓸모없는 인간입니다. 아버지의 손에 죽지 않기 위해 나는 아버지를 죽이려고 했어요. 그런데 아버지는 내 마음을 알기나 하는 것처럼 대단히 조심을 했습니다. 나는 분노와 증오를 가슴속에 간직한 채 집을 나왔습니다. 지금도 그때와 마찬가지로, 아니 그보다 더 강하게 아버지를 미워합니다. 아버지가 가엾은 어머니에게 준 고통과 어릴 적에 나에게 한 가혹한 행위 때문이죠. 아마도 아버지가 내 불행의 원인일 겁니다."

"아버지의 성은 자네와 같겠지?"

"다릅니다. 아까 말한 대로 나는 서자입니다. 아버지는 나를 인정하려 하지 않았습니다. 자기가 아버지임을 증명하는 아버지의 방식은 나를 때리는 것뿐이었습니다."

"자네 아버지 이름을 말하는 게 어떤가? 자네와는 다른 이름이잖나."

"천만에요. 말할 수 없습니다. 당신은 아버지를 아니까요. 당신은 대단히 싫은 상황에서 아버지와 어떤 관계를 가졌을 겁니다. 언젠가는 당신이 아버지를 상기해 주기를 바라지만 지금은 말할 수 없습니다."

"집을 나온 다음에는 어떻게 지냈나?"

"생활을 위해 싸웠죠. 이러한 생활에서는 모든 것이 우연이 아니면 기만입니다. 나는 나름대로 정당한 수단으로 불운에서 벗어나려고 온 힘을 기울였지만 실패했어요. 나는 별로 뛰어난 점이 없지만, 남들의 주목을 받고 싶었습니다. 가난했으므로 부를 동경했습니다. 마드모아젤 레몬데와 결혼하면 나는 약간의 재산을 얻을 것이고, 또한 그녀처럼 선량한 여성과 함께 지내게 되면 나도 정신을 차려 과거의 잘못을 보상할 수 있으리라고 생각했습니다."

"잘못이라고 하지 말고 범죄라고 해야지."

"범죄라고요? 그래요, 말씀대로입니다. 그러나 나는 때때로 내가 범죄자라는 것을 잊고, 대부분의 불량배와 마찬가지로 발을 씻고 정직한 사람이 되고 싶다고 간절하게 생각합니다. 그 중에는 성공한 사람도 있으며, 나도 그런 사람을 알고 있습니다. 나의 경우에는 실패했지만요. 만일 저 이기적인 데지레 노인이 내가 부탁한 대로 1만 프랑을 빌려 주었더라면, 나는 결코 그를 죽이지는 않았을 것입니다. 레몬데에게 1만 프랑을 갖고 있다고 말했거든요. 그 돈을 보여주어야만 했습니다. 나에게 그만한 돈이 있어야 한다는 것이 결혼 조건이었기 때문입니다. 나는 보다스에게 머리를 숙이며 애원을 했지만, 그는 들은 척도 하지 않았습니다. 반대로 나를 비웃고 나의 결혼 계획과 내가 말하는 모든 것을 비웃었습니다. 그렇습니다, 그래서 그를 죽였습니다."

"자네 하숙에서 죽였겠군!"

"네 당신이 증명한 대로."

"어떻게 자네 방으로 유인했나?"

"12월 14일 월요일, 목욕탕에서 나와 그레고아르 드 토르 가에 있는 레스토랑에서 함께 식사를 한 다음, 내 방에 가서 차를 마시자고 그를 유인했습니다. 그는 조금도 이상하게 생각하지 않고 따라왔습니다. 내 방에 자주 드나들었거든요. 나를 만나고 싶어서가 아니라 내가 하숙하던 집에서 일하는 어떤 여자를 만나게 될지도 모른다고 기대했기 때문입니다. 그날 밤, 내 약혼자가 친척 한 사람과 같이 와서 하룻밤을 지내게 되었다고 그에게 말하고, 손님이 있다는 것을 그가 정말로 믿도록 하기 위해, 식사중에 잠시 빠져나와 내 방에 촛불을 켜 놓고 왔습니다. 또 거리에서 불빛이 보이도록 덧문도 열어 놓았습니다. 그는 방에 들어와 테이블에 앉으면서 왜 자기를 속였느냐, 아무도 없지 않느냐고 말했습니다. 나는 약혼자가 곧 올 것이라고 말했습니다. 그리고 그의 등 뒤로 돌아가 그가 눈치채지 못하도록 작업대 위에 있던 다리미를—— 저기 있는 저것이요—— 들어서 갑자기 그의 머리를 맹렬하게 쳤어요. 그는 비명도 지르지 못했습니다. 테이블에 머리를 떨어뜨리고 팔이 축 늘어졌습니다. 나도 깜짝 놀랐죠. 그리고 나의 완력과 솜씨에 만족했습니다.

불을 끄고 창을 열어 덧문을 닫았습니다. 침묵과 어둠 속에서 그가 움직이는지 귀를 세우고 들었습니다. 아무 소리도 들리지 않았어요. 피가 한 방울씩 한 방울씩 떨어지는 소리 이외에는. 피가 떨어지는 단조로운 소리를 듣자, 나는 무서워졌습니다. 그래도 나는 그대로 한참 동안 귀를 기울이고 있었죠. 그러자 갑자기 깊은 한숨 소리와 의자가 움직이는 소리가 들렸습니다. 데지레가 움직이고 있었어요. 그는 죽지 않았던 겁니다. 그가 큰소리를 치면 어떡하나 하는 걱정이 나를 안절부절못하게 만들었죠. 그렇게 되면 큰일이니까 빨리 처리하지 않으면 안 된다고 생각하자, 나는 침착을 되찾았습니다.

작은 램프를 켜고 보니 그의 몸이 옆으로 움직이고 있었습니다. 그는 그때까지도 살아 있었던 것입니다. 그가 도움을 구하기 위해 소리를 칠 만한 상태가 아니라는 것은 확실했습니다. 그러나 그의 임종은 오래갈 것 같았어요. 나는 오랫동안 괴로워하는 것을 보고 싶지는 않았습니다.

그래서 나는 면도를 손에 들고 그의 등 뒤로 돌아가서 옛 친구 턱 밑으로 손을 넣었습니다. 그리고 머리를 쳐들자 머리는 아무 저항 없이 쳐들렸다가 뒤로 젖혀졌습니다. 램프가 그의 피투성이 얼굴을 비췄습니다. 그의 둥근 눈에는 아직도 약간의 생기가 남아 있었죠. 한 순간 그의 눈은 내가 그의 머리 위에서 들고 있던 면도칼에 멈추었다가 갑자기 공포스러운 표정을 지었어요. 심장이 심하게 고동쳤습니다. 모든 것을 끝장내야만 했어요. 마치 이발사가 면도를 할 때처럼 나는 면도를 턱 바로 밑에 대고 힘껏 왼쪽에서 오른쪽으로 그었습니다. 면도날은 완전히 살 속에 박혔습니다. 머리는 의자 뒤로 축 처졌죠. 나의 첫번째 칼질로 경동맥과 목젖이 잘렸던 것입니다. 임종시의 마지막 헐떡임과 숨소리가 상처에서 새어나왔습니다. 피는 맹렬하게 뻗쳐오르고, 그 일부는 테이블 위에 뚜껑을 닫지 않고 놓아두었던 설탕 그릇에 떨어졌습니다.

나는 시체를 조용히 방바닥에 굴러 떨어뜨리고, 덧문과 모슬린 커튼 사이로 내 모습이 사람들에게 보이지 않을까 염려스러워 창에 두꺼운 담요를 쳤습니다. 덧문을 닫으려고 너무 허둥거리는 바람에 창을 닫는 것도 잊었습니다. 보다스의 시체가 있는 곳으로 되돌아와 잠시 바라보고 있었는데 완전히 숨이 끊어진 상태였습니다. 옷을 버리지 않기 위해 나는 팬티와 양말 이외에는 다 벗었습니다. 그리고 스펀지와 세숫대야를 준비하고 사방으로 튄 피를 닦아냈습니다. 변색한 설탕은 스토브 속에 집어던졌습니다. 그리고 시체를 판자 위에 얹고 가위로 옷을 베어내서 상반신을 나체로 만들었습니다. 바지 아래쪽은 무릎 조금 위에서 잘라낸 후 벗겨냈습니다. 당신이 수사를 시작한 계기가 된 두 다리는 무척 방해가 됐어요. 그래서 당신이 내 방에서 발견한 저 고기 자르는 칼로 두 다리를 허벅지 아래로 잘라냈습니다. 그러나 나는 도살장에서 쇠다리를 잘라내듯 하지는 않았습니다. 나는 살에 날카로운 칼날을 대고 당신이 들고 있는 쇠실패로 칼등을 두드렸습니다. 그러면 조금도 소리가 나지 않습니다.

두 다리를 잘라낸 다음, 벽장 속에 넣어두었던 트렁크에 넣었습니다. 아, 얼마나 무거웠던지! 원래 데지레는 키가 작은데다가 이제는 두 다리가 없음에도 불구하고 아직도 굉장히 큰 것처럼 느껴졌습니다. 나는 시체를 조각내기 시작했습니다. 이미 반쯤은 잘려 있던 목이 가만히 있질 않았습니다. 몸뚱이를 움직일 때마다 좌우로 흔들리면서

내 얼굴에 핏방울이 튀었습니다.
 그것은 무서운 광경이었어요. 그래서 나는 머리를 몸뚱이에서 완전히 잘라낸 다음, 두 손으로 그것을 들고 한참을 응시했습니다. 지금도 그 머리가 눈에 보이는 것 같아요. 얼마나 공포에 찬 대면이었던지! 잠시 후, 나는 그의 머리를 얼굴을 밑으로 해서 냄비에 넣었습니다. 두번 다시 그 얼굴을 보고 싶지 않았죠. 그리고 나는 두 팔을 잘라내고 몸뚱이의 가죽을 모두 벗겨냈습니다. 가죽을 벗겨낸 사람고기는 얼마 동안 물에 잠겨 있으면 다른 동물의 시체처럼 보일 것이라고 생각했습니다. 그리고 사실 그것은 정육점에 있는 고기와 똑같았지요. 배를 가르고──그때 칼자루가 부러졌습니다──장과 간장과 폐와 심장을 방문 옆의 변소로 날랐습니다. 시체를 더욱 간단하게 처리하기 위해 작은 조각으로 다시 자른 다음 두 다리를 넣은 트렁크에 넣었습니다. 이 집에는 수위가 없었으므로 계단으로 해서 마음대로 물을 길어다가 방을 씻어낼 수 있었습니다. 인간의 몸 안에 피가 그렇게 많은지 정말 몰랐어요. 땀을 흘리고 온몸이 뻘겋게 달아올랐지만 추위를 느끼지도 못했고, 손가락이 뻐근해서 재단용 가위도 쓸 수 없을 정도였습니다."
 "보다스의 옷은 어떻게 했나?"
 "내 옷과 함께 스토브 속에 집어넣어 태워 버렸습니다. 그리고 의자와 피가 엉긴 판자도. 그날 밤과 그 이튿날인 화요일에는 방에서 한 발짝도 나가지 않았습니다. 밤이 되자 살조각을 밖으로 갖고 나와 여기저기 뿌려 버렸습니다. 12월 21일 밤, 내가 자주 사용하는 보자기에 두 다리를 싸고, 만일 검문을 받으면 여행에서 막 돌아오는 길이라고 말할 생각으로 철도 화물표를 달고 오전 1시쯤 밖으로 나가 나의 '장례식 화물'을 운반했습니다. 조심에 조심을 다하기 위해, 또 만나는 사람마다 내가 늦게 도착한 나그네로 보이도록 하기 위해 머플러를 하고 망태를 손에 들었어요. 망태 속에는 얼마 전에 랑글한테서 받은 자질구레한 물건들을 넣었습니다. 아주 불안한 마음으로 걸어가는데, 정말 갑자기 랑계와 샹피라는 경찰관이 뷰시 광장에서 내 앞을 가로막았습니다. 그들의 순찰 시간과 순찰하는 구역을 알고 있었으므로, 그 시간에는 도중에서 한 명의 경찰관도 만나지 않으리라고 확신했거든요. 그렇기 때문에 경찰관과 마주치자 정말 놀랐죠. 지금까지 그때처럼 놀란 적은 없었습니다. 그러나 침착을 되찾고 다행하게도 그들을 속일 수가 있었죠. 다시 걷기 시작했습니다.

내가 이 아파트에 처음 왔을 때부터 그 두 경찰관을 보아 왔기 때문에 나는 가능하면 그들과 얼굴을 마주치는 일이 없도록 조심했습니다. 뷰시 광장에서 경찰관을 만났기 때문에 마음이 동요되어 프랑세스 가로 가는 도중에 계획을 변경해서 두 다리를 센 강에 던져 버리는 것이 좋지 않을까 생각하기도 했습니다. 프랑세스 가로 들어서기 전에 또 한번 주저했습니다. 그러나 내 몸속의 악마가 전진하라고 재촉했습니다. 아무 소리도 내지 않고 내가 전에 고용했던 여자가 사는 건물로 들어갔습니다.

일단 마당으로 들어간 다음, 창에 불이 켜지지 않았는지 보았습니다. 그리고 우물 뚜껑을 열고 내가 갖고 간 보따리에 끈을 감은 다음 천천히 그 끈을 풀어서 우물 속으로 살며시 떨어뜨렸습니다. 누가 보지 않았는지 다시 한번 살펴본 다음, 아까 만났던 경찰관과 다시 만나지 않을 것이라고 확신했기 때문에 뷰시 광장을 지나 마자랭 가로 돌아왔습니다. 방에 돌아와 거울로 내 얼굴을 보니 너무나 창백해서 무서울 정도였지요. 두 경찰관에게 검문을 받을 때 피가 혈관 속에서 굳어 버린 모양이에요. 나는 추워서 떨고 있으면서도 데지레의 시체를 절단할 때처럼 땀을 흘리고 있었습니다. 그러나 이 노인의 1만 프랑과 약혼녀를 생각하니 새로운 용기가 솟아올랐습니다. 나는 잠자리에 들어 이 두 가지 일을 생각하면서 잠이 들었습니다. ……이게 답니다."

"그런데 머리는 어떻게 했나? 아직 말하지 않았는데."

"머리는 안전한 곳에 있습니다. 내가 그것을 어떻게 했는지 말하더라도 당신은 절대로 찾아내지 못할 것입니다. 저 끔찍한 다리도 마찬가지로 처리했더라면 나는 지금쯤 아내와 함께 한가롭게 난롯가에 앉아 있을 테지요."

"어쨌든 머리를 어떻게 했는지 말하게."

"특징이 가장 두드러지는 귀와 입에 납을 부어 넣었습니다. 그리고 오전 2시쯤 콩코드 다리 위에서 센 강 한가운데로 집어던졌습니다. 수면으로 떠오르는 일은 절대로 없습니다. 당신이 압수한 양철 직공이 사용하는 주형(鑄型)으로 납을 녹였지요. 어느 날, 어떤 손님이 내 방에다 놓고 간 것입니다."

"손님이란 역시 범죄자겠군?"

"마음대로 상상하십시오."

"아마 자네 공범이겠지?"

"그렇지 않습니다. 나 혼자 보다스 살해 계획을 세우고 준비하고 실행했습니다."

"그런데 자네는 보다스를 꼭 죽여야만 했나?"

"그렇습니다. 나는 1만 프랑이 꼭 필요했고, 그때 데지레는 그만한 돈을 갖고 있었기 때문입니다."

"훔쳤더라면 좋았을 텐데. 그것도 나쁘기는 마찬가지이지만 살인보다는 낫지 않은가?"

"누가 그의 돈을 훔치든 그는 나를 의심했을 겁니다."

"이제 겨우 30 남짓한데, 자네의 인생에는 벌써 범죄의 냄새가 물씬거리는군."

"나는 어떻게 해서든지 지위를 획득하고 싶었고 또 그렇게 하리라 결심했죠. 그러기 위해서는 사회 전체를 상대로 하여 목숨을 걸고 대담하게 승부에 도전해야 했습니다. 내 목을 지키려고 온 힘을 기울였지만 승부에서는 내가 졌습니다. 이번에는 완패이지요."

마세는 보아르보가 다른 살인사건과도 관계가 있지 않을까 하는 강한 의심을 가졌다. 보아르보의 가명의 하나는 사바로서 오베르베유의 농장 경영자로 되어 있었는데, 그는 이에 필요한 서류를 모두 갖추고 있었다. 이 무렵에 오베르베유에 살인사건이 있었고, 보와르보는 이 사건에 대한 신문 기사를 오려 갖고 있었다. 또한 그는 오베르베유의 프라시드 가에서 하녀가 살해된 사건에 대한 신문 기사도 갖고 있었다. 그러나 마세가 이러한 범죄를 조사하기 전에 보와르보는 한 근의 빵 속에 넣어 몰래 감옥으로 갖고 간 면도로 목을 자르는 데 성공했다. 그 전에도 그는 계획적인 탈출을 시도했으나 체포되었다.

그는 이 '완전 범죄'에서 단 한 가지 실수를 했다. 자기 보따리에 다리를 싼 것이 마세의 최초의 단서가 되었던 것이다. 이렇게 하지 않았더라면 마세는 해결 불가능한 범죄에 직면했을 것이다. 또한 보와르보도 마세가 약간의 '연극'을 했을 때, 계속 범행을 부인했더라면 형 면제의 가능성은 충분히 있었다. 그 당시에는 인간의 피임을 증명하는 결정적인 검사법이 없었다. 보와르보의 방에는 아비낭이라고 하는 이중 살인범에 대한 신문 기사도 있었다.

샤를르 아비낭이 처음 투옥된 것은 1833년이지만, 1865년에 카이엔느 형무소에서 탈옥했다. 그의 살인수법은 기묘했다. 그는 말먹이를 팔고 싶다고 하며 농부에게 접근하여 시장값보다 싸게 팔겠다고 말했다. 피해자는 크리시 근처 강가의 그가 빌어 놓은 오두막집으로 유인되어 망치에 맞아 죽었다. 그리고 조각조각 절단되어 강에 버려졌다. 피해자의 짐마차와 말먹이는 팔아 버렸다. 강에 떠돌고 있던 조각난 시체가 이지돌 뱅상과 데지레 다게의 시체라는 것이 판명된 후에, 이 살인자로부터 간신히 달아난 사람이 그의 빈 오두막집으로 경찰을 안내했다. 아비낭은 미리 도망갈 길을 만들어 두었기 때문에 이 오두막집에서 달아났으나, 경찰관은 어떤 지하실에서 불쑥 나오는 그를 체포할 수 있었다. 그가 그밖에도 다른 사람을 죽였으리라는 것은 확실하다. 그를 체포한 클로드 경감은 1833년 라스네르를 보자, 저 사람은 살인자 같다고 동료에게 말했다고 한다.

아비낭은 도살자였는데, 기요틴에서 후세 사람에게 '결코 자백하지 말라'는 충고를 남겼다.

1870년대의 프랑스는 들끓는 듯한 대동란을 겪고 있었다. 정치적 혼란에는 언제나 범죄가 따르게 마련이다. 마세는 보와르보 사건의 해결을 위해 몇 달 동안 끈기있게 수사를 했지만, 보와르보의 살인은 1868년에 일어난 2백여 건의 살인사건 중의 하나에 지나지 않았음을 생각하면, 낡은 수사법이 그 한계를 드러내기 시작했다는 것을 알 수 있다.

비도크와 캉레르는 범죄자의 얼굴에 대한 그들의 기억력에 의존했다. 마세 시대에는 범죄자의 얼굴을 기억하기에는 그 수가 너무 많았다. 사진도 불충분했다. 10만 매의 사진을 보관하고 있었지만 경찰이 범인과 일치하는 사진을 쉽게 가려낼 수 있도록 범인의 인상을 특징에 따라 분류해 두지 않으면 전혀 쓸모가 없었다. 사람들은 어떻게 다른 사람의 인상의 특징을 말하는가? 시험삼아 버스 속에서 정면에 앉았던 사람의 얼굴의 특징을 마치 경찰에서 진술하듯이 말해 보라. 가령 코가 비뚤어졌다거나 완전한 대머리가 아니면, 곧 상당히 특이한 얼굴이 아니면 거의 설명할 수가 없다. 이것이 프랑스 경시청이 당면한 문제였다.

1879년 25세의 알퐁스 베르디옹이 경시청 직원이 되었을 때, 그때까지의 범인 검증 방법은 거의 소용이 없었다. 베르디옹은 어둡고 현학적인 청년으로서 사람들에게 상당히 불쾌한 인상을 주었다. 그러나 그는 교양있는 학문적인 집안에서 태어났으므로 이러한 무질서한 수사 방법에 짜증이 났다. 그는 10만 매의 사진과 인상 특징의 기록을 정리하는 단순한 방법이 있어야 한다고 확신했다.

베르디옹이 고안해낸 방법은 할리우드에서는 안성맞춤이었을 것이다. 그는 범죄자의 사진을 보고 코와 얼굴을 분류하는 방법은 없을까 고심했다. 그래서 그는 범죄자가 체포되면 신장, 두 팔을 벌렸을 때의 길이, 머리 둘레, 앉은 키, 왼손·왼발·왼쪽다리의 길이 등을 측정해 두는 것이 좋지 않을까 생각했다. 베르디옹이 왼쪽을 선택한 이유는 왼쪽이 직업에 의해 별로 영향을 받지 않기 때문이다. 그는 변비, 위장장애, 두통과 코피로 일 년 내내 시달렸음에도 불구하고 동료들의 비웃음을 무시할 만한 고집이 있었다.

아돌프 캐틀레라는 의사는 두 사람의 인간이 정확하게 키가 같을 비율은 4대 1이라고 단언했다. 만일 그렇다면, 다른 통계에 대해서도 같은 말을 할 수 있다면, 두 사람의 신체가 같은 비율을 100대 1로 하기 위해서는 두세 가지 측정만 하면 되었다. 베르디옹은 경시총감 앞으로 이 방법에 대한 편지를 했으나 무시당하자, 스스로 정리 카드를 사고 밤 늦게까지 서에 남아 혼자 일을 했다. 마세는 베르디옹의 보고서를 읽고 너무 이론적이라고 말했다. 이것은 그의 통찰력의 결핍을 말해 준다. 경시총감 앙드류는 사람들을 귀찮게 하는 일은 그만두라고 베르디옹에게 말했다.

베르디옹은 그 후로 3년이나 지나서야 간신히 신임 경시총감 장 캉카츠를 만날 수 있었다. 캉카츠도 전임자와 마찬가지로 회의적이었으나, 베르디옹의 열의에는 감탄했다. 그는 이 방법을 시험적으로 3개월 동안만 사용해 보자고 말했다. 그러나 이것은 분명히 무의미했다. 파일 작성에만도 3개월 이상 걸릴 것이고, 베르디옹이 고안한 방법은 카드가 누적될 때에만 효과적이기 때문이다. 그러나 베르디옹은 마세가 자기 생각에 정면으로 반대하므로 요행을 바라며 일을 계속하는 것 이외에는 승산이 없다는 것을 잘 알고 있었다.

그의 카드는 1개월에 몇백 매의 비율로 늘어났다. 그러나 파리에만도 2만 명 이상의 범죄자가 있었으므로, 그 중 한 사람의 신체를 측정할 기회는 적었다. 베르디옹이 만든 카드는 2천 매에 가까웠다. 이론적으로는 그가 범인을 측정한 비율은 10대 1이었다. 상당히 높은 셈이었다. 그렇지만 그가 기록한 범죄자의 대부분이 투옥중이었고, 게다가 그들은 대체로 몇 년씩 감옥에 있어야 했으므로 그의 파일의 대부분은 말하자면 휴한지(休閑地)였다.

1883년 2월 20일, 운명은 그에게 미소를 보냈다. 그의 방법에 의해 가벼운 죄를 범한 범인이 발견된 것이다. 3개월 전에 신체 측정을 한 자였다. 이것은 매우 작은 승리였지만 캉카츠가 실험을 계속 허가하기에는 충분한 것이었다. 이것이 선견지명을 보여주는 것은 아니다. 경시총감이라는 지위는 정치적인 자리였다. 캉카츠는 명성을 기대했던 것이다. 유감스럽게도 베르디옹이 명사가 된 것은 새로운 경시총감이 임명되었을 때였다. 그러나 역사상에서는 캉카츠의 면목이 두드러진다. 파일의 증가에 따라 범인 색출의 비율도 상승했다. 얼마 후에는 1일 1건에 이르렀다. 그러나 베르디옹이 바란 것은 정말로 센세이션을 일으킬 사건, 말하자면 마세의 보와르보 추적처럼 이목을 집중시키는 사건이었다. 그는 1892년까지 기다려야 했으나, 일단 사건이 일어나자 그의 명성은 전세계에 퍼졌다. 그리고 이 사건은 다소는 우연의 힘에 의해 더 유명해졌다.

1880년대 초, 무정부주의자라고 불리는 무서운 집단이 차츰 이름을 날렸다. 사람들은 인간의 성격이 본래 착하다는 그들의 이상주의적 이론에는 전혀 무관심했다. 이 이론에 의하면, 인간의 선(善)을 지키기 위해서는 권력이 없어야 했다. 1881년, 러시아의 무정부주의자(그들은 나로드니키라고 자칭했다)가 알렉산더 2세를 폭탄으로 살해했다. 1884년 5월, 시카고에서 스트라이크중인 노동자 집회를 해산시키려는 경찰대에 어떤 자가 사제 수류탄을 던져 7명을 죽였다. 8명의 무정부주의자가 사형 선고를 받았다. 그 중 한 사람은 폭탄으로 자살하고 자기 피로 '무정부주의자 만세!'라고 썼다. 결국 4명의 무정부주의자가 교수형을 받았다.

프랑스에서는 마라테스타, 그라브, 루크류 같은 무정부주의자가 음울한 목소리로 '행동에 의한 선전'을 외쳐 부르주아지를 떨게 했다. 1891년 메이 데이에 클리시에서 데모에 참가했다는 이유로 3명의 무정부주의자가 체포되고 경찰관에게 몹시 구타당했다. 재판에서 검사 뷰로는 3명 모두에게 사형을 구형했다. 폭동 때 죽은 사람은 하나도 없었건만. 판사 브노와는 한 명을 석방하고 다른 두 사람에게는 징역 2년과 3년을 선고했다. 이듬해인 1892년 3월, 브노와 판사가 사는 집이 무서운 폭발로 흔들리고 계단이 파괴되었다. 2주일 후, 클리시 가에 있는 뷰로의 집도 폭파되었다. 다행히도 어느 경우에나 사상자는 하나도 없었다. 그러나 사람들은 두려움에 떨었다. 소와리의 채석장에서 다량의 다이너마이트가 도난당해, 파리지앵들은 다음에는 어디가 파괴될 것인지 추측하느라 분주했다. 최초의 폭발사고 용의자로 한 좌익 교수가 체포되었다.

그는 자신이 계획을 세운 것은 인정했지만 실행한 자는 라바숄이라고 말했다. 라바숄은 경찰이 찾는 사람이었다. 다만 무정부주의자가 아닌 살인 혐의를 받고 있는 밤도둑으로서. 그는 인색한 늙은이와 그 가정부, 철물점을 경영하는 두 여자 그리고 숲 속의 오두막집에 사는, 역시 지독히 인색한 노인을 죽였다. 또한 그는 보석을 훔치기 위해 어떤 백작부인의 무덤을 도굴한 것으로 믿어졌다. 이 40세의 범죄자의 별명은 '코니그스탄'이었다.

클리시 가 폭파 사건이 있던 날, 라바숄은 마젠타 거리의 레스토랑 베리에서 식사를 하며 레로라는 급사를 무정부주의자로 전향시키려고 했다. 이튿날, 그가 다시 왔을 때 레로는 그의 엄지손가락의 상처를 보았다. 이 상처는 라바숄의 인상서(人相書)에 기록되어 있었다. 레로는 경찰에 알렸고 라바숄은 체포되었다.

이것은 베르디옹이 자신의 방법을 세상에 알리는 아주 좋은 기회였다. '코니그스탄'은 노인 살해 혐의로 생테티엔(프랑스 남동부의 도시)에서 며칠 동안 구류된 일이 있었는데, 다행스럽게도 경찰은 그가 탈출에 성공하기 전에 그의 신체를 측정해 놓았다. 베르디옹 자신이 라바숄의 신체를 측정해 보자, 그 결과는 '코니그스탄'과 완전히 일치했다. 이상주의적인 무정부주의자 라바숄은 사실은 살인범 코니그스탄이었다. 그 후로 적어도 당분간은 무정부주의 운동은 신용을 잃었다. 라바숄의 재판이 열리기 전날에 레스토랑 베리가 폭파되었고, 레스토랑 주인과 손님 한 명이 죽었다. 이것은 분명히 라바숄 체포에 대한 보복이었고 판사에 대한 위협이었다. 이 폭파는 효과가 있었다. 라바숄은 징역형을 받았을 뿐이었다. 그러나 생테티엔의 판사들은 무정부주의자의 폭탄을 별로 무서워하지 않았다. 베르디옹이 제시한 증거를 바탕으로 라바숄이 5건의 살인사건의 범인임이 입증되었다. 그는 1892년 7월 10일에 처형되었다. 이어서 몇 년 동안 파리는 꼬리를 잇는 폭파 사건으로 술렁거렸다. 국민의회에도 폭탄이 투척되었다. 그리고 대통령 카르노도 암살당했다. 베르디옹 자신은 다행히도 무정부주의자의 노여움을 사지 않았다.

아이러니컬한 이야기이지만, 거의 전세계 경찰계에 혁명을 일으킨 '베르디옹 인체 측정법'으로 알려진 방법은 이 무렵에는 이미 시대에 뒤떨어진 것이었다. 1860년대에 인도에서 윌리엄 하셸이라는 문관이 동일한 지문은 하나도 없다는 사실을 발견했다. 그는 인도인 병사들한테 연금을 지불하는 자신의 업무에 이것을 응용했다. 인도인 병사는 거의 모두 글을 쓸 줄 몰랐고, 영국인의 눈에는 그들은 모두 똑같아 보였다. 이러한 사실을 알고는 연금을 받는 인도인들은 연금을 두 번 타거나 또는 다시 돌아와서 다른 사람의 연금을 타가곤 했다. 하셸은 지문이 반드시 각기 다르다는 점에 착안하여 둘째 손가락에 인주를 묻혀 명부의 각자의 이름 옆에 찍는 방법으로 인도인 병사의 연금

수령 사인을 시켰다. 그 후, 연금 사취는 없어졌다.

 몇 년 후, 헨리 폴즈라는 스코틀랜드인이 같은 발견을 해서 《네이처》(1869년에 창간된 과학 주간지)에 투고하고, 이것은 범인 색출의 한 방법이 될 것이라고 말했다. 이것은 베르디옹이 그의 측정법의 실험 허가를 받기 2년 전인 1880년의 일이었다. 폴즈와 하셸은 후에 누가 지문 발견을 먼저 했는가를 놓고 격렬한 논쟁을 벌였지만 그것은 우리와는 관계가 없는 일이다.

 다윈의 제자 프랜시스 골든 경은 베르디옹 측정법에 관심을 가졌다. 이것이 유전 문제 연구에 도움이 되리라고 생각했기 때문이다. 그는 베르디옹과 친교를 맺고, 경찰 업무에 관심을 가지게 되면서 하셸에게 지문 식별법을 문의하는 편지를 냈다. 골든은 《네이처》 지상에서 하셸과 폴즈의 왕복 서한을 읽었다. 그는 지문 연구에 착수하여 얼마 후, 기본적인 분류는 네 가지밖에 없다는 사실을 발견했다. 그의 방법의 초점은 지문 중심의 삼각형, 곧 '델타'에 있었다. 1892년, 골든의 저서 《지문》이 출판되었다. 따라서 베르디옹은 최대의 승리를 거둔 해에 사실은 필요없는 존재가 되었다. 그는 이를 인정하려고 하지 않았다. 몇 년 동안 그는 불쾌한 어조로 그의 방법을 옹호했다. 이것은 불행하게도 그에게는 진정한 과학적 정신이 없었음을 보여주는 것이다. 결국은 지문 식별법이 승리를 거두었다. 이것은 베르디옹 측정법보다 훨씬 간편했다.

 지문에 의해 해결된 최초의 살인사건은 아르헨티나의 네코시아에서 일어났다. 프란세스카 로하스라는 26세의 여자가 근처의 오두막집에서 자기 애들의 시체를 발견했다고 달려왔다. 4세와 5세의 두 애가 머리가 깨어져 숨진 채 침대에 누워 있었다. 그녀는 현재의 정부 벨라스케스가 범인이라고 말했다. 그녀의 진술에 의하면 그녀가 다른 남자와 결혼하겠다고 하자, 벨라스케스는 '네가 가장 사랑하는 것'을 죽여 버리겠다고 위협했다. 그리고 그녀가 일을 마치고 돌아와 보니 애들이 죽어 있었다……
 벨라스케스는 체포되어 몹시 매를 맞았다. 위협한 것은 인정하면서도 애들을 죽인 것은 부인했다. 네코시아 경찰의 수사방법은 원시적이었다. 경찰은 벨라스케스를 1주일 동안 고문했으나 효과가 없었다. 그래서 경찰서장은 여자의 오두막집 밖에서 신음 소리를 냈다. 유치하지만 애들의 유령 노릇을 해서 그녀를 놀라게 하여 자백시키려고 했던 것이다.
 알바레스 경감이 라 블라타에서 응원을 왔다. 그는 부에노스아이레스의 경찰 통계국 국장인 환 브세티치라는 달마치아인이 하는 일에 대해 다소 알고 있었다. 브세티치는 골든의 논문에서 힌트를 얻어 독자적인 지문 식별법을 고안해냈다.
 알바레스는 이 여자의 오두막집에 들어가 단서가 될 만한 것을 찾았다. 그가 발견한 것은 엄지손가락에 피가 묻어 생긴, 문에 있는 지문뿐이었다. 알바레스는 문의 이 부분을 톱으로 잘라 경찰서로 가져왔다. 그리고 그는 프란세스카 로하스를 불러 엄지손가락의 지문을 찍었다. 알바레스는 분류법에 대해서는 거의 몰랐으나, 두 지문이 동일한 것임은 한눈에 알 수 있었다. 그가 확대경을 통해 여자에게 두 지문을 보이자, 그녀는 울음을 터뜨리며 자백했다. 그녀는 젊은 애인과 결혼하기 위해 두 애를 죽였다. 그 애인이 애들이 방해가 된다고 말했기 때문이다. 이 아르헨티나의 맥베드 부인은 자기의 두 사생아와 방해가 되는 정부를 한꺼번에 처치하려고 했다. 세계의 악녀들 중에서도 상당히 상위에 속하는 여자였다.

 영국에서는 메이저 아더 그리피스도 멜빌 맥노턴도 지문 식별법과 베르디옹 측정법의 우열을 연구하는 위원회의 위원이었다. 프랜시스 골든 경은 아직 그의 분류법을 완성시키지 못했을 때다. 영국인은 두 방법을 채택한 전형적인 절충적 방법을 고안해냈다. 그 후 역시 영국의 문관인 에드워드 리처드 헨리가 골튼을 괴롭히던 문제를 해결하였다. 헨리는 영국에서 하셀의 방법을 사용한 경험이 약간 있었다. 그는 뱅골에서 일하고 있었는데, 베르디옹 측정법에 차츰 불만을 느꼈다. 베르디옹의 방법은 여러 가지 측정을 할 때, 말하자면 한치의 빈틈도 없는 정확성을 조건으로 했으나, 인도 경찰에서는 철저한 태도가 없었다. 헨리는 1899년에 골튼의 실험실을 방문하여 골튼이 발견한 성과를 검토했다. 골튼이 상당히 오랫동안 추구해 온 분류법을 마침내 발견한 것은 바로 헨리였다. 지문의 델타 중간에 횡선을 그으면, 그것은 각 융기선(隆起線)을 횡단하고 그 결과로 융기선의 수를 셀 수 있었다. 그는 지문을 다섯 가지 형으로 분류하고, 여기에 문자로 기호를 붙였다. 융기선의 수와 문자를 결합함으로써 한 가지 공식이 생겼고, 이 공식에 의해 한 가지 지문을 몇천 개의 지문으로부터 신속하게 가려낼 수 있었다.

헨리의 방법은 인도에서 승리를 거두었다. 1900년, 영국에서 헨리의 저서 《지문의 분류와 용법》이 나오자, 그는 베르디옹 측정법의 존폐 여부를 결정하는 위원회의 위원으로 임명되었다. 그 결과, 베르디옹 측정법은 전폐되었다. 세계에서 처음으로 새로운 방식을 완전히 채용한 것은 영국 경찰이었다. 헨리는 수사과 과장보로 임명되었다. 그의 열의로 얼마 후에는 런던 경시청 지문과가 캘커타의 지문과처럼 원활하게 업무를 집행하게 되었다. 이 지문 식별법은 1902년 다윗의 날에 그 진가가 처음으로 증명되었다. 매년 다윗의 날에 온갖 범죄를 저지르고 체포되는 범죄자는 이튿날 아침 즉결재판을 받는데, 그들의 전과를 조사할 시간이 없으므로 최저액의 벌금으로 석방해 왔다. 멜빌 맥노턴 경은 이런 관습은 없앨 때가 되었다고 결심했다. 그는 다윗의 날에 체포된 56명의 지문을 런던 경시청으로 보냈다. 그 후의 이야기는 맥노턴 자신이 말하게 하자.

"그때 처음으로 조사를 받은 죄수는 자기가 그로스터 주 출신 그린

인데, 자기는 지금까지 한 번도 범행을 한 적이 없고 경마장도 그때까지는 미지의 세계였다고 심문하는 치안판사에게 대답했다. 그러나 주임 경감은 '뭔가 다른 증거는'이라는 치안판사의 질문에 벌떡 일어나, 서류의 사진을 보아 달라고 대답했다. 거기에는 무고를 주장하는 사내가 사실은 버밍엄 주의 벤저민 브라운으로 전과 10범이라는 증명이 있었다. '더러운 지문 같으니라구'라고 벤저민은 소리쳤다. '지문 때문에 들통이 날 줄 알았어.'《나의 생애》, pp. 148~149. 54명 중 29명의 전과가 밝혀져 초범의 경우보다 2배의 형이 선고되었다)"

처음으로 지문이 증거가 되어 처형된 살인범에게 살해된 영국인은 뱅골의 자이파이클리에 있는 홍차 재배소의 경영자였다. 1897년 8월, 그는 목이 잘려 침대에서 죽었다. 하인은 모두 달아나고 없었다. 이 경영자의 인도인 정부도 달아났다. 그의 지갑 속에서 피가 묻어 생긴 오른손 엄지손가락의 지문이 있는 달력이 발견되었다. 경찰 수사 결과, 2년 전에 이 경영자는 샤란이라는 하인을 절도 혐의로 경찰이 체포하게 했는데, 그때 샤란이 복수하겠다고 소리친 일이 있다는 것을 알아냈다. 샤란의 지문은 물론 파일 속에 있었고, 피 때문에 생긴 지문은 그의 지문이라는 것이 밝혀졌다. 그러나 법원은 엄지손가락의 지문을 증거로 사형을 선고할 생각은 없었다. 샤란은 살인 혐의가 아니라 강도 혐의로 처벌되었다.

지문과 관계된 영국 최초의 살인사건은 1905년 데드퍼드에서 일어났다. 그 해 3월 27일 오전 7시 15분, 지나가던 우유배달부가 데드퍼드 중심가 34번지 가게에서 두 사내가 나와 문을 닫는 것을 목격했다. 그것은 페인트 가게로 파로라는 초로의 지배인 부부가 함께 지키고 있었다.

8시 반에 점원이 와보니 가게 문이 닫혀 있었다. 그는 가게 주인을 데려와서 부엌 창문을 뜯어내고 안으로 들어갔다. 파로는 머리가 깨어진 채 1층에서 죽어 있었다. 무슨 일이 일어났는지는 분명했다. 우유 배달부가 본 두 사람이 가게로 들어갔고, 파로는 가게에서 나는 소리를 듣고 아래로 내려왔다. 두 사내는 그의 머리를 조립식 쇠지렛대로 내리치고 죽은 줄 알았다. 두 사람은 이층으로 올라가 같은 방식으로 그의 아내를 죽였다. 그들은 파로의 베개 밑에서 돈상자를 찾아내 돈을 모두 꺼냈다. 하지만 파로는 죽지 않았다. 사내들이 가게를 나간 다음, 그는 문쪽으로 기어와서 밖을 내다보았다. 그때 한 소녀가 그의 피투성이 모습을 보기는 했으나 대단한 일이라고 생각하지 않았다. 그는 가게 문에 자물쇠를 잠그고 죽었다.

경찰은 현장에 9시 반에 도착하여 얼마 후에 돈상자 안쪽에서 엄지손가락 지문을 발견했다. 경찰이 그 지역의 범죄자들을 조사한 결과, 스트래튼이라는 두 형제가 행방을 감추었다는 사실을 알아냈다. 그들은 난폭하고 잔인한 형제였는데, 경찰의 신세를 진 일도 몇 번 있었다. 그들은 주말에 체포되어 지문이 채취됐다. 돈상자 안쪽의 지문은 형인 알프레드의 지문과 똑같았다. 우유배달부는 그가 목격한 두 사람이 스트래튼 형제라고 확신하지 못했기 때문에, 지문 이외에는 그들을 유죄로 인정할 증거가 없었다. 지문 식별에 숙달한 콜린즈 경사가 원고측의 가장 중요한 증인이 되었다.

이것은 분명히 중요한 사건이었고, 지문 식별법의 장래가 이 사건에 걸려 있었다 — 적어도 몇 년 동안은. 채늘이라는 초로의 판사도 배심원도 지문에 대해서는 아는 것이 없었다. 피고측은 위험한 다리는 건너지 않기로 하고 그들도 두 명의 지문 전문가를 불렀다. 그 중 한 사람은 지문 식별법을 발견하고 이것이 경찰에서 채택되어야 한다고 주장한 헨리 폴즈였다. 불운한 우연으로 말미암아 그는 마땅히 받아야 할 영광을 하나도 누리지 못했다.

프랜시스 골든이 지문 식별법에 대해 《네이처》지를 통해 편지를 주고받던 두 사람의 주소를 잡지사에 문의했을 때, 편집자는 깜빡 잊고 하셸의 주소만 알려 주었다. 하셸은 골든과 마찬가지로 도량이 넓고 사심이 없는 사람이었으므로, 곧 골든에게 자기의 모든 성과를 알려 주었다. 따라서 골든은 폴즈와 상의할 필요가 없었다. 그런데 폴즈는 불행하게도 자기의 발견에 대해 영광이 주어지기를 바라는 편집적인 이기주의자였다(실제로 지문 식별법을 처음으로 발견한 것은 하셸이었으나 이 발견을 처음으로 발표한 사람은 폴즈였음을 기억하고 있을 것이다). 폴즈는 몇 년에 걸쳐, 발견자는 자기임을 인정받기 위해 격렬한 논쟁을 벌였다. 영국인들은, 이것은 비겁한 행동이라며 그를 무시했다. 그래서 폴즈는 원고측의 주장에 반대함으로써 자신의 존재를 인정받으려고 했다.

또 한 사람의 '전문가'도 실의에 빠진 이기주의자 가슨 박사였다. 그는 처음에는 지문 식별법을 비웃었으나(그는 베르디옹 측정법의 옹호자였다), 말을 바꿔 타기로 결심하고 자기나름의 지문 식별법을 고안해냈다. 그리고 이 사건에서 스트래튼 형제한테 불리하게 사건이 뒤집힌 것도 가슨의 명성에 대한 욕망 때문이었다. 한편, 콜린즈 경사는 지문에 대해서 흑판에 그림을 그리며 설명했다. 가슨과 폴즈는 동일한 지문은 하나도 없다는 사실을 부정하지는 않았지만, 돈상자 안쪽의 지문은 알프레드 스트래튼의 엄지손가락 지문과 틀리다고 주장했다. 판사와 배심원은 지문은 어느 것이나 비슷하게 보이고, 돈상자의 지문과 스트래튼의 지문이 사실은 동일하지 않을지도 모른다는 생각으로 기울어졌다.

이에 대해 콜린즈는 다음과 같이 대답했다. 두 지문의 차이는 지문을 채취할 때 반드시 생기는 것이다. 종이에 손가락을 누를 때의 힘과 각도에 따라 선이 굵어지기도 하고 가늘어지기도 하기 때문이다. 그는 그 자리에서 판사의 지문을 채취하여 돈상자의 지문과 스트래튼의 지문의 차이와 동일한 차이가 생기는 것을 설득력있게 실증했다. 그러나 어쨌든 의혹의 씨는 뿌려졌다. 검사는 마지막 카드를 내놓았다.

검사는 가슨을 다시 증언대에 세우고, 그가 처음엔 피고측에 유리한 증언을 하겠다고 신청한 것이 사실이냐고 물었다. 그런데 실제로 그는 원고측에 유리한 증언을 했던 것이다. 가슨은 중요한 재판에서 자기 의견을 바꾸는 사람이었으므로 분명히 중요한 증인이 될 수는 없었다. 판사는 그가 분명히 믿을 만하지 못한 사람이라고 말했다. 그래서 스트래튼 형제의 마지막 희망도 사라졌다. 그들은 유죄 선고를 받았으며, 두 사람 다 법정에서 큰소리로 욕설을 퍼부었다. '누명을 쓴 무고한 사람'이라는 인상을 주었던 계획은 완전히 어긋났다. 판사는 두 사람에게 사형을 선고했다. 영국에서 최초로 지문 하나만으로도 인간을 교수에 처할 수 있다는 것이 입증되었다.

멜빌 맥노턴은 지문과 관련된 또 하나의 몸서리치는 에피소드를 기록해 놓았다. 1911년 크라켄웰(런던의 북부 지구)의 어떤 경찰관이 창고 마당으로 통하는 문 꼭대기의 철망에 손가락 하나가 끼어 있는 것을 발견했다. 어떤 사람이 문을 넘어 마당 가운데로 뛰어내린 모양이었다. 손가락에 끼고 있던 반지가 철망에 걸려 철망의 가시가 손가락에 박히는 바람에 손가락 하나에 의지하여 매달려 있다가 결국은 손가락이 빠진 모양이었다. 이 손가락은 런던 경시청으로 보내졌고 감정 결과, 행방불명된 도둑의 손가락이었다. 몇 주일 후, 소매치기 용의자를 체포한 어떤 경찰관이 용의자가 오른손에 붕대를 감은 것을 보았다. 조사해 보니 손가락 하나가 없으므로 이 경찰관은 크라켄웰의 손가락 이야기가 생각났다. 결국 이 사람은 강도 미수로 기소되어, 전적으로 정황 증거이기는 하지만 결정적인 증거에 의해 유죄 선고를 받았다. 그는 징역 1년을 선고받았다.

지문 식별법은 범죄와의 투쟁에 혁명을 일으켰다. 그러나 다른 발견도 마찬가지로 중요하다. 섹스 살인범 레스노프에 대해서는 이미 말했지만, 그는 옷에 묻은 혈흔이 인간의 피임이 증명되어 유죄가 되었다. 이러한 증명이 어떻게 가능했는가 하는 이야기는 지문 이야기와 마찬가지로 흥미롭다. 이에 대해 간단히 말해 보자. 혈액은 공기에 노출되면 서서히 두 부분으로 갈라진다. 혈장(血漿)이라는 무색의 액체와 혈구(血球)로 이루어진 짙은 다갈색의 물질이 그것이다. 혈장은 놀라운 특성을 가졌다. 예컨대, 사람이 뱀에 물리면 혈장은 곧 독을 중화시키는 화학 물질을 만들어낸다. 그리고 독의 양이 별로 많지 않으면 독은 신체의 이러한 방어체제에 의해 파괴된다.

1890년대에 폰 베링이라는 의사가, 죽은 디프테리아균을 말에 주사하고 이 말의 혈장을 디프테리아에 걸린 아이에게 주사하면 디프테리아균이 파괴된다는 사실을 발견하여 의학의 발전에 대단한 공헌을 했다. 뱀에 물렸을 때의 혈장도 같은 원리에 따라 작용하는 것이 분명하다.

혈장은 디프테리아균이나 뱀의 독만이 아니라 다른 많은 물질에 대해서도 방어 특성을 발휘한다. 우유, 계란 흰자, 그밖에도 혈액과 같은 전혀 무해한 물질에 대해서도. 이 경우 혈장은 이물(異物)에 포함된 단백질을 공격하여 이를 무해한 불용성(不溶性) 물질로 바꾸어 놓는다.

1900년, 우렌프트는 계란 흰자를 주사한 토끼의 혈장을 채취했다. 그리고 이 투명한 혈장을 넣은 시험관에 계란 흰자 한 방울을 떨어뜨리자 혈장이 흐려졌다. 그러므로 만일 살인사건의 해결이 용의자의 옷에 묻은 얼룩이 계란 흰자냐 정액이냐 하는 것에 달려 있다면, 이것은 간단하고 신속하게 검사할 수 있다. 그 얼룩이 아무리 오래 된 것이라도 문제없다. 혈장은 이 얼룩이 아무리 오래 된 것이라도 같은 반응을 보이기 때문이다. 또한 산양(山羊)의 젖을 주사해서 혈장에 우유를 떨어뜨려도 흐려지지 않고 반대로 우유를 주사하여 만든 혈장은 산양의 젖에 반응을 보이지 않는다.

다음 단계는 명백하다. 사람의 피를 토끼에 주사하여 혈장을 만들면, 그것은 사람의 피를 떨어뜨렸을 때에는 피의 단백질을 응고시키는 반응을 보이지만, 동물의 피의 경우에는 그러한 반응을 보이지 않는다. 그 결과로 혈흔 검사는 매우 쉬워졌다. 혈흔을 소금물에 적셔 용해시키고 이 소금물 한 방울을 사람의 피에 반응하는 혈장에 떨어뜨린다. 만일 그것이 동물의 피라면 혈장은 투명한 채 아무런 반응도 없고, 만일 그것이 인간의 피라면 당장 검게 변하는 것이다.

인간의 혈흔을 검출하는 새로운 방법을 세상에 널리 알려지게 한 사건이 1904년, 베를린에서 일어났다. 그 해 6월 11일, 슈프레 강에서 보트를 타던 어떤 사람이 강에서 종이 꾸러미를 집어올려 펼쳐 보니, 머리가 없는 소녀의 시체였다. 페티코트와 어린이용 블루머를 입은 채였다. 검시 결과, 이 소녀가 강간당했다는 것이 밝혀졌다. 탐문 수사를 해보니 이 소녀는 9세의 루시 베를린으로 아카 가 13번지의 음침한 빈민용 아파트에 살았다는 것이 밝혀졌다.

루시의 모습을 마지막으로 본 것은 6월 9일 1시경인데 그때 그녀는 계단 위에 있는 변소 열쇠를 달라고 했다. 이 변소는 아파트 주인 전용으로 자물쇠를 잠가 놓았다. 그러나 루시는 변소에는 가지 않은 것 같다. 저녁이 되자 그녀의 부모가 경찰에 신고했다. 루시는 알지 못하는 사람을 따라가서는 안 된다는 주의를 몇 번이나 들었다는 것이 문제였다. 그녀가 이러한 주의를 들은 것은 어린애 강간사건이 자주 일어났기 때문이다.

근처 사람들은 그녀가 밀짚모자를 쓴 사내와 어디론가 가는 것을 보았다고 했지만, 이러한 주의를 들은 점으로 보아, 경찰은 그녀가 집 밖으로 나가지 않았을 것이라고 의심하기 시작했다. 루시의 방 위층에 사는 매춘부도 심문을 받았으나, 그녀는 루시의 살해와 전혀 관계가 없었다. 손님을 모욕한 죄로 3일간 구류를 살다가 막 석방됐을 때였기 때문이다. 그녀의 이름은 요한나 리베토르트였.

그녀와 같은 방에 있던 남자는 데오도르 벨가라고 했고, 자기는 다른 곳에 산다고 말했다. 그러나 경찰은, 사실은 그가 뚜쟁이로서

요한나와 함께 산다는 것을 알고 그를 의심했다. 그는 18년 동안이나 요한나와의 결혼을 피해 왔는데, 요즘은 이상하게 서둘러 결혼하려고 했다. 왜 그랬을까? 강에서 시체가 발견되던 날 아침, 벨가의 인상과 일치하는 사내가 장방형 꾸러미를 들고 강가에 서 있는 것을 본 사람이 있었다.

루시 베를린의 머리와 두 팔이 강에서 발견되자, 벨가는 끌려나가 이를 보았다. 그러나 그는 루시의 살해에 대해선 전혀 모른다고 우겼다. 한편, 요한나를 몇 시간 동안 심문한 끝에 흥미있는 이야기를 들을 수 있었다. 그녀는 11일 아침, 석방되어 돌아와서 루시가 실종되었다는 말을 들었다. 그녀는 버드나무로 만든 수트케이스가 없어진 것을 알고 벨가가 다른 여자와 잔 것이 틀림없다고 생각했다. 벨가가 마침내 이러한 사실을 인정하고 여자에게 줄 돈이 없어서 그 수트케이스를 주었다고 말했다. 요한나에게는 이 이야기가 그럴듯하게 들렸다. 벨가는 성욕을 느끼면 '수소 같았기' 때문이었다. 그는 아마도 성욕을 이기지 못해 여자를 방으로 끌어들이고 그 후에 자기는 돈이 없다고 말했을 것이다. 그래도 요한나는 화가 났다. 벨가가 결혼 약속을 하고 요한나를 달랜 것은 이때였다.

벨가는 이 수트케이스를 아느냐는 물음에 곧 모른다고 대답했다. 그것은 이상한 이야기였다. 그는 요한나와 18년 동안 함께 산 터였다. 그런 그가 수트케이스를 보지 못했을 리 없을 것이다. 이 수트케이스가 사건의 열쇠를 쥐고 있는 듯했다. 아파트에 핏자국이 있었더라도, 살인 후에 곧 씻어 버렸을 테니까.

경찰은 버드나무로 만든 수트케이스를 찾는 데 전력을 기울였다. 이 수트케이스는 6월 27일에 발견되었다. 신문을 한 번도 읽은 적이 없는 나룻배 사공이 이 수트케이스를 발견해서 갖고 있었는데, 그는 숙모가 이야기 끝에 살인사건에 대해 말할 때까지는 그 수트케이스가 얼마나 중요한 것인지를 몰랐다.

이 수트케이스야말로 경찰이 찾던 증거였다. 요한나는 분명히 그것이 자기 것이라고 말했다. 그리고 수트케이스 안의 얼룩은 사람의 피임이 판명되었다. 재판에서 사건의 전모가 밝혀졌다. 루시 베를린은 데오도르 벨가와 친했고 그를 '아저씨'라고 불렀다. 벨가는 때때로 루시의 집으로 놀러왔고, 루시도 요한나의 방으로 놀러갔다. 요한나는 다음과 같은 일이 있었다고 경찰에서 말했다.

그녀가 구류되기 전날, 루시가 부엌에서 벨가의 개와 놀고 있었는데, 어쩌다가 드러누워 두 다리를 들었다. 아홉 살짜리 여자애치고는 아주 잘 발달한 멋진 다리라고 요한나는 생각했다. 벨가도 같은 생각을 했을 것이 틀림없다. 이틀 후──그는 매우 자주 성적 흥분을 느꼈고, 마침 이때에는 배출구가 없었다──그는 루시가 변소에 가려고 이층으로 올라가는 것을 보았다. 그때 한 노파가 위에서 내려왔는데, 이 노파는 자기가 보이지 않게 될 때까지 벨가가 자기를 지켜보았던 것을 상기했다. 벨가는 루시를 방안으로 유인했다. 그녀는 벨가를 알고 있었고 또한 믿었다. 그러나 그가 애무를 시작하자, 루시는 깜짝 놀랐다. 벨가는 비명을 올리지 못하도록 그녀의 목을 조른 다음에 그녀를 범했다. 그 후, 그는 조심스럽게 시체를 신문지 위에 놓고 토막내서 종이에 싸서 강에 갖다 버렸다. 벨가는 처형될 때까지 무고를 외쳤다.

인간의 피와 동물의 피를 식별하게 된 것은 대단한 진보였다. 그 후, 연달아 새로운 발견이 이루어졌다. 혈장은 인간의 피와 동물의 피를 식별하게 할 뿐 아니라, 인간의 혈액형도 식별해낸다는 것을 발견했다. 혈장이 인간의 피와 동물의 피를 식별한다는 사실이 발견되기 30여 년 전에 시어도어 빌로트 박사(1829~1894. 독일의 외과의사, 위장 수술의 선구자)는 수혈을 시험하다가 혈장이 인간의 피의 형을 식별하는 것인지도 모른다고 생각했다. 수혈시에 263명 중 146명이 죽었다. 이것은 인간의 혈액이 동일하지 않다는 추론을 가능하게 했다. 그 후, 연구가 거듭된 결과, 피에는 판이한 세 가지 형이 있다는 사실이 밝혀졌다. 그것은 A형, B형, O형으로 명명되었고 '무형(無型)'의 그룹은 AB형으로 명명되었다.

이 새로운 발견을 활용한 최초의 중요한 범죄 수사는 1928년, 그라트베크라는 북부 독일의 공업도시에서 이루어졌다. 그것은 기묘한 성범죄와 관련된 사건이었다. 3월 23일 새벽, 술텐 가 11번지 앞 노상에서 비명이 들렸다. 그 몇 시간 후, 헬무트 다우베라는 19세 청년이 피투성이로 숨이 다 넘어가는 상태에서 발견되었다. 그는 목에 칼을 맞았다. 처음 몇 시간 동안은 자살설이 유력했으나, 마침내 한 형사가 면도칼도 나이프도 주변에 없고, 그 청년의 생식기가 잘린 것을 발견했다. 다우베는 그가 쓰러진 곳 가까이 있는 집에서 살고 있었다.

경찰은 전날 밤에 다우베와 함께 잔 사람이 다우베보다 한 살 위인 칼 푸스만이라는 사실을 곧 알아냈다. 경찰은 푸스만을 범죄 현장으로 급히 연행했다. 그때 한 경찰관이 그의 구두가 물로 씻은 듯이 젖어 있고, 핏자국이 있다는 것을 발견했다. 푸스만이 갖고 있는 옷 중에서도 피묻은 옷이 발견되었다. 그는 구두의 피는 새를 쫓던 고양이를 덫으로 죽일 때 묻은 것이라고 설명했다. 후에 그는 다우베의 집 앞에서 그와 헤어지고 자기 집으로 돌아가는 길에 개구리를 찢어 죽였다고 주장하기도 했다.

푸스만의 주변을 조사해 보니 그는 강한 기학적 경향을 가진 동성연애자였다. 그는 2년 전에 다우베를 만났다. 다우베는 내성적이고 여성적이며 상당히 몽상적인 청년이었다. 푸스만은 건방지고 때로는 폭력을 휘둘렀다. 그는 학교에서 하이킹을 갔을 때 처음으로 다우베를 동성애의 상대로 선택한 것 같다.

다우베가 어떤 소녀와 사랑을 하게 되자, 푸스만은 몹시 질투를 느꼈지만 곧 다우베와 소녀의 사랑은 깨어지고 다우베와 푸스만의 관계는 원상복귀되었다. 그러나 다우베는 이러한 관계에서 벗어나려고 했다. 학교의 친구들은 언젠가 푸스만이 다우베를 억지로 무릎에 앉히려고 손가락을 비틀어 괴롭히는 것을 보았다고 증언했다. 다우베가 살해되기 전날, 몇 명의 학생들이 모여 다시 하이킹을 가지고 말했으나 다우베는 가지 않겠다고 말했다. 그 후에 어떤 일이 일어났는가는 명백하다.

푸스만은 다우베에게 자기 생각을 강요했다. 그리고 자기의 소유물이라고 생각하던 청년이 자기와 헤어지려 한다고 생각하자, 살의(殺意)어린 질투심이 들끓었다. 다우베가 잘 자라고 등을 돌렸을 때, 푸스만은 뒤에서 그의 목에 칼질을 했다. 그리고 다우베를 거세했다. 푸스만은 다우베의 뒷머리에 코를 부딪쳐 코피를 흘렸는데 이것은 후에야 밝혀졌다.

곧 실시된 검사에서 구두와 옷에 묻은 피는 사람의 피이고 개구리나 고양이의 피가 아니라는 것이 밝혀졌다. 그러나 푸스만은 태연했다. 자기는 코피를 흘렸으므로 그것이 사람의 피인 것은 당연하다고 말했다. 이 사건을 담당한 형사는 난감했다. 그가 생각하기에 푸스만은 자기보다 한수 위였다.

살인사건 후 1주일이 지났다. 푸스만의 옷은 본 대학 의학연구소 소장 빅토르 밀러 헤세에게 보내졌다. 지금까지 실시된 검사로 많은 혈흔이 없어지기는 했지만, 푸스만의 옷옷에 묻은 피는 O형이고 구두에 묻은 피는 A형(다우베의 혈액형)이라는 사실을 밀러 헤세가 곧 밝혀냈다. 증거는 완벽했다. 따라서 푸스만은 교수형을 받아야 마땅했을 것이다. 그러나 배심원들은 혈액형에 대해 충분한 이해를 하지 못했다. 그들은 결코 푸스만의 무죄를 확신하지는 않았으나, 그가 유죄라는 절대적인 자신도 없었다. 푸스만은 석방되었다. 결과는 이렇게 됐지만, 이 사건은 범죄 수사에 있어서 혈액형의 중요성에 대해 광범위한 주목을 야기시켰다.

만일 푸스만과 다우베의 혈액형이 동일했더라면, 이 사건은 재판에 회부되지도 않았을 것이다. 1966년에 마가레트 페레일라와 브라이언 캘리퍼드라는 영국의 두 젊은 생물학자가 '혈액의 지문'이라고 할 수 있는 것을 발견했다. 다시 말하면 한 사람 한 사람의 혈액은 지문과 마찬가지로 독특한 성격을 가진다는 사실이었다. 인간의 혈액 중의 단백질은 개인에 따라 고유한 특질을 가졌다. 앞으로는 범행 현장에 떨어진 피 한 방울은 지문과 마찬가지로 중요할 것이다. 이 연구 결과는 케임브리지 대학의 쿰과 런던 대학의 바바라 도즈에 의한 혈액형의 연구를 발전시키는 계기가 됐다. 이 두 사람이 고안해낸 오래 된 혈흔 식별법은 찰스 1세가 처형시에 입었던 옷에 대한 실험에서 성공했다. 앞으로는 바늘 끝만한 혈흔으로도 무죄 또는 유죄가 증명될 것이다.

가령 옛날의 경찰이 현대의 범죄 수사방법을 사용했다면, 과거의 미해결의 사건이 어느 정도 해결되었을까를 상상해 보자. 잭 더 리퍼 살인사건은 해결되지 않았을 것이 거의 확실하다. 내가 알고 있는 더 리퍼 사건과 비슷한 현대의 몇 가지 사건(이에 대해서는 다음 장에서 다룬다)에서도 살인범은 체포되지 않았거나 또는 우연히 체포되었으니까. 그러나 가정 내의 살인사건 중의 몇 가지——예컨대 브라보 사건——는 해결되었을 것이 확실하다. 병에 있는 지문 하나로 간단히 해결되었을 것이다.

빅토리아 시대의 유명한 사건의 하나인 부크 사건은 1871년에 혈흔 검출법이 발견된 상태였다면, 몇 시간 안에 해결되었을 사건이다. 피해자인 제인 크라우슨이라는 하녀가 런던 남쪽의 엘담(조지 왕 시대의 건축물이 많은 런던 교외)의 '연인들의 오솔길'에서 얼굴과 머리에 무참하게 난도질을 당하고 다 죽어가고 있는 것이 발견되었다. 그녀는 얼마 후에 아무 말도 남기지 못하고 죽었다. 경찰은 범행 현장 부근에서 자귀(나무를 깎아 다듬는 연장의 한 가지)를 발견했다. 여자는 자귀로 열 번 정도 맞아 뇌수가 튀어나온 상태였다. 그녀는 임신 2개월째였다. 상대는 에드먼드 부크라는 그리니치 인쇄소집 아들로 생각되었다. 제인 크라우슨은 이 집에서 2년 정도 하녀로 일했다. 열일곱 번째 생일 며칠 전에 그녀는 부크 어머니의 의견에 따라 해고되었다. 어머니는 그녀가 아들과 너무 친하게 지내는 것이 못마땅했다. 에드먼드 부크는 응석받이에다 건방지고 매우 불쾌한 청년이었다. 그는 제인 크라우슨과 친밀한 관계였음을 단호히 부정하고, 그녀는 더러운 여자라고 말했다. 그러나 그는 와이셔츠 소매나 옷에 묻은 피를 설명할 수는 없었다.

50년 후였다면 이 피는 자기의 것이라는, 후에 그가 주장하기 시작한 말—— 그는 간질과 코피로 고생을 하고 있었다—— 의 진위를 조사하기는 쉬웠을 것이다. 물론 그의 혈액형과 제인 크라우슨의 혈액형이 같을 경우도 생각할 수 있으나, 이러한 경우라도 자귀에 지문이 남았을 테니 별 문제가 없다. 사실상 모든 증거가 부크에게 불리했다. 그가 자귀를 산 상점 주인은 그의 얼굴을 기억하고 있었다. 그에게는 범행일 밤의 알리바이가 없었다. 제인 크라우슨은 살해되기 전에 하숙집 여주인에게, 지금 '나의 에드먼드'를 만나러 간다고 말했고, 또한 조카에게는 에드먼드가 자기와 함께 도망가서 몰래 결혼하잔다며, 몇 달 동안은 친척이나 친구들에게 말하지 않겠다고 약속해 달라는 말을 했다. 또 이 조카의 말에 의하면, 제인은 한 통의 편지를 받았는데, 곧 에드먼드를 만나러 간다며 편지를 태워 버렸다. 이 편지에는 읽고 즉시 태워 버리라는 내용이 있었음이 분명하다. 제인에게 편지를 보냈느냐고 경감이 물었을 때, 당신이 그렇게 생각한다면 당장 편지를 갖고 와서 내가 썼다는 것을 증명하면 되지 않느냐고 그가 건방지게 말한 까닭도 이렇게 생각하면 설명이 된다. 그는 이 편지를 태워 버렸다는 사실을 알고 있었고, 그가 제인을 만났을 때 처음으로 물은 것이 이 일이었으리라는 것도 의심의 여지가 없다.

부크는 석방되었다. 그 주요한 이유는 이 사건이 대단한 혼란을 일으켰다는 것, 그리고 변호사 헨리 부크(친척은 아니다)가 사태를 더욱 교란시키는 데 성공했기 때문이었다. 그는 증인이 조금이라도 어긋나는 말을 하면 가차없이 추궁하여 경찰의 무능이 이 살인사건만큼 놀라운 것이라는 인상을 주었다. 제인 크라우슨의 머리칼과 일치하는 한 가닥의 머리칼이 에드먼드 부크의 바지에서 발견되었다고 검찰 측이 지적하자, 에드먼드의 사건이 머리칼 하나에 달려 있느냐고 변호사가 펄쩍 뛰면서 말했다. 오늘날이라면 그 머리털이 제인 크라우슨의 것인지를 분명히 단정할 수 있을 것이다. 그리고 이 사건에 대해 쓴 사람들 중에도 이 점에 의심을 품은 사람은 거의 없었다.

현대의 법의학이 미국의 고전적인 미해결 살인사건 리지 보덴 사건에 해결의 실마리를 제공할 수 있을지는 매우 의심스럽다. 그러나 최근의 연구로 이 사건은 극히 자세한 점까지 알게 되었으므로 이미 해결되었다고 간주해도 좋을지 모른다.

1892년 8월 4일(그 해 중 가장 더운 날) 오전 11시 15분, 리지 보덴은 하녀 브리지드 설리번을 불러 누군가가 아버지를 죽였다고 말했다. 69세의 은행가는 거실 침대의자에서 죽어 있었다. 그의 얼굴은 알아볼 수 없을 정도로 뭉개져 있었다. 누군가가 그의 손도끼로 여러 번 내리쳤던 것이다. 리지의 이야기대로라면 앤드류 보덴의 두 번째 아내 아비는 이때 앓고 있는 친구의 병문안을 가 있어야 했을 텐데, 후에 손님 방에서 엎어져 죽어 있는 것이 발견되었다. 그녀도 손도끼에 맞아 죽었다. 앤드류 보덴의 경우보다도 상처가 더 깊고 살해 방식도 더 잔인했다. 리지의 말에 의하면, 창고에 있다가 집에서 비명이 들려 뛰어와 보니 아버지가 죽어 있었다는 것이다.

리지가 많은 일을 숨기고 있다는 것을 밝혀내는 것은 그리 어려운 일이 아니었다. 그녀의 어머니는 그녀가 네 살 때 죽고 아버지는 재혼했다. 아비는 리지의 아버지보다 25세나 어렸다. 리지와는 열 살 차이밖에 없었고, 리지의 언니인 에마와는 동갑이었다. 살인사건 이틀

전, 리지는 청산(青酸)을 사려고 했다. 리지의 아버지와 계모는 살해되기 전에 얼마 동안 위통을 느꼈다. 리지는 계모를 미워했다. 검시 결과, 아비 보덴은 오전 9시 조금 지나 사망하고, 그녀의 남편은 그 후 2시간 동안은 멀쩡했다는 것이 판명되었다. 누군가가 몰래 들어와 부부를 살해했다는 것은 가능성으로는 생각할 수 있다. 그러나 침입한 살인자가, 두 여자가 있는 별로 크지 않은 집에 두 시간 동안이나 숨어 있었다는 것은 이해하기 어렵다(리지의 언니 에마는 친구 집에 머물고 있었다).

리지는 체포되어 재판을 받았다. 그녀가 유죄라는 증거는 정황 증거 뿐이었다. 검찰은 그녀 이외에는 보덴 부처를 살해할 사람이 없다는 것을 증명하려고 했다. 그러나 그녀는 나쁜 소문은 전혀 없는 '품행 방정한' 여성이었으므로 배심원은 그녀를 무죄라고 평결했다. 그녀는 1927년까지 살았다. 그녀의 생존중에는 그녀가 아버지와 계모를 살해했는가에 대해 추측적인 글을 쓴다는 것은 누구에게나 불가능했다. 그러나 그녀가 죽자 곧 에드먼드 피어슨(1880~1937. 미국의 저술가. 실제의 인물·사건에 대한 글을 썼다)은 그녀가 살인자라는 견해를 발표했다(그녀의 생존중에도 매사추세츠 폴리버의 지방 신문은 보덴 부부 살해 1주기에 신랄한 기사를 실었다. 그 하나는 보덴 부부는 살해된 것이 아니라 더위 때문에 죽었다는 결론을 내렸다). 《미국의 중대 재판》이라는 총서에 수록된 피어슨의 〈리지 보덴의 재판〉은 1937년에 출판되었다. 이 책은 리지 보덴을 기소한 지방 검사에게 헌정되었다.

1959년에 새로운 증거가 발견되었다. 그 해에 발표된 《살인과 반란》에서 E. R. 스노우는 보덴 사건에 대해 라디오 방송을 했더니, 이 방송을 들은 토머스 오웬즈라는 초로의 노인으로부터 한 통의 편지를 받았다고 말한다.

오웬즈는 이 편지에 묘한 이야기를 쓰고 있다. 살인사건이 있은 지 4년 후, 로드아일랜드 주 프로비던스의 틸덴사퍼라는 화랑 겸 미술품점에 리지 보덴이 들어왔다. 그녀가 나간 다음, 점원은 자기(磁器)로 된 판에 그려진 두 장의 값비싼 그림이 없어진 것을 알았다. 이듬해 2월, 어떤 부인이 두 장의 그림 중에서 한 장을 갖고 잔금을 없애 줄 수 없느냐고 이 미술품점으로 찾아왔다. 지배인이 이 이야기를 듣고 그 부인에게 그 그림을 어디서 구했느냐고 물었더니, '폴리버의 리지 보덴'한테서였다. 그 결과로 〈또다시 리지〉라는 제목이《프로비던스 저널》지를 장식했다. 이 기사에는 두 장의 그림을 훔친 혐의로 그녀에게 구속영장이 발부되었다고 나와 있다.

오웬즈에 의하면, 그것은 다음과 같은 사정이었다고 한다. 화랑 주인은 리지에게 한 가지 제안을 했다. 곧, 살인 진술서에 서명하면 묵인하겠지만 그렇지 않으면 절도 혐의로 고소한다는 것이었다. 하지만 그녀가 거부했기 때문에 절도 사건에 대한 기사가 신문에 났다. 이렇게 되자 그녀의 생각이 바뀌었다. 진술서를 이용하지 않는다는 약속을 받은 다음, 리지는 한 장의 종이에 다음과 같이 타이핑했다. "1892년 8월 4일의 범행은 나 혼자 한 것임을 인정하는 서명을 부당한 수단에 의해 여기에 하지 않을 수 없는 사정이다. 리즈베스 A. 보덴"

미술품점에서는 만일에 대비하기 위해 이 기록을 촬영해 놓기로 하고 오웬즈에게 이것을 부탁했다. 그는 이 일을 맡았다. 그러나 그도 카피를 만들어 놓았다. 또는 그의 말에 의하면, 첫번째 카피는 선명하지 못하다고 판단하여 미술품점을 위해 또 한 장의 카피를 만들었고 자기도 한 장 갖고 있다는 말은 하지 않았다. 이 에피소드의 주요한 인물──미술품점에는 주인 이외에 두 명의 점원이 있었다──은 모두 죽었으므로 오웬즈는 이를 발표하기로 결심했다. 그는 리지의 진술서를 1백 달러에 팔 생각이었다. 스노우는 50달러로 깎아서 이 이야기를 자기 책에 썼다.

다른 범죄 연구가인 에드워드 레이딘은 이 이야기를 조사해 보기로 하고, 얼마 후에 스노우가 사기를 당했다는 것을 밝혀냈다. 서명은 분명히 리지의 서명이었고 타이프의 활자도 옛 타이프라이터의 활자였으나, 그 서명은 리지의 유서에서 복사한 것이었다. 스노우가 50달러 반환을 요구했는지는 매우 흥미있는 일이다.

레이딘의《리지 보덴 — 알려지지 않은 이야기》라는 책에서는 리지는 무고하고, 살인자는 하녀 브리지드 설리번이라고 주장한다. 브리지드는 8월 4일에 무척 기분이 안 좋았는데, 보덴 부인은 아침 7시 반에 바깥 창 전부를 닦게 했다. 오전중에 브리지드는 토했다. 확실히 그녀에게는 고용주에 대한 단순한 분노라는 일종의 동기가 있었다. 레이딘은 이 사건의 실제 재판기록을 찾아 읽고, 피어슨이 리지에게 유리한 많은 기록을 숨겼다는 것을 알게 되기까지는 피어슨의 생각에 전적으로 동의했다고 말한다.

1964년, 제럴드 그로스는 에드먼드 피어슨의 살인에 관한 논문을 발췌하여 한 권의 책을 편찬하면서 보덴 사건에 대한 피어슨의 '결론'에 후서를 덧붙였다. 그는 매우 공정한 태도를 취했다. 피어슨이 리지가 유죄라는 방향으로 증거를 고의로 왜곡한 것은 사실이지만, 레이딘도 리지가 무죄라는 방향으로 증거를 고의로 왜곡했고, 또한 피어슨은 이 재판을 알맞은 한 권의 책으로 써야 했으므로 어쩔 수 없이 대단히 많은 기록을 생략할 수밖에 없었다고 그로스는 지적한다.

그런데 그로스의 설에 의하면, 리지는 브리지드의 교사를 받고 그녀의 도움을 받으면서 양친을 죽였다. 브리지드는 재판 후에 리지에게서 많은 돈을 받고 아일랜드로 돌아갔다는 말이 처음부터 있었다. 브리지드가 재판에서 리지에게 유리한 증언을 했다고 볼 수는 없다는 레이딘의 지적은 전적으로 옳다. 거꾸로 그녀의 대부분의 증언은 고용주에게 불리한 것이었다. 그렇더라도 만일 그녀가 공범(또는 사후 종범)으로서 리지가 흉기나 피묻은 옷(리지는 이 옷을 태워 버렸다)을 숨기는 것을 도왔다면, 리지는 분명히 그녀에게 많은 돈을 줄 이유가 있었으리라.

1967년, 빅토리아 링컨의 《비밀의 수치》가 미국에서 나왔다. 보덴 사건 연구가인 포스터 데이몬은 이 책을 나에게 보내면서 '이것이 리지에 대한 결론이라고 생각한다'는 카드를 동봉했다. 나도 그가 옳았다고 생각한다. 빅토리아 링컨은 폴리버에서 태어났으므로 이 도시에 대한 그녀의 통찰은 정확했다. 그녀는 몇 가지 새로운 사실을 발견했고, 이것은 이 사건을 순식간에 매우 정확하게 만들었다. 링컨 여사의 설명에서 '추측'이라고 할 만한 것은 단 하나밖에 없다. 다시 말하면, 리지가 주기적으로 졸도하는 병에 걸렸다는 사실에서 링컨 여사는 리지가 대뇌엽의 결함 때문에 생긴 간질에 걸렸다는 결론을 내렸다. 정신 운동 발작을 일으키는 이 간질의 특징은 발작적으로 무의식적인 행동을 하는 것이다.

링컨 여사는 의과대학 교과서에서 다음과 같은 증례(症例)를 인용한다. 어떤 남자가 간질의 발작이 가라앉고 정신이 들어서야 사장이 승진을 약속한 것을 알았다. 사장은 그가 명석하고 강력하게 승진을 요구했으므로 감탄했던 것이다. 리지가 해마다 네 번씩, 그것도 언제나 월경 때에 기묘한 발작을 일으킨 것은 의심의 여지가 없다. 이러한 발작은 정신 운동 발작을 일으키는 간질이 있었다는 증거이다. 그리고 리지는 살인을 했을 때 월경중이었다.

그러나 링컨 여사는 리지가 몽유병적 상태에서 살인을 했음을 증명하려는 것은 아니다. 리지는 계모를 죽이려고 했다——단 독약으로. 그녀는 계모를 미워하고 심하게 질투했다. 살인사건 1년 전, 리지가 집에 있을 때 계모의 방에 도둑이 들어 금품을 훔쳐갔다. 도둑은 리지에게도 에마에게도 브리지드에게도 들키지 않고 소리도 없이 들어와 돈과 보석을 훔쳐서 지하실을 통해 달아난 것이다. 얼마 후, 앤드류 보덴은 경찰에 사건 수사의 중단을 부탁했다. 그는 도둑의 정체를 상당히 정확하게 간파했던 것이다.

리지는 자기에게도 계모를 미워할 정당한 이유가 있다고 생각했다.

우선 집안 일로 인한 싸움이었다. 아비의 동생은 결혼했으나 실패하고 어머니의 집 반을 빌어 살고 있었다. 그녀의 어머니는 집을 팔고 싶었지만 자기 딸을 내쫓을 순 없었다. 그때 앤드류 보덴이 구원의 손길을 뻗쳤다. 남몰래 집 전체를 사서, 반은 아비의 동생에게 주고 나머지 반은 아비에게 주었다. 그는 애들이 계모에게 어떤 감정을 갖고 있는지 잘 알고 있었으므로 아주 비밀리에 일을 처리했지만 이 소식은 곧 새나갔다.

리지는 분노했다. 그녀는 자선 사업은 우선 집안에서부터 시작해 주었으면 좋겠다고 아버지에게 말했다. 그때부터 그녀는 아비를 '어머니'라고 부르지 않았고, 필요할 때에는 '보덴 부인'이라고 불렀다. 앤드류 보덴은 리지와 에마에게 할아버지 소유였던 집을 주어 가정의 평화를 회복하려고 했다. 리지의 기분은 가라앉았으나 계모를 용서할 생각은 없었다. 23년 동안 '어머니'라고 불러왔음에도 불구하고 여전히 '보덴 부인'이라고 불렀다.

살인사건의 직접적인 동기가 된 말썽도 같은 종류의 것이었는데, 5년 후에 일어난 일이었다. 살인사건 직전의 일이었다. 숙부 존 비니 검 모스가 중서부에서 살다가 매부 집 근처로 이사오기로 결심했다(그는 보덴의 첫번째 부인의 남동생이었다). 보덴은 스윈시 근처에 농장을 갖고 있었는데, 모스는 이 농장을 빌려 달라고 부탁했다. 보덴은 승낙했다. 그리고 처제의 집 문제 때에 사용한 방법을 이번에도 쓰기로 했다. 곧, 농장을 아내 명의로 해놓은 것이다. 링컨 여사가 이 기묘한 처리를 처음으로 발견했거니와, 이것이 살인의 직접적 동기였다.

이 사건에 관한 책을 쓴 피어슨이나 그밖의 사람들은 몰랐지만, 리지는 숙부 존을 전부터 싫어했다. 그가 계모 친정의 집을 처분할 때 아버지를 부추기고 도왔기 때문이다. 따라서 숙부가 다시 손님으로 집에 오게 되자, 그녀는 심한 불안을 느꼈다. 링컨 부인은 왜 보덴이 농장을 아비 명의로 바꿔 놓았는가에 대해서는 납득할 만한 설명을 하지 않았다. 아마 그는 아내에게 선물을 하고 싶었으리라.
 그 조금 전에 그는 딸들로부터 그녀들에게 준 집을 시세보다 2천 달러나 비싸게 되사서 딸들에게 각기 1천 달러의 선물을 했다. 게다가 보덴은 70이 가까웠다. 자기가 죽을 경우에 대비하여 아내에게 충분한 재산을 남겨 놓을 생각이었다는 것도 확실하다. 이것 역시 리지가 아버지의 재산 처분법에 아주 심하게 반대한 이유였다. 어쨌든 스원시 농장 처분에 대한 소식이 그녀의 귀에 들어가기까지는 오랜 시간이 걸리지 않았다. 이 소식을 듣고부터 그녀는 독약을 입수하려고 했다. 청산을 사려는 시도(모피 손질을 한다는 구실)는 성공하지 못했으나, 그녀는 아마도 '뭔가'를 샀을 것이다. 그날 밤에 보덴 부부는 몸이 불편했기 때문이다. 리지는 자기도 몸이 불편했다고 말했지만, 이것은 그녀가 하는 말에 지나지 않는다.
 피어슨도 레이딘도 거의 무시한 한 가지 요인이 있다. 리지는 짐승을 몹시 좋아하여 비둘기 몇 마리를 창고에서 기르고 있었다. 보덴은 어디에나 자물쇠를 잠가 놓았는데(그는 지나치게 인색했다) 저녁 때 비둘기고기 파이를 만들려고 청년들이 두 번이나 창고를 습격하자 그는 도끼로 비둘기의 목을 모두 찍어 버렸다. 이것이 잔인한 짓이라고 할 수는 없다. 당시의 미국에는 아직도 개척시대의 분위기가 짙게 남아 있어 대부분의 사람들은 자기 집에서 기르는 비둘기나 돼지를 잡아먹었기 때문이다. 그러나 그는 이것이 리지에게 미치는 영향을 계산에 넣지 않았다.
 이상이 빅토리아 링컨이 발견한 새로운 사실의 개요이다. 이러한 새로운 사실 때문에 이 사건은 여러 가지 면에서 대단히 분명해진다. 스원시 농장의 권리증은 살인이 있던 날 양도될 예정이었다. 보덴은 리지 모르게 양도할 작전을 세우고 있었다.
 마차가 문 밖에 오고, 보덴 부인에게 이웃의 앓는 사람으로부터 병문안을 와 달라는 간단한 편지가 전해지는 것으로 꾸며 놓았다.

실은 은행으로 부르기 위한 수단이었다. 이 편지는 배달되었으나——또는 그렇다고 링컨 여사는 믿었지만——그때는 이미 보덴 부인은 죽었거나 죽어가고 있는 중이었다. 아비 보덴은 손님방에서 등을 굽히고 일하고 있었다. 그때 리지가 손도끼를 들고 그녀의 등 뒤로 살금살금 다가와, 그녀의 두개골을 몇 번이나 내리쳤다.

여기에 이르러 링컨 부인은 어떤 가정을 한다. 그러나 나는 이 가정을 받아들이기 어렵다. 존 모스는 살인이 일어나기 훨씬 전에 집을 나가고 없었다. 그에게는 최초의 살인이 일어났을 때의 알리바이는 없었으나, 두 번째 살인이 일어난 시각에는 매우 확실한 알리바이가 있었다. 링컨 여사는 모스가 모든 일이 계획대로 진행되는가를 확인하려고 보덴의 집으로 갔다고 믿는다. 농장 문제는 그와 직접적인 이해가 있었기 때문이다.

링컨 여사의 가정은 다음과 같다. 그는 소년이 편지를 전달하자, 리지가 이 편지를 받고 매우 거친 태도로 문을 쾅 닫는 것을 보았다. 분명히 그녀는 예의 기묘한 '불쾌한 시기'에 있었다. 모스가 보덴의 집에 온 이후로 답답하고 무거운 공기가 집안에 감돌았고, 아마 보덴 부인은 리지가 자기를 독살할지도 모른다는 의심을 가졌으리라. 따라서 모스는 다음에는 무슨 일이 일어날까 귀를 세우고 있었고, 2층에서 들려 온 꽈당 하는 요란한 소리——더운 8월의 아침에는 이층의 창은 활짝 열어 놓는다——와 계속해서 들리는 퍽퍽 하는 소리에 사태를 짐작했다. 아마도 보덴 부인은 처음에는 신음 소리를 냈을 것이다. 브리지드는 반대쪽 창을 닦고 있었으므로 이 소리를 듣지 못하였다. 그런데 모스는 무슨 일이 일어났는가를 깨닫고 이 집의 '품행 방정한' 딸보다는 중서부에서 온 숙부가 훨씬 더 쉽게 살인 혐의를 받게 되리라고 생각했다. 그는 급히 이 집을 떠나 알리바이를 만들기 시작했다. 이러한 일도 가능하기는 하지만, 실제로 그러했다는 증거는 하나도 없다.

어느 정도 확실하다고 생각되는 것은, 찌는 듯이 무더운 8월 아침에 월경 기간중의 짜증을 느끼던 리지가 예의 '불쾌한 시기'였으므로 더 이상 계모에 대한 적개심을 누를 수 없었다는 것이다. 이 살인이 몽환적 상태에서 저질러졌고, 이러한 몽환적 상태는 목이 없는 비둘기와 관계가 있을지도 모른다고 생각한 링컨 여사의 견해가 상당히 정확할지도 모른다. 또한 링컨 여사가, 리지는 정신 운동 발작을 일으키는 간질에 걸렸다고 진단한 것은 잘못일지도 모르나, 그녀가 지적하는 여러 가지 요인 —— 또 하나의 재산 처분을 알았다는 것, 계모를 미워하고 죽이기로 결심했다는 것, 여름의 무더위, 월경 기간중의 짜증 —— 에 의해 리지가 갑자기 폭력 행사를 결심한 것은 의심의 여지가 없다.

이 사건에 대해서 처음으로 글을 쓴 사람들은 살인이 일어나기 1주일 전부터 보덴의 집에 떠돌던 무겁고 긴박한 분위기를 알지 못했다. 말하자면 폭풍 전야였다. 보덴은 평소에는 말이 없는 사람이었으나, 이 무렵에는 동료들에게 가정 문제로 몹시 괴롭다고 말했다.

최초의 살인 후에 리지가 어떻게 피묻은 옷을 처분했는가 하는 것은 수수께끼이다. 아마도 그녀는 그 옷을 벗었으리라. 앤드류 보덴은 10시 45분에 갑자기 집으로 돌아왔다. 아내가 편지를 받고 은행으로 나오지 않아서 이상하게 생각한 것이리라. 그의 딸은 마침 집에서 나가려던 참이었다(알리바이를 만들기 위해서). 언제나와 마찬가지로 대문에는 자물쇠가 잠겨 있었으므로 브리지드는 대문을 열어 보덴이 안으로 들어올 수 있게 해주었다. 리지는 아버지가 들어왔을 때, 이상한 웃음소리를 냈다고 한다. 그녀는 보덴 부인이 전갈을 받고 이웃으로 병문안을 갔다고 말했다. 아마도 앤드류 보덴은 이 말을 곧이들었을 것이다. 또한 그는, 보덴 부인과 존이 지금쯤은 자기가 서명해 놓은 서류에 서명을 하고 있으리라고 생각했을 것이다. 어쨌든 그는 거실로 들어가 잠이 들었다.

브리지드 설리번은 그가 '책 같은 것'을 들고 있었다고 증언했다. 흰 종이에 싼 '책 같은 것'은 스완시 농장의 권리증과 이를 양도하는 계약서였으리라고 링컨 여사는 단정적으로 말한다. 리지는 후에 부엌에 들어가 뭔가를 태웠다고 한다.

다음에는 어떤 일이 일어났는가? 링컨 여사의 생각에 의하면, 리지는 사실은 아버지를 사랑했으므로, 그가 깊이 잠든 것을 보자 아내의 시체를 보고 딸 리지가 죽였다고 생각했을 때의 공포를 덜어 주기로 마음먹었다(그는 1년 전의 감쪽같은 도둑질이 리지의 소행임을 안 것처럼, 이번에도 범인이 리지임을 확신할 것이기 때문이다). 그가 리지를 사랑하기는 했지만 시체를 보면 달라지리라는 것은 자명한 일이었다. 그래서 링컨 여사의 생각에 의하면, 그녀는 어쩔 수 없이 눈물을 머금고 도끼를 휘둘렀다……

나는 이런 생각을 받아들이기 어렵다. 리지가 사랑한 아버지 앤드류 보덴은 아홉 번 도끼에 맞았고, 첫번째 도끼질에 눈이 엉망이 되었다. 리지는 두 번째 살인을 하기 전에 첫번째 살인을 할 때 입었던 옷으로 다시 갈아입기 위해——그녀가 피묻은 한 벌의 옷을 처분하지 않았다면——이층으로 갔다가 지하실로 도끼를 가지러 갔을 것이다(그녀가 옷을 지하실에 숨겨 놓았다는 것도 충분히 생각할 수 있다). 이틀 전, 그녀의 아버지는 계모와 마찬가지로 심한 위통을 느꼈다. 그녀는 아버지도 죽일 결심이었다. 그녀는 계모보다 약간 덜 잔인하게—— 17번 내리치는 대신에 9번 내리쳤다——아버지를 죽이기는 했으나 주저하지는 않았다. 그리고 그녀는 창고로 가서 도끼를 씻고 바이스로 피투성이 도끼자루를 부숴 버리고(그녀는 이것을 후에 태웠다) 재로 도끼날을 닦았다. 그녀는 옷을 벗어 뭉쳐 놓았다. 또는 링컨 여사가 생각하는 것처럼 그녀는 옷을 옷장 속의 다른 옷 안에 넣어 걸어 두었을지도 모른다. 브리지드가 창문 청소를 끝내고 집으로 돌아와 잠시 쉬려고 자기 방으로 향했을 때에는, 리지는 옷을 갈아입고 사람을 부를 준비를 마치고 있었다.

　간질설에는 어느 정도 증거가 있다. 리지의 어머니는 편두통에 시달렸고 갑자기 발작적으로 동기도 없는 분노를 터뜨렸다. 살인 전날 밤, 리지는 엘리스 러셀이라는 친구를 찾아가 "누군가 어떤 짓을 저지를 거야. 잘 알 수는 없지만 무슨 일이 일어날 거야"라고 말했다. 불운한 조짐은 전날부터 일기 시작했던 것이다. 그녀는 도스토예프스키가 '간질의 전조'라고 부른 답답하고 음울한 기분에 사로잡혀 있었다. "참 우울해"라고 그녀는 러셀에게 말했다. "뭔가 나를 꽉 누르고 있는 것 같은데, 아무리 애써도 벗어날 수가 없어."

　바로 그날 아침, 이상한 일이 있었다. 계모는 맞은편에 사는 의사 브라운을 찾아가 남편이 "너를 독살하겠다"는 편지를 받았고 또한 어젯밤에는 식사 후 모두 기분이 나빴다고 말했다. 브라운은 그녀와 함께 보덴 집으로 갔는데, 앤드류 보덴이 나와 벌컥 화를 내며 쓸데없는 짓은 그만두고 집으로 돌아가라고 그에게 말했다. 그날은 대단히 무더운 날씨여서 숨이 막힐 것 같았다. 폴리버 사람들이 기억하는 한, 가장 무더운 날이었다. 리지는 배가 살살 아팠는데 이것은 월경 기간이 가깝다는 신호였다. ……그녀가 뭔가를 예상했다는 것도 무리는 아니다.

　현대 법의학도 보덴 사건에 대해서는 더 이상은 알아내지 못할 것이다. 기껏해야 재로 닦은 도끼날에 피가 묻었다는 것을 증명하고 정황 증거를 좀더 강력하게 만들었을 정도일 것이다. 그리고 만일 누군가가 링컨 여사 정도의 날카로움을 가졌다면, 법의학 연구소에 의뢰해서 리지 보덴의 옷 그 안쪽의 혈흔의 유무를 조사하여, 그 옷 중의 하나에서 혈흔을 발견하고 그 안에 리지가 범행 때 입었던 옷을 숨겨 놓았다는 것을 증명했으리라. 그녀가 살인을 한 날(목요일)부터 일요일 아침(그녀가 옷을 태운 날)까지 피묻은 옷을 어디다 숨겨 놓았는가 하는 것이 이 사건의 풀리지 않은 수수께끼이기 때문이다. 에마와 앨리스

러셀이 부엌에 들어갔을 때, 마침 리지는 뭔가 하고 있었다. 리지는 골덴으로 만든 옷을 손에 들고 있었다. "낡아서 태워 버리려고 그래"라고 리지는 말했다. "페인트가 잔뜩 묻었어." 에마와 앨리스는 등골이 서늘해서 서로 얼굴을 바라보았을 것이 틀림없다. 앨리스와 에마가 결단을 내려야 할 순간이었다.

만일 두 사람이 그 옷을 리지에게서 빼앗았더라면, 또는 태연한 태도로 좀 보여 달라고 했더라면, 틀림없이 리지는 교수대에 섰을 것이다. 그러나 그렇게 해서 무슨 소용이 있는가? 보덴 부부는 이미 죽었고, 에마도 그의 친구인 앨리스도 리지가 '불쾌한 시기'에 있다는 사실을 알고 있었다. 앨리스는 다음과 같이 말했을 뿐이다. "나라면 네가 하는 그런 일은 다른 사람에게 보이지 않겠다." 그리고 이 일은 4개월 동안 잊혀졌다. 사건 다음날, 앨리스는 리지의 옷에 대한 심문을 받은 다음, 리지에게 가서 사실은 그 옷을 태워 버리지 말아야 했다고 말했다. 리지는 걱정스러운 체하면서 이렇게 말했다. "그럼 왜 너는 내가 그렇게 하는 것을 가만히 보고만 있었니?" 전적으로 리지가 말한 대로였다.

내가 일종의 향수를 갖고 보덴 사건을 장황하게 쓴 것을 이해해 주리라 생각한다. 나는 폴리버를 방문한 적은 없으나 프로비던스 근처에 잠시 머문 적은 있다. 거기에는 사진으로 본 보덴의 집과 똑같은 집들이 있었고, 거리는 발목까지 찰 정도로 낙엽이 쌓였다. 브라운 대학 근처 도시의 오래 된 장소는 H. P. 라우크라프트(1890~1937. 미국의 소설가. 포의 영향을 받아 초자연적인 공포 소설을 많이 썼다)와 그의 공포 소설에 대한 추억으로 가득 차 있고, 뭔가 시간을 초월한 듯한 분위기가 있다. 텔레비전 안테나만 제외하면 1890년대와 전혀 다름없는 느낌을 받는다.

《인스마스의 그림자》에 나오는 것과 똑같은 해안의 거리도 있다. 그러나 보덴 사건 같은 범죄는 다시는 일어나지 않으리라고 말해도 괜찮을 것 같다. 그것은 감정적인 의붓딸이 양친에게 도끼를 휘두르는 일이 없어졌기 때문이 아니라, 지금은 이러한 범죄는 몇 시간 안에 해결되기 때문이다. 폴리버는 졸리는 듯한 조용한 도시로서, 이 도시에서는 누구나가 아는 사이였다.

숙부 존 모스는 집으로 돌아와서, "리지, 왜 그런 짓을 했느냐?"고 나무라지 않았다. 그녀가 한 짓을 잘 알고 있었음에도 불구하고. 에마와 앨리스도 마찬가지로 "잠깐 그 옷을 보여줄 수 없겠니?"라고 말하지는 않았다. 살인이 있었든 없었든, 어떤 태도를 가질 수 없도록 이 마을 사람들은 자라난 것이다. 이렇게 말하는 것은 단지 예의를 모르는 것이었으리라.

지금이라면 경찰은 몇 시간 안에 리지를 경찰서에서 엄중하게 신문하면서, 한편으로는 몇 명의 형사가 '살인 주머니'(살인사건 수사에 필요한 모든 도구가 든 상자에 대한 속칭)를 들고 가 보덴의 집을 철저히 수색하고, 리지의 구둣바닥에 창고의 먼지가 묻어 있는가를 조사하고, 부엌의 스토브에서 태운 종이는 무엇인가 하는 의심을 갖고, 바이스 안쪽에 붙어 있는 피묻은 나뭇조각들에 주목할 것이다. ……리지는 물론 가스실로 가지는 않을 것이다. 유능한 정신과 의사라면, 본인으로부터 또는 에마로부터 '불쾌한 시기'에 대한 비밀을 곧 알아낼 것이다. 리지는 프로비던스 정신병원의 난폭한 환자를 수용하는 병동으로 모습을 감추었으리라.

내가 사는 콘월로부터 몇 마일 떨어지지 않은 곳에서 1953년에 보덴 부부 살해사건과 거의 같은 사건이 일어났다. 이 사건은 몇 시간 내에 해결되었으므로, 이 사건에 대한 책을 쓰는 사람은 없을 것이다. 이 사건에는 단 한 가지 흥미로운 면(심리학적인 면)이 있다. 그 때문에 이 책의 마지막 장으로 넘어가는 징검다리로서는 안성맞춤이다.

1953년 11월 7일 밤, 센토오슬 근처인 포스펀의 캐리카울에 사는 어떤 하녀가 일을 마치고 집안으로 들어가 그대로 잠자리에 들었다. 부엌에는 아무 이상도 없었다. 그녀는 집에 들어올 때, 고용주인 지파드 부인의 자동차가 없다는 것을 알았다. 이 집의 26세 된 아들 마일즈가 파티에 타고 간 모양이었다. 이튿날 아침, 잠이 깬 그녀는 집안이 너무 조용하여 의아했다. 집안에는 아무도 없었다. 그리고 차고에는 핏자국이 낭자했다. 그녀는 경찰을 불렀다.

켄 줄리안 총경은 핏자국을 따라 뒤뜰을 가로질러 잡목림을 지나 절벽 위에까지 이르렀다. 2백 피트 밑의 바위 위에 변호사 지파드의 시체가 있었고, 그 옆에는 손수레가 있었다. 지파드 부인은 그림자도 보이지 않았다. 그날 오후 늦게 밀물 때에 그녀의 시체가 해안으로 밀려 올라왔다. 시체와 범행 현장을 콘월의 병리학자 데니스 호킹 박사가 조사한 결과, 어떤 일이 일어났는지 밝혀졌다.

변호사이며 이 지방 재판소의 사무관인 지파드는 차고 속에서 뭔가 무거운 것, 아마도 쇠막대기에 맞아 죽은 것 같았다. 그는 자기가 맞으리라는 것을 알고 두 손을 들어 막으려고 했다. 지파드 부인은 부엌에 쓰러져 있었다. 살인범은 손수레에 그들을 실어 절벽 끝까지 운반하여 찰스 지파드의 주머니를 샅샅이 뒤진 다음, 절벽 밑으로 던졌다. 지파드 부인은 밑으로 던질 때 아직도 살아 있었다. 부인은 바위에 심하게 부딪쳐서 죽은 것이다.

유일한 용의자는 아들 마일즈였다. 단 한 가지 알 수 없는 점은 그가 범행 현장을 숨기려고 하지 않았다는 것이다. 이것은 그의 정신적 평형이 상실되었다고 생각하지 않으면 설명할 수 없다. 마일즈 지파드의 개인 기록을 조사해 보면, 이렇게밖에는 설명할 길이 없다. 그는 언제나 둔한 아이로서, 늘 거짓말을 하고 물건을 훔쳤다. 10대 때 그의 치료를 맡았던 여성 병리학자는 이러한 정신장애는 그가 갓난 아기 때 유모가 때린 다음에 어두운 찬장 속에 가둬 두었을 때부터 시작되었을지도 모른다고 생각했다. 퍼블릭 스쿨(럭비 교)에서도 그는 말썽꾸러기였다. 그는 아무 이유도 없이 거짓말을 하고 밤에 오줌을 싸고 시트를 입으로 물어 구멍을 냈다. 바로 그 무렵, 그의 아버지는 신경증에 걸려 있어서 가정 환경이 건전하다고 할 수는 없었다. 양친은 그를 퇴학시키라는 요구를 받았다. 양친은 그를 다른 퍼블릭 스쿨 (브란델즈 교)로 전학시켰으나 그는 변함이 없었다.

이상한 일이지만, 병역 의무를 치르기 위해 해군에 입대하고 나서 그의 성격은 좋아졌다. 그는 깨끗한 것을 좋아하게 되었고 순종적이 되었으며 책임감을 갖게 되었다. 그러나 병역을 마치고 집에 돌아오자, 술을 퍼마시고 아버지와 다투고——그의 아버지는 거만했으므로 이 지방에서는 호감을 얻지 못했다——돈을 훔쳤다. 마일즈 지파드는 언젠가 5백 파운드의 유산이 손에 들어온 적이 있었지만 몇 주일 동안에 탕진해 버렸다. 그가 좋아한 것은 스포츠뿐이었다. 그는 콘월의 크리켓 선수로 선발되기도 했다.

그는 1953년 여름 내내 런던에서 술을 퍼마시고 때로는 부도수표를 떼면서 지냈다. 또한 그는 일곱 살 아래인 가브리엘 배런스라는 소녀를 만나 결혼할 생각이었다. 여름이 다 갈 무렵, 빈털터리가 된 그는 히치하이크를 하면서 집으로 돌아왔다. 아버지는 크게 화를 내고 (아버지가 그의 부도수표의 뒷감당을 했을 것은 말할 것도 없다) 마일즈에게 집에 있으면서 사무실에서 일하라고 호통쳤다. 마일즈는 매일 술값과 담배값을 받았다. 그는 가브리엘에게 자주 긴 편지를 썼는데, 그 중 한 통에는 아버지와 대판 싸운 얘기를 하면서 "아버지는 언제나 옳다는 거야. 놈을 죽여 버리고 싶어. 장래 따윈 하나도 없어……전혀"라고 썼다. 마일즈는 가브리엘을 만나러 가기 위해 차를 빌려 달라고 아버지에게 말했으나 (마일즈는 가브리엘의 남자친구인 16세의 학생에게 질투하고 있었다) 아버지는 벌컥 화를 내며 거절했다.

살인이 일어난 금요일에 그의 부모는 오후 내내 외출했으나, 그는 집에 있으면서 부정한 아내를 죽인 군인을 다룬 병적인 범죄 소설을 읽었다. 그는 머리가 아파 아스피린 네 알을 먹고, 게다가 위스키 반 병을 마시는 실수를 저질렀다. 5시 반경, 그는 이미 아버지를 죽이기로 결심했다. 그는 가브리엘에게 전화를 걸어 그날 밤 런던에 가겠다고 말했다. 그의 양친은 각자의 차를 타고 함께 돌아왔다(만일 양친이 두 대의 차를 다 사용하지 않았더라면, 그는 아마도 차 한 대를 빌어 런던으로 가는 것으로 그쳤으리라). 그때가 7시 반이었다. 그는 차고까지 나가 어머니에게 말을 걸고 아버지가 어머니 자동차의 작은 고장을 조사하기 위해 몸을 굽히고 엔진을 들여다보는 것을 바라보고 있었다.

 어머니가 집안으로 들어가자, 마일즈는 마당에서 갖고 온 쇠막대기로 아버지를 쳤다. 아버지를 기절시키기까지는 몇 초밖에 걸리지 않았다. 그리고 그는 부엌으로 가서 어머니의 머리를 여러 번 때렸다. 양친이 의식을 잃자, 그는 가브리엘에게 전화를 걸어 런던으로 꼭 가겠다고 알렸다. 차고로 돌아와 보니 아버지의 의식이 되돌아오는 중이었다. 다시 몇 번 쇠막대기로 때려 아버지의 두개골을 부숴 버렸다. 그리고 마일즈는 어머니를 손수레에 실어 절벽 끝까지 끌고 가 밑으로 던졌다. 그는 아버지도 똑같이 처치했으나, 도중에서 주머니를 뒤지기 위해 멈추었다. 다음에는 집으로 돌아와 집안의 핏자국을 씻어 내고, 어머니 방에서 보석을 눈에 띄는 대로 전부 갖고 나왔다.

 오크햄프턴을 지난 곳에서 그는 차를 멈추고 출발하기 전에 차 속에 던져 놓았던 양복으로 갈아입었다. 그는 페니 브리지스에서 다시 차를 멈추고 피묻은 옷과 쇠막대기를 강에 버린 다음, 히치하이크를 하고 있던 두 사람을 태우고 런던으로 향했다. 그가 태워 준 두 사람은 마일즈에 대해 별로 이상하다고 생각하지 않았다. "그는 점잖은 사람으로 보였다"고 후에 그 중의 한 사람은 말했다.

 런던에 도착하자, 그는 타이트 가의 가브리엘 집 근처에 차를 세우고 차 속에서 3시간쯤 잠을 잔 다음, 그녀의 집 문을 노크했다. 오전

8시경이었다. 그녀의 양친은 기분이 상했다. 그날 오전중에 그는 어머니의 보석을 50파운드에 팔았다. 오후에 그는 가브리엘과 그녀의 어머니와 함께 채플린의《라임라이트》를 구경했다. 그 후, 그와 가브리엘은 술집을 몇 곳 돌아다녔다. 이렇게 계속 술을 마시는 동안에 그는 그녀에게 구혼을 하고 양친을 죽였다고 말했다. 그녀는 그가 농담을 하는 줄 알았다고 후에 진술했다——그가 24시간 전에 맨 피묻은 넥타이를 그대로 매고 있었음에도 불구하고. 두 사람이 택시를 타고 돌아와 보니 경찰이 기다리고 있었다.
 살인을 범했을 때 마일즈가 앞일을 전혀 생각하지 않았다는 것이 분명하다. 그가 양친이 귀가하기 2시간 전인 5시 반에 살해를 결심한 것도 확실하다. 그리고 그는 가브리엘에게 전화를 걸어 런던으로 가겠다고 말했던 것이다. 그러면 그는 어떻게 달아나려고 했을까? 그는 시체가 몇 시간 내에 발견되리라는 것, 그리고 자기가 유일한 용의자라는 것도 잘 알고 있었을 것이다. 만일 그가 정말로 체포되기 싫었다면, 살인을 범한 후에 피묻은 옷을 태워 버리고, 예컨대 술집을 간다든가 해서 알리바이를 만들려고 했을 것이다. 시체를 절벽 밑으로 던진 것은 시체가 바닷물에 떠내려 가리라고 생각했기 때문이라고도 말할 수 있겠지만, 왜 그는 차고의 핏자국을 씻어내지 않았을까?
 변호사는 그가 분명히 정상적인 정신이 아니며, 그가 오랜 정신장애의 병력을 갖고 있고, 어떤 정신병학자가 찰스 지파드에게 "당신 아들은 결코 정상적인 정신을 되찾지 못할 것"이라고 말했다는 점을 지적했거니와, 이것은 매우 정곡을 찌른 주장이었다. 이 정신병학자는 찰스 지파드에게 당신의 아들은 청년들에게서 가끔 볼 수 있는 정신분열증에 걸렸으며 회복될 가망은 별로 없다고 말했던 것이다. 그러나 당시 배심원이었던 콘월의 농부나 상인은 정신병학상의 술어를 현학적이라고 생각했다.
 마일즈 지파드가 증언대에 서지 않기로 결심했을 때, 그는 형을 면제받을 유일한 기회를 스스로 포기한 셈이었다. 그는 적어도 고뇌하는 인간이라는 인상을 주고, 그가 어떤 인간이고, 왜 살인을 범했는가에 대해 약간이라도 법정에 있는 사람들에게 이해시켜야 했을 것이다. 판사는 증인석에 서지 않겠다는 마일즈의 결심에 대해 아주 불쾌히 여겼고, 이 사건에 대한 판사의 요약 설명은 지파드에게 매우 불리한 것이었다. 그는 사형 선고를 받았다.

변호사의 증언 중에서 내가 가장 중요하다고 생각하는 것은, 지파드가 해군에 근무할 때에는 매우 현저한 회복을 보여주었다는 점이다. 해군에 있을 때에는 그에게는 아무 책임도 없었다. 다시 말하면, 아무런 자유도 없었다. 그는 학교에서와는 달리 생각할 필요도 없었다. 단지 육체적 기율에 따르면 되었다. 육체적 기율에 따르는 것은 조금도 어려운 일이 아니었다. 그는 우수한 스포츠맨이었다.

그런데 그에게 가정이 참을 수 없었던 것은 그의 가정의 분위기가 자유방임(그는 외아들이었다)과 냉대의 뒤범벅이었기 때문이다. 그는 대체로 하고 싶은 일을 마음대로 할 수 있었으나, 가끔 느닷없는 처벌을 받았다.

이 자유라는 문제는 20세기의 가장 전형적인 살인에 있어서 기본적인 문제이다. 파멜라 한스퍼드 존슨의 저서 《부정에 대하여》의 기본적 명제, 곧 살인을 결정론적 관점에서 적당히 설명해서는 안 된다는 명제에 난 전적으로 동의한다. 미렌 브란드는 그의 매우 흥미있는 소설 《야만스런 잠》에서 가장 난폭한 정신병자의 마음속에도 마음 한구석에 앉아서 주위를 응시하는 정상적인 정신을 가진 관찰자가 있다고 지적한다.

이해해야만 할 것은, 인간의 자유란 결코 대단히 큰 것은 아니라는 점이다. 길버트 라일의 '기계 속의 유령'이라는 말은 어떤 의미에서는 매우 적절하게 인간을 표현하고 있다. 나의 이 신체는 하나의 기계이고, 이 기계에 대해 나는 어느 정도의 지배력을 가진다. 그러나 나의 신체는 나의 자동차나 타이프라이터와 마찬가지로 아무리 의지력을 발동시키더라도 변경시킬 수 없는 엄밀한 한계를 갖고 있다. 그러나 나의 신체만이 유일한 기계는 아니다. 나의 '퍼스낼리티' 전체도 프랑켄슈타인적인 괴물이다. 동물이 기르고 있는 갓난아이를 1년쯤 후에 구출해서 데려다가 기르더라도 그 아이는 일생 동안 동물의 형태에 머물러 있다는 것을 나는 다른 곳에서 말한 바 있다.

우리는 아주 어릴 때부터 다른 사람을 관찰하고 모방함으로써, 살고 행동하고 '존재'하는 법을 배운다. 신체와 마찬가지로 성격도 살아 있는 것을 싼 껍질이다. 그것은 외계와 나를 잇는 끈이고 타인과 통하는 나의 전화선이다. 마일즈 지파드는 10대 초기에 정신분석을 받았을 때 뚜렷한 자폐증적 경향을 보였다. 다시 말하면 내향성, 무관심, 정신병 의사와의 의사소통의 완전한 실패 등을. 그는 부끄러움을 잘 타고 신경질적이고 언제나 아버지의 지배에서 벗어나지 못했다. 그의 성격은 수동적이고 여성적이었다.

성격은 습관을 통해 형성된다. 귀족의 집에 태어난 애는 하인에 대한 명령이나 사람들의 복종에 익숙하다. 이것은 그들이 후에 군에 입대했을 때 되풀이되는 패턴이다. 그는 자기가 어떤 인간인지 알고 있다고 생각하고 타인과의 관계에서 '통일된 정면'을 보인다. 지파드는 이러한 감정을 가질 수가 없었다. 말하자면 자기 성격의 덫에 걸려 있는 셈인 그는 운전할 줄 모르는 차에 타고 있는 사람과 같다. 돈이 많이 드는 퍼블릭 스쿨에 다니는 자신만만한 소년은 새로운 역할을 맡을 마음가짐이 되어 있다. 그것은 '언젠가 나라의 지배계급의 일원이 될 상류계급의 영국 소년'이라는 역할이다.

그러나 지파드에게는 이러한 새로운 '층(層)'을 지탱할 만한 기반이 없었다. 지배계급의 일원이고 법률의 대변자의 한 사람이었던 것은 그의 아버지였고, 그가 다니는 학교는 아버지의 대리인, 또는 모양만 바꾼 아버지에 지나지 않았다. 그는 해군에 입대하여 비로소 정상적인 행동 패턴을 확립할 수 있었고, 이러한 패턴에 그는 기꺼이 적응했다. 그리고 하나의 성격을 창조하고 이 성격에 의해 외계와의 관계를 갖기 시작했던 것이다. 그가 몇 년만 더 해군에 남아 있었더라면, 그의 기본적인 불안, 곧 나는 보잘것없으며 일종의 유령이라는 감정으로부터 탈피할 수 있었을 것이다.

그러나 그는 병역 의무를 다한 다음에는 해군을 떠났고, 원래의 무의미한 생활로 되돌아갔다. 이 생활은 형성되기 시작한 그의 '성격'에 대해 용해제적 작용을 했다. 그에게는 이제 껍질이 하나도 없었다. 게다가 불행하게도 그의 단 한 번의 진지한 연애 상대도 그보다 훨씬 어리고 그와 마찬가지로 무책임한 소녀였다. 만일 그가 좀더 지식인이었더라면, 우수하고 섬세한 인간은 언제나 부적격자였다고 하며 자신의 무력감을 합리화하기도 했을 것이다. 그러나 그는 섬세하기는 했으나 우수하지는 않았다. 그에게는 탈출구가 전혀 없었다. 그의 재판 때에 나온 불치의 정신분열증이라든가 혈당(血糖)의 자연 이상 감소라든가 하는 것은 완전히 초점에서 벗어난 이야기였다.

그는 껍질이 없는 달팽이였다. 그는 거울을 보며 자기가 보이지 않는다고 망상하는 인간이었다. 그의 경우, 정상적인 세계와의 유일한 연결점은 가브리엘과 함께 있고 싶고 그녀와 함께 자기 생활을 시작하고 싶다는 욕망이었다. 그녀와 함께 있을 때에는 그녀보다 여덟 살 가까이 위인 그는 아버지 역할을 할 수 있었다. 그러나 그는 집에 돌아오면 아버지가 한 번 흘기기만 해도 '벌벌 떠는 학생'으로 되돌아갔다. 그의 아버지의 최대의 잘못은 그와 그녀를 떼어 놓으려고 한 것이었다. 그의 살인은 자기 주장을 하려는 필사적인 노력이었고, 과거의 생활을 청산하고 천부적인 권리를 갖고 독립된 인간으로서 새 출발을 하려는 시도였다. 그러나 살인이 재출발의 모든 기회를 상실하게 하리라는 것을 그는 몰랐을까? 전혀 몰랐다. 자기는 유령이고 보잘것없는 인물이라는 그의 감정은 어쨌든 살인을 비현실적인 것으로 만들어 놓았다.
　오닐의 《원숭이》에 다음과 같은 장면이 있다. '원숭이'가 난폭해져서 브로드웨이를 지나가는 실업가의 얼굴을 난타한다. 그러나 그들은 전혀 알지 못하는 듯이 걸어간다. 지파드는 아버지의 세계에 대해 이렇게 느끼고 있었던 것이다. 그가 히치하이크를 하고 있던 두 사람에게 완전히 정상적인 사람이라는 인상을 준 것은 이상한 일이 아니다. 살인을 범한 후의 그는 몇 년만에 처음으로 정상적인 상태였다.
　지파드 사건은 잭 더 리퍼와 함께 시작된 '살인의 새로운 시대'의 전형적인 사건이다.
　20세기의 가장 전형적인 살인은 '실무를 위한 살인'도 아니고, 또한 '쾌락을 위한 살인'도 아닌 '자유를 위한 살인'이다.

제6장
공포의 방

당연한 일이지만 20세기의 살인을 다루는 이 장은 이 책에서 가장 길고 음산하다. 20세기의 살인 패턴은 매우 복잡하다. 20세기 전까지의 살인사건은 어느 것이나 그 시대 전체 분위기를 우리들에게 전해 주었다.

소니 빈이나 화바샵의 아덴이나 캐더린 헤이즈나 머라이어 마틴이나 라스네르나 닐 크림 등 모두가 그렇다. 그러나 20세기를 대표하는 살인사건 따위는 없다. 모든 사건은 20세기의 혼돈과 복잡성 등 각기 다른 면을 반영한다. 가장 유명한 사건 중 몇 가지는 전세기에 속한다. 크리핀(미국 태생으로 런던에서 개업한 의사. 애인과 결혼하기 위해 아내를 독살. 애인을 아들로 변장시켜 미국으로 도주하던 중 체포, 1910년에 처형됨), 스미드('욕조 속의 신부' 사건 ─ 영국의 결혼 사기한. 재산을 목적으로 결혼한 여성 중 3명을 욕조에서 익사시킴. 1915년에 처형됨), 세돈(주 65실링의 연금을 손에 넣기 위해 노부인을 독살), 피해자를 자동차와 함께 불태운 살인범 라우스 등이 그렇다.

내가 태어난 해에 처형된 라우스에 대한 약간의 에피소드가 있다. 1930년 초가을, 레스터의 메리야스 공장에서 일하던 어머니는 30대 중반의 미남 세일즈맨과 알게 되었고, 그는 어디론가 함께 가자고 열심히 유혹했다. 그가 바로 알프레드 아더 라우스로서, 어머니에게는 홀아비라고 했으나 사실은 그렇지 않았다. 어머니는 그가 다음에 레스터에 왔을 때 그와 만나기로 약속했다. 그러나 약속일이 오기 전에 그는 살인 용의자로 체포되었다. 그것은 11월 7일의 일이었다. 그는 제1차 세계대전에서 머리에 부상을 입은 다음부터 얌전한 절대 금주가에서 강박관념적인 카사노바 콤플렉스를 가진 거짓말쟁이로 변신했다. 그는 30명 이상의 여자를 유혹하고 한 무리의 사생아의 아버지가 된 다음에—— 그 중 일부는 그가 길러야만 했다—— 어느 날 '죽기로' 결심했다.

그는 다음과 같은 계획을 세웠다. 자기와 키가 같은 히치하이커를 태우고 그를 때려 기절시킨 다음, 자기 차와 함께 태워 버린다. 그러면 그 시체는 자기 시체로 간주될 것이다. 그는 1930년 11월 6일, 이 계획을 실행했다. 그러나 그가 살인 현장에서 달아나는 것을 두 명의 농부가 목격했다. 그들이 도망간 사람의 인상을 증언한 결과, 라우스가 지명수배되었다. 그는 이틀 뒤에 체포되었다. 자동차의 화재는 죽은 남자의 과실로 일어난 우연한 사고라고 그는 주장했다. 그러나 정황 증거가 너무나 완벽하여 그는 사형 선고를 받았다. 그는 내가 태어나기 몇 달 전에 처형되었다. 사정이 조금만 달라졌더라도 그가 나의 아버지가 되었을지도 모른다고 생각하면 기분이 이상해진다.

20세기의 범죄 중에서 가장 현저한 첫번째 현상은 지금까지보다도 범죄 건수가 훨씬 많아졌다는 것이다. 20세기 이전의 각 시대의 범죄 발생 건수 통계는 내가 지금까지 인용한 것 이외에는 없지만, 《대악인전》, 《뉴게이트 감옥 연보》가 이 시대의 대표적인 단면도를 보여준다. 이 책에는 많은 경범죄에 대한 기록이 있으므로 이보다 더 중요한 살인사건이 기록에서 누락되었다고 생각하기는 어렵다. 만일 범죄에 관심있는 저술가들이 모여 현대 미국을 대상으로 연간《뉴게이트 감옥 연보》같은 책을 내려고 한다면 그것은 적어도 2만 페이지에 달할 것이다.

미국에서는 한 해에 1만 건의 살인이 일어난다. 미국 인구는 약 2억이므로 2만 명 중의 한 명이 살해되는 셈이다(영국에서는 연간 150건의 살인이 있고, 인구는 약 6천만이므로 40만 명 중에서 한 명이 살해되는 셈이다). 강간 건수는 살인의 두 배이다. 이 경우에 남자는 포함되지 않으므로 미국에서는 연간 5천 명의 여자 중에서 한 명이 강간당한다. 영국에서는 연간 5천5백 건의 강간사건이 있다(영국의 경우, 이 숫자는 '성적 범죄'를 나타낼 뿐 반드시 강간을 의미하지 않는다. 동성연애나 미성년자에 대한 외설 행위 등이 높은 비율을 차지한다).

따라서 영국에서는 살인사건 발생률은 미국의 20분의 1이지만, 강간사건 발생률은 거의 같다는 우려할 만한 사실을 알 수 있다. 한 가지 다행스러운 것은 영국의 살인사건 총수가 1900년 이후로 거의 변하지 않았다는 점이다. 실제로 이 수는 약간 감소하였다. 미국의 높은 범죄 발생률은 주로 가난 때문이다. 미국의 모든 살인자의 약 4분의 3이 '사회적으로 학대받는 자' 또는 평균 수입 이하에 속하는 사람들이고, 흑인 살인자와 피해자가 높은 비율을 차지한다. 다시 말하면, 미국은 지금 버크와 헤어 시대의 영국 대도시에서 범죄율을 치솟게 한 것과 같은 문제에 직면하고 있다. 그러나 가난만으로는 이러한 현상을 설명할 수 없다. 사우스아일랜드는 가난한 나라이지만 살인사건은 적다. 핀란드는 풍요한 나라이지만 살인사건이 많다.

그러나 통계는 개개의 사건만큼 많은 것을 우리들에게 말해 주지 못한다. 영국에서는 잭 더 리퍼의 살인이 '현대'의 시작이라고 생각해도 좋을 것이다. 미국에서는 제시 포메로이의 믿기 어려운 사건이 리퍼 사건보다 8년 앞서 일어났다. 포메로이의 이름이 알려지지 않은 것은 의외의 일이다. 애들을 죽여 조각낸 그의 광기어린 사건이 리퍼 사건처럼 흥미깊은 특징을 하나도 갖지 못했기 때문일 것이다. 포메로이는 키가 크고 비쩍 마르고 입은 토끼입 같은 소년이었다. 한쪽 눈은 완전히 백색이었다. 그는 너무나 못생겼기 때문에 성격이 반사회적으로 되었고, 특히 연하의 애들한테 잔인했다. 13세 때 그는 이미 변태성욕자였던 것 같다. 애들에게 여러 가지 성적인 장난을 해서 1년 동안 정신병원에 강제 입원되었다가 병이 나았다고 해서 석방되었다. 그 후 1년 동안 그는 보스턴에 있는 아버지의 가게에서 일했으며, 행동은 얌전하여 얼핏 보기에는 완전히 정상을 되찾은 것 같았다.

그러나 그 무렵부터 근처의 애들이 하나둘 실종되어 목졸려 죽거나 칼에 찔려 죽었다. 발견된 시체는 어느 것이나 심한 구타를 당한 상태였다. 10대 중반의 포메로이가 중요한 용의자로 지목되었다. 이런 혐의는 앨버트 플라트라는 소년이 실종된 단계에 이르러 움직일 수 없는 것이 되었다. 플라트의 아버지는 무장한 호위를 붙여서 아들을 학교에 보냈는데, 어느 날 "아무리 조심해도 소용이 없다. 갱이 12살 난 당신 아들을 납치할 것이다"라는 익명의 편지를 받았다.

며칠 후 제시의 동생인 12살 난 해리 포메로이가 학교에서 담임선생 윌리엄 반즈에게 앨버트 플라트의 아버지가 밖에서 아들을 불러 달라고 한다고 말했다. 반즈는 플라트에게 밖에 나가는 것을 허락했다. 플라트는 그 길로 실종되어 며칠 후 비기로 학교 근처의 늪에서 조각난 시체로 발견되었다. 해리 포메로이의 말에 의하면 양복을 입은 키큰 사내가 앨버트 플라트의 아버지라고 하며 아들을 만나고 싶다고 말했다는 것이다. 그러나 윌리엄 반즈 선생은 이 말을 믿지 않았다.

마침내 기다렸던 일이 일어났다. 포메로이의 피해자가 도망쳐 나왔던 것이다. 윌리엄 바톤이라는 소년은 포메로이의 습격을 받고 전신주에 묶였다. 그러나 그는 간신히 줄을 풀 수 있었다. 그가 증언한 범인의 인상은 범인이 누구인지를 의심의 여지가 없을 만큼 명백하게 만들었다. 경찰은 포메로이의 집 뒤뜰의 쓰레기장을 파서 10여 구의 소년 소녀의 시체를 찾아냈다. 포메로이는 모두 27명의 애들을 죽였다.

재판 때 한 증인이 말했다. "그는 정신과 의지의 집중적인 사나움을 발산하고 있는 것 같다······." 1881년, 포메로이는 살인죄로 사형이 선고되었으나 1년 반에 걸친 공소 끝에 종신형으로 감형되었다.

제시 포메로이는 어머니가 차입한 도구를 이용하여 두 번이나 탈출하려고 했다. 마침내 그는 믿기 어려운 탈옥 계획을 세웠다. 사용이 허가된 작은 도구──그것은 도저히 탈옥에 이용될 것 같지 않아 사용이 허락되었다──를 사용하여 벽돌을 벗겨내고 가스관을 노출시켰다. 그는 가스가 새어나오게 만들고 거의 참을 수 없는 정도가 될 때까지 참고 있다가, 몰래 숨겨 두었던 성냥으로 불을 붙였다. 그 폭발로 그는 독방의 문쪽으로 내동댕이쳐졌다. 대혼란이 가라앉았을 때, 그는 거기에 의식을 잃고 쓰러져 있었다. 세 명의 죄수가 타 죽었다. 이 사건이 있은 다음── 이 사건은 그가 9년 동안 감옥 생활을 했을 때 일어났다── 그는 강 북쪽에 새로 지은 찰스턴 형무소로 이감되었다. 그는 거기서 특별 독방에 감금되어 41년을 보냈고 노인이 되었을 때, 광인 범죄자를 위한 브리지워터 주립 농장으로 이감되었다. 보스턴의 살인범 앨버트 데살보(1963년 늦은 여름, 그는 보스턴에서 13명의 여자를 차례로 목졸라 죽였다)는 후에 이 농장에서 탈출했다. 제시 포메로이는 여기서 60대 종반에 죽었다.

이 사건이 왜 신문에 나지 않았고, 또 웹스터 박사의 파크먼 박사 살해사건이나 그보다 약 10년 전에 일어난 벤다 일가 살인사건(독일계 미국인 가족. 1871년, 캔자스 주에 여행자를 위한 휴게소를 열어 일가 4명이 돈을 훔치기 위해 13명의 여행자를 살해하고 도주했다. 그 후 행방불명)처럼 상세한 기록이 남지 않았는가? 첫째는 어린애를 조각냈다는 사실이 너무 끔찍했기 때문이다. 둘째는 이 범죄는 당시 사람들로서는, '그는 분명히 미쳤다'고 하는 것 이외에는 달리 설명할 길이 없었기 때문이다. 만일 이 범죄가 지금 일어났다면 심리학자는 이에 대해 두꺼운 책을 써서 포메로이가 어린애를 미워한 원인을 구명했을 것이다. 따라서 언젠가는 브리지워터 병원의 기록을 바탕으로 분명한 20세기적 특징을 가진 이 살인사건에 대한 자세한 책이 나올 것이다.

1890년대 중반까지는 범죄심리학이 별로 발달하지 못해서, 미국의 가장 흥미있는 대량 살인자의 한 사람인 허만 웹스터 마제트에 대한 자세한 연구가 없었다. 생각할 때마다 늘 애석한 부분이다.

그의 별명은 홈즈였고 1894년 보험 사기가 발각되어 체포되었다. 그의 '성(城)'——그가 시카고 잉글우드에 건축한 거대한 집——을 수색했을 때, 이 집은 함정과 비밀실의 미로였다. 대량의 뼈, 두개골, 이빨이 지하실에 묻혀 있었다. 미국에서 가장 놀라운 대량 살인의 현장이었다. 신문은 2백 명이 살해되었다고 보도했지만, 아마도 약 20명이었으리라——이를 웃도는 살인을 한 사람은 미국에서는 포메로이뿐이었다.

해리 하워드 홈즈——그는 이렇게 자칭했다——는 모순된 성격의 소유자였다. 1860년, 뉴햄프셔의 소도시 길맨턴에서 태어난 그는 견실한 중산계급 출신이었다. 아버지는 우체국장이었다. 그는 버몬트에서 학교를 졸업하고 한때 국민학교 선생을 했으나, 그 후 미시간의 안아버에 있는 의과대학에 입학했다(안아버는 살인의 역사에 있어서 1장 전부를 할애할 만한 도시이다. 여기서는 몇 가지 특이한 사건이 일어났다). 존 바트로 마틴은, 홈즈가 최초의 사기를 한 것은 의과대학 재학 시절이었다고 말한다. 그는 해부실로 운반되는 시체를 훔쳐, 그가 보험에 들어 두었던 환자의 시체라고 했다. 아마 그와 환자가 보험금을 타서 나누어 가졌으리라.

그는 18세에 결혼했으나, 8년 후 의과대학을 졸업하자 처자를 버렸다. 그는 타고난 사기꾼 기질과 최면술 및 신비학(神祕學)에 대한 기묘한 흥미가 뒤섞여 있는 사람이었다. 마틴의 추측에 의하면, 홈즈의 그 후의 살인은 홈즈 자신이 분명히 말은 하지 않았지만 어쨌든 '인간의 성격에 대한 이론'을 실제로 시험해 보려는 시도였다. 처자를 버리고 자기가 열차 사고를 만나 기억상실증에 걸렸다는 말을 아내의 귀에 들어가게 한 것은 과연 그답다.

마제트라는 본명으로 잠시 뉴욕의 무어즈 폴크스에서 개업했으나, 1886년에 시카고로 옮기면서 홈즈라는 이름을 썼다. 아마도 아내 클라라 라바링에게 거처를 알리고 싶지 않았기 때문이었으리라. 홈즈는 시카고 북쪽 교외인 윌메트에서 유복한 가정의 딸인 마타 벨크나프라는 아름다운 소녀를 만나 1897년 초, 중혼의 형태로 결혼했다. 그녀의 가족은 그가 수표에 그녀의 숙부인 존 벨크나프의 사인을 위조했기 때문에 그와 절교했다. 그는 새로 산 자기 집에서 이 문제에 대해 의논하자고 숙부를 초대했다. 숙부는 왠지 불길한 생각이 들어 가지 않았다.

그는 단 한 번 합법적인 사업 —— 복사회사였다 —— 을 하려다 실패했으나, 교외의 남쪽에서 '재미있는 가능성'을 발견했다. 잉글우드 63번지에서 약방을 경영하는 홀덴 부인이 점원을 구하고 있었던 것이다. 의학 지식이 있는 홈즈로서는 안성맞춤이었다. 3년 후인 1890년에 홈즈는 공동 경영자가 됐으나, 홀덴 부인은 그가 장부를 속였다면서 고소하겠다고 했다. 그러더니 홀덴 부인의 모습은 보이지 않게 되고 그가 주인이 되었다. 그녀가 어떻게 됐는지는 아무도 몰랐고, 홈즈도 그녀에 대해서는 입을 다물었다.

가게는 매우 번창하여 그는 가게 맞은편에 집을 세웠다. 그의 '살인의 성'을. 이 집을 지을 때, 그는 몇 주일 간격으로 일꾼들과 싸움을 하고 그들에게 임금을 지불한 뒤 해고하는 방식을 썼다. 그 때문에 아무도 그 집의 구조를 잘 알지 못했다. 그는 특히 매약을 엄청난 값으로 팔아서 건축비를 마련한 것 같다. 그 집은 3층이었다. 1층에는 몇 개의 점포가 있고, 2층에는 홈즈의 '사실(私室)'이 있었으며, 3층은 아파트였다. 그는, 이런 '성'을 지은 것은 1893년에 시카고 만국박람회의 관람객들을 위한 호텔로 사용하기 위해서라고 말했다. 그러나 그는 어느 방이든 가스관을 끌어들여, 방안에 가스를 가득 채울 수 있게 해놓았고——마르셀 프티요를 생각나게 한다——어느 방에나 들여다보는 구멍을 만들어 놓았다.

두 번째 아내는 윌메트에 있는 집에 살고 있어서 방해가 되지 않았으므로 본격적으로 유혹과 살인을 시작했다. 코너라는 보석 세공인이 그의 약방으로 이사왔다. 코너는 가게 한구석을 시계수리장으로 사용하고 그 대신에 코너의 아내 줄리아가 점원으로서 홈즈를 도와주기로 했다. 홈즈와 줄리아가 사랑하는 사이가 되었다는 것을 알자, 코너는 18세의 처제 가디를 남겨 놓고 가게를 나갔다. 두 여자는 그의 정부가 되었다. 그리고 가디는 임신을 하고 행방불명이 되었다.

홈즈는 가디를 데리고 사업상의 친구에게 작별 인사를 간 일이 있었는데, 몇 주일 후, 그는 이 친구에게 그녀가 죽었다고 말했다. 이 친구는 "홈즈, 자네가 그 여자를 죽였군"이라고 말했다. 홈즈는 "농담 말게. 왜 그렇게 생각하지?" 라고 말하고, 그 후에는 이 문제에 대해 입을 다물었다.

홈즈는 에밀리 반 타셀이라는 16세의 소녀에게 반했다. 그녀는 언제나 어머니와 함께 건물에 있는 아이스크림 가게에 왔다. 어느 날 에밀리가 모습을 감추었다. 홈즈는 그녀의 행방을 전혀 모른다고 말했다. 그녀의 모습은 두번 다시 볼 수 없었다.

이제는 두 개의 약국과 호텔을 가졌음에도 불구하고, 홈즈는 여전히 사기를 하며 사는 것을 좋아했다. 물을 수소와 산소로 분리하여 물로부터 가연성 가스를 만들어내는 기계가 있다는 거짓말을 퍼뜨렸다. 사실은 이 기계는 가스관에 연결되어 있었다. 이 기계는 어떤 캐나다인에게 2천 달러에 팔렸다. 홈즈는 가스가 포함된 물이 온화한 자극성을 가졌다는 것을 발견하고(지금도 알코올 중독자는 술을 도저히 구할 수 없을 때에 가스로 거품이 인 물을 마신다) 이 물을 자기 가게에서 팔면서 치료 효과가 있는 샘물을 발견했다고 거짓말을 했다. 가스 회사가 이런 사실을 알아내고 고소하겠다고 위협했다.

그는 '성'에 값비싼 가구를 갖추어 놓았다. 그러나 대금을 받지 못한 가구회사에서는 가구를 찾아오려고 그의 성으로 사람을 보냈으나 성 안에는 아무것도 없었다. 회사에서 온 사람한테서 25달러를 받고 매수된 급사는, 홈즈가 가구를 모두 한 방으로 옮긴 다음 벽돌로 문을 가리고 거기에 벽지를 발랐다고 말했다. 회사는 가구를 되찾았다. 상당한 양의 도자기류도 다락방에서 발견되어 이것도 회수되었다.

홈즈는 피타젤이라는 도둑과 만나서 함께 사기행각을 벌였다. 피타젤이 테레 오트에서 위조수표를 사용한 혐의로 체포되었을 때, 홈즈는 인디애나 주 의원 행세를 하며 다른 위조수표로 그의 보석금을 냈다. 유혹자와 살인자로서의 홈즈의 활동도 빠른 속도로 진행되었다.

금발의 새 비서 에밀리 시그랜드가 가게에서 일하게 되었다. 줄리아가 질투를 하는 것은 그녀의 거동으로 알 수 있었다. 그녀는 위층 자기 아파트에서 살금살금 내려와 홈즈의 방문 밖에서 안의 동정을 엿보는 일이 잦아졌다. 홈즈는 계단에 벨을 달아 그녀가 오는 것을 알 수 있게 해놓았다. 마침내 그는 그녀의 질투에 진저리가 났다. 1892년 초가을, 줄리아와 그녀의 8세된 딸의 모습이 슬그머니 사라졌다. 시그랜드도 12월에 실종되었다. 그가 2만 달러 상당의 유산을 상속받은 미니 윌리엄즈라는 아가씨와 알게 되었기 때문일 것이다.

미니는 예쁘기는 하지만 머리가 모자라는 여자로, 1893년 5월 1일에 시작된 만국박람회 기간중 그와 함께 살았다. 위층의 아파트는 언제나 만원이었는데 홈즈의 여자 손님 중에서 적어도 두 명이 갑자기 모습을 감췄다. 사라진 여자가 그밖에 또 있을지도 모른다. 6월에 들어 미니의 동생 애니가 그의 집에서 지내게 되었다. 미니와 마찬가지로 그녀도 홈즈가 부유한 실업가라고 생각했다. 7월에 그녀는 그들 자매를 길러 준 숙모에게 다음과 같은 편지를 보냈다. "형부는 숙모님께서 경제적인 점에서나 그밖의 점에서나 더 이상 걱정하실 필요가 없다고 말합니다." 그녀는 독일로 미술 공부를 하러 갈 생각이었다. 그런 그녀가 모습을 감추었다. 미니는 아내로서 홈즈와의 생활을 계속했고 피타젤도 그들과 함께 지내는 때가 많았다(그에게도 아내와 다섯 자녀가 있었다).

홈즈는 사기꾼으로서는 성공하지 못했다. 언제나 그의 계획대로 되지 않았다. 그러나 그는 빚으로 꼼짝할 수 없는 형편이었기 때문에 달리 방법이 없었다. 박람회가 끝나 '성'에 손님이 한 명도 없게 되자, 홈즈는 이 집에 불을 놓아 2, 3층이 파괴되었다는 이유로 보험회사로부터 6만 달러를 받아내려고 했다. 보험회사는 의심을 품고 홈즈의 과거를 캤다. 11월에 그는 미니와 피타젤과 함께 작은 호텔에서 살고 있었다. 그때 보험회사는 보험금에 대해 의논하고 싶다며 그를 회사로 유인해냈다. 그리고 카울리라는 경감이 미니를 찾아와 엄격한 어투로 사기가 드러났다고 말했다. 그녀는 경감의 말을 곧이듣고 자백했다. 카울리는 보험증서를 갖고 갔으나 보험회사는 사기 미수로 고발하지 않기로 했다.

그러나 홈즈의 채권자들이 이 말을 듣고──카울리가 정보를 흘린 게 틀림없다──홈즈에게 총액 5만 달러의 청구서를 들이댔다. 11월 22일, 홈즈와 미니는 시카고에서 달아났다. 이때 그녀는 이미 자기의 전재산을 홈즈에게 양도한 다음이었다. 그녀가 실종될 차례가 돌아온 것이다. 그리고 그녀는 모습을 감추었다. 후에 홈즈는 그녀가 질투로 눈이 멀어 의자로 애니를 때려죽였다고 그녀에게 애니 살해죄를 전가했다.

홈즈는 박람회 기간중에 대단히 큰 푸른 눈을 한 금발의 소녀를 만났다. 그녀의 이름은 조지아나 요크로, 자기는 처녀이므로 결혼해 달라고 요구했다. 홈즈로서는 결혼 따위는 문제가 아니었다. 그에게는 이미 두 명의 아내가 있었다. 그는 1894년 1월, 덴버에서 그녀와 결혼했다. 마틴은 결혼식 때 미니가 입회인이었고 미니가 수개월 후까지 '사라지지' 않았다는 놀라운 사실을 기록하고 있다. 그렇다면 미니는 홈즈의 정사에 대해 그녀 이전의 그의 정부보다 더 자세하게 알고 있었다는 것이 되고, 그녀는 공범자──아마 동생이 살해되었을 때조차도──였다는 가능성도 생긴다.

미니가 사라져 버리자 홈즈와 피타젤은 그녀의 재산을 현금으로 바꾸려고 포트워스로 갔다. 그들은 이 재산을 저당하여 1만6천 달러를 꾸었고, 다시 이 재산의 2차 저당으로 하여 많은 말을 구입했다. 6월에 홈즈와 피타젤은 세인트루이스로 옮겼으며, 여기서 홈즈는 다시 약국을 사고 재고품을 저당잡힌 다음, 피타젤에게 이 물건을 모두 다른 곳으로 옮기게 했다. 이 사기 때문에 그는 처음으로 투옥되었다. 그는 1894년 7월 19일에 체포되었으나, 31일에 조지아나가 보석금을 지불하여 석방되었다.

홈즈가 유명한 열차강도 마리온 헤지페스를 만난 것은 세인트루이스 형무소 안에서였다. 그에 대해 핑카턴 형사는 "그는 내가 들은 일도 없을 만큼 나쁜 인간이다. 그는 철두철미한 악인이다"라고 말했다. 헤지페스는 은행원 같은 복장을 하고 있었으나, 서부에서는 총솜씨가 가장 빠른 것으로 유명했다. 언젠가 그는 자기가 권총을 뽑으려고 했을 때 이미 권총집에서 권총을 뽑은 사람을 사살한 일도 있었다. 미남자인 헤지페스가 재판을 받을 때 여자들은 앞을 다투어 법정으로 몰려들었다.

홈즈는 자기가 완벽한 보험 사기를 생각해냈다고 헤지페스에게 말했다. 어떤 사람을 보험에 들게 한 뒤 그가 폭발 사고로 죽은 것으로 가장하고 다른 시체를 '피해자'의 것이라고 속인다는 것이었다(홈즈가 동일한 사기로 인생의 첫발을 내디딘 것이 상기된다). 그는 보험회사와

교섭할 적당한 엉터리 변호사를 모르느냐고 헤지페스에게 물었다. 헤지페스는 제프타 D. 하우라는 사람을 찾아보라고 했다. 피타젤이 '피해자'가 되기로 결정하고 그를 1만 달러의 보험에 들게 했다. 사기가 성공하는 경우, 헤지페스가 5백 달러, 하우가 2천5백 달러, 피타젤과 홈즈가 나머지를 나누어 갖기로 했다.

피타젤이 몰랐던 일은 홈즈에게는 그의 시체를 대신할 시체를 찾을 생각은 전혀 없었다는 점이다. 홈즈는 좀 쉬운 방법으로 일을 처리할 생각이었다. 피타젤을 죽이고 그의 몫을 가로채려고 한 것이었다.

이 보험 사기를 위해 홈즈는 필라델피아로 가서 캐로윌 가 1316번지에 집을 얻었다. 이 집은 시체 안치장 뒤에 있었다. 홈즈는 피타젤에게 시체 안치장에서 시체를 훔칠 생각이라고 말했을 것이 틀림없다. 피타젤은 B. F. 페리라는 이름으로 이 집에 들어가 특허권 매매알선업이라는 간판을 내걸었다. 그가 옮겨간 것은 8월 17일이었다. 유진 스미드라는 목수가 톱날을 만드는 특허권을 갖고 왔다. 피타젤은 그것을 놔두고 가라고 말했다. 9월 3일, 스미드가 특허권이 팔렸는지 알아보려고 피타젤을 찾아가 보니, 집에는 아무도 없고 문은 활짝 열려 있었다. 잠시 기다렸다가 2층으로 올라가 보았다. 거기서 그는 썩고 부풀어오른 피타젤의 시체를 발견했다. 경찰이 불려오고 얼마 후, 피타젤은 클로로포름을 사용하여 실험을 하다가 잘못하여 바로 옆에 있던 파이프에 불을 붙였다는 결론이 나왔다. 검시 결과, 그의 죽음은 사고사로 판정되었다.

5일 후, 월너트 가에 있는 피델리티 상호생명보험 회사는 B. F. 페리는 벤저민 풀러 피타젤이고 동사의 보험에 가입해 있다는 내용의 전보를 세인트루이스 지사로부터 받았다. 며칠 후, 동사는 변호사 제프타 D. 하우로부터 자기는 피타젤의 미망인 캘리의 대리인으로서 곧 방문하겠다는 편지를 받았다. 보험회사는 피타젤의 시카고 주소를 조사한 결과, 홈즈의 두 번째 아내 마타 벨크나프와 아는 사이라는 것을 알아냈다. 홈즈는 분명히 그녀와 연락하고 있었다. 그녀는 홈즈에게 연락을 하기로——그는 여행중이었다——수락했고, 또한 얼마 후에 그가 보험회사로 연락했기 때문이다. 그 무렵은 피타젤의 시체가 매장된 다음이었다. 이윽고 홈즈는 필라델피아에 도착하여 시체를 확인하겠다고 신청했다. 제프타 D. 하우도 피타젤의 2녀 앨리스를 데리고 필라델피아에 도착했고, 시체가 발굴되어 곧 확인되었다. 보험회사는 지체없이 보험금을 지불했다.

그러나 홈즈는 하우에게 줄 2천5백 달러는 말할 것도 없고 헤지페스에게 약속한 5백 달러도 내놓으려고 하지 않았다. 하우는 형에게 이 일에 대한 불평을 말했다. 헤지페스의 변호사였던 그의 형은 이 열차강도로 하여금 '하워드(홈즈의 별명)'를 고발해서 공공심을 보여 감형을 받도록 이 사건을 이용하라고 지혜를 빌려 주었다. 감형에는 성공하지 못했지만(그의 12년 형은 변하지 않았다) 보험회사는 사기를 당했다는 것을 깨달았다.

홈즈는 지명수배되었다. 그러나 그는 세인트루이스로 돌아와, 피타젤의 자식 4명 중에서 2명, 곧 11세의 넬리와 9세의 하워드를 피타젤에게 데려다 주겠다고 속여서 데리고 떠났다. 앨리스는 인디애나폴리스에 남아 있었는데——홈즈는 그녀가 다른 애들에게 아버지가 죽었다고 말하는 것을 두려워했을 것이다——홈즈는 후에 다시 그녀가 있는 곳으로 되돌아와서 그녀도 데리고 갔다.

그 후 약 1주일 동안, 홈즈의 모습은 어디서도 찾아볼 수 없었다. 그가 뉴햄프셔의 가족뿐만 아니라 첫번째 아내까지도 방문했다는 것이 후에 밝혀졌다. 그는 형에게서 5백 달러를 사취한 다음, 버몬트의 버링턴으로 돌아왔다. 거기서 핑카턴을 주임으로 하는 형사진이 그의 거처를 알아냈다. 그는 조지아나와 함께 살고 있었고 피타젤 부인은 나머지 두 애——16세의 소녀와 한 살짜리 갓난애——와 함께 근처에 살고 있었다. 형사진은 세인트루이스로부터 디트로이트, 토론토에 걸쳐 피타젤 부인의 자취를 추적하다가 홈즈의 거처를 알아냈던 것이다. '도망자'들이 보스턴으로 옮기고 홈즈가 기선회사 사무실을 여기저기 찾아다니기 시작했을 때, 경찰은 지금이 급습할 때라고 판단했고, 홈즈는 마침내 1894년 11월 17일에 체포되었다. 그의 살인 경력은 짧았지만(1890년부터 1894년까지였다).

필라델피아로 (피타젤 부인과 함께) 연행되는 도중에 홈즈는 감시인에게 교묘한 거짓말로 최면술을 걸게 해주면 5백 달러를 주겠다고 했다(이것은 미니 윌리엄즈를 비롯하여 많은 여자들이 왜 완전히 그의 뜻대로 움직였는가를 생각할 경우, 흥미로운 가능성을 제시한다). 그가 필라델피아에 도착했을 때 이미 피타젤의 시체는 다시 조사되어 폭사(爆死)한 것이 아니라 클로로포름으로 죽었다는 것이 판명된 뒤였다. 그 무렵부터 피타젤 부인은 자기 남편은 죽었고 세 애는 자취가 묘연하게 되었다는 것을 차츰 깨닫기 시작했을 것이다. 그때까지 홈즈는 피타젤이 애들을 어떻게 했는지 자기는 전혀 모른다고 말했고, 또한 장녀 데시를 자기한테 보내면 어떻겠느냐고 말했던 것이다.

가이어라는 형사는 어린애들의 행방 수사에 대활약을 했다. 가이어는 신시내티——홈즈가 애들을 데려간 곳이라고 피타젤 부인이 생각하고 있던 곳——의 호텔을 뒤지다가 마침내 세 애를 데리고 온 한 남자가 묵은 호텔을 찾아냈다. 물론 홈즈는 가명을 사용했다. 몇 주일 동안, 호텔과 셋집을 뒤지다가 그는 홈즈와 세 애의 사진을 신문에 실었다. 그 결과, 토론토에서 두 소녀를 데리고 한 사내가 10월 말까지 살았던 집을 알아냈다. 홈즈가 이웃 노인한테서 괭이를 빌려간 일이 있다는 것도 밝혀졌다. 소녀들의 시체는 지하실에서 발견되었는데, 지하 몇 피트 되는 곳에 묻혀 있었다.

소년 하워드의 행방을 찾는 것은 더욱 어려웠다. 여러 가지 증거로 보아 하워드가 토론토에 가지 않았다는 것은 분명했다. 그래서 가이어는 인디애나폴리스로 돌아와, 주변 도시의 호텔을 끈질기게 조사했다.

이제 한 도시만이 남았다. 아빙턴이었다. 이윽고 가이어는 홈즈가 9세의 소년을 데리고 커다란 스토브를 갖고 들어간 셋집을 찾아냈다. 소년은 두 노동자가 스토브를 설치하는 것을 지켜보고 있었다. 그날 늦게 이 소년은 스토브 속에서 숨을 거두었다. 가이어는 부엌의 굴뚝에서 숯덩이로 변한 몇 개의 뼈와 이빨을 찾아냈다.

《놀라운 범죄자의 기록(1918)》에서 H. B. 어빙은 피타젤의 애들이 도시에서 도시로 마지막 여행을 할 때 어머니에게 보낸 편지를 인용했다. 이 편지에는 자기들의 비참한 상태와 향수가 절박하게 그려져 있어서 눈물 없이는 읽을 수 없을 정도이다. 그리고 이 편지를 읽으면 홈즈가 이 순진한 애들을 어떻게 죽일 수 있었으며 왜 죽였는가 하는 것을 이해할 수 있다. 결국 그는 행방을 감추려고 한 것이다. 그는 피타젤을 죽였는데, 체포되지 않기 위해서는 피타젤의 가족을 모두 죽이지 않으면 안 되었던 것이다. 그는 단지 몇천 달러를 위해 이런 짓을 했다. 다음에는 피타젤 부인, 데시, 갓난애 워튼이 살해될 차례였다.

경찰은 마침내 홈즈의 '성'을 열고 지하실부터 지붕까지 구석구석 조사했다. 지하실에는 불에 탄 사람뼈가 남아 있는 커다란 스토브가 있었고, 그 바닥에는 많은 뼈가 묻혀 있었다. 구석에 있는 해부대는 피로 몹시 더럽혀져 있었다. 그리스를 칠한 물받이통이 2, 3층에서부터 지하실로 통해 있었다. 홈즈의 집에서 일한 적이 있는 잡역부는 언젠가 홈즈가 자기에게 표본용 남자 해골을 주었고 또 언젠가는 어떤 해골에서 살점을 완전히 제거하라고 명령했다는 정보를 제공했다. 그는 홈즈가 외과 관계의 일을 하는 줄로 알았다고 말했다. 이 해골들은 후에 의과대학에 팔렸다. 홈즈는 무엇이든지 그냥 버려서는 안 된다고 생각했던 모양이다.

홈즈는 마지막까지 거짓말을 했다. 그는 일기를 쓰고 있었는데, 이 일기에는 애들의 시체가 발견되었을 때 대단한 충격을 받았다는 것, 애들이 안녕하며 손을 흔들기 전에 '몹시 주저하며 어린애다운 순진한 키스'를 했을 때의 광경이 생생하게 생각난다는 것을 적어 놓았다. 그는 미니 윌리엄즈가 복수를 하기 위해 직업적 살인자를 고용한 것이라고 주장했다. 당연한 일이기는 했지만 사형을 선고받자, 그는 27명을 죽였다는 것을 인정하는 긴 고백록을 써서 신문사에 7천5백 달러에 팔고는, 곧 이것을 거짓말이라고 하며 무고를 주장했다.

그는 스스로 자신을 변호했고, 이 변호는 무척 훌륭했지만 결과는 마찬가지였다. 그는 1895년 5월, 모메야싱 형무소에서 교수형을 받았다. 홈즈가 처음에는 단순한 사기꾼이었다는 것은 확실하다. 랑드류(돈을 목표로 11명의 여자를 유혹하여 살해하고 1922년에 처형된 프랑스인), 조제프 스미드, 프티요, 페르난데스와 마더 베크(남매로 위장하고 20명 이상의 중년 미혼 여성을 살해했으며 1951년에 처형된 미국인) 등 많은 대량 살인자가 처음에는 사기꾼으로 출발했다는 것은 놀라운 일이다. 그러나 홈즈가 단순한 사기꾼이었다면, 그의 사건은 이 책의 19세기를 다룬 장에 들어가는 것이 당연하다. 그도 라스네르와 마찬가지로 범죄에 매혹되었다고 생각할 만한 많은 근거가 있다. 마틴은 그의 '생애에 걸친 시체에 대한 열중'에 대해 말했거니와, 자세한 사건 설명을 읽으면 이 점을 이해할 수 있다.

그리고 나는 '생애에 걸친 섹스에 대한 열중'을 첨가하고 싶다. 아더 라우스의 아내는 편지에서 남편을 '성적 광인'이라고 불렀다. 이것은 강간 상습자라는 뜻이라기보다는 가능한 한 많은 성을 원했다는 뜻이다. 홈즈는 이러한 의미에서 성적 광인이었다. 키가 작고―― 그는 5피트 7인치였다――몸차림이 깨끗하고 날씬하며 두 끝이 처진 커다란 수염을 기른 장미빛 피부의 그는 라우스와 마찬가지로 허영심이 많았다. 이 사건에 대해 쓴 사람 중에는 여자들이 그에게서 위험한 매력을 느꼈다고 말한 사람이 있지만, 이것은 낭만적인 헛소리에 불과

하다.

 랑드류나 조제프 스미드에 대해 이렇게 말할 때도 마찬가지다. 말을 잘하고 보기 흉하지 않은 남자는, 만일 원한다면, 누구나 여자를 유혹해서 일생을 마칠 수 있다. 25세 이상의 남자는 대부분 결혼을 했고 대개의 처녀는 결혼하고 싶어하며 부친적(父親的)인 인간의 안정성, 특히 부자라고 자처하는 재산있는 남자의 안정성을 좋아한다. 그러나 홈즈는 거의 모든 처녀가 결혼 전에 처녀성을 상실하는 20세기 중엽에 산 것이 아님을 잊지 말아야 한다. 그는 기본적으로는 어쨌든 청교도적 국가인 미국에서 19세기 말에 살고 있었다. 그 당시의 소설은 경솔하게 처녀성을 바친 처녀의 '무서운 운명'을 자주 다루었다. 이런 여자는 스스로 범죄자라고 느꼈다.

 가디 코너가 작별 인사를 갔던 홈즈의 사업상의 협력자 프레데릭 나인드(그는 얼마 후에 홈즈에게 당신이 그녀를 죽인 게 아니냐고 말했다)는 어느 날, 홈즈가 사무실에 들어와서 전날 밤에 가디와 외출하여 어떻게 '점잖지 못한 행동'을 했는가를 말했을 때의 정경을 말한 바 있다. 홈즈는 사업상의 협력자에게 후에 가디가 임신했다는 것을 말하기 위해 두 사람의 관계를 넌지시 비친 것일지도 모른다. 그러나 그가 이런 말을 할 가치가 있다고 생각했다는 것은 그가 하루 건너로 여자를 유혹한 것은 아니라는 점을 보여준다.

 그러면 16세의 에밀리 반 타셀은 왜 실종됐는가? 그녀는 돈도 없고 '성'에 살고 있지도 않았다. 홈즈가 어느 날 밤 그녀를 '성' 안으로 유인해서 클로로포름을 맡게 하여 강간하고 죽인 다음, 시체를 물받이통을 통해 지하실로 떨어뜨린 것은 상당히 확실하다. 그에게 살해된 피해자의 대다수가 여성이었다.

 그의 성욕에 대해 알려진 바에 따라 판단하면, 그가 피해자의 대부분을 살해하기 전이나 살해한 다음에 강간했다는 것은 있음직한 일이다. '생애에 걸친 시체에 대한 열중'이라는 마틴의 말이 옳다면, 살해한 다음이라고 생각하는 것이 타당하다. 그는 집을 지을 때 왜 각 방에 들여다보는 구멍과 비밀 통로를 만들었는가? 그것은 어느 정도는 물품 사기와 관련이 있다. 그러나 이 경우, '모든' 방에 만들어 놓을 필요는 없었을 것이다. 그는 보는 것을 즐겼다. 그런데 보통의 그런 사람과는 달리, 그는 보는 것 이상의 일을 하려고 했다. 방에 여자를 혼자 재우고 방으로 통한 관으로 가스를 들여보내 의식을 잃게 한 다음, 계속 의식을 잃도록 하기 위해 클로로포름을 맡게 하고 후에 시체를 스토브로 처리한 것이다.

작업부가 증언한 두 사내의 해골은 어떻게 된 것인가? 어쩌면 홈즈가 돈 때문에 죽인 사내들이라는 것도 충분히 생각할 수 있다. 그러나 이 경우, 해골을 보통의 방법으로 처분하는 대신에 팔아 버렸다는, 기이한 느낌을 주는 방식은 무엇을 의미하는가? 이렇게 해도 대단한 돈벌이가 되지는 않았을 것이고(의과대학생들은 자신이 사용할 해골을 몇 달러로 살 수 있었다) 또한 상당한 모험이었다. 그러나 홈즈는 기묘한 권력광이었고 사회를 먹이로 삼고 있다는 느낌을 즐긴 사람이었다. 홈즈는 남의 아내에게 손을 대면서, 이 여자의 남편이 그녀를 지켜 주지 못한 채 대범죄자, 대강간자 홈즈에게 살해되고 마침내는 의과대학용 표본이 된다고 생각하면서 더욱 희열을 느꼈을 것이다.

대범죄자로서 홈즈는 코난 도일이 그린 모리아티 교수(《셜록 홈즈의 회상》, 그밖의 작품에 나오는 대범죄자)와는 유감스러울 만큼 닮지 않았다. 홈즈는 '범죄의 나폴레옹'이 아니라 솜씨 없는 물품 사기꾼이었다. 그러나 현실의 '대범죄자'는 이러하다. 만일 그들이 모리아티와 같은 인간이 될 만한 두뇌와 상상력을 가졌다면, 범죄자가 되지는 않았을 것이다. 최악의 경우라도 사드처럼 외설스러운 책을 쓴 것으로 그쳤으리라.

만일 헤지페스가 밀고하지 않았다면, 홈즈는 피타젤 일가를 몰살하고 살인자로서의 생애를 몇십 년 더 계속했으리라 생각하면 섬뜩하다.

마틴은 홈즈가 보험금 사기라는 계획을 헤지페스에게 이야기한 동기가 무엇인지 이해하기 어렵다고 말한다. 그가 헤지페스에게 모든 계획을 말하지 않더라도 엉터리 변호사를 소개받을 수 있었을 것이기 때문이다. 그러나 사실은 동기에 대해서는 별 문제가 없다. 헤지페스는 '서부의 멋쟁이 무법자'였고 당시 가장 유명한 범죄자 중의 한 사람이었다. 분명히 홈즈는 무의식적으로는 그를 존경하고 있으면서도 의식적으로는 자기가 헤지페스보다 훨씬 교묘한 범죄자이고 여자들에게 더 인기가 있다고 생각했다. 그는 자기의 방법이 더 뛰어나다는 것을 헤지페스에게 자랑하고 싶었다. 나는 여기서 모든 범죄자들은 허영심에 들떠 있다는 평범한 교훈을 이끌어내려고 하는 것은 아니다. 홈즈는 우리들 이상으로 자만심이 많았던 것이다. '서부의 멋쟁이 무법자'에게 자만하고 싶다는 욕망은 경솔한 것인지는 몰라도 자연스러운 것이었다.

내가 홈즈 사건에 대해 이렇게 길게 쓴 것은 그의 '살인의 성'에는 20세기 살인의 본질을 엿보게 하는 그 무엇이 있기 때문이다. 우리는 너무 급격히 발달했다── 몇 년 사이에 마을은 읍으로, 읍은 도시로 확대되었다. 그 결과는 '문명병'이고 문명 자체에 대한 공포와 증오이다. 엘리자베스 시대의 인간은 언제나 '양을 치는 신선한 땅'에 대해 향수를 갖고 글을 썼지만, 셰익스피어는 1마일만 걸어가면 들로 나갈 수 있었다. 그로부터 1세기 후, 존 헤이즈의 살해자들은 옥스퍼드가 북쪽 백 야드 지점까지 걸어가 시체를 메릴본 호수에 버렸다. 그러나 19세기 후반에는 런던이나 뉴욕에는 푸른 들을 본 적이 없거나 죽을 때까지 보지 못하는 아이들이 있었다. 집을 짓는 사람들은 '혼란에 대항하는 질서의 싸움'에서 작은 역할을 하고 있다고 생각하겠지만, 50년 후에 이 집에 사는 사람은 벽돌과 모르타르가 완강한 병균처럼 둘러싸고 있다고 느낄지도 모른다.

성에 대한 태도에 대해서도 같은 말을 할 수 있다. 엘리자베스 시대나 제임스 2세 시대 사람들에게는 성적 경험은 유쾌하게 취하는 것과 같은 경험이었다. 성은 로미오와 줄리엣의 경우처럼 낭만적일 수 있었고, 건강하고 육체적일 수도 있었다. 존 새클린 경(1609~1942. 영국의 기사, 시인)은 친구의 결혼에 대한 시를 다음과 같이 끝맺었다.

> 마침내 촛불이 꺼지고, 그리고 이제
> 두 사람은 지금까지 하지 않던 일을 하네.
> 그것이 어떤 일인지를 누가 말할 수 있으랴.
> 그러나 나는 그것이 역시
> 자네나 내가 전에 브리지드나 넬과
> 한 일과 다르지 않다고 생각한다네.

이런 생각은 필딩에게도 남아 있다. 그리고 제인 오스틴과 디킨스 시대에 이르러서는 갑자기 젊은 부인들은 유리 울타리에 둘러싸인다. 땅에 끌리는 스커트 속에는 숨겨진 비밀이 있다.

H. H. 홈즈가 교수형을 받은 해에, 시어도어 달런트라는 주일학교 교장이 브란치 라몬트라는 아름다운 소녀에게 샌프란시스코 버틀렛에 있는 에마누엘 뱁티스트 교회로 오라고 유인했다. 그리고 그는 그녀를 질식사시키고 시체를 종루까지 끌어올린 다음 옷을 전부 벗기고 시체를 범했다. 그는 그녀의 머리를 대목으로 조심스럽게 받쳐 놓았다.

다음 1주일 동안에 그가 몇 번이나 시체있는 곳으로 갔는지는 알 수 없으나 4월 12일, 그는 피해자의 친구(우연히도 미니 윌리엄즈라는 이름이었다)를 또 교회로 유인했다. 옥신각신하다가 그는 소녀의 옷을 끌어올려 그녀의 얼굴을 덮어씌우고 그 일부를 목 속으로 밀어넣어 그녀를 질식시켰다. 그리고 그는 식탁용 나이프로 조심스럽게 두 손목과 이마를 베고 계속해서 두 유방을 쩔렀다. 그 후, 미니를 범했다.

시체는 이튿날 아침 교회에서 친목회를 연 부인들에 의해 발견되었다. 시어도어 달런트는 두 소녀를 죽일 때 어느 경우에나 피해자와 같이 있는 현장을 목격당했기 때문에 그가 살인범이라는 것은 쉽게 밝혀졌다. 공소는 3년을 끌었으나, 1898년 1월에 그는 처형되었다.

시어도어 달런트는 H. H. 홈즈와 똑같은 욕망을 느꼈다. 다시 말하면, 드레스를 벗기고 싶다는 빅토리아 시대의 저 안타까운 욕망을 느꼈던 것이다. 그러나 달런트는 이 문제에 아무런 계산도 없이 대처했다. 홈즈는 숙고 끝에 비밀방과 들여다보는 구멍이 있는 집이 필요하다고 생각했다. 그는 이 집을 지었기 때문에 파멸하기는 했지만, 어쨌든 이 집을 지었다. 그리고 이 '성'의 왕이 되었다. 그는 문명병과 성적으로 충족되지 않은 상태에 대해 그 나름의 해답을 찾아낸 것이다. 홈즈는 그 나름의 잔인한 방식에 의해 헨리 포드나 호레이쇼 알자 (1834~1899. 백 권 이상의 상당히 인기있던 어린이용 교육 소설을 쓴 미국의 작가, 목사)와 마찬가지로 '미국의 꿈'의 대표자가 되었음을 인정하지 않을 수 없었다.

이것은 왜 성범죄가 20세기를 대표하는 범죄인가를 설명한다. 여러 가지 성범죄에 대해 책을 쓴다면 그 책은 상당히 두꺼워질 것이다. 그러나 나는 비교적 소수의 성범죄 사건만을 다루려 한다. 나는 히스 (1946년, 32세의 여자를 난행하고 살해하여 처형된 영국의 예비역 공군 조종사), 크리스티(런던에서 적어도 6명의 여성을 살해하고 1953년에 처형된 치정 살인범), 버밍엄 YWCA 살인사건에 대해 말할 생각은 없다. 이 살인사건들에 대해서는 이미 싫증이 날 만큼 다른 저술가들이 논했다. 그러므로 나는 별로 알려지지 않은 몇 가지 사건에 대해 말하기로 한다.

프레데릭 오튼은 탐정의 역사를 다룬 책《하루 10기니》의 제5장에서, 살인은 아니지만 전형적인 한 사건을 말하고 있다. 웨클라라는 미국 실업가가 모델 출신의 아름다운 아내를 데리고 영국 여행을 하고 있었다. 그녀는 철도로 여행하고 싶어 기차를 탔고, 남편과는 호텔에서 만나기로 했다. 그러나 아내가 약속 시간이 지나도 호텔에 도착하지 않자 남편은 역으로 나갔다.

열차 충돌 사고가 일어났고 아내의 시체는 다른 시체와 함께 시체 안치실에 있었다. 왠일인지 그녀의 양말 대님이 끊어져 있었다. 다른 쪽 양말 대님은 거의 벗겨질 상태였다. 열차 충돌 사고로 양말 대님이 끊어질 수 있을까? 웨클라는 친구인 외과의사에게 시체를 조사하게 했다. 이 친구는 웨클라의 아내가 난행당했다고 말했다.

웨클라는 사립탐정 사무소를 찾아갔다. 이 사건을 담당한 탐정은 전통적인 방법으로 수사를 시작했다. 한 집 한 집 돌아다니며 몇백 명의 사람들을 만나 탐문 수사를 했다. 그의 의혹은, 아내와 한 아이와 함께 철도 부근의 시골에서 사는, 노이로제에 걸린 젊은 노동자에게 쏠렸다. 이 탐정은 친절한 태도로 이 노동자에게 접근하여, 그로부터 열차에서 웨클라 부인과 같은 칸막이 객실에 둘이서 타고 있었다는 말을 들었다. 이번에는 사립탐정소 소장이 사건을 맡았다. 그가 몇 가지 날카로운 질문을 하자, 노이로제에 걸린 젊은 용의자는 마침내 항복하고, 아주 얇은 나일론에 싸인 여자의 다리를 바라보는 사이에 몹시 흥분하여 마침내 그녀를 범했다고 자백했다. 그 후에 열차가 충돌하여 그녀의 목이 부러졌다고 말했다. 이 용의자는 약간의 타박상을 입었을 뿐 목숨을 건졌다. 웨클라는 이 사람으로부터 자술서를 받았으나 고소하지는 않았다.

그러나 이 사건은 이렇게 간단한 것일까? 대개 여성은 난폭하게 강간당할 때—— 웨클라 부인의 질은 몹시 상해 있었다—— 심하게 반항하며 치한을 할퀼 것이다. 상대는 분명한 찰과상을 입었을 것이다. 용의자의 아내는 남편에게 이런 찰과상이 있었다고 말하지 않았다. 그러면 다음과 같이 생각해 보자. 크릴(용의자)은 웨클라 부인에게 반했으나—— 그는 그녀에게서 눈을 뗄 수 없었다고 자백했다——

그녀에게 덤벼들려고 하지는 않았다. 그렇게 하면 그녀는 다음 역에서 차장을 부르거나 비상벨을 누를 것이다.

그러나 열차가 충돌하고 객실 바닥에 인사불성의 여자와 함께 쓰러져 있는 것을 깨달았을 때, 그때까지 30여 분 동안 머리 속에서만 그리던 일을 해치우기로 결심했다. 나일론 양말을 신은 여자는 꼼짝도 하지 않고 누워 있었다. 아마 그는 그녀가 죽었다고 생각했을 것이다. YWCA 살인사건의 범인 패트릭 바안은 바닥에 피해자가 죽어서 누워 있는 것을 보자, "나는 한꺼번에 모든 일을 하기로 결심했다"라고 말했다. 크릴도 똑같은 생각을 했다. 그 때문에 매우 난폭한 짓을 해서 범죄가 발각될 원인을 만들어 놓았다.

이러한 성적 욕망에 충만된 분위기가 20세기라는 시대를 무겁게 감싸고 있다. 이 분위기는 엘리자베스 시대 사람들에게는 이해할 수 없는 것이었으리라. 수잔 리라르는《둘이서》라는 책에서 얀과 아다라는 15세 소녀의 기묘한 이야기를 한다.

리라르는 그들의 성(姓)과 사건이 일어난 네덜란드의 도시 이름은 말하지 않았지만, 사건이 일어난 것은 1948년 11월 19일이었다. 소녀 아다가 십자가 모양의 두 막대기에 거꾸로 매달려 죽어 있는 것이 발견되었다. 며칠 후, 소년 얀이 자수했다. 아다의 일기와 두 사람의 연애 편지가 그의 이야기가 사실임을 뒷받침했다. 그들은 애인 사이였다. 두 사람은 끝까지 순결을 지켰다. 그는 그녀의 옷을 벗기고 그녀를 묶은 다음, 나이프로 찌르는 것을 언제나 공상했다. 두 사람이 나체로 수영할 때, 그는 때때로 그녀의 유방을 찰싹찰싹 때렸는데, 그녀는 좋아했다.

그녀는 다음과 같이 썼다. "잘자요, 짐승 중의 짐승이여. 나는 당신에게 꼼짝 못해요……. 당신이 나를 죽여도 아무 말도 않겠어요. ……사랑이란 이해하는 것입니다(이것은 페터 퀼텐이 성교중에 상처를 입힌 소녀에게 '사랑이란 이해하는 것'이라고 한 말을 상기시킨다)."

그는 "오늘밤 아다는 살해된다. 뱀으로부터" 따위의 말을 쓴 종이쪽지를 화살에 매달아 그녀 방으로 쏘곤 했다.

어느 날, 그는 어떤 상점에서 척후용 나이프를 발견하고 잠시 주저하다가 이 나이프를 샀다. 아다는 그와 함께 사냥터로 가서 십자가에 매달리는 것처럼 쇠막대기에 묶이는 데 동의했다. 그러나 그가 입에 재갈을 물리자, 그녀는 겁이 나서 몸부림치기 시작했다. 그는 흥분하여 그녀의 옷을 찢었다. 그리고 그는 나이프로 여러 번 그녀를 찌르고, 마침내는 눈을 가리고 그녀를 죽이고 목을 베었다. '사디스트와 학대받는 상대'라는 게임이 갑자기 진짜로 변한 것이다. 그는 그녀를 범하지는 않았다. 믿을 수 없는 일이지만 그는 어떻게 여자와 교접하는지를 몰랐다. 그들은 둘 다 점잖은 중산계급 가정에서 태어났고, 청교도적인 소도시에서는 애들이 일찍부터 성에 관한 지식을 배우는 일이 없었다. 그는 본능적으로 남자는 여자에게 '뭔가' 한다는 것을 알고 있었다. 그녀는 본능적으로 남자가 여자에게 '뭔가' 할 때에는 여자는 가만히 있어야 한다는 것을 알고 있었다. 성에 대해 이 정도밖에 몰랐다는 것은 두 사람에게 불행이었다.

이 이야기는 기본적인 문제를 제기한다. 성행위는 살인과 밀접한 유사성을 가졌고, 따라서 인간은 누구나 살인에 흥미를 갖는다고 생각해도 괜찮을 것이다. 살인자와 피해자는 성교중의 남녀와 동일한 관계에 있다. 이것으로 왜 20세기에 살인이 급증했는가를 설명할 수 있을까? 대개의 동물의 경우, 성행위는 암컷이 발정했을 때에만 이루어진다. 인간의 경우에는 때를 가리지 않는다. 그러나 20세기 이전에는 남녀는 아주 열심히 일했으므로 성행위는 '주말에 일어나는 일'이었다. 공업화는 여가를 만들어냈고, 여가는 언제나 성을 의미한다. 그리고 전에는 완전히 일에 흡수되던 막대한 양의 에너지가 성을 향해 쏟아져 나왔다. 또한 많은 사람들이 평균 이상의 지능을 갖고 자기는 뛰어난 지능을 가졌으므로 사회와 그 법률을 초월한 존재라고 생각한다는 사실이 사람들에게 불안을 느끼게 한다.

이러한 유형의 사건 중에서 가장 유명한 것은 시카고의 두 대학생 네이던 레오폴드와 리처드 레브에 의한 보비 프랭크스 살해사건이다. 두 사람 다 유복한 가정 출신으로 동성애 관계에 있었다. 그들이 처음 생각해낸 것이 소녀를 유인, 살해한다는 것이었음은 상당히 암시적이다. 그 후에 그들은 레브의 동생을 유괴하기로 생각을 바꾸었다. 그러나 결국 그들은 근처의 남자 학교에 다니는 소년에게 눈독을 들였다. 살인을 결행하기로 한 날인 1924년 5월 21일 오후, 처음 지목했던 소년이 보이지 않자 레브의 14세짜리 조카 보비 프랭크스를 그 대신에 유인하여 차에 태웠다. 레브는 소년의 등을 끌로 찔러 기절시켰다. 그리고 시카고 시내를 자동차를 타고 돌아다녔다. 그 동안에 소년은 출혈로 죽었다. 시체를 배수(排水) 탱크로 운반해 가서 옷을 벗기고 얼굴에 황산을 부어 얼굴을 몰라보게 만들었다. 그 후, 프랭크스의 집에 전화를 걸어 돈을 요구했으며, 이때 소년은 아직 살아 있다고 말했다. 불행하게도 시체가 발견되고 레오폴드의 안경도 근처에서 발견되었다. 두 젊은이는 자백했고 종신형을 선고받았다.

여기서도 두 사람 사이의 기묘한 관계가 살인 동기가 되었다. 레브가 '주인'이고 레오폴드는 '충실한 노예'였다. 두 사람 다 니체의 책을 탐독했고 초인의 이론에 심취했다. 그러나 그들이 살인을 한 정확한 이유가 무엇인가 하는 물음에 대한 유일한 정답은 '그들이 그렇게 하기로 선택했기 때문'이라는 것이다.

그들은 자유로웠다. 그들은 지능적이었다. 그들은 유복했다. 인생은 그들에게 어떠한 저항감도 노력할 만한 목표도 주지 않았으므로, 그들은 상상 속의 목표를 만들어내고 게임을 즐겼다. 그런데 게임이 진짜로 변한 것이다. 레오폴드는 차 속에서 보비 프랭크스의 몸에서 피가 솟아오르는 것을 어깨 너머로 뒤돌아보며 이렇게 말했다. "저런, 이렇게 될 줄은 몰랐는 걸."

마이어 레빈은 이 사건을 다룬 그의 뛰어난 소설의 제목을 《강제》라고 했지만, 이 제목은 잘못된 것이다. 그들의 범죄는 심리적 강제의 결과가 아니라 자유로운 선택의 결과인 것이다. 잭 더 리퍼의 범죄는 심리적 강제의 결과였다. 시카고의 또 하나의 살인자 윌리엄 하이렌즈 (역시 시카고 대학생)의 범죄도 그러했다. 그는 처음에는 여자의 팬티를 훔쳤으나, 마침내는 두 여자와 한 애를 죽였다. 그는 1946년에 종신형을 선고받았다. 레오폴드와 레브의 범죄는 심리적으로 강제된 것은 아니었다. 그것은 자유로부터 발생한 사건, 권리로부터 발생한 범죄였다. 이러한 유형의 범죄자 심리를 처음으로 연구한 작가는 도스토예프스키였다. 그의 《악령》에 나오는 니콜라스 스타브로킨은 부자에 미남자이고 응석받이로 자랐는데, 정신적 침체에서 벗어나기 위해 범죄를 저지른다. 도스토예프스키 이전의 작가들은, 아마도 괴테를 제외하고는, 이러한 동기 때문에 범죄를 범할 가능성을 파악하지 못했을 것이다.

기록에 남은 사건 중에서 심리적 강제 때문에 저질러진 가장 음침한 살인사건은 1942년, 콜로라도 주 프에블로 근처에서 일어난 도날드 환에 의한 앨리스 포터 살해사건이다. 환은 23세의 철도 기사였다. 그는 결혼했으며 애도 둘이 있었다. 하지만 그도 패트릭 바안과 마찬가지로 여자를 고문하는 것을 꿈꾸고 있었다. 그는 '뉘우치는 자들'이라고 하는 프에블로 인디언의 한 종파의 예배의식에 매료되었다. 성주간(聖週間) 동안 그들은 고문을 포함한 종교의식을 행하고 멤버 중의 한 사람을 십자가에 매달았다. 이러한 일은 당시의 인디언 사이에서는 드문 일이 아니었으며, 인디언들은 어느 정도로 고통을 참는가에 따라 사람들의 용감성을 판단했다. 이 무렵의 여행가들은 인디언이 남자다움을 증명하려고 자진하여 믿을 수 없을 만한 고통을 견뎌냈다는 기록을 남기고 있다.

환은 고문의 이러한 면에는 흥미가 없었다. 그는 프에블로에서 50

마일 떨어진 곳에 있는 아도비 벽돌로 지은 낡은 교회에서 시간을 보내는 때가 많았다. 이 교회에는 피투성이 제단이 있었다. 이것은 '뉘우치는 자들'의 마지막 종교의식이 거행되는 곳이었다.

1942년 4월, 환의 아내는 두 번째 아이를 낳기 위해 입원중이어서 환의 성욕은 몇 달째 충족되지 못했고, 마침내는 여자를 고문하는 꿈을 실행하려는 정도로까지 고조되었다. "나는 어릴 때부터 아름다운 소녀를 고문하고 싶다고 생각했습니다." 그는 몇 번 소녀를 차 속으로 유인하는 데 성공했으나, 그때마다 막상 실행하려고 하면 용기가 나질 않았다.

살인을 하기 1주일 전에 그는 17세의 견습 간호부 앨리스 포터를 발견했는데, 왠지 저 여자야말로 나의 상대라는 확신이 생겼다. 그는 그녀의 뒤를 며칠 동안 미행하여 그녀의 일상 행동을 파악했다. 4월 22일 폭풍우 치던 날, 앨리스 포터는 9시 반경에 수업을 마치고 혼자 집으로 돌아가는 길이었다. 환은 자동차를 그녀 옆에 세우고 그녀에게 총을 겨누며 올라타라고 명령했다. 그녀는 차에 타기 전에 비명을 질렀다. 이 소리를 듣고 근처에 살던 남자가 나가 보니 마침 차가 출발하는 것이 보였다.

환은 아도비 벽돌로 지은 교회로 그녀를 데리고 가, 손발을 묶고 옷을 벗겼다. 그러고 나서 그는 불을 피우고 그녀를 빨갛게 단 철사로 때리며 고문하기 시작했다. 그는 고문 도구(송곳, 그밖의 여러 가지 도구)를 꺼내 상세히 기록되지 않은 잔인한 방법으로 그녀를 고문했다. 마지막으로 그는 그녀를 제단에 눕히고 강간했다. 그때까지 그녀는 살아 있었으나, 후에 범인이 누구라는 것을 증언할 경우를 생각하고 망치로 때려죽여 시체를 우물 속에 던져 버렸다.

그는 하룻밤을 그녀를 고문하며 지냈다. 아침에 자동차로 귀가하는 도중에 자동차가 미끄러져 진흙에 빠져 움직이질 않았다. 그는 가까이 있던 농부에게 돈을 주고 차를 끌어내게 했다. 그리고 프에블로로 돌아와 입원중인 아내를 만나러 갔다. 아내는 그 전날에 애를 낳았다.
　경찰이 아도비 벽돌로 지은 교회를 수색해 보기로 결정한 것은 며칠 후였다. 교회에 가 보니, 소녀의 옷의 타고 남은 찌꺼기와 검게 그을은 철사와 고문 도구가 있었다. 경찰관이 밖의 우물 속을 들여다보니 시체가 있었다. 송곳에는 지문이 남아 있었으나 이 지문은 성범죄 전과자들의 어느 지문과도 일치하지 않았다. 경찰은 정석대로 탐문 수사를 벌여, 자동차를 진흙에서 끌어내 준 농부를 찾아냈다. 농부는 그 차는 포드 청색 세단으로 낡아서 덜렁덜렁했다고 증언했다. 형사는 프에블로 자동차 수리공장을 샅샅이 뒤지며 그런 차를 아느냐고 물었다. 그 중 한 사람이 알고 있었다. 게다가 그 차는 그의 공장에 들어와 있었다. 그것은 청색 차였지만, 앨리스의 비명을 들은 사람은 진흙이 묻어 있었으므로 다갈색의 차라고 생각했다. 도날드 환이 차를 찾으러 왔을 때, 경찰관이 그를 기다리고 있었다. 그의 차 속에서 발견한 지문은 송곳의 지문과 일치했다. 그가 유죄라는 증거는 완벽했다.
　살인사건의 자세한 내용이 알려지자, 군중이 환에게 린치를 가하려고 한다는 소문이 퍼졌다. 환은 캐논 시티 형무소로 이감되었다. 그는 1942년 10월 22일, 이 형무소의 가스실에서 처형되었다.
　제2차 대전 후, 범죄 발생률은 서서히 증가하고 변태 성욕과 기괴한 공상에서 발생하는 살인사건은 엄청나게 많아졌다. 동기를 찾아내고 여러 가지 단서를 수집하여 해결하는 '고전적'인 살인사건은 드물었다. 내가 이 책을 쓰고 있을 때, 뉴캐슬의 13세와 12세의 두 소녀 노만 벨과 메어리 벨(친척은 아니었다)이 '쾌락을 위해' 3살 난 두 사내애를 죽인 혐의로 재판에 회부되었다.
　두 사내애는 목졸려 죽었다. 소녀들은 그들을 죽인 다음, 그 애들의 방으로 몰래 들어가 그들의 살인 행위를 자랑하는 종이쪽지를 남겨 놓았다. 메어리 벨은 마틴 브라운의 집으로 가서 문을 두드렸다(마틴 브라운의 시체는 4일 전에 폐옥에서 발견되었다). 그리고 그녀는 마틴을 만나고 싶다고 말했다. "슬픈 일이다만 마틴은 죽었다"고 그의 어머니가 말했다. "마틴이 죽은 것은 알고 있어요. 관 속에 있는 마틴을 만나고 싶은 거예요." 이 사건은 분명히 영국에서 하나의 선례가 될 것이고(노만 벨은 석방되었지만 메어리 벨은 종신형을 선고받았다) —— 미국에서도 어린이가 자기 부모나 어린이를 사살한 사건이 있기는 했지만—— 20세기의 살인사건이 지금까지는 없었던 무서운 성격을 가졌다는 것을 두드러지게 하는 사건이다.

전후의 몇 가지 대표적인 사건을 조사하여 이 사건들이 어째서 '최초의 사건'인가를 알아보기로 하자.

1961년 5월 11일, 오리건 주의 피터 스킨 오그덴 공원을 자동차를 타고 지나가던 어떤 학교 선생이 클키트 리버 협곡 위의 경치 좋은 곳에서 차를 멈추었다. 그녀는 협곡의 아주 밑, 험한 낭떠리지 제일 아래쪽에 사람같이 보이는 인형처럼 작은 것이 강가에 쓰러져 있는 것을 보았다. 옆에 있는 어떤 남자에게 그쪽을 가리키며 얘기했지만, 그는 인형일 것이라며 그냥 가 버렸다. 그러나 그날 밤, 이 선생은 이 일을 그곳의 산림경비대에 신고했다. 경비대원은 조사에 나섰다. '인형'은 4세의 소녀와 6세 된 소년의 발가벗겨진 시체였다. 그들은 몹시 매를 맞았고 생식기는 나이프로 잘려서 없었다. 절벽 위에서 집어던질 때 소년은 죽어 있었으나, 소녀는 살아 있었다는 것도 밝혀졌다.

이 이야기가 전해지자, 사건을 조사하는 보안관에게 서부 오리건 유진이라는 곳에서 전화가 걸려왔다. 전화를 건 부인은 죽은 애들이 근처에 살던 부인의 아들과 딸이 틀림없다고 생각한다고 말했다. 근처에 살던 부인은 가돌스 잭슨 부인으로, 그 해 초에 두 애와 애보는 처녀를 데리고 그곳으로 이사왔다. 그리고 잠시 후에 한 남성적인 젊은 여자가 이 집으로 와 함께 살았다. 근처에서는 세 여자가 동성연애자라고 수군거렸다. 5월 9일, 애들의 시체가 발견되기 이틀 전,

애보는 처녀는 레바논(펜실베이니아 주의 도시)의 자기 집으로 가고 다른 두 여자도 애들을 데리고 어디론가 사라졌다. 젊은 여자는 지네스 프리맨이라고 하며 21세였다. 전화를 건 부인은 그들의 차(빨간 머큐리였다)가 어떤 것인지 매우 정확하게 알고 있었다. 이 차가 캘리포니아 오클랜드의 중고차 매매장에 있다는 것이 24시간 내에 밝혀졌다. 매매장 경영자는 차를 팔러 온 여자의 주소와 성명을 적어 놓았다. 그녀의 이름은 가돌스 잭슨이었다.

경찰이 그녀의 아파트를 찾아갔을 때, 관리인은 여자들은 지금 없지만 옷을 몇 가지 남겨 놓고 갔으므로 돌아올 것이라고 말했다. 경찰관은 두 여자가 돌아올 때까지 기다렸다. 한 여자는 비쩍 마르고 안경을 썼으며 머리카락은 어깨까지 닿았다. 이 여자가 애들의 어머니였다. 또 한 여자는 단단한 몸매로 강한 느낌을 주기는 하였지만 아름다웠고 머리는 짧았다. 이 여자가 지네스 프리맨으로 "내가 '남자'예요"라고 어색하지 않게 인정했다. 33세의 잭슨 부인은 울음을 터뜨리며 즉시 자백했다. 그녀는 남편에게 버림을 받고 지네스 프리맨을 만났다. 지네스는 그녀를 유혹했다. "지네스가 보스였습니다. 그녀의 말은 절대적이었어요. 그녀는 언제나 내가 나체로 집안을 돌아다녔으면 했습니다만, 애들 앞에서는 그런 짓을 할 수 없었습니다."

지네스 프리맨은 어릴 때부터 문제가 있는 여자였다. 그녀가 네 살 때 일어난 일이었다. 어느 날, 그녀의 어머니는 어떤 소년에게 그녀를 맡겨 놓고 쇼핑을 갔다. 어머니가 돌아와 보니, 지네스는 히스테리를 일으키고 있었다. 소년이 그녀를 범했던 것이다(이 소년에 대해서는 아무런 조치도 취하지 않았다. 후에 그는 다른 애를 범하려다 현장에서 체포되어 30일의 징역형을 받았다). 그 후로 지네스는 이상할 정도로 고집센 애가 되었고 여러 번 문제를 일으켰으므로, 경찰은 그녀를 소녀원으로 보냈다.

지네스는 가돌스 잭슨을 지배했으며, 자기가 그녀를 안고 싶을 때

애들이 들어오면 몹시 화를 냈다. 5월 10일 아침, 그들은 자동차로 클키트 리버 협곡으로 갔다. 지네스는 잭슨 부인에게 산보를 하고 오라고 했다. 그 다음에 지네스는 소년 라리를 목졸라 죽이고 옷을 벗긴 다음 생식기를 잘라냈다. 아마도 성범죄로 보이게 하기 위해서였으리라. 잭슨 부인이 돌아와서 지네스를 도와 4세의 딸의 옷을 벗겼다. 그리고 두 사람은 소녀의 생식기를 도려내고 아직도 살아 있는 소녀를 절벽 아래로 집어던졌다.

검사가 "그때 아무것도 느끼지 못했는가?"라고 물었을 때, 잭슨 부인은 "네, 아무것도 느끼지 못했습니다"라고 대답했다. 두 애를 집어던진 다음, 잭슨 부인은 지네스의 손에 약간의 피가 묻었다고 주의해 주었다. 지네스는 "맛있다"고 하며 이 피를 핥아먹었다. 그리고 두 사람은 자동차 속에서 포옹하고 키스를 했다.

지네스 프리맨은 자신에 대한 배심원들의 선입관을 바꾸어 보려고 재판날에 대비하여 머리를 기르고 드레스를 입었다(그녀는 "남자에게 키스를 받으면 토할 것 같다"고 말한 것으로 전해진다). 두 여자는 사형 선고를 받았다. 그러나 오리건 주에서 사형 제도가 폐지된 1946년까지 그들의 공소가 계속되었다. 그들의 형은 무기형으로 감형되었다. 지금쯤 이 두 여자는 출옥했을지도 모른다.

트루맨 캐포티는 그의 과대 평가된 소설 《냉혈(冷血)》에서 캔자스 주의 한 가족이 두 강도에게 살해된 사건을 다루었다. 캐포티는 클라타 사건(잭슨 사건보다 2년 전에 일어났다)을 소설 소재로 이용하기로 확정하기 전에는 잭슨 부인 사건을 이용할 생각도 해보았다고 말했다. 도대체 어떻게 하면 이런 소설이 성적으로 정상적인 독자가 끝까지 읽을 만한 것이 될지는 상상하기조차 어렵다. 이런 점 때문에 캐포티는 이 생각을 포기했을 것이다.

캐포티의 소설은 그 본질적인 재미 때문이 아니라 성공을 거두었다는 점에서 약간은 언급할 만한 가치가 있다. 리처드 히코크와 페리

스미드라는 전과 경력이 있는 살인범이 1956년 11월 15일 밤, 허버트 윌리엄 클라타의 집에 침입했다. 부잣집이라고 생각했던 것이다. 그들은 클라타와 그의 아내, 그리고 16세의 딸 낸시와 15세의 아들 캐니온을 묶어 놓았다가 후에 모두 사살했다. 그들은 쉽게 체포되었고—역시 전과자가 그들을 밀고했다—1965년 4월에 교수형을 받았다. 《냉혈》에는 히코크나 스미드 같은 살인자는 "자기 자신의 운명과 피해자의 운명에 대해 천박한 감정밖에 갖지 못했다"는 말이 있거니와, 이와 같이 동기가 없다는 사실이 오히려 이 사건을 흥미있는 것으로 만들었다.

그러나 페리 스미드는 사형 선고를 기다리는 5년 동안에 갑자기 문학과 사상에 관심을 가졌다. 그가 살인을 한 것은 천박한 감정 때문이었지만, 죽음을 눈앞에 두고 천박한 감정이 사라진 것이다. 만일 좀더 일찍 이렇게 됐더라면, 그는 결코 살인을 하지 않았을 것이다. 이 점은 살인 연구의 참된 목적을 명시하는 동시에 사회학자와 심리학자에게 흥미로운 문제를 제기한다. 곧, 사람들은 실제로는 대처할 필요가 없는 위기 상황을 상상 속에서 꾸며낼 줄 안다는 문제이다.

제2차 대전 후, 미국에서 일어난 가장 기묘한 사건 중의 하나가 어째서인지 영국에서는 일반적으로 거의 알려지지 않았다. 우리 가족은 그때, 곧 1957년에 마침 콘월로 이사했을 때였는데, 비가 많이 온 이 해 겨울을 황야 한가운데 시골집에서 지냈다. 그 무렵, 《데일리 익스프레스》지에, 위스콘신의 황야에 있는 농가에 경찰관이 들어가 보니, 천장에 여자의 목없는 시체가 거꾸로 매달려 있는 것을 발견했다는 기사가 실렸다.

에드 게인이라는 농부가 이 집에 혼자 살고 있었는데, 그는 최근에 매장된 여자의 무덤을 파헤치고 싶다는 충동을 도저히 참을 수 없었다고 자백했다. 나는 양철지붕의 우리 시골집을 스치며 지나가는 바람소리를 듣고 있는 동안에, 강박관념에 사로잡혀 혼자서 사는, 이 성에 굶주린 사내에게 갑자기 동정을 느꼈다. 게인에 대한 다른 기사가 실리지 않았나 해서 그 후로 다른 신문들은 뒤졌지만, 그 이상은 더 알 수가 없었다. 아마 신문은 이 사건을 기사로 싣기에는 너무 음산하다고 생각한 것이리라. 내가 그의 살인에 관한 짧은 설명을 읽은 것은 불과 2년 전이다. 나의 오랜 친구 오거스트 덜레스조차도 이 사건을 그의 저서 《위스콘신의 살인사건》에서 다루지 않았다.

　1957년 11월 16일, 보안관 대리 프랭크 워덴이 어머니 바니스 워덴 부인과 함께 경영하는 철물점에 돌아와 보니 문이 잠겨 있었다. 문을 열고 안으로 들어가 보니 바닥은 피바다였고 58세의 어머니의 모습은 어디에도 보이지 않았다. 보안관이 달려왔다. 두 사람은 그날 누가 가게에 물건을 사러 왔는가를 알아보기 위해 장부를 조사했다. 마지막 손님은 에드 게인이었다.

　그는 온화하고 조용하고 키가 작은 사람으로 프레인필드 근처의 190에이커의 농장에서 혼자 살고 있었다. 게인은 매우 내성적이어서 워덴 부인 실종에 대해서는 아무것도 모를 것이 분명했지만, 살인자를 목격했을지도 모르므로 보안관과 워덴은 그의 농장을 찾았다. 게인은 집에 없었다. 언제나 고독한 이 사람에게 약간이나마 가정의 맛을 보게 해주려고 배려한 이웃집에서 저녁을 먹고 있는 중이었다. 게인의 집에는 자물쇠가 잠겨 있었다. 워덴들은 헛간을 조사했다. 헛간 천장의 갈고리에 목이 없는 여자 시체가 거꾸로 매달려 있었다. 그녀의 몸은 고깃간에 매달린 소나 돼지처럼 내장이 하나도 없었다. 헛간 옆방에는 접시에 담아 놓은 여자의 심장이 있었다. 여기가 게인의 식당이었다는 것은 퍽이나 암시적이다. 머리와 내장은 상자 속에서 발견되었다.

　게인은 이웃집에서 체포되었다. 그리고 보안관한테 그가 워덴 부인을 쏜 구경 0.2인치 라이플을 발견했다는 말을 듣고는 범행을 자백했지만 그 동안 자기는 줄곧 정신이 몽롱했다고 주장했다. 경찰은 10장의 사람 가죽과 몇 개의 코가 들어 있는 상자를 발견했다. 머리가죽 이외의 가죽은 가죽의자를 수리하거나 벨트를 만드는 데 사용되었다. 여자의 상반신 가죽을 그대로 둘둘 말아 마루 밑에 놓아둔 것이 발견됐다. 경찰은 모두 11개의 머리를 발견했다. 그 중 하나는 반크로프트 부근의 술집 주인 메어리 호건의 것이었다. 그녀는 1953년에 실종됐다. 다른 9명은 게인의 말에 의하면 무덤에서 가져온 것이었다.

그의 행적이 낱낱이 밝혀졌다. 그의 어머니 오거스터 게인은 광신자였다. 큰비가 내릴 때마다 그녀는 그에게 성서의 노아 이야기를 들려주며 세계의 종말을 예언했다. 그녀는 그렇게 믿었다. 현대 세계는 죄로 너무나 더럽혀졌으므로, 하느님은 곧 이 세계를 파괴할 것이다. 루즈를 칠하고 짧은 치마를 입은 여자들 따위를 말이다.

……에드 게인은 두 형제의 막내로 어머니의 치마폭에서 벗어나지 못하는 애가 되었다. 그의 아버지는 1940년에 죽었고, 그의 형 헨리는 독신으로 지내다가 (어머니의 교육으로 두 형제는 여자에 대해서는 매우 수줍어 했다) 1942년에 죽었다. 그 후에 오거스터 게인도 뇌일혈로 병상에 누웠다. 아들 에드는 다음해 그녀가 숨질 때까지 그녀를 간병했다. 그때 에드는 18세였으며 기분좋은 미소를 띤 키가 작고 마른 남자로서 모든 사람에게 호감을 주었다.

그러나 그에 대해서는 아주 묘한 이야기가 있었다. 그의 집 바로 옆에 사는 뱅크스 일가가 1942년에 그를 집으로 초대했는데, 그때 그 집에는 친척 여자가 한 사람 와 있었다. 그녀는 쇼츠(운동용의 짧은 바지)를 입고 있었는데, 게인은 그녀의 다리에서 눈을 뗄 수 없었다. 그날 밤, 한 남자가 그 집으로 침입하여 그녀의 어린 아들의 목을 조르며 엄마가 어디 있느냐고 물었다. 그 남자는 그녀의 행방을 알아내기 전에 달아났지만, 소년은 그 사내가 아무래도 게인인 것 같다고 말했다. 그 후로 뱅크스 일가는 이 쾌활하고 조용한 이웃사람을 조심하게 되었다.

모든 사태는 아주 명백하다. 게인은 성적으로는 정상이었으나——어머니의 맹목적인 사랑에도 불구하고 그는 동성연애자가 되지는 않았다——여자를 두려워했고 그 자신도 여자에게 매력적인 남자는 아니었다. 그에게는 여자친구가 있었고, 그는 20년 동안 그녀의 호감을 사려고 애썼으나 끝내 그녀는 그와 결혼하지 않았다. 그녀는 그의 이야기는 언제나 살인에 관한 것뿐이었다고 말했다. 그는 농가에서 혼자 살면서 끊임없이 성에 대해 생각하고 있었다.

어느 날, 게인은 마침내 어떤 여자가 매장되었다는 신문 기사를 읽었다. 한밤중에 삽을 들고 무개 소형 트럭을 타고 무덤으로 가서, 그 여자의 관을 파내고 관의 못을 뽑고 시체를 트럭에 실었다. 그리고 관을 제자리에 놓고 무덤을 원래대로 해놓았다. 그는 드물게 행복감을 느끼며 시체를 집으로 날라왔다. 패트릭 바안과 마찬가지로 그도 너무나 열중했기 때문에, 무엇부터 시작해야 할지 몰랐을 것이다. 그러나 그에게는 시간이 충분했다. 그는 후에 "매우 만족스러웠다"고 말했다.

게인의 묘지 도굴은 잦지는 않았다. 10여 년 동안에 겨우 아홉 번이었다. 그는 항상 일을 저지른 뒤에는 괴로워하며 다시는 하지 않겠다고 마음속으로 맹세했다. 그러나 무덤에서 여자의 시체를 훔치고 싶다는 욕망은 매우 강렬하여, 성행위를 하고 싶다는 욕망을 압도했다. 그는 시체의 일부는 먹고 가죽으로는 조끼를 만들어 이 조끼를 맨몸에 입었다. 그의 묘지 도굴(그리고 살인)은 언제나 보름밤에 행해졌다.

1957년 크리스마스에 게인은 정신이상으로 판정되어 워펜 주립병원에 종신 구금되었다. 그에게 애를 봐 달라고 맡겼던 프레인필드 사람들은 가슴이 철렁했을 것이다. 그러나 게인이 젊은 여자나 애들에게 폭력 행사를 할 생각이 있었다는 증거는 없다.

게인의 사건은 끔찍하기는 하지만, 어쨌든 전혀 이해할 수 없는 사건은 아니다. 짧은 바지를 입은 여자의 다리에 관심을 가진 경험이 있는 사람이라면 누구나 이 사건의 본질을 어느 정도 이해할 수 있다. 광막한 평야와 광대한 공지가 있는 위스콘신을 아는 사람은 이 사건을 더욱 쉽게 이해할 것이다. 그것은 더할 나위 없는 농경지이지만 끝이 없는 것 같다. 영국에는 이러한 공막감(空膜感)은 존재하지 않는다. 미국에서는 매년 이러한 광대한 공지(네바다나 캘리포니아의 사막이나 알래스카의 설원)에서 수십 건의 살인이 저질러지고 시체는 몇 주일 또는 몇 년씩 발견되지 않은 채 방치되는 경우가 많다. 영국에서는 대부분의 살인은 도시에서 일어난다. 흔히 빈민가에서.

그리고 미국의 쓸쓸한 장소는 살인을 하게 할 뿐 아니라 미국의 대단히 많은 살인사건에 악몽 같은 성격을 부여하는 정신 상태도 만들어낸다. 예컨대 '텍사캐나 달밤의 살인자'나 도날드 환 사건. 더구나 미국과 같이 큰 나라에서는 어떠한 방법으로든 성격이상자를 항상 감시한다는 것은 곤란하다. 수천 마일 떨어진 미시간 주에서 살인을 한 부랑자가 뉴멕시코에 와서 다시 섹스 살인을 하는 것이 충분히 가능하다. 또 경우에 따라서 위험한 성범죄자로 판명된 사람을 병원측이 일생 동안 입원시키는 것은 무의미하다고 판단하고 '치유'되었다고 석방하는 것도 가능한 일이다.

전후, 뉴멕시코 주에서 일어난 최악의 사건의 하나에서 이 점을 볼 수 있다. 1949년, 17세의 소녀가 알바카키(뉴멕시코 주의 소도시)의 신문에 난 가정부 모집 광고에 응했다. 키가 큰 백발의 남자가 그녀를 마중나왔는데, 매우 점잖게 보였으므로 그녀는 안심하고 그의 차에 탔다. 그는 쓸쓸한 오솔길까지 그녀를 태우고 가더니 차에서 내리라고 명령했다. 그리고 그는 그녀의 옷을 벗기고 나무에 묶어 놓은 다음, 그녀를 몇 차례 강간하고 구타했다. 이 소녀는 몇 시간 후에 발견되었다. 그녀가 자동차의 번호를 기억하고 있었기 때문에, 경찰은 마침내 알바카키에서 공연중이던 이동 극단의 소유주 칼 포크를 체포했다. 그가 재판에 회부되었을 때, 피해자는 신경쇠약으로 입원중이었다. 포크도 마찬가지로 3년 동안 정신병원에 강제 입원되었다가 석방되었다.

1년 뒤, 알렌 부부는 펜실베이니아 주를 뒤로하고 캘리포니아 주의 산호세에 있는 새 집을 향해 자동차를 몰았다. 그들은 알루미늄으로 만든 캐러밴(자동차로 끄는 여행자용 이동 주택)을 갖고 있어, 밤에는 그 안에서 잤다. 1953년 12월 1일 아침, 칼 포크는 알렌 부부가 주차한 급유소에 차를 멈추고 그들에게 말을 걸었다. 그는 22세 된 베티 알렌의 미모에 마음이 끌렸다. 그녀는 생후 10개월의 갓난애를 안고 있었다. 그날 알렌은 여러 번 포크를 보았다. 포크도 서쪽으로 가는 것 같았다. 그날 밤 늦게 알렌 부부는 애리조나의 캐러밴 정거장에서 차를 멈추었다.

레이먼드 알렌은 눈을 뜨자 얼굴에 섬광이 비치는가 싶더니 턱에 무서운 일격을 받았다. 의식을 되찾은 그는 자기가 묶여 있다는 것을 알았다. 칼 포크는 어디에 돈을 숨겼는지 말하라고 그를 위협했다. 말하지 않으면 그의 아내를 나이프로 베겠다고 위협했으므로, 그는 돈을 둔 곳을 가르쳐 주었다. 그러자 포크는 알렌의 차 운전석에 앉아 차를 몇 마일 몰고 갔다. 그러더니 캐러밴을 세우고——진흙에 빠져 전복될 것 같았다——레이먼드 알렌을 조심스럽게 다른 방으로 옮겼다. 다음 한 시간 동안 레이먼드 알렌은 아내가 포크에게 구타당하고 강간당하면서 지르는 비명소리를 들어야 했다. 마침내 비명이 멈췄다. 알렌은 겨우 다리를 묶은 끈을 풀 수 있었다.

그는 캐러밴 밖으로 비틀거리며 나와(그 소리는 난행 후에 잠이 든 포크에게는 들리지 않았다) 달리기 시작했다. 지나던 차가 서더니, 운전사가 그의 손을 묶은 끈을 풀어 주었다. 알렌은 "그 자식을 죽여 버릴 테다!"라고 외치며 자기 차로 뛰어 돌아와 좌석 밑에 놓아 둔 연발식 권총을 꺼냈다. 포크는 그때 알렌의 아내와 갓난애(갓난애는 아직 살아 있었다)에게 석유를 뿌리고 알렌에게도 뿌리려고 그를 가둬

둔 방으로 갔다. 알렌은 그 방에 없었다. 포크는 밖을 내다보고 거기서 알렌의 모습을 발견하자 약간 놀란 듯한 태도로 "거기서 뭐하고 있어?"라고 말했다. 알렌은 포크를 향해 여섯 발을 쏘았으나 단 한 발만 맞았다. 이 한 발은 위에 맞았다.

검시 결과, 포크는 그녀를 목졸라 죽이기 전에 성냥불과 담뱃불로 화상을 입히고 전신을 무는 등 고문을 한 것이 판명되었다. 이번에는 약간 비논리적이지만 뉴멕시코 주는 포크가 제정신이라고 인정하고 살인죄로 유죄 판결을 했고, 그는 1955년 3월 가스실에서 죽었다.

1966년에 애리조나 주에서도 가장 널리 알려진 살인사건의 재판이 열렸다. 그때 마침 나는 강연차 미국 여행을 하고 있었는데, 대부분의 지방 신문이 이 재판에 관한 기사를 실었다. 피고는 토슨 출신 찰스 슈미트라는 23세의 남자였다. 토슨은 10대 젊은이들의 도시이다. 애리조나 대학이 이곳에 있기 때문이다. 저녁이면 레스토랑이나 드라이브인(차를 타고 들어가 식사를 하는 식당)은 청바지를 입은 10대 젊은이들로 들끓었다. 토슨에는 애리조나 주 다른 곳에서 도망온 자도 상당히 많았다. 그 대부분은 남자친구와 사랑의 도피를 한 소녀들이었다. 이곳은 젊은이들이 대단히 많은 '활동'을 하는 곳이다.

'스미티'로 통하던 찰스 슈미트는 이런 패들에게는 잘 알려져 있었다. 그는 10대 젊은이의 '섹스 클럽' 발기인이었다. 이 클럽에는 파로바디 여자고등학교 학생도 몇 명 가입했다. 스미티는 사람들에게 알려지는 것을 좋아하는 청년이었다. 그는 자기 키가 5피트 3인치밖에 안 돼 고민이었고, 굽이 높은 카우보이용 부츠를 신고 그 안에 종이를 채워 다시 반인치쯤 높였다. 그는 왼뺨에 커다란 점을 그리고 팬케이크로 메이크업했다. 그는 섹스에 대해 수다를 떨고 '백 가지 체위(體位)'를 여자친구들에게 가르쳐 주었다고 허풍을 떨었다. 그의 가정은 유복했고 그에게 완전한 자유를 주었다. 그는 뜰 한구석에 자기만의 작은 집도 갖고 있었다.

1964년 5월 15일, 아린 로라는 15세의 아름다운 소녀가 집에 혼자 있을 때 친구가 찾아왔다. 아린의 어머니는 밤 일을 나가고 없었다. 찾아온 친구는 아린보다 4세 위인 메어리 레이 프렌치로서, 남자친구와 함께 놀러 가자고 아린을 유혹했다. 아린은 그들과 함께 집을 나왔다. 두 남자는 찰스 슈미트와 존 손더스로 모두 19세였다. 그들은 골프장 근처 인적이 없는 곳까지 차를 몰고 가 아린을 차에서 끌어내렸다. 그녀는 고등학교의 섹스 클럽에 가입하라는 권유를 받고 있었는데, 클럽 청년들은 좀더 쉬운 방법으로 그녀에게 손을 쓰려고 결심한 모양이었다. 메어리 프렌치는 차 속에 가만히 앉아 그녀의 비명소리를 듣고 있었다. 얼마 후, 스미티가 차로 돌아와 트렁크에서 삽을 꺼내고──분명히 그는 이러한 불의의 사태에 대비하고 있었다──메어리에게 뒤따라오라고 했다. 아린 로는 머리가 바위로 짓이겨진 채 엎드려 있었다. 그들 세 사람은 그대로 얕은 무덤을 파고 아린을 그 속으로 굴려 넣었다.

경찰이 아린 로의 행방을 수사하는 동안, 젊은이들 사이에는 슈미트가 그녀를 죽였다는 소문이 파다했다. 그러나 그들은 누구도 이런 소문을 경찰이나 양친에게 알리려고 하지 않았다.

이듬해인 1965년 8월 중순, 토슨의 의사의 두 딸이 실종되었다. 13세의 웬디 프리츠와 17세의 신경증적이지만 아름다운 크레친 프리츠였다. 크레친은 한때 슈미트와 연인 사이였지만, 슈미트는 친구 리처드 브론슨에게 그녀가 소유욕이 너무 강해 진력이 난다고 말했다. 그는 어느 날 밤, 그녀를 그의 '소굴'로 유인했다. 그녀는 13세의 동생을 데리고 왔다. 그래서 그는 두 여자를 목졸라 죽이고 사막에 갖다 버렸다. 그리고 그는 리처드 브론슨에게 이 일을 털어놓고 두 사람을 버린 곳으로 그를 데려가기도 했다.

이번에도 10대의 젊은이들은 모두 이 살인에 대해 알았지만 아무도 경찰에 알리지 않았다. 프리츠 박사는 두 딸의 실종에 스미티가 관련되었다는 소문을 듣자, 이런 경우 흔히 쓰는 수법이지만 두 갱을 고용하여 스미티를 위협하러 보냈다. 스미티는 소녀들이 어디 있는지 전혀 모른다고 하고, 여자친구들에게는 '깡패'들이 자기를 잡으려고 한다는 '소름끼치는 이야기'를 해서 무서움에 떨게 했다.

경찰에 가기로 결심한 사람은 브론슨이었다. 그는 어떤 불행한 연애사건에 말려들었는데, 슈미트가 노리는 다음 상대가 그녀가 아닐까 하는 생각이 들었던 것이다. 그는 프리츠 박사의 딸들의 시체가 있는 사막으로 경찰을 안내했다. 해골은 멀리서도 분명히 보였다. 시체의 살은 애리조나의 태양과 독수리 때문에 한 점도 남아 있지 않았다. 시체를 언덕 꼭대기에 묻지도 않은 채 버려 두었던 것이다. 아린 로의 시체 수색은 이처럼 쉽지는 않았다. 손더스와 메어리 프렌치는 그녀의 시체를 묻은 장소를 정확하게 기억해내지 못했다.

슈미트는 결혼한 지 3주일 만에——상대 여자는 아는 사람의 소개를 통해 만난 16세의 소녀였다——체포되었다.

경찰은 토슨의 10대 청년들을 심문했다. 이 사건이 신문에 대대적으로 보도됨에 따라 토슨의 자녀를 가진 부모들은 무슨 일이 일어나고 있었는가를 일부나마——예컨대 스미티의 '소굴'에서 있었던 알코올과 마약을 사용한 '섹스 파티'——새삼스럽게 알게 되었다. 스미티는 크레친 프리츠를 죽이기 조금 전에 그녀를 죽이겠다고 여러 사람 앞에서 공공연하게 자랑했다는 것, 그리고 어떤 10대 소녀의 어머니 앞에서도 자랑한 적이 있었다는 것도 밝혀졌다. 그는 이 소녀에게 크레친이 이전에 그가 범한 살인에 관해 자세히 기록해 놓은 일기를 훔쳤다고 말했다. 이 살인에는 죽인 다음 두 손을 절단하고 그것을 따로따로 묻은 사내도 포함되었다고 그는 말했다.

경찰은 스미티가 샌드라 휴즈의 실종과도 관계가 있지 않을까 의심하기 시작했다. 그녀는 스미티가 체포되기 며칠 전에 실종되었다. 경찰은 다음과 같이 추정했다. 스미티가 아린 로를 죽였다는 사실을 약 30명의 10대 청년들이 알고 있었으나, 리처드 브론슨이 경찰에 알리기까지 1년 반 동안 이 사건의 비밀은 누설되지 않았다. 이것은 '30세 이상의 인간은 누구도 믿을 수 없다'는 10대 청년들의 표어에 대한 무시무시한 증명이었다. 슈미트는 재판을 받고 가스실로 가라는 판결이 내려졌으나, 내가 이 책을 쓸 때에는 그의 공소는 아직도 계속되고 있었다.

로이드 힉턴과 루실 블루미트의 사건도 내가 알고 있는 한 역시 '최초의 일'이다.

힉턴은 강간범이었는데, 그 방법은 매우 독특했다. 그는 소녀가 강간당하는 현장을 보고 싶어하는 몇 명의 여자친구가 있었다. 1963년 7월 4일, 그와 아내는 근처의 14세 소녀에게 눈독을 들이고 자동차를 태워 주겠다고 했다. 소녀는 이 말에 응해 힉턴의 집으로 끌려갔다. 거기서 그녀는 옷을 벗으라는 명령을 받았다. 그녀가 울며 반항하자, 만일 네가 싫다고 하면 너를 백인 매춘부 매매업자에게 넘겨, 다시는 양친의 얼굴을 보지 못하게 하겠다고 말했다. 마침내 그녀는 침실에서 옷을 벗고 힉턴에게 성교를 허락했다. 그 다음에 그는 그녀에게 옷을 입혀 집까지 자동차로 데려다 주고, 오늘 일은 절대로 아무에게도 말하지 말라고 경고했다. 그러나 그녀는 부모에게 말했다. 힉턴은 체포되고 법정 허용연령 이하의 여자와 성교한 죄로 유죄 선고를 받았다(소녀가 결국 힉턴에게 성교를 허락했기 때문에, 법원은 이 사건을 실제의 강간이 아니라 법정 허용연령 이하의 여성과 성교한 불법행위로 다루기로 결정한 것은 자명한 일이다). 그는 2년 후에 출옥했다.

그리고 1967년 7월 17일 오후, 힉턴은 28세의 루실 블루미트와 함께 입시란티(미시간 주 남동부의 도시) 근처의 래싱에서 또 한 명의 소녀에게 눈독을 들였다. 그녀는 13세의 록산 샌드부르크였다. 그의 최초의 희생자와 마찬가지로 록산도 이미 힉턴과 아는 사이였고, 남녀가 같이 타고 있는 차에 타는 것은 안전하다고 생각했다. 그녀는 미시간 주 잭슨 북쪽 5마일 지점에 있는 쓰레기장까지 차를 타고 갔다. 아마도 그녀는 얌전하게 옷을 벗는 게 좋다는 설득을 듣지 않은 것이리라. 그녀는 목이 졸리고 강간을 당한 채 쓰레기장에 버려졌다. 1개월 후 그녀의 시체가 발견되었을 때 시체는 몹시 썩어 있었다.

성범죄의 전과가 있었으므로 곧 힉턴을 용의자로 지목했지만, 그는 래싱에 없었다. 그는 래싱으로 돌아와서 록산이 실종되던 날에 자기는 그랜드래픽스(미시간 주 서부의 도시)에 있었다고 주장했다. 그는 곧 투옥되었다. 가출옥중이었으므로 래싱을 떠나서는 안 되었던 것이다. 힉턴은 심문을 통해 마침내 자백을 하고 루실 블루미트도 끌어들였다. 힉턴은 종신형을 선고받았다.

여기서 사용된 방법은 이 사건보다 훨씬 유명한 또 하나의 '최초의 사건'을 상기시킨다. 곧, 영국의 황야 살인사건이다. 이 사건에 대한 자세한 책은 이미 많이 나와 있으므로 여기서는 상세한 설명은 생략하기로 한다. 두 피고인은 1965년 10월에 체포된, 당시 27세의 이안 브레디와 23세의 정부인 마이아라 하인드리였다.

브레디는 영국 글래스고의 그라이드사이드 빈민가에서 사생아로 태어났다. 그의 어머니는 직장을 가졌으므로 세 아이는 근처의 어떤 사람이 키웠다. 11세 때 그는 쇼랜드 아카데미라는 학교에 들어갈 장학금을 받았다. 그 학교의 학생들은 대부분이 중산계급 출신이었으므로 갈등을 느꼈고 이 무렵부터 차츰 사람들을 원망하게 되었다. 그는 가게에 가서 물건을 훔치기 시작했다. 17세까지 이러한 일련의 범죄를 계속 저질렀고 마침내 그는 보호 관찰을 받았다. 그는 1945년에 어머니와 맨체스터로 옮겼고, 얼마 후에는 1년 동안 소년원에 들어가 있었다. 그는 평균 이상의 지능을 가졌고 내성적이고 퉁명스러우며 매우 강한 기학적 성향을 가졌다.

1959년, 그는 맨체스터 제약회사의 재고 담당 직원이 됐다. 급료의 대부분은 값싼 스페인산 포도주와 외설서를 사는 데 쓰였다. 1961년,

마이아라 하인드리가 타이피스트로 이 회사에 입사할 때는 브레디의 특이한 성격이 이미 굳어진 상태였다. 그는 외설사진(이것을 샀을 뿐 아니라 찍기도 했다)과 고문에 관심이 있었다. 그는 현대 사회는 형편 없이 퇴폐하고 타락하여, 이러한 사회에서는 건전한 정신을 가진 자는 필연적으로 낙오자가 되거나 범죄자가 되지 않을 수 없다고 느꼈다. 히틀러가 그의 이상이었고, 그는 강제수용소와 고문을 다룬 대단히 많은 책을 보았다.

마이아라 하인드리가 브레디에게 열을 올리기 시작했지만, 그는 무관심했다. 아마도 그에게는 그녀가 너무 건강하다고 생각되었으리라. 그녀는 종교적 성향을 가진 지극히 정상적인 여성이었고 애정이 넘치는 가정에서 자라났다. 그녀는 애들과 동물을 좋아했다. 그러나 그는 그녀에게 마조히스트적 경향이 있다는 것을 알게 되자, 그녀에 대한 관심이 많아졌다.

재판 때에는 두 사람의 관계가 어느 정도인지 증거는 하나도 제출되지 않았지만, 경찰은 대단히 많은 사실을 발견했다. 그녀는 그의 정부가 된 다음, 셀프 타이머가 부착된 카메라로 외설적인 사진을 찍기 위해 그와 함께 포즈를 취했다. 얼마 후, 브레디는 종교란 마음이 약하다는 표시에 지나지 않는다는 것을 그녀에게 설득시켰다. 1963년, 브레디는 마이아라가 할머니와 함께 사는 집으로 옮겨갔다.

1개월 후, 포린 리드라는 16세의 소녀가 실종되었다. 그녀는 그들의 바로 이웃에서 살았다. 시체는 발견되지 않고 브레디도 그녀의 실종과 무관하다고 주장했지만, 포린 리드는 이 기묘한 2인조의 첫 희생자였던 것 같다. 6개월 후인 1963년 11월, 12세의 존 킬브라이드가 어느 일요일 오후에 실종되었다. 그의 모습이 마지막으로 눈에 띈 것은 아슈턴 앤드 라인의 번화한 시장 안에서였다. 그날, 마이아라 하인드리는 소형차를 빌었다.

6개월 후, 12세의 키스 베네트가 할머니를 만나러 가는 도중에 실종되었다. 그녀의 소식이 끊어진 곳은 롱사이드라는 곳이었는데, 브레디는 몇 년 동안 어머니와 함께 이곳에서 산 적이 있었다. 이 사건이 있은 지 6개월 후인 1964년 크리스마스 다음날, 레슬리 다우니라는 10세 소녀가 시장에 간다고 집을 나간 뒤 소식이 없었다. 그 무렵에는 브레디와 마이아라 하인드리와 할머니는 하타트리의 워들 부르크 거리의 집으로 이사했을 때였다. 거기는 몇 구의 시체가 묻혀 있던 황야와 가까웠다……

　1964년 8월, 마이아라의 누이동생인 모린이 16세의 데이비드 스미드라는 전과자와 결혼하였다. 브레디는 그에게 전과가 있다는 것을 알자 갑자기 그에게 관심을 기울이게 되었고, 얼마 후에는 둘이서 은행강도를 하자고 그에게 제안하였다. 브레디는 스미드와 모린을 자주 집에 초대해서 술을 마시며 마르키 드 사드의 교의(敎義)를 설교했다── 사회가 법률을 만드는 것은 법률을 만드는 쪽의 사람들을 보호하고 법률을 받아들이는 쪽의 사람들을 탄압하기 위한 것이라는 교의를. 스미드는 얼마 후에는 일기에 다음과 같은 글을 쓰게 되었다. "살인은 하나의 취미이고 최고의 희열이다. 신은 미신이고 일종의 뇌암이다. 인간은 지렁이와 같은 것으로서 작고 맹목적이고 무가치하다." 이런 감정 자체는 스위프트의 감정보다 극단적이라고 할 수는 없다.

　얼마 후에 브레디는, 자기는 실행에 옮겼노라고 스미드에게 말했다 (곧 자기가 3, 4명을 죽여서 황야에 묻었다는 사실을 말하였다). 이것이 그가 저지른 최초의 큰 잘못이었다. 1965년 10월 5일, 브레디는 스미드에게 그가 가진 살인에 관한 책과 외설서를 자기 집으로 가져오라고 말하였다. 그리고 브레디와 마이아라는 맨체스터 중앙역으로 두 개의 수트케이스를 들고 나갔다. 그들은 난폭한 범죄의 즐거움을 스미드에게 가르쳐 주기 위해서 살인을 실연(實演)하기로 한 것이다.

　그들은 맨체스터의 술집에서 17세의 에드워드 에번즈에게 눈독을 들였다. 후에 브레디는 에번즈가 동성연애자였다고 주장했다. 에번즈는 브레디와 함께 그의 집으로 가기로 동의하였다. 에번즈와 브레디가 집 거실에서 값싼 포도주를 마시고 있는 동안에, 마이아라는 급히 데이비드 스미드를 부르러 갔다. 그는 가까운 곳에 살았다.

 스미드가 도착하는 것과 거의 동시에 커다란 비명소리가 들려서 스미드가 거실로 뛰어가 보니, 브레디가 손도끼를 들고 에번즈를 공격하고 있었다. 브레디는 꼼짝하지 못할 때까지 14번이나 도끼로 내리쳤다. 그리고 그는 두 개의 컵에 포도주를 따라 그 하나를 스미드에게 주었다. 스미드는 자기 생명이 위험하다고 생각하며 컵을 받아 한 모금 마셨다. 브레디는 도끼가 얼마나 무거운지 들어 보라고 스미드에게 말했다. 도끼에 스미드의 지문을 남길 의도였음이 분명하다. 그리고 스미드는 시체를 2층으로 옮겨가는 것을 도왔다.

 스미드가 마침내 "이젠 돌아가야지"라고 말하자, 놀랍게도 브레디는 그러냐고만 말하였다. 스미드는 집으로 뛰어 돌아가 아내에게 이 이야기를 했다. 이튿날 아침, 그들은 급히 경찰에 전화를 걸었다. 경찰관이 워들 부르크 거리의 브레디의 집을 포위하고 수색한 결과, 침실에서 담요에 싸여 있는 에드워드 에번즈의 시체를 발견하였다. 에번즈가 도망다니다가 브레디의 발꿈치에 상처를 입히는 바람에 브레디는 그를 묻는 것을 하루 연기하려고 했던 것이다.

 맨체스터 중앙역에 맡긴 두 개의 수트케이스는 소화물표가 단서가 되어 발견되었다. 그 속에는 외설서와 이상한 사진과 테이프 두 개가 들어 있었다. 몇 장의 사진은 스카프로 눈을 가리고 나체로 카메라를 향해 포즈를 취한 레슬리 앤 다우니의 사진이었다. 한 테이프에는 그녀가 유괴자들에게 집으로 돌려보내 달라고 애원하고, 아프게 하지 말아 달라고 부탁하는 소리가 녹음되어 있었다.

 발견된 사진을 단서로 경찰은 랭카셔와 요크셔 사이의 황야 일대를 수색했고, 이윽고 두 구의 시체를 발견했다. 그것은 레슬리 앤 다우니와 존 킬브라이드의 시체였다. 두 시체는 몹시 썩어 경찰의는 살해 방법을 판정할 수 없었으나, 소년의 바지가 벗겨진 것은 어떤 성적 폭행이 있었음을 암시했다.

1966년, 브레디와 마이아라 하인드리는 모두 종신형을 선고받았다. 몇 달 후에 마이아라 하인드리는 안전을 위해 독방으로 이감되었다는 기사가 신문에 났다.

그들이 포린 리드와 키스 베네트를 죽였는지는 확인되지 않았다. 아직도 이름이 밝혀지지 않은 또 한 명의 희생자가 있었으리라는 것도 생각해 볼 수 있는 일이다. 살인은 거의 6개월 간격으로 일어났다는 것을 알 수가 있다. 그리고 사실상 브레디도 데이비드 스미드에게 그렇게 말했다. 레슬리 다우니는 1964년 12월 26일에 살해되고, 에드워드 에번즈는 1965년 10월 6일에 살해되었다. 또한 브레디는 "아직도 다음 살인의 준비가 다 되어 있지 않다"고 스미드에게 말했다. 1965년 6월이나 7월에 그에게 살해된 사람이 있지 않을까?

황야 살인사건을 다룬 책은 이미 네 권이나 있지만(그 중 제일 좋은 것은 엠린 윌리엄즈의 책이다), 아직도 많은 수수께끼가 남아 있다. 그 중 주요한 것은 브레디와 마이아라 하인드리의 관계이다. 그들의 관계도 레오폴드와 레브의 경우처럼 '주인과 노예' 관계였을까? 브레디도 동성연애자였을까? 그가 범한 살인이 참으로 기학적인 것이었을까? 또는 라바숄의 범죄처럼 일종의 무정부주의적 제스처였을까? 단 한 가지 말할 수 있는 것은, 이러한 유형의 살인에는 선례가 없다는 것이다.

지능적으로 평형을 상실한 남자가 완전히 정상적이고 마음씨 고운 소녀를 설득하여 어린이 살해에 가담시킨 살인은 선례가 없다. 브레디와 마이아라는 1964년의 크리스마스 이브를 존 킬브라이드의 무덤 옆에서 보냈다고 한다. 그때 브레디는 안고 있는 개를 내려다보는 마이아라 하인드리의 사진을 찍었다. 이 두 사람은 아마도 평생을 형무소 안에서 지낼 것이다. 그러나 만일 심리학자가 그들이 왜 이런 살인을 범했는가를 그들에게 정확하게 설명해 줄 수 있다면, 그것은 더욱 의미있는 일일 것이다. 그들의 범죄는 전조에 지나지 않을지도 모르기 때문이다.

버크와 헤어, 보와르보, 라스네르 및 파머는 모두 돈 때문에 사람을 죽였다. 잭 더 리퍼와 제시 포메로이는 살인의 동기로서 돈이 섹스에 자리를 양보하는 새로운 시대의 개시를 보여주었다. 또한 브레디와 퀼텐의 사건에서 알 수 있는 것처럼, 가장 흉악한 범죄자는 평균보다 약간 높은 지능을 가지는 경향이 있다. 나는 '약간 높다'고 말했지 '대단히 높다'고 말하지는 않았음을 강조하지 않을 수 없다. 그들은 스스로 부적응자라고 느끼고 자기를 받아들일 여지가 없는 사회에 분노할 정도의 두뇌는 갖고 있었다. 그러나 그들에게는 자기가 놓인 상황을 객관적으로 바라보고 어떻게 하면 사회가 있는 그대로의 자기 자신을 받아들이게 할 것인가 하는 계획을 세울 만한 두뇌는 없었다. 그들은 행동을 일으킬 능력은 가졌지만, 이 능력을 가장 유효하게 쓸 만한 통찰력은 없었다. 그래서 그들은 브레디처럼 은행 강도를 계획하거나 홈즈처럼 보잘것없는 사기를 계획하면서도 이러한 일이 일시적인 이익에 지나지 않는다는 것을 알지 못했다.

좀더 교활한 범죄자라면, 예컨대 별점을 치거나 죽은이의 영혼을 불러내는 다소나마 합법적인 장사를 할 것이다. 만일 이러한 사기꾼의 정신 구조가 한 단계 더 높은 경우에는 추상화가나 무조 음악(無調音樂) 작곡가가 될지도 모르고, 그렇게 되면 그들은 어떤 의미에서나 법을 벗어난 인간이 되지는 않는다. 그렇더라도 그들은 기본적으로는 진짜 범죄자와 마찬가지로 무책임하고 자기 중심적일지도 모르며, 그들이 기묘한 '기능적 조각'을 전시할 때 세상 사람들이 분노한다는 것은 그들이 인간의 경험을 깊게 하려고 하지 않는 일종의 물품 사기꾼으로 생각된다는 것을 실증한다. 그러나 이런 경우 그들은 적어도 사회적으로는 해롭지 않은 존재인 것이다.

그러므로 이와 같이 사회적으로 무책임한 인간과 범죄자의 중간에 속하는 인간이 차츰 증가한다는 사실은 우리들의 사회가 진보했다는 징후일지도 모른다. 그리고 만일 이러한 사람이 지배자적 성격과 강한 성적 충동을 가졌다면, 그가 사이비 예술가보다는 범죄자에 가까운 인간이 되리라고 예측하는 것이 불가능한 일은 아니다. 이러한 인간이 이 세기 말까지는 서서히 증가하리라는 것을 우리는 인정해야만 한다.

황야 살인사건의 배경을 이루는 정신구조는, 예컨대 재즈 음악가로서 대량의 섹스 살인을 한 멜빈 리스에게서도 볼 수 있다. 그의 어떤 친구는 그가 다음과 같이 말하였다고 전한다. "살인이 나쁘다고 말할 수는 없다. 개인의 가치 기준에 따라 살인은 좋은 것도 되고 나쁜 것도 된다." 이것은 사드의 논법이다. 그리고 가장 이상한 것은 이 친구가 리스에게 의심을 품고 "자네가 그 사람들을 죽이지 않았는가?"라고 단도직입적으로 물었을 때, 그는 이 질문을 흘려 버리고 별로 부정하지 않았다는 것이다. H. H. 홈즈라면 하늘을 우러르며 이렇게 말했으리라. "이 사람, 그런 끔찍한 생각을 하다니……." 리스는 사람을 죽이기는 했으나 거짓말을 하고 싶지는 않았던 것이다.

리스가 유죄 판결을 받은 살인사건은 1959년 1월 11일 일요일, 버지니아 주 동쪽 애블그로브 근처에서 일어났다. 한 중년 부인이 쓸쓸한 길로 차를 몰다가 조카딸 밀드레드 잭슨의 차가 주차해 있는 것을 보았다. 그 앞바퀴는 길 밖으로 나와 있었다. 잭슨 일가(29세의 캐롤 잭슨과 아내 밀드레드 및 그들의 두 자녀인, 5세의 수잔과 생후 1년 6개월 된 자네트)의 모습은 어디에도 보이지 않았다. 핏자국도 없고 싸운 흔적도 없었다.

두 달 동안 면밀한 수사를 했으나 아무런 단서도 잡히지 않았다. 캐롤 잭슨은 트럭 운전을 하다가 막 직업을 바꾸었을 때였다. 그는 은행원이 되었다. 그는 담배를 피우지 않았고 술도 한 방울 마시지 않았으며 아내와는 뱁티스트 교회에서 알게 되었다. 그녀는 부인전도협회 회장이었다. 그들은 집과 자동차 대금을 월부로 물고 있었다. 그들이 자진해서 실종되지 않은 것만은 분명했다.

무슨 일이 있었는가는 다른 부부의 이야기를 통해 어렴풋하게나마 추측할 수 있었다. 이 부부는 잭슨 일가가 실종된 날, 같은 장소 근처를 자동차를 타고 지나갔는데, 낡은 청색 시보레가 방해를 하며 그들을 길 옆으로 밀어붙였다. 그리고 시보레에서 한 사내가 내려 그들의 차 쪽으로 다가왔다. 남편은 급히 차 방향을 바꿔 달아났다. 그 시보레는 쫓아오지 않았다.

두 달 후인 3월 4일, 행방불명된 일가 중에서 두 사람의 시체가 발견되었다. 어떤 사람이 차바퀴를 고정시키기 위해 마른 나뭇가지를 잡아당기자, 그 밑에서 두 손이 뒤로 묶인 채 엎어져 있는 사내의 시체가 나왔다. 캐롤 잭슨은 총을 맞았고 구타당한 흔적이 역력했다. 생후 1년 6개월 된 갓난애가 그의 밑에 깔려 있었다. 이 갓난애는 그곳에 던져질 때까지는 살아 있었으나 아버지의 몸무게를 견디지 못하고 질식사했다.

3월 21일, 메릴랜드 주 아나폴리스에서 다람쥐를 쫓던 소년들이 땅에서 사람의 발이 나와 있는 것을 보았다. 얼마 후, 밀드레드 잭슨과 딸 수잔의 시체가 발굴되었다. 밀드레드 잭슨은 둔기에 맞아 죽었다. 시체는 몹시 썩어 있었으나 그녀가 난행당했다는 것은 의심의 여지가 없는 것 같았다.

경찰은 이러한 살인이 2년 전에 일어난 사건과 어떤 관련이 있을지도 모른다고 생각했다. 이 사건은 다음과 같다. 어떤 육군 상사가 36세의 마가레트 해롤드라는 여자와 드라이브를 갔다. 그들이 조용한 장소에 차를 멈추고 있는데, 어떤 사내가 다가와 자기는 이 토지의 관리인이라 했다. 그는 담배 한 대를 달라고 하고 거리까지 차로 태워다 달라고 했다. 도중에 그는 권총을 겨누며 돈을 내라고 했다. 마가레트 해롤드가 "돈을 주면 안 돼요"라고 말하자 그 사내는 갑자가 여자의 머리를 쏘았다. 상사는 차에서 뛰어내려 달아났으나, 살인자의 관심은 그가 아니라 시체에 있었다.

경찰은 후에 이 살인자를 변태성욕자라고 단정지었다. 몇 시간 후, 경찰이 현장에 도착했을 때는 범인은 이미 자취를 감추었으나, 경찰은 근교에서 사람이 없는 통나무집을 발견했다. 집안 벽에는 외설 사진이 붙어 있었고, 성범죄에 대한 신문 기사 스크랩도 있었다. 몇 사람이 이 근처에서 키가 큰 사내가 낡은 청색 시보레를 운전하고 다니는 것을 목격했다. 통나무집에는 메릴랜드 대학 연감에서 오려낸 예쁜 소녀의 사진도 있었다. 경찰은 이 소녀를 찾아내고 그녀의 많은 데이트 상대를 조사했으나 아무런 단서도 찾지 못했다. 불행하게도 그녀는 데이트 상대 중에서 한 사람을 빠뜨렸던 것이다. 그는 결혼한 사람이었고 데이트도 한 번밖에 하지 않았기 때문이다……

1959년 5월, 경찰은 멜빈 데이비스 리스라는 사람이 "살인은 나쁘지 않다고 생각한다"는 말을 했다는 익명의 편지를 받았다. 그리고 1960년 초, 익명 편지를 쓴 사람이 경찰에 출두하여 자기는 글렌 L. 모자라는 세일즈맨으로 리스의 친구라고 말했다. 그는 리스로부터 편지를 받았는데, 그는 아칸소 주 서부 멤피스의 어떤 악기점에서 세일즈맨으로 일하고 있었다.

경찰은 리스를 연행했다. 육군 상사는 그가 마가레트 해롤드를 죽인 사람이라고 증언했다. 투시 능력을 가진 피터 하커스가 이 사건에 등장한 것은 이 무렵이었다. 정신병리학자 F. 라이젠만 박사는 이 사건으로 몹시 마음이 아파 플로리다 주에 사는 유명한 영매(靈媒) 하커스에게 3천 달러를 제공하기로 결심했다.

하커스는 비행기로 버지니아 주에 날아와, 잭슨 일가가 묻힌 교회 묘지로 가서 투시술을 사용하여 범인의 인상을 말했다. 첫번째는 실패였다. 그는 경찰의 취조 결과 무혐의로 밝혀진 사내의 인상을 말했던 것이다. 그가 무의식중에 어떤 경찰관의 심중을 투시했기 때문이다. 두 번째에는 멜빈 리스의 인상(키는 6피트 남짓, 왼손잡이, 문신을 한 팔, 오리걸음, 원숭이 같은 팔)을 정확하게 말했다. 하커스는 마가레트 해롤드의 살해 현장에도 갔는데, 그는 곧장 덤불 속으로 걸어들어가 그녀의 찢어진 스커트를 찾아냈다. 그것은 살인자가 차에서 집어던진 다음, 3년 동안 아무도 발견하지 못했던 것이었다. 하커스는 이 살인자가 모두 9건의 살인을 했다고 덧붙였다.

경찰이 하이아츠빌에 있는 리스의 부모 집을 수색한 결과, 구경 0.38인치의 회전식 권총——캐롤 잭슨은 이 총에 맞았다——과 자기가 한 기학적 행위를 기록해 놓은 몇 장의 종이를 찾아냈다. 그 중의 한 장은 바로 경찰이 찾던 것이었다. 신문에서 오려낸 밀드레드 잭슨의 사진에 다음과 같은 설명이 적혀 있었다. "조용한 도로에서 잡았다. ……차로 마땅한 곳으로 데리고 간 다음, 남편과 갓난애를 죽였다. 어머니와 딸은 모든 것이 내 것이었다……." 이 글로 성적 목적으로 어머니와 딸을 유괴했다는 것이 명백해졌다. 난행과 상세한 내용은 공표되지 않았으나 정상적인 성행위가 아니었던 것만은 분명하다(마가레트 해롤드에 대한 난행의 상세한 내용도 발표가 금지되었다). 리스는 도날드 환 같은 유형의 사디스트였다. 그는 밀드레드 잭슨을 고문 끝에 죽였다.

그가 써 놓은 메모를 통해, 그가 사살된 10대 소녀 마리 쇼메트와 앤 라이언의 이중 살해사건, 메릴랜드 강에 떠 있던 18세의 메어리 엘리자베스 펠러즈와 16세의 셸비 진 베너블의 이중 살해사건과 관계가 있다는 사실이 밝혀졌다. 리스는 잭슨 일가 살해사건으로 사형 선고를 받았다. 그와 함께 일하던 사람들은 그가 기소됐다는 말을 듣자 깜짝 놀라며 그는 얌전하고 지성적이었다고 말했다. 그는 메릴랜드 대학에 다닌 적이 있었다. 그때 그는 통나무집——그는 여기서 밀드레드 잭슨을 고문했다——에서 여기서 발견된 사진의 소녀와 데이트를 했다. 만일 이 소녀가 리스의 이름을 말했더라면——그는 리스가 기혼자임을 알고는 그 후로 그를 잊어버렸다——잭슨 일가는 결코 살해되지 않았을 것이다.

리스는 그 전에도 어떤 부인을 차 속으로 끌여들여 난행하려다가 체포되었으나, 후에 그 부인은 고소를 취하했다. 모자의 말에 의하면 잭슨 일가가 살해되기 전날 밤, 리스는 안페다민(감기 등이 걸렸을 때 코속의 충혈을 완화하고 뇌신경을 자극하기 위해 사용하는 약) 때문에 흥분해 있었고 "모든 일을 경험하고 싶다고 나에게 말했다——사랑, 증오, 삶과 죽음을."

리스는 다른 많은 섹스 살인범과 마찬가지로 편력자(遍歷者)였다. 그는 피아노, 기타, 색소폰, 클라리넷을 연주하며 재즈 악단과 함께 돌아다녔다.

이 사건에는 또 하나의 주목할 만한 점이 있다. 잭슨 일가 살해 전에 이미 5건의 살인을 했다는 점이다. 대량 살해자가 처음부터 한꺼번에 많은 사람을 죽이는 예는 드물다(물론 예외는 있지만——예컨대 20세기의 동성연애자 잔 뱁티스트 트로프맨은 1869년에 돈 때문에 8명의 가족을 살해했다. 트로프맨은 그 전에 어떤 사람과 싸움을 하다가 그 남자를 강에 집어던져 죽게 했다).

같은 경우를 리처드 스페크에게서 볼 수 있다. 그는 시카고에서 8명의 간호부를 살해하고 또 한 명의 부랑자도 죽였다. 1966년 7월 13일, 한밤중 가까이에 스페크는 시카고 남쪽의 제프리 마나에 있는 간호부 기숙사에 침입하여 2층으로 올라가 23세의 필리핀인 간호부 코라존 아무라오의 침실을 노크했다. 그녀는 잠을 자고 있었다. 아무라오가 문을 열자, 상당히 미남인 곰보 청년이 서 있었다. 그는 머리를 뒤로 착 붙였고 알코올 냄새가 났으며 작고 까만 권총을 들고 있었다.

그녀의 침실에 다른 사람이 없는 것을 확인하고 그는 복도를 통해 다른 침실로 가라고 그녀에게 명령했다. 거기에는 세 소녀가 잠자고 있었는데, 그는 아무라오를 포함하여 네 소녀를 다시 다른 침실로 가라고 명령했다. 거기에는 두 소녀가 있었다. 그는 그녀들을 다치게 할 생각은 없고 단지 뉴올리언스로 갈 여비가 필요할 뿐이라고 말했다. 그는 6명의 여자를 결박하고 시트를 찢어 입에 재갈을 물린 다음, 모두에게서 돈을 뺏았다. 12시 30분에 다시 몇 명의 간호부가 기숙사로 들어왔다. 스페크는 그들에게도 권총을 겨누고 심한 짓은 하지 않겠다고 하며 결박했다. 그리고 그는 여자들을 한 명씩 침실에서 데리고 나갔다. 아마도 그녀들은 그가 강간하려는 것이라고 생각했으리라.

코라존 아무라오가 끈을 풀고 그를 습격하자고 제안했을 때, 한 간호부는 그렇게 해서 그를 노하게 하면 좋을 것이 하나도 없으니까 가만히 있자고 말했다. 코라존 아무라오는 침대 밑으로 굴러 들어가기로 결심했다. 그녀는 남자가 방에 들어와서 여자들을 하나씩 데리고 나가는 동안 밤새도록 침대 밑에서 꼼짝하지 않았다. 5시쯤, 살인자가 한참 동안 나타나지 않자 그녀는 침대 밑에서 기어나와 침실 밖을 보았다. 그 순간 그녀는 비명을 지르며 발코니로 뛰어갔다. 이 비명 소리를 듣고서야 근처 사람들은 무슨 일이 일어났는지 알았다.

경찰관이 기숙사에 가 보니 8명의 간호부가 모두 죽어 있었다. 그녀들의 시체는 기숙사 곳곳에 흩어져 있었다. 22세의 글로리아 데이비만이 강간당했다. 그녀는 나중에 기숙사로 돌아온 간호부였다. 그녀는 리빙 룸의 침대의자 위에 나체로 엎드려 있었다. 그녀는 교살되고 심한 칼질을 당했다. 20세의 메어리 앤 조단은 심장과 목과 왼눈을 찔렸다. 21세의 수잔 팰리스는 교살되기 전에 수족이 절단되었다. 다른 다섯 명은 목이 졸리고 칼에 찔렸다. 그들 중 6명은 결박당한 채였다. 그러나 살인자는 계산 착오를 일으켰다. 그는 기숙사의 소녀 전부를 죽였다고 생각했으나, 한 사람이 살아남아 범인의 인상을 말했던 것이다.

　아무라오는 살인자에 대해 한 가지만은 분명히 기억하고 있었다. 그것은 왼팔 위쪽에 있는 '태어나면서부터 난폭자'라는 문신이었다. 이 밖에도 경찰은 두 가지 단서를 찾아냈다. 끈을 묶는 법이 선원을 생각나게 했다는 점, 그리고 소녀들의 손이 손바닥을 합치게 하고 묶여 있었다는 점이다(이것은 경찰관이 용의자에게 수갑을 채울 때의 수법이었다). 이러한 사실로부터 범인은 전과자일 것으로 생각됐다. 게다가 그는 뉴올리언스로 돌아간다는 말을 여러 번 했다. 이런 단서가 있으므로 범인의 신원은 놀라울 정도로 빨리 밝혀졌다.

　기숙사에서 좀 떨어진 곳에 선원을 위한 직업 소개소가 있었다. 경찰은 여기서 뉴올리언스 행 선편을 물어본 사람이 있다는 것을 알았다. 그의 신청 용지에는 사진이 붙어 있었다. 그는 25세의 리처드 스페크였다. 살아남은 간호부가 이 사진의 주인공이 범인임을 증언했고 스페크는 지명수배되었다. 그는 자기 사진이 신문에 나자 피할 길이 없다고 생각했다. 그는 두 손목을 면도로 잘랐다. 살인사건이 있은 지 4일이 지나 쿠크 군립(郡立) 병원 의사는 '태어나면서부터 난폭자'라는 문신을 보고 추궁하자, 그는 단념한 듯한 태도로 자기가 스페크임을 자백했다.

　그는 살인사건 전날(수요일)에 간호부 기숙사 근처에서 맥주를 마시며 일광욕을 하는 간호부들을 기숙사 뒤쪽 공원에서 훔쳐보려고 했다. 또한 마약인 '노란 재킷'과 '빨간 새'──소듐 아미톨과 소듐 세코날──를 마셨다. 그의 모습을 마지막으로 본 것은 11시경이었다. 그는 살인에 대해서는 전혀 기억이 없다고 주장했다.

　그는 새벽에 기숙사에서 나와 어떤 바로 갔는데, 그는 유쾌한 것처럼 보였다. 그는 어떤 손님에게 자기 나이프는 베트남에서 산 것으로, 이 칼로 몇 사람을 죽였다고 자랑하며 나이프를 보여주고 웨이터의 목을 껴안고 목을 따는 시늉을 했다. 그날 하루 내내 술에 취한 채 매춘부와 몇 시간을 보내고 30달러를 지불했다. 그 후 다시 다른 매춘부와 자고 이번에는 5달러를 지불했다. 분명히 술이 그의 성욕을 자극한 것이리라.

이 매춘부는 그가 묵고 있던 디아본 가의 싸구려 여관방으로 갔는데, 그녀는 여관을 나오면서 스페크가 권총을 가졌다고 지배인에게 말했다. 지배인은 경찰에 알렸고 경찰관이 스페크를 검문했다. 스페크는 권총이 매춘부의 것이라고 말했다. 경찰이 나가자 그도 급히 여관을 나갔다. 경찰관은 30분 후에 간호부 살해범으로 리처드 스페크가 지명수배되었다는 사실을 알고 급히 여관을 찾아왔다. 그러나 스페크는 이미 나가고 없었다.

토요일 밤, 스페크는 다시 무일푼이 되어 메디슨 가의 스타 호텔에 들었다. 그는 이웃방 남자에게 술을 한 잔 사 달라고 부탁했으나, 이웃방 사내는 저리 가라고 소리쳤다. 한밤중에 스페크는 두 손목을 자른 후 이 사내의 방문을 노크하고 그의 방으로 들어가서 쓰러졌다.

스페크의 과거를 조사한 결과, 그는 1941년 12월 6일, 일리노이 주 카크우드에서 태어났다. 21세 때 그는 소녀 샐리 마론과 결혼했고 딸 하나를 두었다. 결혼은 실패했고(그 이유는 아직도 알려지지 않았다) 스페크는 아내를 몹시 미워했다. 그는 자기에게 마지막 일이 남았다면, 그것은 텍사스로 돌아가 아내를 죽이는 것이라고 친구들에게 말했다. 재미있는 일은 강간당한 유일한 간호부인 글로리아 데이비가 그의 아내와 아주 비슷했다는 점이다. 스페크가 아내와 함께 살고 있을 때, 그는 주차장에서 젊은 여자의 목에 칼을 들이댄 혐의로 텍사스 주 댈러스에서 체포되었다. 징역 1년 6개월을 선고받았으나 수개월 후에 석방되었다. 텍사스 주 한스빌 당국은 가석방될 때의 서약을 어긴 그를 다시 체포하려고 했으나, 그는 체포되기 전에 그곳을 이미 떠났다.

스페크는 가석방된 뒤, 8명의 간호부를 죽이기 전에도 꽤 여러 살인을 했다는 증거가 있다. 1966년 4월 10일, 메어리 피어스라는 아름다운 이혼녀가 일리노이 주 맘모스의 어떤 술집에서 실종되었다. 그녀는 이 술집에서 일했다. 3일 후, 그녀의 알몸 시체가 술집 뒤 돼지우리에서 발견되었다. 동생과 함께 맘모스에서 목수로 일하고 있던 스페크는 메어리 피어스에게 데이트 신청을 했다가 거절당한 일이 있었다. 1주일 후, 65세의 부인이 강간당하고 돈을 털렸다. 그러나 경찰관이 스페크를 조사하러 오기 전에 그는 이곳을 떠났다. 그 후 그는 5대호(五大湖)의 광석 운반선에서 일했으나 인디애나 항에서 7월 2일에 해고되었다. 그날, 인디애나 듄즈 공원에서 세 소녀가 차 속에 옷을 남긴 채 행방불명되었다. 경찰은 스페크가 용의자가 아닐까 의심했다. 또한 1966년 2월에 인디애나 항 근처인 벤턴 항에서 4명의 여자가 습격을 받은 사건도 있었다. 이 여자들의 나이는 7세부터 60세까지로, 그들은 모두 8명의 간호부처럼 목이 졸리고 칼에 찔려 죽었다.

형무소에서 스페크를 진찰한 정신병리학자 마빈 지포린 박사의 주장에 의하면, 스페크는 간호부들을 살해하던 날 밤에 마약 때문에 몽유병적 상태에 있었고, 죽여 버린다고 벼르던 자기 아내를 닮은 여자를 보았기 때문에 흉악한 행동을 했다고 한다. 이 박사의 말에 의하면, 그는 살인을 한 후 무엇을 했는지를 완전히 잊고 시카고를 돌아다녔다는 것이다. 그러나 만일 스페크가 정말로 앞에서 말한 여러 살인을 범했다면, 이 박사의 주장은 사실과 부합하지 않는다. 스페크는 어릴 때부터 줄곧 노이로제에 걸려 있었다. 언젠가 그는 아버지에 대한 불만 때문에 발작적으로 자기 머리를 망치로 때려 상처를 입은 일이 있었다. 그 후에도 그는 바에서 싸움을 하다가 다시 머리에 상처를 입었다.

《살인백과》의 자료를 수집할 때 많은 '정신이상' 살인자가 머리에 상처를 입은 일이 있다는 것을 알았다. 알 넬슨(살인귀 인간 고릴라.

1928년에 처형된 미국의 섹스 살인범. 22명의 여자를 죽였는데 어릴 때 전차에 부딪쳐 머리에 상처를 입은 후로 차츰 광포해졌다)과 로크 아다스(영국 여성과 결혼한 중국인으로 취한 러시아인에게 머리를 맞아 상처를 입은 후로 정신이상을 일으켜 가족을 몰살했다) 등이 그 좋은 예이다.

스페크의 성격은 조용하고 호감을 갖게 했지만(나는 그를 아는 사람과 시카고에서 이야기한 일이 있는데 이 사람은 그에 대해 '매력적인 사람'이라고 말했다) 그의 성욕은 매우 강했다. 크리스티, 게인, 리스, 퀼텐 등 이 책에서 다룬 많은 살인범의 경우에서 볼 수 있는 것처럼, 이것은 위험한 상태이다. 미시간 주의 행코크(여기서 스페크는 급성 맹장염에 걸려 수술을 받았다)에서 스페크와 함께 외출한 일이 있던 간호부는 스페크에 대해, 그는 아주 상냥한 사람이지만 그에게는 엄청나게 격렬한 증오심이 숨겨져 있었다고 말했다.

스페크는 사형 선고를 받았다. 그러나 이 책을 쓰고 있을 때에는 그의 공소는 아직 계속되고 있었다.

그가 살인을 하고 몇 달 후인 1966년 11월 12일, 18세의 로버트 벤저민 스미드가 애리조나 주 메이사――그는 이곳의 고등학생이었다――의 미용원을 습격해서 5명의 부인과 2명의 소녀에게 엎드리라고 명령하고 한 사람씩 뒷머리를 권총으로 쏘아 죽였다(후에 그는 "유명해지고 싶었다"고 동기를 설명했다). 스페크는 스미드의 범죄에 대해 듣고는 "지독하군. 놈을 내 손으로 잡고 싶다. 죽여 버릴 테야"라고 말했다. 심리학자들은 스미드의 범행 동기를 설명하지 못했다. 그는 우수한 학생이고 양친에게도 적의를 품지 않았던 것이다.

'동기 없는 살인'이라고 말하는 것은 특히 성범죄의 경우에는 아주 부정확하다. 그러나 20세기를 사는 우리는 동기가 매우 약한 살인에 직면하고 있다.

1959년 4월, 노만 스미드는 〈저격병〉이라는 텔리비전 프로를 보고 있다가 갑자기 권총에 실탄을 넣고 누구든 쏘려고 밖으로 나갔다.

그는 창을 활짝 열어 놓고 텔레비전을 보던 헤이젤 우드워드 부인을 사살했다. 그는 그녀와 한 차례도 얼굴을 대한 적이 없었다. 스미드는 혼자서 플로리다 주 사라소타 군에서 캐러밴 생활을 하고 있었다. 이 경우에도 고독이 살인 동기가 된 셈이다. 그러나 그의 범죄는 억압된 감정의 폭발이라기보다는 권태감의 폭발이었다.

1967년 7월 4일, 클라우스 고스만이 재판에 회부되었다. 그는 다른 사람도 살 권리가 있지 않겠느냐고 판사가 묻자, 이렇게 대답하였다. "그렇지 않다. 타인은 나에게 있어서는 물건과 마찬가지이다. 무생물이다. 제로이다. 나는 실용주의자이다."

고스만은 뉘른베르크 근처의 할스부르크의 악명높은 '정오의 살인자'였다. 그가 최초의 살인을 한 것은 7년 전이었고, 그때 그는 19세로 학생이었다. 고스만은 총에 매혹되었다. 그의 아버지는 독일 육군 상사로 전쟁 말기에 미국 병사에게 살해되었는데, 그는 아버지에 대한 추억을 소중하게 간직하고 있었다. 그는 어느 날 정오에 살인을 하기로 마음먹었다. 정오에는 교회의 종이 큰소리를 내므로 총소리가 들리지 않을 것이라고 생각했다.

정확히 시간을 재서 정오가 되기 1분 30초 전에 그는 토헬가르텐의 아파트로 걸어갔다. 그는 복도에 서서 어느 방에서 인기척이 나는가 알려고 귀를 기울였다. 그 아파트의 한 방에서는 발레스카 에델이 약혼자 에른스트 헤링에게 점심을 대접하고 있었다. 고스만이 노크를 하자, 헤링이 문을 열었다. 고스만에게는 30초가 남아 있었다. 그는 천천히 헤링에게 말했다. "한 가지 질문을 하고 싶습니다만, 매번 되풀이할 수는 없습니다." "뭐라구요?"라고 헤링이 반문했다. 그러자 고스만은 "돈을 내놓지 않으면 죽일 테다"라고 말했다. 고스만은 돈을 바란 것은 아니었다.

정오에 교회 종이 울리기 시작하자, 그는 헤링의 심장을 바르사 P—38로 정확히 꿰뚫었다. 고스만은 발레스카 에델의 머리도 쏘았는데, 그녀의 비명은 종소리에 묻혀 전혀 들리지 않았다. 그는 집으로 돌아와 평소처럼 점심을 먹고 공부를 했다. 그는 신비주의적 신학에 관심을 갖고 시골의 작고 조용한 교회에 가서 일생을 신에게 바치겠다는 막연한 꿈을 꾸고 있었다.

그날 늦게 클라우스 고스만은 자기가 저지른 범행을 일기에 자세하게 적어 놓았다. 조금도 떨지 않고 매우 깨끗하게 살인을 해치웠다는 것이 그에게 대단한 충만감과 자존심을 느끼게 했으리라는 것은 쉽게 짐작할 수 있다.

2년 후, 고스만은 다시 한번 해보기로 했다. 이번의 피해자는 오헨부르크에 있는 독일은행의 중역 에리히 할바워였다. 이번에도 고스만은 정오의 종소리가 울려퍼질 때 그를 사살하고 사무실의 현금 상자에서 3천60마르크를 훔쳤다. 그때 그가 사용한 권총은 마우자였다.

2개월 후, 그는 다시 은행 강도를 하고 살인을 범했는데, 이 살인은 거의 우발적인 것이었다. 고스만은 독일은행 노이하우스 페크니츠 지점에 침입하여 정확하게 정오에 은행원들을 권총으로 위협하여 손을 들게 했다. 손님은 한 사람뿐이었다. 그가 가방에 돈을 넣고 나가려고 할 때, 수위가 안경을 꺼내려고 주머니에 손을 넣었다. 수위는 고스만이 침입한 것을 몰랐다. 그는 수위에게 두 발의 총을 쏘았다.

1963년 3월 29일, 고스만은 뉘른베르크의 슈피틀러그라벤 변두리에 있는 총포점으로 들어가 주인인 과부 코모라 한바카 부인과 그의 29세 된 아들 헬무트를 사살했다. 그의 동기는 이번에는 자기의 '무기고'에 보급을 하려는 데에 있었을 것이다. 경찰은 두 사람을 죽인 권총이 은행 중역 살해 때 사용된 권총과 동일하다는 것을 알아냈다.

1964년 12월, 고스만은 육군에 입대했으나 엄한 규율을 견디지 못하고 무단 귀가했다.

다음의—그리고 마지막의—범행에서 고스만은 큰 상점을 선택하는 과오를 저질렀다. 고스만은 뉘른베르크의 브레닝마이어 상점

1층에서 어떤 여자의 핸드백을 날치기했다. 이 여자가 비명을 질렀고 그는 쫓기게 되었다. 그는 여자에게 총을 쏘았으나 탄환은 빗나갔고, 다음에는 점원을 향해 발사했으나 총알은 점원의 가방에 맞았을 뿐이다. "나는 생각하고 있었다. 얼마나 우스운 일이냐? 이렇게 될 리가 없다." 마침내 고스만은 붙잡혔다. 그러나 고스만이 점원 헬무트 티만에게 쏜 최초의 일 발은 가방을 맞혔을 뿐이었지만 결국은 티만을 또 하나의 희생자로 만들었다.

고스만은 형무소 안에서 계속 일기를 썼는데, 이 일기는 읽을 만하다. "(도스토예프스키의 《죄와 벌》에 나오는) 라스콜리니코프와 나 사이에는 커다란 차이가 있다고 생각한다. 나는 판사로부터 대단한 벌을 받지 않는 한, 나 자신을 범죄자라고 생각할 필요는 없다. 그러나 라스콜리니코프는 언제나 스스로를 범죄자로 생각했다……." 그의 어느 권총 손잡이에는 '엘케'라고 새겨져 있었다. 그는 영화배우 엘케 소마가 이번에 가족을 만나려고 뉘른베르크에 오면 그녀를 유괴할 생각이었다고 자백했다. 그가 성적 동기에서 범행하려고 한 것은 이 경우뿐이었다.

고스만은 종신형을 선고받고 동시에 어떠한 이유로든 절대로 석방해서는 안 된다고 결정됐다. 고스만은 일기에서 자기가 나빴다는 것을 인정하고 다음과 같이 썼다. "그러나 나는 낙오한 인간의 역할을 하거나 다른 사람의 이해나 동정을 구걸할 생각은 전혀 없었다."

이 사건에서 주목할 주요한 점은 고스만의 소외감이다. "얼마나 우스운 일이냐? 이렇게 될 리가 없다."

거의 모든 살인범과 마찬가지로 그도 게임을 하고 있었다. 그는 신비주의에 관심을 가졌음에도 불구하고 인생이 중대하다고 느끼지는 못했다. 알베르 카뮈는 그의 소설 《이방인》에서 처음으로 이런 인간을 본격적으로 그렸다. 하기는 도스토예프스키의 스타브로킨이 70년 전에 이러한 인간의 출현을 예고했다고 할 수도 있지만.

다음으로 주목할 점은 순수하게 실제적인 점이다. 그가 범행을 거듭했기 때문에 체포되었다는 점이다. 만일 마지막 범행을 저지르지 않고 그냥 있었더라면, 그는 안전했을 것이다. 또한 그의 범행은 차츰 자포자기가 되었다. 마치 체포되고 싶다는 무의식적인 심리적 압박을 느끼는 것 같았다. 많은 섹스 살인범은 현행범으로 체포되거나 —— 프랑스의 잭 더 리퍼인 조세프 바셸(수명의 남녀를 리퍼와 같은 방식으로 살해하고 1987년에 처형되었다) 처럼 —— 또는 몇 가지 결정적인 단서를 남겨 놓고 도망가지 않을 수 없을 때까지 범행을 거듭한다.

후자의 예로서는 수명의 매춘부를 죽인 조세프 필립이 있는데, 그는 1966년, 대(大) 크로드에게 체포되었다 —— 필립은 1961년에 한 매춘부를 교살해서 목을 땄고, 1862년에 1건, 1864년에 또 1건의 매춘부 살해를 동일한 방법으로 범했다. 1864년에는 7세의 어린이를 포함하여 5명의 소녀를 죽였다. 1966년 1월 8일, 그는 또 한 명의 매춘부를 죽였고, 11일에는 상대에게 덤벼든 순간에 사람이 다가와 달아났다. 피해자는 그의 '불운의 별 밑에서 태어난 사내'라는 문신을 보았다. 도망중에 체포된 그는 크로드에게 정체가 간파되어 7월에 처형되었다. 그는 여덟 명을 살해한 혐의로 기소되었으나 실제로는 17명을 살해한 것으로 믿어진다. 스페크 사건과의 유사성에 주목할 일이다.

또한, 고든 커밍즈도 이 예에 속한다. 그는 1942년 등화관제중에, 단기간이기는 했으나 화려하게 살인과 강간을 거듭했다(그는 당시 28세의 영국 비행사로서 4일 동안 4명의 여자를 살해하고 1942년에 처형되었다). 위의 경우와 비교하면 대단치 않지만 약간의 실수로 자기의 정체를 밝힐 단서를 남긴 범인도 많았다. 대표적인 것이 '빨간 거미' 루치안 스타니아크 사건이다. 그가 1964년부터 1967년까지 폴란드에서 범한 일련의 섹스 살인과 비견할 수 있는 사건은 잭 더 리퍼와 '보스턴의 교살인' 사건 정도이다. 그의 살인은 '보스턴의 교살인' 사건처럼 별로 알려지지 않았으므로── 공산권 당국자는 자기 나라 범죄가 널리 알려지는 것을 좋아하지 않기 때문이다── 여기서 약간 자세하게 고찰하는 것도 유익하리라.

　1964년 7월, 폴란드 공산정권은 소련군에 의한 바르샤바 해방 20주년을 축하하는 행사를 준비중이었다. 7월 22일에는 바르샤바에서 성대한 퍼레이드가 거행될 예정이었다. 7월 4일, 폴란드의 《프라우다》라고 할 만한 《프세그라트 폴리티치니》의 편집국장은 빨간 잉크로 거미발 같은 필적으로 다음과 같이 쓴 익명의 편지를 받았다. "눈물 없는 행복은 없고 죽음 없는 삶은 없다. 조심하라! 너를 울릴 테다."

　마리안 스타진스키는 이 익명의 편지를 쓴 사람이 자기를 협박한다고 생각하고 경찰에 신변보호를 요청했다. 그러나 그게 아니었다. 대행진이 있던 날, 금발의 17세 소녀 단카 마츠에비치가 바르샤바 북쪽 160마일에 있는 올슈틴의 무용 및 민간 전승 연구소 주최의 퍼레이드에 나간 다음, 집으로 돌아오지 않았다. 이튿날, 올슈틴의 폴란드 영웅 공원 정원사가 덤불 속에서 그녀의 시체를 발견했다. 그녀는 나체였고 강간당했다. 그리고 하반신에는 잭 더 리퍼를 생각나게 하는 칼질당한 상처가 있었다. 이튿날인 24일, 다시 빨간 잉크로 쓴 또 한 통의 편지가 바르샤바의 신문 《크리시》에 배달되었다. "나는 올슈틴에서 이슬 머금은 꽃을 꺾었지만 어디서든 다시 꺾을 생각이다. 장례식이 없는 휴일은 없다." 잉크를 분석한 결과, 빨간 그림 물감을 테레빈유로 녹인 것이었다.

　1965년 1월 16일, 바르샤바의 신문 《지치에 바르샤비》는 아뉴타 그리니아크라는 아름다운 16세 소녀의 사진을 실었다. 그녀는 이튿날 또 하나의 축전에서 벌어지는 학생 퍼레이드 리더로 선발된 터였다. 그녀는 바르샤바 동쪽 프라가에 있는 집을 나와 비스튜라 강을 건너 퍼레이드에 참가했다. 그 후, 그녀는 손을 들어 지나가는 트럭을 세우고 집 근처의 십자로까지 이 차를 타고 갔다(16세 소녀가 이렇게 손을 들어 차에 편승한다는 것은 폴란드의 성범죄 발생률이 영국이나 미국보다 훨씬 낮다는 것을 말해 준다).

퍼레이드 다음날, 그녀의 시체는 그녀의 집 맞은편에 있는 가죽공장 지하실에서 발견되었다. 살인자는 안으로 들어가기 위해 창틀을 뜯어냈다. 이 범행은 분명히 면밀하게 계획된 것이었다. 그는 어두운 담에서 기다리고 있다가, 그녀가 비명을 지르려고 하자 머리로부터 철사로 만든 올가미를 뒤집어씌웠다. 그는 지하실로 그녀를 끌고 들어가 강간하고, 그녀의 성기에 6인치의 큰 못을 박아 놓고 달아났다('보스턴의 교살인'을 생각나게 한다). 수사가 진행되고 있을 때 그녀의 시체를 찾으려면 ○○을 찾아보라는, 역시 빨간 잉크로 쓴 편지가 경찰에 배달되었다.

올슈틴과 바르샤바는 160마일 떨어져 있었다. 이 '현대의 잭 더 리퍼'는 활동을 일정한 지역에 한정하지 않았다는 점에서 그의 '선배'와 다르다. 게다가 그는 클라우스 고스만처럼 강한 극적 감각을 갖고 있었다. 그는 국민적 축제일을 범행일로 고르고 편지로 죽음과 삶에 대해 사색한 것이다. 빨간 거미——그의 편지의 거미발 같은 필적 때문에 그는 이렇게 불렸다——는 11월 1일 만성절을 다음 살인 결행일로 정했다. 장소는 바르샤바 서쪽 2백 킬로에 있는 포즈나니를 선택했다.

금발의 젊은 호텔 접수계원 얀 카포피에르스키는 가까운 마을까지 자동차를 편승하려고 밖으로 나왔다. 그 마을에서 그녀는 남자친구를 만나기로 되어 있었다. 그날은 휴일이었으므로 화물열차 종착역에는 인적이 드물었다. 살인자는 클로로포름을 적신 천조각으로 그녀의 코와 입을 막았다. 그리고 그는 짐꾸리는 곳 뒤에서 그녀의 스커트와 양말과 팬티를 벗기고 강간을 했다. 그 후, 그는 드라이버로 그녀를 죽였다. 시체의 절단 방식은 너무나 철저하고 끔찍했으므로 당국은 상세한 내용을 발표하지 않았다. 빨간 거미는 피해자의 상반신에는 전혀 관심이 없었다는 점에서 다른 많은 섹스 범인과는 다르다. 얀의 시체는 짐상자 속에 틀어박아 놓았으나 1시간 후에 발견되었다.

경찰은 포즈나니를 나가는 모든 기차와 버스를 검문하고 피가 묻은 옷을 입은 남자를 찾았지만 그런 남자는 발견되지 않았다. 이튿날 폴란드의 신문《크리에 자호토니》는 이제는 유명해진 빨간 잉크로 쓴 편지를 받았다. 이 편지에는 스테판 제롬스키(1864~1925. 폴란드의 소설가, 시인) 의 국민적 서사시《재(1904)》의 1절이 인용되어 있었다. "슬픔의 눈물만이 치욕의 오점을 씻어낼 수 있다. 고뇌만이 욕정의 불을 끌 수 있다."

1966년의 메이데이는 공산당, 국민 모두에게 기념일이었다. 바르샤바 북쪽에 있는 조리포스의 조용한 교외에서 17세의 마리시아 가라즈가 고양이를 찾으려고 집을 나간 다음, 다시는 돌아오지 않았다. 아버지가 그녀를 찾으러 나갔다. 그는 집 뒤 도구 창고에서 강간당했을 때의 전형적 자세로 죽어 있는 딸을 발견했다. 그녀의 내장은 두 허벅다리 위에서 추상적인 모양을 그리고 있었다. 검시 결과, 그녀는 배가 갈라지기 전에 강간당했다.

바르샤바 살인 수사반의 치즈네크 주임이 이 사건을 담당했다. 그는 몇 가지 추론을 세웠다. 최초의 추론은 빨간 거미가 국경일에만 살인을 하는 것으로 유명하지만, 다른 날에도 전혀 살인을 하지 않았다고 할 수는 없다는 것이었다. 빨간 거미 같은 살인자는 사전에 정한 '시간표' 대로만이 아니라, 성욕이 한계에 이르렀을 때에도 피해자를 노리는 것이다.

치즈네크는 1964년 4월의 최초의 살인사건 이후에 일어난 13건의 살인사건을 조사했다. 그 결과로 루브린, 라돔, 기데르체, 로지, 비나리스트크, 롬자 등에서 각기 1건, 비도크슈치에서 2건, 포즈나니에서 5건의 살인사건이 있었다는 것을 알았다. 이곳들은 어디나 기차로 쉽게 갈 수 있는 장소였다. 살인 방법은 모두 같았다. 그리고 이 장소에는 바르샤바로부터 4백 킬로 이내의 폴란드 5개 주요 지역이 모두 포함되었다. 치즈네크는 지도에 핀을 꽂아 이 결과를 음미했다. 살인은 바르샤바를 둘러싼 곳에서 일어났으므로 살인자는 바르샤바에 사는 것 같았다.

한 가지 눈에 띄는 점이 있었다. 살인 장소는 북쪽보다는 남쪽이 훨씬 넓었고, 게다가 건수도 남쪽이 많았다. 살인자가 비나리스트크나 롬자나 올슈틴(이상은 모두 바르샤바 북쪽에 있다)으로 간 것은 자기의 활동 범위가 넓다는 것을 보이려는 제스처 같았다. 그렇다면 살인자가 바르샤바 남쪽에 산다고 가정할 경우, 가장 적합한 장소는 어디인가? 바르샤바 서쪽의 포즈나니에서는 5건의 살인이 일어났다. 물론 포즈나니는 바르샤바에서 기차로 쉽게 갈 수 있는 곳이다. 그렇다면 폴란드의 남쪽 어디에서 가장 간단하게 포즈나니로 갈 수 있는가? 분명히 크라코우가 그렇다. 또 크라코우에서 약 20마일 떨어진 카토비체도 그렇다. 이 도시는 철도망의 중심지였다.

1966년 크리스마스 이브에 크라코우에 범인이 산다고 생각하기 어려운 사건들이 돌발했다.

3명의 검표원이 크라코우·바르샤바간을 운행하는 기차의 어떤 칸막이 객실을 들여다보았더니, 반나체로 심한 칼질을 당한 소녀의 시체가 바닥에 쓰러져 있었다. 가죽 미니스커트는 칼로 찢겨진 상태였다. 복부와 허벅다리도 갈라졌다. 세 검표원은 차장에게 연락했고, 곧 바르샤바로 통보되었다. 바르샤바에서는 살인자가 도중에 하차하는 것을 막기 위해 운전사에게 논스톱으로 바르샤바로 직행하라고 명령했다. 바르샤바에서 승객을 신중히 조사하였으나, 피가 묻은 사람이나 이상한 점이 있는 사람은 없었다.

한편, 경찰은 살인자가 보낸 최근의 편지의 발신지를 알아냈다. 그것은 우편차의 우편 투입구에 넣은 것으로, 다른 우편물의 제일 위에 놓여 있었다. 이 편지는 "나는 또 해치웠다"라고만 써 있고,

《지치에 바르샤비》 신문 앞으로 보내는 것이었다. 빨간 거미는 소녀를 죽인 후, 크라코우에서 하차하고 편지를 투함한 것 같았다.

 살해된 소녀는 크라코우에 사는 야니나 코젤스키로 밝혀졌다. 경찰은 한 사건을 상기했다. 1964년에 바르샤바에서 역시 코젤스키라는 소녀가 살해된 사건이 있었다. 이 소녀는 야니나의 동생 아니에였다. 치즈네크는 이 사건을 통해 범인이 크라코우에 살지 않는다고 판단했다. 살인자가 자기 집 근처에서 살인한다는 것은 생각하기 어려운 일이었기 때문이다. 게다가 두 자매의 살인에는 분명히 어떠한 관련이 있을 것이다. ……크라코우·바르샤바간 기차의 칸막이 객실은 스타니슬라프 코젤스키라는 이름으로 전화 예약되었다. 그는 아내가 차표를 가지러 간다고 말했다. 야니나는 차표값으로 1,422즈로티(약 25파운드)를 지불했다.

 야니나는 혼자 기차에 탔고 검표원이 객실까지 그녀를 안내했다. 야니나는 남편이 곧 올 것이라고 말했다. 검표원은 잠시 후 남자의 차표도 조사했으나, 그 사내가 어떤 사람인지는 기억해내지 못했다. 그렇다면 빨간 거미가 그녀와 잘 아는 사이이고, 자기의 아내라는 형식으로 그와 함께 여행할 승낙을 그녀로부터 받고 차표값을 주었다는 것이 확실했다. 그는 10여 분 동안에 그녀를 죽이고 급히 기차에서 내린 것이다.

 치즈네크는 죽은 소녀의 부모에게 여러 가지를 물었다. 부모는 누가 죽였는지 짐작하지는 못했지만, 그녀가 동생과 마찬가지로 때때로 모델로 일했다고 말했다. 그녀는 조형미술학교 미술애호가 클럽에서 일했다. 치즈네크는 예의 편지의 빨간 잉크가 그림물감을 테레빈유와 물로 용해한 것임을 상기했다.

 미술애호가 클럽 회원은 187명이었다. 철의 장막의 국가로서는 이 클럽의 방침이 놀라울 만큼 자유로웠다. 회원은 대부분 추상화나 타시슴(미국에서 액션 페인팅이라고 불린다)이나 팝 아트 계열의 그림을 그리고 있었다. 그들은 대부분 전문직—— 의사, 치과 의사, 신문기자 등—— 에 종사하는 사람들이었다. 그 중 한 사람은 카토비체에 살고 있었다. 그의 이름은 루치안 스타니아크였고 26세였는데, 폴란드의 공용문서 출판소에서 번역사로 일하고 있었다. 스타니아크는 업무 관계로 자주 여행을 했다. 그는 할인 차표를 갖고 있었다. 이 표가 있으면 폴란드 어디든지 여행할 수 있었다.

치즈네크는 클럽에 가서 스타니아크의 사물함을 보여달라고 했다. 치즈네크는 어쩌면 범인을 찾아낸 것인지 모른다는 예감이 차츰 강해졌는데, 사물함을 보자 자기의 생각에 확신을 가졌다. 이 사물함에는 나이프가 잔뜩 진열되어 있었던 것이다. 클럽 매니저는 그 칼들은 그림을 그릴 때 사용하는 것이라고 설명했다. 스타니아크는 나이프로 그림물감을 찍어 발랐던 것이다. 그는 빨간 색을 즐겨 썼다. 그의 그림 중 하나에는 〈생명의 순환〉이라는 제목이 붙어 있었는데, 그 구도는 다음과 같았다. 소가 꽃을 먹고 있고, 소는 이리에게 잡아먹히고, 이리는 사냥꾼에게 사살되고, 사냥꾼은 여자가 모는 차에 치여 죽고, 여자는 들판에 배가 갈라진 채 죽어서 누워 있고 그 시체에서 꽃이 피어났다.

치즈네크는 그를 범인으로 단정하고 카토비체 경찰에 전화를 걸었다. 경찰관이 스타니아크가 사는 비즈보레니아 가 117번지에 갔을 때, 집에는 아무도 없었다. 그는 다른—— 그리고 최후의—— 살인을 하러 나갔던 것이다. 열차 살인사건이 있은 지 1개월이 지났을 때(1967년 1월 31일)였으나, 열차 살인사건이 세상에 별로 알려지지 않아 그는 초조한 심정이었다. 그래서 그는 18세의 학생 보즈헤나 라치키에비치를 로지 영화예술학교에서부터 철도역에 건축중인 대합실로 끌고 갔다. 그는 술병으로 그녀를 때려 기절시키고, 급할 때는 언제나 그랬듯이 그녀의 스커트와 팬티를 나이프로 찢었다. 그는 6시부터 6시 25분 사이라는 짧은 시간에 그녀를 죽였다. 깨어진 병목에는 그의 지문이 뚜렷이 남아 있었다.

스타니아크는 이튿날 새벽에 체포되었다. 그는 밤새도록 술을 마셔 취해 있었다. 그의 지문은 병목에 남았던 지문과 일치했다. 그는 26세의 미남자였다. 빠져나갈 길이 없음을 깨닫자, 그는 20건의 사건을 모두 자백하고 경찰에 다음과 같은 말했다.

양친과 누이동생은 얼음이 언 길을 건너다가 미끄러진 차에 치여 죽었다. 폴란드 공군 조종사의 젊은 아내가 운전하던 이 차는 대단한 속력을 내고 있었다. 그녀는 무모한 운전으로 기소됐으나 무죄 석방되었다. 스타니아크는 최초로 죽인 소녀의 사진을 신문에서 보았을 때, 조종사의 아내와 비슷하다고 생각했다. 이것이 그녀를 죽인 동기였다. 그는 조종사의 아내는 죽이지 않기로 했다. 그렇게 하면 자기가 범인이라는 것이 드러날 테니까.

스타니아크는 자기가 범한 6건의 살인(이 책에서 말한 6건)이 유죄로 인정되어 사형 선고를 받았으나, 후에 감형되어 광인 범죄자를 수용하는 카토비체 정신병원으로 보내졌다.

빨간 거미 살인사건은 스페크나 클라우스 고스만 살인사건보다는 훨씬 이해하기 쉽다. 양친과 누이동생의 죽음이 그를 자포자기하게 만들었고, 그는 자기의 생명도 다른 사람의 생명도 가치가 없다고 생각하게 되었다. 그의 유죄를 인정한 배심원들은 그의 '정신이 평형을 상실했다'는 점을 인정하지 않으려고 했다. 그의 범행이 너무나 계획적이었기 때문이다. 그러나 이렇게 생각하면 중요한 점을 간과하게 된다. 갑자기 가족을 뺏아간 운명의 일격이 그의 평형 감각과 가치 감각을 송두리째 파괴해 버린 것이다. 정상적인 청년이라면 신문에 사진이 날 정도의 소녀를 애인으로 삼을 수 있으면 기뻐할 것이다. 그리고 보통의 상황에서는 그녀를 강간하거나 죽인다는 것은 불가능할 것이다.

그러나 스타니아크는 가치 감정이 완전히 파괴되었으므로 살해,

강간 등 순전히 동물적인 본능에 따르면서도 조금도 가책을 느끼지 못했다. 닭을 죽이는 개를 길러 본 사람은 누구나 다 아는 일이지만, 개는 배가 고파 닭을 죽이려는 충동을 느끼는 것은 아니다. 개는 쾌락 때문에 닭을 죽이는 것이다. 먹을 생각은 전혀 없으면서도 닭장의 닭을 모두 죽이거나 물기도 한다. 그리고 닭(또는 고양이)을 보고 흥분한 개를 본 사람은 누구나 아는 일이지만, 개의 흥분은 성적인 것이고, 때로는 개의 페니스가 발기하기도 한다.

말하자면 스타니아크는 리처드 스페크—— 그의 가치 감각은 마약과 알코올로 일시적으로 마비되었다——와 마찬가지로 닭을 죽이는 한 마리 개였다. 강간은 부차적인 일이었다. 마지막의 두 살인사건에서 스타니아크가 피해자를 잘 알고 있었다는 사실은 주목할 만하다. 때문에 그는 야니나 코젤스키를 죽이기 전에 그녀와 잤을 것이다. 또 그 때문에 그녀의 스커트와 팬티를 찢었을 것이다. 그는 본래 강간에는 흥미가 없었다. 그의 마지막 살인의 경우도 마찬가지였다. 그가 강간에 흥미를 가졌을 때에는, 그는 소녀의 옷을 주의깊게 벗기고 그 다음에 여자의 몸에 칼질을 했다.

대부분의 섹스 살인범들이 20대 중반의 청년들—— 리스, 스페크, 스타니아크, 브레디——이라는 사실을 알면, 잭 더 리퍼의 상이 차츰 선명하게 떠오른다. 스페크와 스타니아크는 리퍼와 마찬가지로 소리 없이 능숙하게 상대를 죽였다. 보통 리퍼는 늙은 악마(검은 가방을 든 기학적인 의사)로 생각하지만, 이것은 섹스 살인범의 특징을 모르기 때문이다. 섹스 살인범은 대개 30세 이하——상당히 많은 자가 20세 이하이다——로 건강한 체격의 스포츠맨 같은 남자이다. 리퍼를 미친 러시아인 의사나 이발사 겸 외과의라고 생각하기보다는 세상과 가정에 격렬한 원한을 품은 중간계급, 또는 상류계급 출신의 청년이라고 생각하는 것이 훨씬 타당하다.

20세기의 살인 경향을 말하면 특히 최근에 이르러 동성애로 인한 살인사건이 증가하고 있다는 사실을 빼놓을 수 없다. 지금까지도 동성애로 인한 살인은 있었지만, 그것은 대개 질투가 원인이었고 살인자는 자살하는 경우가 많다(《부조리》의 극작가 조 오턴 살해사건은 그 최근의 예이다). 또는 돈많은 동성애자가 눈독을 들인 상대 남자에게 돈을 뺏기고 살해되는 경우도 있을 것이다. 그러나 최근에 이르러 보통의 섹스 범죄의 유형에 들어가는 동성애로 인한 살인이 차츰 증가하고 있다. 다시 말하면 강간을 목적으로 하는 동성애의 살인이.

그 중에서도 매우 기묘한 사건이 1967년 10월 필라델피아에서 일어났다. 두 사내가 델라웨어 강에 트렁크가 떠 있는 것을 발견했다. 안에는 녹색 침낭이 들어 있었다. 이 침낭에서 1주일 전에 실종된 대학생 존 그린의 시체가 나왔다. 그는 시체가 발견되기 8일 전인 10월 23일, 펜실베이니아 대학으로 수업을 받으러 나간 후로 다시 돌아오지 않았다.

그는 압살되었다. 몸의 상처는 그가 매를 맞고 물렸다는 것을 보여주었다. 또한 성적으로 희롱당하기도 했다. 그의 친구들은 그가 술 한 방울 마시지 않고 마약에 손을 댄 적도 없다고 말했지만, 그의 몸안에서는 알코올과 마취약이 검출되었다. 그린이 실종되기 전에 토요일에 같이 외출했던 여학생은 그가 진귀한 모양의 파이프를 입수했다는 이야기를 했다고 말했다.

경찰은 월너트 가(이 거리는 이 장의 H. H. 홈즈를 말하는 곳에서 이미 나왔다)의 담배 가게를 조사한 결과, 진품 파이프 판매는 지금도 담배 가게 주인의 공동 경영자인 스티브 와인스타인이 거의 독점하고 있다는 것을 알았다. 와인스타인은 강변 상점가에서 '지 올드 타바코 상점'이라는 가게를 경영하고 있었다. 여기서 어떤 단서가 잡힐 것도 같았다. 이 가게는 시체가 발견된 곳에서 가까웠던 것이다.

상점에는 아무도 없고 자물쇠가 잠겨 있었다. 그러나 사건 해결의 실마리가 보이기 시작했다. 경찰은 한때 와인스타인과 친했으나 그 후에 절교한 6명의 대학생을 찾아냈다. 그들의 이야기는 한결같았다. 와인스타인은 가게를 닫은 후에 그들을 자기 가게로 초대하고 음식과 술을 냈다. 겨자를 잔뜩 바른 햄 샌드위치가 그가 자랑하는 요리였다. 학생들은 갑자기 정신이 몽롱해지고 졸음이 왔다. 눈을 떠 보면 몸이 상처투성이고 나체였다. 그들을 차에 태워 집으로 데려다 준 사람은 와인스타인 가게의 한 점원이었다.

경찰은 이 점원의 거처를 찾아갔다. 그는 14세의 클라크 베스토리로서 나이보다는 키가 크고 몸이 건장했다. 그는 자기가 아는 일을 모두 얘기했다. 그의 이야기는 믿을 수 없을 정도였다. 와인스타인은 적어도 1년 동안 남자 대학생을 '강간'하는 재미에 몰두했다. 그는 일이 끝나면 베스토리에게 상대 학생을 죽이라고 명령했다. 베스토리는 승낙한 체하며 학생을 자동차로 집에 데려다 주고, 앞으로는 와인스타인에게 접근하지 말라고 충고했다(학생 한 사람은 경찰에 다음과 같이 말했다——눈을 뜨니 한 소년이 내려다보고 있었는데, 그는 나를 강에 내던지라고 고용됐으나 그럴 생각은 없다고 말했다). 베스토리의 고백은 매우 유유자적한 것이었다.

"그러자 빌이라는 새로운 사내가 왔습니다. 그도 펜(펜실베이니아 대학)의 학생이었죠. 그는 7월에 가게에 왔는데, 내가 가게에 가 보니, 그는 정신이 몽롱하여 비실비실 걷고 있었습니다. 스티브(와인스타인)는 나에게 이 자식을 죽여 달라고 말했지만, 나는 싫다고 말했습니다. 다른 놈이 내가 이 자식과 함께 있는 걸 보면 큰일이라고 변명했지요. 그것은 구실이고, 나는 택시로 그 학생을 집으로 데려다 주었습니다. 역시 빌이라는 또 다른 학생이 9월 말인가 10월에 왔습니다. '저 녀석을 목졸라 죽이라'고 하며 스티브는 나에게 로프를 주었습니다. ……스티브가 놈과 일을 마치자, 우리는 그를 기숙사로 데려갔고, 그 후에 스티브는 나에게 25달러를 주었습니다."

살해된 청년 존 그린은 운이 나빴다. 와인스타인은 그를 정신차리게 할 수 없었다—— 아직 살아 있기는 했지만. 와인스타인과 베스토리가 그의 목에 암모니아를 흘려넣자 그는 경련을 일으켰다. 이튿날 와인스타인은 베스토리에게 전화로 이렇게 말했다. "그 자식을 정신차리게 할 수 없어서 목졸라 죽였다. ……곧 오라구. 둘이서 시체를 처리하자."

베스토리의 15세와 16세의 두 친구도 와인스타인의 밤의 악행을 알고 있었으므로, 시체 처리를 도우러 왔다. 시체는 죽은 지 나흘이 지나 악취가 나기 시작했다. 그들은 시체를 침낭에 넣어 트렁크에 넣은 다음, 자동차 짐칸에 실었다. 베스토리는 누구를 만날 약속이 있다고 했으므로 다른 세 사람이 바크스 군 한버크 부근까지 차를 몰았다. 땅은 너무나 굳어 있었다. 그들은 펜실베이니아로 되돌아왔다. 와인스타인은 자기가 망을 볼 테니 트렁크에 모래를 가득 채우라고 했다. 세 젊은이는 게으른 자들이었으므로 몇 삽 퍼넣은 것으로 그쳤다. 그리고 그들은 트렁크를 부두에서 강으로 집어던졌는데, 트렁크는 곧 떠올랐다. 와인스타인은 "걱정할 것 없어, 트렁크는 곧 가라앉을 테니까"라고 말했다. 그들은 집으로 돌아왔다.

와인스타인의 소재 수사가 시작되고 그의 사진이 신문에 발표되었다. 그는 시체가 발견된 지 4일 후에 타임즈 스퀘어의 극장 예매권 판매소에 나타났다가 발견되었다. 그를 발견한 청년은 필라델피아행 차표 판매소를 하고 있었는데, 와인스타인은 가게를 닫은 다음 놀러오라고 그를 초대한 일이 있었다. 다행히도 그는 초대를 거절했다. 이 청년이 와인스타인을 알아보자, 와인스타인은 급히 예매권 판매소에서 나갔다. 청년은 그의 뒤를 쫓아가다 교통정리중인 경찰관에게, 길을 건너가는 저 키가 작고 뚱뚱한 사내가 지명수배중인 살인범이라고 알렸다. 그 모양을 보고 와인스타인은 뛰기 시작했으나 경찰이 곧 뒤쫓아가 잡았다. 29세의 와인스타인은 살인을 고백했다. 그들에게 협력한 세 사람은 사후 종범으로 법정에 소환되었다. 1968년

5월 16일, 와인스타인은 종신형을 선고받았다.

당연한 일이지만 입시란티(미시간 주 남동부의 도시)에서도 동성애로 인한 살인사건이 일어났다. 1966년 10월 16일 토요일, 17세의 미소년 아란드 위즈로는 여자친구와 데이트를 하고 11시 15분에 귀가했다. 그리고 전화가 와서 그는 잠시 전화로 이야기를 나누었다. 그러더니 차도에서 자기 차를 비켜 놓고 오겠다고 말하며 밖으로 나갔다. 양친은 그의 씩씩한 모습을 다시는 보지 못했다. 4일 후, 그의 알몸 시체가 휴런 항 근처의 강구(江口)에서 발견되었다. 그는 목졸려 죽고 성적으로 폭행을 당했다.

그의 실종에 대한 단서를 아는 사람은 하나도 없는 것 같았다. 그러나 이 사건을 담당한 형사는, 아란드 위즈로의 남자친구들이 아란드와 친했을지도 모르는 연상의 남자친구들에 대해 질문하면 왜 얼굴을 붉히고 당황하는 표정이 되는가 하는 점에 흥미를 느꼈다. 아란드는 어떤 소녀와 데이트를 하고 결혼한다고 떠들기는 했지만, 자기가 완전히 성인이 아니라는 것을 몹시 난처하게 생각했음을 형사는 알아냈다. 아란드는 일을 하는 것이 학교에 가는 것보다 더 중요하다며 학교를 중퇴하고 포드 자동차 공장에서 근무했다. 그는 사실은 17세였으나 18세라고 거짓말을 했다. 형사들은 그가 '어른'인 체하면서 동성애에 말려든 것이 아닐까 생각했다.

아란드 위즈로가 실종된 지 8일째인 10월 24일, 오하이오 주 토레도──그가 사는 곳에서 40마일 떨어져 있다──에서 나체의 알아보기 힘든 시체가 발견되었다. 이번에도 시체는 강구에 있었다. 지문을 조사한 결과, 그것은 버지니아 주 출신의 학교 교사 로버트 뷰의 시체였다.

그 동안에 아란드 위즈로의 10대 친구들 중 몇 명이 30세쯤 돼보이는 남자로부터 이상한 제의를 받았다고 말했다. 그는 돈 러셀이라고 자기 신분을 밝혔다. 또 그들 중 한 명이 랠프라는 사람에게 차로 끌려가서 '구역질나는 짓'을 억지로 당했다는 것이다. 그는 랠프——
랠프는 대단히 힘이 세었다——가 형무소 관계의 일을 하는 것 같다
고 생각했다.

　형사들은 형무소에 관계하는 랠프라는 사람을 아느냐고 입시란티의
보안관에게 문의했다. 보안관은 입시란티 남쪽 15마일에 있는 연방
교정원(矯正院)에 알아보라고 말하였다. 원장은 형사들이 말하는 인상
을 듣자, 그것이 랠프 나스라고 생각했다. 랠프 나스는 복지와 정신병
관계의 일을 맡아 보았고, 원내에서의 그의 지위는 대단히 책임이
무거운 것이었다. 그는 죄수들을 밖으로 내보내고 파트 타임으로 일을
시키면서 서서히 사회 복귀를 준비시키는 일을 하고 있었다. 그는
무척 솜씨있게 일을 처리하는 인물이었다.

　그날 늦게 경찰에 체포된 나스는 아란드 위즈로 살해를 부인하지
않았다. 그러나 경찰은 그가 말한 범행 동기의 공표를 거부했다. 아마
도 풍기상의 이유와 그의 가족의 불명예를 피하기 위해서였으리라.
그는 제2의 살인도 자백했다. 학교 교사 로버트 뷰 살해가 아니라
토머스 브라운이라는 18세의 캐나다인이었다.

　브라운은 트럭 운전사로 남자친구와 함께 있던 하숙에서 실종되었
다. 두 사람은 하숙비가 밀렸는데, 브라운이 갑자기 "일을 하고 오겠
다"고 친구에게 말하고 나갔다. 그의 일이 어떤 것이었는지는 추측할
수 있다.

　나스는 돈 씀씀이가 좋은 사람으로 알려져 있었다. 그러나 나스는
브라운에게 돈을 빌려 주는 대신, 그의 머리를 총으로 쏘아 시체를
강구에 버렸다. 나스는 시체를 버린 곳으로 경찰을 안내했다. 나스가
어떤 동기에서 범행을 했는지는 밝혀지지 않았다. 하기는 나스는 함께
잔 상대를 때리기를 좋아했고, 때로는 상대가 반항했으리라는 것도
상상할 수 있다. 나스는 학교 교사 로버트 뷰 살해 혐의로는 기소되지
않았다. 법정에서 나스는 눈물을 흘렸는데, 법정에 부인이 나와 있었

기 때문이었다고 후에 말했다. 그는 부인에게 자기의 굴욕적인 모습을 보이고 싶지 않았던 것이다.

1966년 12월, 살인을 거듭하다가 마침내 6명을 살해하게 된 두 동성연애자가 체포되었다. 크리스마스 6일 전, 유타 주 솔트레이크시티의 모르몬 교도가 세운 마을의 사람들은 18세의 주유소 직원의 시체가 인적이 드문 도로에서 발견되었다는 말을 듣고 깜짝 놀랐다. 그는 칼에 다섯 번 찔리고 성폭행을 당했다. 알몸으로 죽어 있는 청년은 스티븐 세이였는데, 그는 그 전날 밤, 곧 12월 18일에 실종됐다. 147달러가 없어진 것으로 보아 살인자 또는 살인자들의 목적은 섹스에만 있지는 않았다.

이튿날에 또 한 명의 청년이 나체의 시체로 이 도시 동쪽에서 발견되었다. 나이프로 가슴을 찔려 죽었고, 구타당하고 성폭행을 당한 흔적도 있었다. 그 나이프는 스티븐 세이를 죽인 칼과 동일한 것 같았다. 그는 역시 주유소에서 일하는 마이클 홀츠였다. 경찰은 모든 주유소에 저녁에는 문을 닫거나 반드시 나이든 사람—게다가 가능하다면 아주 못생긴 사람—을 배치하라고 요청했다.

12월 21일, 살인자들은 다시 살인을 하기로 결심했다—그 이유는 지금까지도 확실히 알 수 없다. 29세의 택시 운전사 그랜드 스트롱이 회사 사무실 앞에 차를 세우고 공항으로 가는 손님을 태웠는데 아무래도 인상이 좋지 않다고 말했다. 그는 무전사에게 "만일 이상한 일이 있으면 마이크로폰을 두 번 두드리겠다"고 말했다.

몇 분 후, 마이크로폰을 두드리는 소리가 들렸다. 경찰차와 다른 택시가 스트롱을 돕기 위해 급히 달려갔다. 그러나 그들이 현장에 도착했을 때 이미 그랜드 스트롱은 뒷머리에 총을 맞아 죽어 있었고 돈도 빼앗겼다.

공항 근처의 술집 '라리'에는 손님이 5명밖에 없었다. 택시 운전사가 살해되고 30분이 지나서 두 사내가 '라리'로 불쑥 들어왔다. 한 사람은 '한 팔의 악인(슬로트 머신의 속칭)'에 돈을 넣었다. 또 한 사람은 흔들흔들 걸으며 카운터로 다가와 갑자기 권총을 뽑아들고 손님의 뒷머리를 쏘았다. 또 그는 바텐더에게 "우리는 강도다"라고 말했다. 바텐더는 3백 달러를 내주었다. 돈을 받아들자, 그는 마치 범행 목격자를 모두 죽일 생각이었던 것처럼 권총을 난사했다. 나머지 4명의 손님은 바닥에 엎드렸다. 한 손님은 죽은 척했다. 다른 세 사람은 부상을 했고, 그 중 두 사람은 후에 죽었다. 두 명의 권총 강도가 달아나기 시작했을 때, 바텐더는 자기 권총을 재빨리 꺼내 두 사람을 향해 쏘았지만 탄환이 빗나갔다.

비상선이 쳐지고 도로에는 장애물이 설치되었다. 2시간 후, 한 대의 차가 도로 장애물까지 맹렬한 스피드로 달려오다가 급브레이크를 밟고 되돌아가려고 했다. 총을 든 보안관 대리들이 이 차를 포위했다. 차 속에 있는 두 사람은 25세의 마이아론 랜스와 28세의 월터 퀼바치였다. 이 두 사람은 전과자였다. 차 속에서 살해된 운전사의 지갑이 발견되었다.

퀼바치의 방에서는 살해된 두 주유소 직원의 옷이 발견되었다. 비쩍 마르고 창백한 얼굴의 퀼바치가 술집을 습격한 살인자였다. 그의 공범자인 마이아론 랜스는 대머리에다가 매우 온순한 듯한 사내로 전형적인 미국 대학생처럼 보였다. 둘 다 살인으로 인해 양심의 가책을 받는 것 같지는 않았으며, 심문을 받는 동안 줄곧 사람을 경멸하는 듯한 웃음을 띠고 있었다.

이 장에서 다룬 살인자들은 모두 무관심과 경멸심을 나타내는 경향을 갖고 있다. 이것은 20세기 살인의 양상을 단적으로 상징한다. 랜스와 퀼바치는, 술집에서 살인을 하면 그 일대를 무장한 사람들이 수색할 것이고, 따라서 그들은 달아날 길이 거의 없다는 것을 알았을 것이다. 이것은 폭력의 갑작스러운 폭발이고, 산길에서 차를 몰다가 갑자기 핸들을 꺾어 협곡으로 뛰어드는 것과 마찬가지로 어리석은 짓이다. 이와 비슷한 돌발적 사고는 무수하지만—— 찰스 스타크웨더의 사건이 가장 유명하다——그 배후에는 하나같이 이것이구나 하고 짐작할 만한 동기가 있다. 예컨대, 양친이 아들이나 딸에게 앞으로는 애인을 만나지 말라고 해서 심한 말다툼을 했다는 따위의 동기가 있다. 그러나 랜스와 켈바치는 사회 규칙을 지키는 데 진력이 났다고 생각한 것뿐인 듯하다.

여기서 나는 이 책에서 거의 언급하지 않았던 살인의 다른 일면을 말하려고 한다. 그것은 루이스 브롬 쿠퍼가 '피해자학(被害者學)'이라고 부른 것으로 앞으로 충분히 연구할 필요가 있는 문제이다. 화바샴의 아덴과 존 헤이즈는 피해자가 되기에 알맞은 사람들이었다. 심지어 아덴은 아내가 자기를 죽이려고 한다는 것을 알고 있었다.

우리는 이 책에 나오는 피해자들을 몇 가지 범주로 나눌 수 있다. 인색한 사람, 아내가 젊은 정부를 두는 것을 묵인한 남편(최근에는 맥스 가비가 그 예이다), 섹스에 굶주린 중년 여성 등이다. 20세기에는 남자보다는 여자가 피해자가 되는 율이 높다. 도날드 환은 앨리스 포터가 길을 걸어가는 것을 보고 그녀를 피해자로 골랐다. 그녀는 아름다운 여자였지만, 동시에 그녀에게는 그녀를 고문하고 싶다는 충동을 일으키게 한 어떤 수동적인 태도나 마조히즘의 징후가 있었을 것이다.

잭슨 일가나 클라타 일가의 살해사건에서도 동일한 느낌을 받는다. 허버트 클라타는 철저한 절대 금주자로 술을 마시는 사람을 고용하려고 하지 않았다. 밀드레드 잭슨은 부인전도협회 회장이었다. 허버트 클라타와 캐롤 잭슨이 착한 사람이었음은 의심의 여지가 없다. 그러나 그것은 수동적이고 패기가 없는 선량함이었다. 스페크에게 살해된 8명의 간호부의 경우, 그녀들은 갑자기 양순해져 스페크가 방을 나갔을 때에도 이웃에서 알아들을 만한 비명도 지르지 않았고, 그를 습격하자는 코라존 아무라오의 제안에도 찬성하지 않았다. 우리는 이 점을 이상스럽게 생각하지 않을 수 없다.

그러나 월터 켈바치의 술집 습격 사건에는 이러한 피해자 분류는 이미 통용되지 않는다. 차 속에서 여자친구와 페팅하는 사람이 자기 집 거실에서 여자친구와 키스하는 사람보다도 살해될 율이 높다는 것은 사실이다. 그러나 술집에서 조용히 술을 마시던 사람이 뒷머리에 총을 맞는다는 것은 전혀 생각을 할 수 없는 일이다. 이러한 살인을 통해 알 수 있는 것은 '더 이상 너희들의 문명에 소속해 있지 않겠다'고 —— 이 문제를 진지하게 생각해 보지도 않고 —— 갑자기 주장하는 패들에 의해 문명의 몇 가지 원칙이 파괴되고 있다는 사실이다.

우리는 웰즈가 말한, 스스로를 지키기 위해 강 유역에 함께 모여 살던 유목민의 시대와는 완전히 다른 시대에 살고 있다. 유목민의 시대에 일어난 살인은 사회에 좀더 확고한 발판을 마련하기 위한 것이었다. 이 패턴은 버크나 헤어의 시대까지 있었다. 그러나 그 후에 서서히 변화하기 시작했다. 앞으로 어떤 시대에 이르면 지금까지의 패턴은 완전히 사라질지도 모른다. 우리는 좌절감 때문에, 사디즘 때문에, 반항심 때문에, 또는 단지 권태 때문에 살인을 하는 시대에 살고 있는 것이다.

그러나 이 책을 이런 무시무시한 사실을 말하는 것으로 끝낸다는 것은 유감스러운 일이다. 따라서 우선 말해 두고 싶은 것은 현재의 인구를 생각한다면 살인이 현저하게 증가하지 않았다는 점을 명심해 두자는 것이다. 미국에서는 살인사건 발생률이 무법천지인 서부 개척 시대보다 떨어졌을 것이다. 만일 미국의 살인사건 발생률이 영국의 그것보다 여전히 높다면 그 이유는 한 나라로서의 미국이 많은 가난한 후진국과 거의 마찬가지로 무법 상태에 있기 때문이다. 미국에서는 살인의 대부분이 총으로 저질러진다. 그렇건만 현재로서는 의회가 엽총 이외의 모든 총포 소지를 완전 금지할 움직임은 전혀 보이지 않는다. 이러한 조치를 취하면 살인사건 발생률은 몇 년 안에 반감될 것이다.

나는 이 책을 쓰면서 존 허시의 《알제스 모텔 사건》을 읽었다. 이 책은 1967년, 디트로이트에서 흑인 폭동이 일어나고 나흘째에 '파락호 경찰관'의 한 그룹이 저격자가 숨어 있다는 정보(이것이 오보라는 것은 나중에 밝혀졌다)를 듣고 어떤 모텔로 가서 3명의 흑인 손님을 사살한 사건을 그린 것이다. 경찰관은 그밖에도 몇 사람을 구타했는데, 이 중에는 2명의 백인 소녀도 포함되었다. 그들은 소녀들의 옷을 벗겼다.

이러한 사건은 인종 문제의 긴장이 고조되었을 때 일어난다(스페크의 간호부 살해사건은 그 해의 가장 덥던 날, 어떤 경찰관이 흑인 어린이들에게 소화전을 만지지 못하게 한 데서 발단된 시카고 흑인 폭동이 며칠 동안 계속된 후에 일어났다는 점에 유의해야 한다). 미국의 살인사건의 피해자는 대부분 전사자(戰死者)라고 할 수 있다.

비합리적 폭력의 시대인 20세기에 있어서도 예전의 '고전적' 패턴으로 설명할 수 있는 살인사건은 여전히 일어난다. '고전적 살인'이란 무엇인가? 가장 간단한 정의는 다음과 같은 것이다. 추리 소설 작가가 흥미를 가질 살인, 또는 추리 소설 작가가 생각해낼 만한 살인이다. 그러나 살인이란 일반적으로 어수선하고 단순하고 무의미하다. 사람들은 이러한 살인을 '생각해낼 수는' 없다. 여기에는 '생각해낼 만한 것'은 하나도 없기 때문이다.

이렇게 생각한다면 이 책에서 다룬 살인의 대부분이 어떤 작가가 생각해냈다고 해도 좋을 만한 것이라는 점은 매우 흥미롭다. 빨간 거미, 클라우스 고스만, H. H. 홈즈―― 이 세 사람은 정신병적 범죄자도 '고전적' 살인을 할 수 있음을 암시한다. 1967년에 고전적 패턴의 모델이라고 할 만한 두 살인사건이 일어났다.

에스캘(프랑스 북단의 마을)의 이장인 장 브도르아는 딸기밭에서 하루종일 일하고 깊은 잠에 곯아떨어졌다. 그런데 요란한 자동차 경적 소리에 그 집의 모든 식구가 잠을 깼다. 이 경적은 브도르아가 그 자동차 —— 소형 트럭 —— 쪽으로 다가가도 그치지 않았다. 그는 운전석에 반 나체의 사내가 핸들에 기대듯이 쓰러져 있는 것을 보았다. 이 사내의 가슴이 경적을 누르고 있었다. 브도르아는 이 사내가 근처 마을인 푸르란주의 이장인 알망 로아르임을 알아보았다.

로아르는 이 일대에서는 가장 부자였다. 47세인 로아르는 20세 때, 곧 1947년에 이장으로 선출되었다. 그는 자기 농장에 마을 사람 40명을 고용한, 이 근처에서는 가장 중요한 인물이었다.

로아르는 아직 숨을 쉬고 있었으나, 아무리 흔들어도 정신을 차리지 못했다. 그는 젖은 수영복을 입고 있을 뿐이었다. 브도르아는 그를 자동차로 릴에 있는 병원으로 데려갔다. 의사는 그가 어떤 정신적 충격을 받았다고 진단했다. 브도르아는 로아르의 농장 '라 비엥 바티'로 가서 로아르의 동생인 줄로부터 로아르가 점심 후에 아내와 함께 자동차로 외출했다는 사실을 알았다. 로아르 부부의 행선지는 에스캘 해안이었다. 해안을 수색한 지 얼마 되지 않아 곧 자크리느 로아르의 시체가 발견되었다. 그녀는 분홍빛 비키니를 입었고 시체는 해초에 덮여 있으며 익사한 것 같았다. 그리고 알망 로아르도 의식을 회복했을 때, 경찰서장 에노에게 아내가 익사했다고 말했다.

로아르와 45세의 자크리느는 연애 시대를 회상하기 위해 해수욕을 가기로 했다. 그들은 둘 다 수영을 할 줄 몰랐음에도 불구하고 작은 해협까지 나갔다가 갑자기 큰 물결에 휩쓸렸다. 로아르는 아내의 손을 꼭 잡고 있었으나 두 사람은 떨어지게 되었고, 결국 그만이 간신히 기슭으로 올라올 수 있었다. 그는 몇 시간 동안 의식을 잃고 있다가 의식을 회복하자 비틀거리며 자동차에 기어올라갔다.

그러나 왜 40대의 부부가 아직도 바람이 찬 6월에 물살 거친 해협에서 해수욕을 할 마음을 먹었을까? 로아르는 이 점에 대해 에노에게 매우 솔직하게 말했다. 로아르는 몇 년 전 아내를 배신했다고 했다. 상대는 애보기인 14세 소녀였다. 이 소녀가 임신하자 그는 그녀를 자기 집으로 보내고 돈으로 해결했다. 그리고 그는 비로소 아내를 멀리했던 자기가 바보임을 깨달았다. 그는 온 힘을 기울여 아내가 모든 일을 잊게 만들려고 했고, 그 때문에 아내에게 선물을 사 주고 애인 같은 마음씨로 아내를 대했다. 에스캘에서 해수욕을 하며 옛날을 회상하려고 한 것은 아내가 문득 생각해낸 일이었다.

　에노는 이 이야기가 납득할 만하고 또한 감동적이기까지 하다고 말했다. 그러나 그것은, 자크리느 로아르의 폐에는 전혀 물이 들어가지 않았다는 사실이 밝혀질 때까지였다. 그녀는 익사한 것이 아니었다. 그렇지만 아내의 장례식 때 보여준 로아르의 비탄은 너무나 진짜 같아서 그가 아내를 죽였다고 생각하기는 어려웠다. 그녀가 물결에 휩쓸렸을 때, 충격을 받아 죽은 것이라고 생각할 수는 없을까?

　에노의 부하들은 수주간에 걸쳐 해안을 철저히 수사했다. 하나하나 단서가 발견되면 될수록 자크리느가 익사했다는 말은 신빙성을 잃었다. 비극이 일어나고 2주일 후에 해안에 병 두 개가 떠올랐다. 한 병에는 약간의 수면제 캡슐이 들어 있었다. 또 하나는 에테르가 들어 있는 병이었다. 또한 그들은 농부가 야채나 과일에 살충제를 뿌릴 때 사용하는 마스크도 발견했다. 솜을 댄 이 마스크를 에테르에 적셔 자크리느 로아르의 코와 입을 틀어막을 수도 있었을 것이다.

　한 쌍의 남녀가 그날 오후 4시경 바다로 들어가는 것을 목격한 사람도 있었다. 또한, 몇 사람은 그보다 훨씬 후에 안개가 걷혔을 때 한 남자가 단애 밑에서 자동차용 담요를 뒤집어쓰고 있는 것을 보았다고 했다.

　이 단계에서 결정적인 증거가 나타났다. 야콤 캐바헤라는 외인부대 출신의 남자가 재판장 베르제를 찾아와, 로아르로부터 그의 아내를 죽여 달라는 부탁을 받았다고 말했다. 캐바헤는 때때로 현지 경찰한테 말썽을 부렸다. 그렇기 때문에 로아르는 그에게 아내의 살해를 부탁한 것이리라.

캐바헤는 로아르가 무엇을 생각하고 있는가를 깨닫고 그의 말을 녹음해 두기로 했다. 로아르의 최초의 계획은 캐바헤로부터 큐라레(피그미족이 사용하는 알칼로이드) 같은 극약을 받아, 이 약을 바른 바늘을 로아르가 아내의 자동차 시트 속에 숨겨 둔다는 것이었다. 그러면 독은 아내가 운전하는 중에 효력을 나타내, 그녀의 차는 어딘가에 충돌할 것이고 아내는 죽을 것이다. 그러면 그녀의 사인은 충돌이 될 터였다.

캐바헤조차도 이 계획의 무모함을 알 수 있었다. 그녀가 차를 멈추면 어떻게 될까? 경찰이 바늘을 발견하면 어떻게 될까?

캐바헤는 녹음기를 선반 위에 놓아두었다. 다음에 로아르가 왔을 때, 그는 태연히 일어나 녹음기의 스위치를 켰다. 로아르가 의심스럽게 여기자 캐바헤는 라디오의 음악을 녹음하는 중이라고 말하고 잠깐 녹음을 재생시켰다——물론 다른 트랙으로. 녹음 테이프에는 캐바헤에게 아내를 죽여 달라고 하는 로아르의 부탁이 녹음되었다. 캐바헤는 이번 사건에 대한 신문 기사에서 로아르의 변호사가 '제2의 인물'이 관계되었을지도 모른다고 말한 것을 읽기까지는 녹음에 대해서는 아무에게도 말하지 않았다. 만일 로아르와 변호사가 죄를 자기에게 전가시키는 경우, 그는 언제나 이에 대항할 준비가 되어 있었다.

에노는 로아르의 신변 조사를 계속했다. 애보기와의 정사에 대해 로아르가 말한 것은 한 가지만은 사실이 아니었다. 그는 그녀와 손을 끊은 것이 아니었다. 갓난애가 태어나고 한참 지난 후에도 두 사람이 담요에 누워 서로 안고 있는 장면을 목격한 사람이 있었다. 그러나 소녀는 어떤 젊은이와 결혼하기로 결심했다. 로아르는 질투에 눈이 뒤집혔다. 자크리느가 죽기 전날, 그는 소녀가 일하고 있는 칼레(프랑스 북부의 항구)의 상점으로 가서 그녀에게 자기 차로 잠깐 오라고 부탁했다. 차 속에서 그는 곧 사정이 바뀔 것이라고 말했다.

또한 자크리느의 단골 미용사에 의해 사건은 급속히 해결되었다. 그녀가 죽던 날, 미용사는 그녀의 머리를 새로운 스타일로 커트하고 —— 남편에게 그녀가 좀더 매력적으로 보이게 하기 위해 —— 이탈리아제 고정액(固定液)으로 세트했다. 만일 그녀가 장시간 바닷속에 있었다면 고정액은 씻겼을 것이다. 자크리느 로아르의 시체가 발견됐을 때 머리모양은 조금도 흐트러지지 않은 상태였다. 두 번째 검시 결과, 그녀의 얼굴과 목의 타박상은 바다로 떨어질 때 생긴 것이 아니라 남자의 주먹에 맞았을 때 생겼다는 것이 입증되었다.

로아르의 계획 살인은 거의 완벽한 것이었다. 만일 계획대로 되었다면 완전 범죄였으리라. 에테르로 자크리느를 인사불성으로 만든다. 그리고 그녀는 바다에서 익사한다……

그러나 사실은 그녀는 그에게 대항하고 그의 가슴을 할퀴었다. 그는 이 할퀸 상처를 파도가 밀려와서 두 사람이 떨어지게 되었을 때 그녀가 그에게 매달리려고 해서 생긴 것이라고 했다. 그는 주먹으로 그녀를 기절시키고 자동차용 담요나 쿠션으로 그녀를 질식사시켰다. 로아르는 죽은 그녀를 바닷속으로 밀어넣었다. 그러나 머리의 고정액이 씻겨나갈 만큼 오랫동안 바닷속에 있지는 않았다. ……그는 종신형을 받았다.

뉴저지 주 레이크하스트에서 일어난 아이비 기버슨 사건도 마찬가지로 '깨끗하게' 해결된 것을 기억하고 있다. 기버슨은 38세의 과부였다. 그녀가 과부가 된 것은, 그녀의 말에 의하면, 두 명의 밤손님이 남편을 남편의 권총으로 죽였기 때문이다.

그녀는 남편 빌 —— 그녀보다 15세 위였다 —— 보다도 언제나 잠이 깊이 들지 않았다. 부엌에서 소리가 들려 그녀는 일어나 나가 보았다. 그러자 한 도둑이 그녀의 입을 막고 재갈을 물렸고, 또 한 사람은 집안을 뒤졌다. 갑자기 침실에서 총소리가 났다. 그녀를 결박하던 사내는 "쏘면 어떻게 해"라고 큰소리로 동료에게 소리쳤다. 그녀의 생각으로는 남편이 잠이 깨어 베개 밑의 권총을 잡았으나 도둑이 권총을 빼앗아 남편을 사살한 것 같았다. 권총은 근처의 야산에서 발견되었다.

형사주임 에리스 파커는 그녀의 진술에서 두 가지 이상한 점이 있음을 곧 알아차렸다. 그는 그녀의 신변을 좀더 면밀히 조사했다. 그 지방의 전화 회사를 조사해 보니, 그녀는 뉴욕에 몇 번 장거리 전화를 한 일이 있었다. 상대는 청년이었다. 이 청년은 자기와 기버슨이 연인 사이이며 그녀가 얼마 후에는 자기와 결혼할 수 있다고 말했음을 인정했다.

파커는 재판에서 그녀의 이야기에 두 가지 이상한 점이 있다는 것을 배심원들에게 분명히 했다. 첫째는 자기 옆에 사지가 멀쩡한 남편이 자고 있는 경우, 부엌에서 나는 이상한 소리를 알아보려고 스스로 일어나 나가는 여성은 없을 것이다. 둘째는 침실에서 총소리가 들렸을 때 "쏘면 어떻게 해"라고 큰소리로 말하는 밤손님은 없을 것이다. 자기 동료가 기버슨의 남편에게 맞았을지도 모르며, 이번에는 자기가 맞을 차례일지도 모른다는 것은 충분히 가능한 일이기 때문이다. 아이비는 1922년에 유죄 판결을 받았다. 그녀는 종신형을 선고받고 1957년에 형무소에서 죽었다.

내가 기억하는 한, 가장 주도면밀한 완전 범죄의 시도는 1967년 5월에 일어났다. 장소는 아일랜드 서해안의 '모하 단애(斷崖)'였다. 1967년 5월 24일 아침, 두 바위 사이에 여자가 머리를 물결에 쓸리운 채 끼어 있는 것을 한 어부가 발견했다. 그것은 젊은 여자의 시체로 검은 팬티를 입고 있을 뿐이었다. 시체를 해안에 건져올리니 얼굴의 왼쪽 반은 알아보기 어려운 상태였고 늑골이 부러졌다. 그녀의 시체는 약 3일 동안 물 속에 있었다. 그녀는 아주 높은 곳에서 추락했다는 것이 병리학자의 의견이었다.
　그녀는 최근 샌디에이고에서 온 미국인이라고 단언하는 마을 사람도 있었다. 이것은 틀림없는 것 같았다. 팬티 안쪽에 미국 회사의 상표가 붙어 있었기 때문이다. 그러나 조사 결과, 샌디에이고에서 온 소녀는 무사했다. 팬티 이외에는 아무 단서도 없는 것 같았다. 죽은 여자의 손은 그녀가 육체 노동자가 아님을 증명했고, 갈아넣은 이도 값비싼 것이었다. 그녀는 에니스(아일랜드 남서부의 도시)의 드롬그리프에 매장되었고, 한동안 수사의 진전은 전혀 없었다.
　3개월이 지난 8월, 더블린 경찰은 미국 연방수사국(FBI)으로부터 한 통의 편지를 받았다. 연방수사국은 죽은 소녀의 지문을 통해 그녀의 신원을 알아낸 것이다.
　그녀는 28세의 머라이어 버지니아 도미니크로 뉴욕에서 복지사업에 종사했다. 동봉된 사진 속의 그녀는 매우 미인이었다. 미인 콘테스트에서 1위로 선발된 적도 있었다.
　푸에르토리코 법무부 차관인 그녀의 숙부가 보낸 편지에 의하면, 머라이어 도미니크의 어머니인 51세의 버지니아 도미니크 부인도 딸이 죽고 1주일 후인 5월 30일에 실종되었다는 것이다. 도미니크 부인은 딸과 함께 살던 아파트에서 실종되었다. 뉴욕 경찰은 머라이어 도미니크가 실연을 하고 그 상처를 잊기 위해 유럽으로 휴가 여행을 갔다고 아일랜드 경찰에 통보했다.
　복지사업에 종사하던 이 아름다운 여자는 급료 이외에도 자기 재산을 갖고 있었다. 그녀의 실연은 상대인 여행 알선업자가 그녀의 어머니와 가까운 사이가 됨으로써 더욱 쓰라린 것이 되었다. 그녀의 어머니는 51세였으나 아직도 매력적이었다. 머라이어 도미니크는 은행에서 6천 달러를 여행자 수표로 바꾸어 갖고 파리로 떠났다.
　이제는 아일랜드, 미국, 프랑스의 3개국 경찰이 협력하여 이 수사에 나섰다. 이 사건 해결의 실마리를 찾아낸 것은 프랑스 경찰이었다.

머라이어 도미니크는 파리에 있을 때 혼자 지낸 것이 아니었다. 그녀는 여행 알선업자와 인상이 일치하는 사내와 함께 있었다.

뉴욕 경찰은 머라이어 도미니크의 남자친구들로부터 증언을 들었다. 그 중에는 패트릭 다시도 포함되었다. 이 사내가 바로 여행 알선업자였다. 그러나 그는 요즈음은 외국에 간 일이 없다고 말했다. 경찰은 그의 말을 그대로 믿었다.

머라이어는 5월 22일에 당분간 파리에 더 머물겠다는 그림 엽서를 한 친척에게 보냈다. 그리고 같은 날, 또 한 장의 그림엽서를 오를리 공항에서 한 친구에게 보냈다. 비행기로 아일랜드에 하루나 이틀쯤 가 있게 될 것이므로 스웨터를 보내 달라는 내용이 있었다. 이러한 점을 종합해 보면, 그녀가 파리에서 함께 있던 남자친구는 그녀를 설득하여 매우 짧은 여행을 나선 것 같았다——그녀를 죽이려는 분명한 의도를 갖고.

지금까지는 서로 관련이 없던 사실들이 이제는 하나하나 관련을 갖게 되었다. 아일랜드 출입국관리국 직원은 5월 22일부터 23일까지의 각 호텔 주말 숙박 카드를 조사한 결과, 'A. 영'이라는 이름이 기입된 카드를 발견했다. 그는 새논 공항의 국제 호텔에 4시간만 방을 예약해 놓았다. 이런 일은 이상한 일이 아니었다. 흔히 지나는 여행객은 이렇게 했다. 그러나 A. 영은 비행기 여행객은 아니었다. 그날의 어느 항공회사 승객 명단에도 그의 이름은 없었기 때문이다. 그는 자동차로 호텔에 왔다. 그러면 왜 호텔에 4시간만 머물렀을까?

국제 호텔을 조사한 결과, A. 영이 자동차로 왔다는 것뿐만이 아니라 아침 8시에 도착하여 밤중에 떠났다는 것도 판명되었다. 자동차 넘버를 적어 놓은 것이 있어서 조회해 보니 더블린에 있는 렌트카 회사의 차였다. 이 회사에서 A. 영이라는 사람이 토요일 밤 11시에 자동차를 빌고 이튿날 저녁에 자동차를 반환했다는 사실이 확인되었다. 미터에 의하면 그는 그때까지 320마일을 달렸다.

오를리 공항과 런던 공항의 여객 명단을 조사해서 40대 남성이 'M. 영'이라고 사인한 여자와 런던으로 간 것을 알아냈다. M. 영은 런던의 그로브너 호텔에서 하룻밤을 보내기로 예약했으나 마음이 바뀐 것 같았다. 동반한 남자가 아일랜드로 가자고 권유했던 것이다.

'모하 단애' 근처, 머라이어 도미니크의 시체가 발견된 곳으로부터 강구를 넘어선 곳에서 구두 한 켤레가 발견되었고, 이어서 머라이어 도미니크의 보석 상자와 의복 일부가 발견되었다. 이제 여기서 그녀가 밀려 떨어졌다는 것은 명백해졌고, 마침내 믿을 수 없는 사건의 전모가 백일하에 드러났다.

그녀를 죽인 남자는 5월 21일에 파리의 호텔에 도착했다. 이 남자는 그날 중으로 그녀의 호텔로 와서 저녁을 함께 보냈다. 그녀는 호텔 접수에게 며칠 묵을 생각이라고 말했으나, 이튿날 아침 계산을 하고 호텔을 나가 사내와 함께 오를리 공항으로 갔다. 그녀는 3시 반에 런던 공항에 도착해서 여행자 수표를 모두 현금으로 바꾸었다. 몇 시간 후, 그들은 더블린에 도착했다. 그들은 자동차를 빌어 밤새도록 차를 달렸다──아일랜드 서쪽 150마일까지. 아침 4시나 5시경, 두 사람은 남자가 살인 장소로 미리 선정해 놓은 장소, 곧 '모하 단애' 위의 오브라이언 탑(塔)에 도착했다.

아마도 그는 여기서 그녀를 둔기로 때려 기절시키고 그녀가 누구인지 모르게 하기 위해 옷을 벗겼을 것이다. 그러나 그는 기묘한 수치심 때문에 그녀의 팬티만은 벗기지 못했다. 이것이 그의 첫번째 잘못이었다. 팬티 안의 상표를 단서로 하여 아일랜드 경찰은 미국 경찰에 범인 수사 협력을 의뢰했기 때문이다. 또한 그는 그녀의 지문이 워싱턴에 있을지도 모른다는 점을 생각하지 못했다. 그녀는 뉴욕의 공무원이었고 푸에르토리코인이었기 때문에, 지문이 보관되어 있었다.

그는 머라이어 도미니크를 죽인 다음 약 20마일 떨어진 새논 호텔까지 자동차로 달려가──그는 바로 옆에서 죽은 콜링본의 이야기를 알고 있었으련만—— 4시간쯤 잤다. 그리고 더블린까지 자동차로 되돌아와 6시에 차를 돌려주고 7시 반 비행기로 아일랜드를 떠났다. 그가 머라이어 도미니크와 함께 파리를 떠난 이후의 30시간은 매우 분주한 시간이었다.

그러나 어쩌면 머라이어가 어머니에게 파리에서 자기를 만나기로 했다는 편지를 보내지 않았을까 하는 걱정이 그의 머리 속에서 떠나지 않았다. 만일 머라이어가 편지를 보냈다면 둘이 우연히 파리에서 만난 것으로 되지는 않을 것이다. 그는 급히 미국으로 돌아가 버지니아 도미니크 부인을 찾아갔다. 그리고 도미니크 부인은 실종됐다. 그녀는 살해된 것으로 생각되지만 시체는 아직 발견되지 않았다. 모든 증거로 보아 패트릭 다시가 범인임이 분명했다.

그는 아일랜드에서 이민온 사람의 후손으로 그의 가족은 미국에 건너가기 전에 골웨이(아일랜드 서쪽의 주) 근처에 살았다. 여행을 많이 하는 다시는 고향을 방문하고 '모하 단애'의 높이에 주목했을 것이다. 아마 그는 자기 고향을 방문하는 '감상적 여행'을 함께하자고 머라이어 도미니크를 유혹했을 것이다. 다시의 인상은 분명히 A. 영의 인상과 일치했다. 경찰은 그의 사업에 대해 조사했는데, 그는 자유계약 여행 알선업자로 요즈음은 사업이 부진했다. 그가 하는 일은 반드시 합법적인 것만은 아니었다.

그는 '존 J. 퀸'과 'A. 영'이라는 신분증명서를 갖고 있었다. 그는 결혼을 했고 6세의 아들과 소아마비에 걸린 12세의 딸이 있었다. 1967년 1월, 그는 교황의 축복을 받게 하기 위해 딸을 로마로 데려간 일도 있었다. 그의 여권을 조사해 보니, 그는 머라이어 도미니크가 실종되던 주말에 외국에 나갔다가 버지니아 도미니크 부인이 실종되기 직전에 귀국한 사실이 있었다.

뉴욕 경찰은 다시를 심문했다. 그러나 그의 필적이 'A. 영'의 사인 필적과 동일하다는 것이 전문가에 의해 증명되었음에도 불구하고 그는 모든 것을 완강하게 부인했다. 아일랜드 경찰은 그의 인도를 요구했으나 그는 인도되기 전에 뉴욕에서 사라졌다. 경찰은 플로리다 주 마이애미에 그가 있다는 것을 알아냈다. 그는 그 무렵에 그곳으로 '사업상의 여행'을 갔던 것이다. 경찰은 마캘리스타 호텔 숙박자 명단에서 '존 J. 퀸'의 사인을 발견했다. 그의 주소는 버지니아 주 로아노크로 되어 있었다.

지배인은 방을 수일간 예약한 그 손님을 만나본 적이 없다고 말했다. 지배인이 마스터 키로 그의 방을 열자 패트릭 다시, 별명 존 J. 퀸은 침대 위에 죽어 있었다. 검시 결과, 치사량의 위스키와 바르비츌 염산을 섞어서 마신 것이 사인이었다. 뉴욕에서 그를 잘 알고 있던 목사는 그의 심장이 아주 나빴다고 후에 말했다. 목사는 또한 다시가 머라이어 도미니크 살해보다 훨씬 더 '나쁜' 불법행위에 관계한 것으로 생각한다고 덧붙였다. 마이애미는 스파이 활동만이 아니라 마약 밀수와 대규모 도박의 중심지였다.

그러나 머라이어 도미니크 살해의 배후에 '대단한 것'이 있었다고 생각할 필요는 없다. 그의 머라이어 도미니크 살해는 단지 5천 달러의 돈이 목적이었다. 그리고 검은 팬티만 남겨 놓지 않았던들 그의 살인은 완전 범죄였으리라.

그러나 완전 범죄에 대한 이야기로 이 책을 끝내는 것은 오해를 초래할지도 모른다. 사람들은 예술가를 그 가장 높은 순간에 판단하고, 범죄자를 그 가장 낮은 순간에 판단한다는 쇼의 말을 나는 이미 인용한 바 있다. 또한 위대한 시나 교향악이 인간의 생명의 무한한 가능성을 느끼게 하는 것처럼, 살인은 '원죄'라고 부를 만한 것을 분명히 자각하게 한다.

모든 사람은 한정된 근시안적인 생활을 하고 있으나 위대한 예술가나 성인은 스스로의 감각이나 생활에서 한계를 인정하려고 하지 않는다(이 문제를 본격적으로 다룬 소설이 윌슨의 《현자의 돌》이다). 그들은 일상적 의식에 국한되거나 또는 소인처럼 행동하여 자기 마음속의 신을 배반하는 것을 거부한다. 이에 반해, 살인자는 일찍이 흑마술사가 악마와 계약을 맺은 것처럼 사소한 일과 정식으로 계약을 맺는다. 그리고 살인자의 충성 서약은 물러설 수 없는 범죄를 저지르겠다는 것이다. '물러설 수 없다'고 한 것은 일단 범죄를 저지르면 다시는 돌이킬 수 없기 때문이다.

20세기의 살인이 제기하는 문제는 이미 하나의 사회 문제에 그치지 않는다. 풍요한 사회에서의 살인은 일찍이 없었을 만큼 거칠고 잔인해지는 것 같다. 경찰 조직을 보다 능률화하고, 정신병리학의 입장에서 범죄와 그 원인을 대대적으로 연구하고, 세계 각국과 긴밀하게 협력하는 것만이 그 실제적 해결책이다. 그러나 보다 근본적인 해결책은 하나밖에 없다. 쇼가 말한 예술가와 범죄자의 이율배반이 이미 존재하지 않는 새로운 단계로 인간이 진보하지 않으면 안 된다.

이 책에서 추적한 범죄의 변천을 생각하면 우리는 불안을 느끼게 된다. 그러나 그렇다고 해서 절망할 필요는 없다. 20세기의 비합리적 범죄는 우리가 현재의 문명에 대해 지불해야 할 대가이다. 빨간 거미 사건이나 황야 살인사건은 지금부터 2세기 뒤의 사람들에게는 기계시대로부터 우주 시대로 이행하는 기묘한 현대, 그러면서도 이상할 만큼 고색창연한 현대를 극명하게 상징하는 것으로 생각되리라.

여기서 나는 머리말에서 강조한 것을 되풀이하고자 한다. 범죄 연구가 가치있고 중요한 것은 사회 발달이라는 면에서 범죄가 여러 가지 의미를 갖기 때문이다. 나는 윌리엄 라프헤드나 그의 추종자의 저서를 읽을 때마다 시인 롤랑 아이아드(1854~1919. 프랑스의 시인, 작가) 의 이야기를 상기한다.

그는 바이앙이 프랑스 국민의회에 폭탄을 던졌을 때 다음과 같이 말하는 바이앙에게 갈채를 보냈다. "그 방식만 대단하다면 피해자 따위는 생각할 필요가 없지 않은가." 그로부터 5개월 후인 1894년

4월, 바이앙의 복수를 하려던 한 무정부주의자가 고급 레스토랑 '포와이요'에 폭탄을 장치했다. 다행히 아무도 죽지는 않았다. 그러나 마침 이 레스토랑에서 식사를 하던 롤랑 아이아드는 폭발 때문에 한쪽 눈이 빠졌다.

'살인예술'이라는 말을 잘난 체하며 떠드는 자들은 이 이야기에 내포된 교훈을 명심해야 한다. 살인자와 우리들을 구별하는 것은 피해자에 대한 동정심이 있는가 없는가 하는 것뿐이기 때문이다.

역자의 말

콜린 윌슨이 머리말 첫머리에서 밝히고 있듯이 이 책은 '살인의 사회학'이다. 저자의 살인에 대한 관심은 과학적이라기보다는 철학적이다. 다시 말하면 살인을 통해 각 시대의 사회와 문명을 심층적으로 검토하면서 살인과 인간의 자유의 관계를 규명하려고 한다. 윌슨은 "나는 살인은 인간의 자유에 대한 하나의 대답이라고 생각한다"고 말한다.

이 책은 콜린 윌슨의 살인에 관한 3부작 중 두 번째에 해당하는 것이다. 그는 처음에 《살인백과》, 다음에 이 《살인의 심리》를 썼고, 이어서 《암살단》이 나왔다. 그의 이러한 방대한 연구는 단지 흥미 위주의 연구는 아니다. 그가 내세우는 이른바 신실존주의의 입장에서 본다면 살인에 관한 그의 관심은 인간의 실존에 관한 관심이다.

한마디로 이 책은 살인을 통한 근대 문명 비판이라고 할 수 있을 것이다.

그러나 이 책은 딱딱한 이론서는 아니다. 이 책에 나오는 살인의 사례들은 콜린 윌슨의 뛰어난 솜씨에 의해 거의 완벽한 소설로 꾸며졌다고 해도 과언이 아니다. 이론적인 태도를 버리고 단지 흥미 위주로 이 책을 읽는 경우라도 이 책은 어떤 소설보다도 더 흥미있을 것이고, 또한 어떤 소설보다도 진실할 것이다.

이 책은 주제 자체가 기묘한 것이지만, 우리가 흔히 바라고 있는 재미와 감동, 그리고 여기에 이론까지를 덧붙여 준다는 점에서 더욱 기묘한 책이다. 20세기의 기서(奇書) 중의 하나라고 말하면 어폐가 있을까.

이 책의 원제는 《A Casebook of Murder(Leslie Frewin, London, 1970)》이다. 직역하면 《살인 사례집》 정도일 것이다. 그러나 머리말에서 저자 자신이 "살인에 대한 나의 관심은 과학적이라기보다는 오히려 철학적이다"라고 한 말을 감안하여 《살인의 심리》이라는 제목을 달았다. 지나친 탈선은 아니리라 생각한다.

어떠한 관점에서 이 책을 읽든 이 책에서 많은 점을 깨닫게 되기를 바라며, 끝으로 큰 오역이 없기를 바란다.

역자 황동문

| 판 권 |
| 본 사 |
| 소 유 |

살인의 심리

1991년 6월 1일 1판 1쇄 인쇄
1991년 6월 10일 1판 1쇄 발행
2016년 4월 20일 1판 4쇄 발행

지은이 / 콜린 윌슨
옮긴이 / 황동문
펴낸이 / 김영길
펴낸곳 / 도서출판 선영사
주소 / 서울시 마포구 서교동 485-14 도서출판 선영사
전화 / (02)338-8231~2
팩스 / (02)338-8233
E-mail sunyoungsa@hanmail.net
등록 / 1983년 6월 29일 (제02-01-51호)

ⓒ Korea Sun—Young Publishing Co., 1991
잘못된 책은 바꾸어 드립니다.

ISBN 89—7558—261—2 03180
ISBN 978—89—7558—261—2 03180